KB121298

내무총장 겸 국무총리 대리 시절(1919)

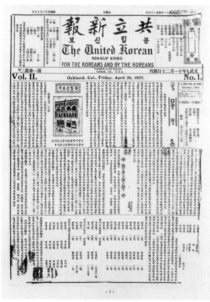

위 1910년 망국 이후 독립전쟁 근거지 구축을 위해 도산을 비롯한 신민회 인사들이 세웠던 흑룡강성 밀산에 있는 항일유적을 기린 기념비를 100주년 되는 2010년에 세웠다. 2008년에 밀산시를 방문한 이태복 전 장관의 제안으로 기념비 제작 작업이 구체화되었고, 류청로 부경대 교수, 강용찬 목원대 교수, 류진춘 경북대 교수, 김선주 무지개복지법인 이사장, 임현재 대전 동인연합의원 병원장, 서인규 하나은행 서교지점장, 이관표 엄앤드이종합건축사 대표, 홍성종 중대의대 교수, 홍연표 중대의대 교수, 정범규 선생, 도산선생기념사업회 등이 참여했다.

가운데 왼쪽 김구, 이탁과 함께

가운데 오른쪽 흑룡강성 밀산시 십리와 항일유적지 기념비 제막식

아래 대한민국 임시정부 신년축하회(1920. 1. 1)

위 오른쪽 상해로 돌아온 안창호
(1926)
아래 왼쪽 남경 흥사단 뜰에서 (1925)
아래 오른쪽 김마리아, 차경신과 함께
(1924년경)

위 독립운동 근거지 예정지였던 흑룡강성 경박호 일대

아래 왼쪽 만주 지역이 일제에 점령되자 다시 중국대륙에 건설하려 했던 전당강 일대의 현재 모습

아래 오른쪽 1926년 강연회 사건과 농민호조사를 조직했던 길림시 대동공사 터

위 왼쪽 용수를 쓰고 호송되는 안창호(1932)

위 오른쪽 의거 직후 일 군경에게 연행되어가는 윤봉길 의사(1932)

가운데 왼쪽 대보산 송태산장 시절의 안창호(1936)

가운데 오른쪽 안창호와 여운형, 조만식(1935)

아래 대보산 송태산장 외부와 내부

愛己
愛他

島山

協同

四二六七年四月日
安昌浩

위 도산이 소장했던 한말 교과서 서적

아래 왼쪽 안창호의 일기장

아래 오른쪽 도산의 지갑과 수첩

도산 안창호 평전

개정판

도산 안창호 평전

ⓒ이태복, 2012

초판 1쇄 펴낸날 2006년 9월 15일
초판 3쇄 펴낸날 2010년 2월 20일
개정판 1쇄 펴낸날 2019년 3월 28일
개정판 2쇄 펴낸날 2022년 6월 20일

지은이 이태복
펴낸이 이건복
펴낸곳 도서출판 동녘

등록 제311-1980-01호 1980년 3월 25일
주소 (10881) 경기도 파주시 회동길 77-26
전화 영업 031-955-3000 편집 031-955-3005 전송 031-955-3009
블로그 www.dongnyok.com 전자우편 editor@dongnyok.com
인쇄·제본 영신사 종이 한서지업사

ISBN 978-89-7297-936-4 (03990)

도산 안창호 평전

개정판

이태복 지음

동녘

개정판에 부쳐

『도산 안창호 평전』이 나온 지 어느덧 6년의 세월이 흘렀다. 그동안 도산에 대한 일방적인 평가나 부정적 인식이 지배적인 현상이었는데, 그런 흐름이 조금 개선되고 있어서 다행스럽다. 방대한 자료를 읽고 도산의 뜻을 헤아려보았던 수고가 독자들에게 전해졌던 것 같다.

그런데 초판에서 제대로 다루지 못했던 내용이 몇 가지 있었다. 첫째는 윤봉길 의사의 상해 의거와 관련된 내용이다. 둘째는 대전감옥 출옥 이후 해외망명시도 등이다.

초판에서 윤 의사가 상해에 와서 몇 차례 이사를 했는데, 세 곳이 흥사단 단우의 거처였다는 사실, 백범이 임정 간부들에게 보고했고, 중요사항은 도산과 협의해왔다는 점 등을 들어 윤봉길 의거를 사전에 알고 있었다고 기술하는 수준에서 멈췄다.

하지만 최근 일본 측의 윤봉길 취조 기록이나 독립운동가 김광의 『윤봉길전』의 기록 등으로 볼 때 독자적으로 의열투쟁을 계획해 이유필과 협의하여 4월24일 칙어 50주년 반포 기념식장에서 폭탄을 투척하기로 했으나 폭탄 확보가 되지 않아 29일의 일왕 생일 기념식장을 겨냥하게 됐다는 사실이 분명해졌다. 윤봉길 의사가 상해로 와서 도산과 이유필 당시 민단장 등 흥사단 원동위원부 인사들을 만나고 대부분의 거처를 함께한 사실, 특히 도산의 거처였던 태평촌에서 윤 의사는 흥사단우였던 김광과 10개월 정도 함께 생활한 점, 윤 의사가 주도한 파업을 이유필과 도산의 중재로 마무리했다는 점도 주목했다. 그리고 윤 의사가 일제에 체포된 직후 거류민단장과 협의했다고 진술한 점, 또 중국 측의 반응이 도산과 흥사단 사람들에게 호의적이있다는 사실은 무슨 의미인지 살펴봤다.

그래서 필자는 이번 개정판에서 도산이 상해에 진주한 일본군에 맞서 한중연합 군사작전을 도모할 필요에 직면하여 측근으로 알려진 이유필을 고리로 해서 군사행동을 시도하지 않았을까. 그렇지만 이유필이 폭탄을 확보하지 못하면서 이 시도는 실패로 돌아갔다.

그때 중국정부는 남경의 장개석과 광동의 왕정위, 공산당의 모택동 정부로 분열돼 있었고 장개석의 상해쿠데타로 상해의 독립지사들은 대부분 장개석 정부에 호의적이지 않았다. 도산은 대일 한중연합전선을 구축하기 위해 우리 내부에 새로운 조직을 만들어 대처해가기로 했다, 중국도 일본의 전면적 침략에 대응하기 위해 통일정부를 구성하기로 1932년 초에 비로소 양파가 합의하여 통합정부가 출범하였다. 이런 배경이 있었기 때문에 위력 있는 폭탄확보가 쉽지 않았던 것이다. 따라서 윤봉길 의사는 장개석의 국민당과 밀착돼 있던 백범을 찾아가 2차 거사를 협의하여 성공을 거둘 수 있게 되었던 것이다.

이렇게 개정판에서는 최근 자료를 근거로 윤봉길 의사 상해 의거는 윤 의사가 적극적으로 1차 시도를 하였으나 폭탄확보가 되지 않아 백범을 찾아가 2차 시도를 하여 성공한 것이었다는 점, 1차 시도에 이유필과 도산이 관련될 수밖에 없었고, 당연히 2차 거사에 대해서도 그 내용을 알게 되었다는 점을 반영했다.

해외 망명 시도는 초판에서 다룬 내용 이상의 새로운 자료를 찾지 못했다. 직접 관련된 분들의 타계로 증언이 더 이상 나올 수 없고 건강이 악화된 상황에서 해외 망명 시도가 갖는 운동사적 의미가 크지 않아서 이번 개정판에서 손을 대지 않기로 했다.

그리고 초판에서 도산의 삶과 정신을 본받기 위해 오늘의 우리가 무엇을 해야 할 것인가 하는 문제에 대한 고민의 일단을 쓴 것이 있었다. 그러나 상황이 더욱 악화되고 흥사단 내부의 변화만을 기다릴 수 없게 되었다.

백년 전통을 갖고 있는 흥사단에 대해 도산은 1930년 전후에 단체의 이름도 바꾸고 주된 활동목표도 바꾸고자 했다. 신흥동우회와 혁명대당의 조직, 사회공작 등이다. 지금도 마찬가지이다. 2012년은 흥사단 100주년을 코앞에 두고 있는 해이다. 의례적인 기념사업을 한다고 해서 지하에 계신 도산 선생이 기뻐하실까? 우선 가장 큰 모순은 민족전도대업의 큰 역할을 하기 위해 정예주의를 표방하고 있으면서 실제 활동내용은 일반 시민단체로 굳어진 형식과 내용의 불일치이다. 참 어색하다. 해법이 없는 건 아니다. 다른 친목봉사단체처럼 건전한 인격을 갖는 대중적 조직체로 발전시켜 대중적 기초를 넓히는 길과 다른 하나는 애초에 표방한 대로 민족전도대업을 위해 당면한 사회문제와 통일문제를 해결하는 문제를 담당하는 정치조직을 만들어가는 방안을 검토하자는 것이다. 이 이원 조직화는 환골탈퇴하려는 비상한 각오와 의지가 없이는 가능하지 않은데 화석화된 조직생리와 현실적인 생활태도를 고수해온 한계가 커다란 걸림돌이다.

만약 흥사단 내에서 이런 획기적인 해법 모색이 없다면 민족사회 안에서 조국통일과 민생문제를 해결하려는 정치적 움직임이 구체화될 수도 있다. 그럴 경우 문제의식이 있는 개별 단우들이 참여하는 방식도 가능하다. 한독당과 조선혁명당 등으로 원동 위원부 단우들이 활로모색에 나섰듯이 역사적 진실은 도산을 뛰어넘어 역사적 과제에 철저히 복무할 때만 아름답게 빛나는 것인지도 모른다. 그래야 지하에 누워계신 도산선생이 현실의 역사무대로 우리를 불러낼 수 있게 되는 것이 아닐까.

개정판을 내면서 또 다른 자료가 발견되면 계속 보강해갈 것임을 약속드리며, "조국통일과 복된 한국사회를 위하여, 건투!"

2012년 3월
이태복

머리말

1983년 겨울 필자는 전주교소도의 병사(病舍) 상층의 독방에서 '까막소 생활'을 하고 있었다. 그 전에는 4동 특별사에 수감돼 있었다. 1982년 박관현 군이 광주교도소에서 옥사한 사실이 알려져 일제히 단식 항의를 하자 교도소측이 양심범들을 각 사동으로 분산 수용한 것이다. 당시 병사에는 양심수 여러 명이 함께 생활했다. 병사의 분위기는 교도관에 따라 조금 차이가 있었지만 특별사동과는 비교할 수 없을 정도로 자유로웠다. 독방에 갇혀 있을 뿐, 통방이나 운동, 책 빌려보기 등에서 별다른 제약이 없었다. 4·19나 5·18, 8·15 등과 같은 기념빵투 때를 제외하고는 책을 부지런히 읽는 일이 가장 큰 일과였다.

그런데 함께 갇혀 있던 양심범들이 도산에 대한 매도, 즉 개량주의자, 부르주아민족주의자, 준비론자로 치부하고, 아예 연구해 볼 가치조차 없는 사람으로 경멸하는 것이었다. 그때마다 '그런 태도는 독립운동의 대선배에 대한 옳지 못한 태도이다', '춘원 이광수나 단재 신채호의 책 몇 권 읽고서 도산을 재판하려는 것은 선무당이 사람을 잡는 것과 같다'며 공부를 더 할 것을 권했다. 하지만 그들은 귀담아들으려 하지 않았다. 독립운동사료도 제대로 공부하지 않고 투사연하는 일부 사람들이 참말로 안타까웠다.

그런데 1990년대에도 계속 도산에 대한 왜곡과 일방적인 폄하는 도를 넘어 '일제 정책에 이용당했다'는 근현대사 책까지 등장했다. 최근에는 방송국의 교양 프로에서조차 김용옥 교수의 일방적인 평가와 근거 없는 매도가 방영되는 사태까지 일어났다. 이런 현상을 방치하면 거짓이 진리가 되고 허위가 사실로 굳어지지 않는다고 말할 수 없다. 물론 도산에 대한 지속적인 연구를 수행하고 있는 도산학회와 기념사업회 활동도 전개되고 있다. 하지만 아직도 많은 지식인들이 도산 안창호의 전체상에 대해 잘 모르거나, 이광수식의 위대한 인격론, 또는 신채호식의 도산 비판론의 수준에 머무르는 경우가 많다. 또 일반 국민들은 그냥 독립운동가의 한 사람으로 기억하거나 아예 그가 누구인지조차 모른다. 외국 가수나 연예인에 대해 시시콜콜한 것까지 잘 알고 그 정보를 자랑하는 젊은 세대들이 도산 안창호에 대해 관심조차 두지 않는 현실은 지극히 참담하다.

이래서는 안 된다. 온몸과 마음을 바쳐 조국의 독립을 위해 밤낮을 아끼지 않고 헌신했던 한 위대한 애국자에 대한 도리가 아니다. 특히 도산의 독립운동방략은 다른 어떤 독립운동의 지도자들보다 큰 틀과 구체적 계획을 갖춘 뛰어난 경륜이 담겨 있었다. 또 그는 좌우파의 대립과 갈등 속에서 통일단결을 일관되게 추진했다. 이런 자세가 다른 독립운동가, 혁명가들과 뚜렷이 다른 점이다. 또 끊임없는 자기수양과 동지들이나 비판자들을 대하는 그의 공평무사한 태도, 금전과 이성에 대한 결벽에 가까운 청교도적인 일관성은 정말 고결한 인간이 도달할 수 있는 높은 경지이다. 또 크나큰 인간적 매력이 아닐 수 없다. 이런 도산의 진면목을 제대로 모른 채 '딱지 붙이기'에 열중하거나 아예 외면하는 풍조는 우리 시대의 역사와 진지한 삶에 대한 모욕이다.

그래서 도산을 사표로 삼고 한국 사회의 민주화와 발전을 위해 실천활동을 해 왔던 한 사람으로서, 항일독립운동의 선구자셨던 도산의 구국운동과 항일운동노선을 종합적으로 정리해 봐야겠다는 문제의식을 갖게 됐다. 도산 안창호의 삶의 발자취를 따라 걸으면서 한말의 구국운동과 항일독립운동에서 나타난 그의 성과와 한계, 그리고 실패를 객관적으로 인식해서 버릴 것과 계승해 갈 문제를 집중적으로 고민해 보자는 것이다. 나름대로 독립운동사에 관한 자료를 읽어 왔고, 일정한 평가를 민주화운동 과정에서 해 왔지만, 도산의 성공과 실패의 교훈을 그 시기의 반독재 민주화 투쟁에 전적으로 반영하지 못했다. 그래서 지금 오늘의 시점에서 도산의 삶 속으로 들어가 도산의 선택과 실천과정에서 제시한 여러 방안과 대책들을 분석해 보면, 당면한 문제에 대한 해답의 실마리가 나올 것이고, 그에 따른 실천적 과제를 검토해 볼 수도 있을 것이다. 그렇게 되면 도산의 삶을 통해서 21세기의 우리가 보다 나은 실천과 성과를 만들어 낼 수도 있지 않겠는가. 그러려면 무엇보다 도산의 전체상을 복원해 내는 작업이 시급하다.

물론 이런 문제의식이 최근에 시작된 것은 아니다. 22년 전인 1984년 늦봄 전주교도소 시절에 안창호 평전을 집필하기 위해 단식투쟁 끝에 검사로부터 볼펜 사용을 허가받았다. 그동안 도덕적인 수양론자나 교육가 등 일면적으로 소개된 도산 안창호가 아닌 치열한 실천활동을 전개했던 독립운동가의 전체 모습을 온전히 찾아내기 위해서였다. 평전의 전체 구상과 집필 원칙, 제목 등의 틀을 잡고 노트로 20여 페이지를 써나갔다. 그런데 8·15 기념투쟁 때문에 볼펜을 다시 빼앗기고 말았다. 이 바람에 1988년 10월 석방될 때까지 집필은 꿈도 꾸지 못했다. 출소 이후 15년 동안 노동자언론을 세워 키우고 어려운 이웃들을 돕는 바쁜 일 때문에 평전 집필 계획을 구체화할 수 없었다. 마침 학교 강의와 여러 지방에서 특강을 하는 이 기회에 마음을 잡고 쓰지 못하면 도산에 대한 잘못된 초상을 바로잡겠다는 약속을 지킬 수 없을 것 같았다. 그러니까 20여년 만에 약속을 지키게 된 것이다.

전문 연구자가 아닌 운동가의 한 사람으로서 도산 안창호에 대한 평전을 쓴다는 것은 애초부터 무리인지 모른다. 하지만 일방적인 찬양이나 비방이 아니라 운동가의 자세와 감각으로 그의 삶의 전체 모습을 되살려 낼 수 있다면, 그래서 도산 안창호의 진면목을 국민들이 대할 수 있다면 얼마나 좋은 일인가. 그리하여 혼탁한 한국 사회에서 진정으로 존경할 만한 인물로서 도산 안창호의 삶의 지세를 따라 배우려는 이들이 넘쳐나고 이 나라의 중심축을 세울 수 있다면 더 바랄 바가 없겠다.

이 집필 작업은 신용하 선생님, 이만열 도산학회 회장님과 연구자 여러분들, 특히 이명화 선생의 중국 활동에 관한 노고, 그리고 '도산 안창호 전집 자료'에 힘입은 바 크다. 좀 더 전문가들에 의한 연구 작업이 진행되기를 희망한다. 또한 이 글쓰기는 사랑하는 아내이자 동지인 심복자 님의 조언과 비판이 없었다면 객관적 시각을 유지하지 못했을지 모른다. 지면을 빌려 고맙다는 말을 하고 싶다. 끝으로 이 글의 교정지를 보고 있던 시기에 돌아가신 아버님 이순구(李舜求) 님의 영전에 삼가 이 책을 바친다.

2006년 9월
이태복

| 차례 |

1막

먹장구름 속에서 싹튼 새싹

대동강변에서 태어나다

태평성대에 태어나 순탄하게 성장하여 안락한 생활을 즐기는 사람이 있는가 하면, 태어나는 순간부터 역사의 고통을 떠안고 온몸을 던져 역경과 싸워 나가는 인간도 있다.

도산 안창호(1878~1938) 선생은 전형적으로 고난 속에서 피어난 꽃이었다. 한국 독립운동과 혁명운동의 선구자였고, 올바르게 살려는 인간들의 사표(師表)이자 시대정신의 표상(表象)이었다. 그는 잠을 자도 밥을 먹어도 대한 독립 위해 산 사람이었다. 숭고한 목적을 갖고 있는 인간의 삶이 어찌 순탄할 리 있겠는가.

밀어닥친 외세의 파도

안창호가 태어난 해는 1878년이다. 이때는 명성왕후(1851~1895) 세력이 강력한 쇄국정책을 펼치던 흥선대원군(1820~1898)을 밀어내고 집권한 지 5년이 된 시기로, 조선은 이미 자주적인 근대화의 기회를 놓친 뒤였다.

명성왕후 세력은 외세에 의존해 취약한 권력 기반을 공고히 하고자 시도했다. 일본이 1875년의 운양호 사건[1]을 빌미로 1876년 굴욕적인

----

1) 1875년(고종 12) 9월 20일 일본 군함 운양호가 조선의 강화해협에 불법 침입하여 포격을 가하고 살육, 방화, 약탈을 자행한 사건.

강화도 조약[2]을 강요하자, 이에 굴복하여 본격적인 조선 침략의 길을 터주고 말았다. 사실 강화도 조약은 일본이 1854년 미국과 맺은 통상수호조약의 불평등 내용을 그대로 옮겨 놓은 것이었다. 일본은 조선보다 불과 20년 앞서 문호를 개방하고 이를 계기로 재빠르게 자주적인 근대화의 길로 나아갔던 것이다. 한 나라가 식민지가 되고 다른 한 나라가 제국주의 침략 국가가 된 것도, 조선과 일본이 숙명적인 원수가 된 것도 외세의 도발과 도전에 대한 대응책의 차이가 결정적이었다.

일본은 1868년 막부(幕府) 체제를 무너뜨리고 명치유신(明治維新)에 성공하여 위로부터 근대화를 추진했다. 이로 인해 일본은 봉건적 질서를 개혁하고 근대적 국민국가를 세워 나갔다. 반면, 명치유신보다 5년 앞선 1863년에 집권한 대원군은 왕조 권력을 강화하기 위해 외척 세력 척결, 서원 철폐 등을 단행하면서도 신분제와 토지소유, 상공업, 교육, 통신 등 내부적 개혁을 추진하지 않았다. 오히려 그는 집권 초기 대중의 지지에 도취해 쇄국정책과 천주교 탄압으로 일관함으로써 외세의 무력 개입을 자초했다. 무리한 경복궁 재건공사와 화폐정책의 실패로 말미암아 백성들의 신뢰조차 잃은 대원군은 마침내 1873년 명성왕후 세력의 반격으로 정권을 내놓고 말았다.

이때까지만 해도 일본은 명치유신에 따른 내부 혼란으로 대외 침략에 주력할 수 없는 상황이었다. 만약 대원군이 집권 10년 동안 일본처럼 내부 개혁을 통해 새로운 사회발전의 동력을 조성하고 신속하게 근대화의 길로 나아갔다면, 조선의 운명과 안창호를 비롯한 일반 백성의 삶은 분명 달라졌을 것이다.

....
2) 1876년(고종 13) 조선과 일본 간에 체결된 최초의 불평등 수호조약.

1873년경부터 일본에서는 명치 정부의 봉건 질서 타파로 생활 근거를 잃은 무사들의 에너지를 대외 침략으로 돌리려는 정한론(征韓論)이 대두하기 시작했다. 안창호가 태어나기 5년 전이었다.

대원군의 퇴진과 명성왕후 세력의 등장은 일본에게 절호의 기회였다. 명성왕후 세력이 대원군과의 권력투쟁에 빠지지 않고 당시 조선이 처한 국내외적 조건에 대한 최소한의 인식이 있었다면, 일본과 청국 등 열강의 침략 야욕에 적절히 대처하는 동시에 동요하던 민심을 가라앉히고 부국강병책으로 내부 역량을 강화했을 것이다. 그러니 그들은 오히려 청국과 일본에게 통상권을 내주고 광산, 철도 등 각종의 개발 사업을 헐값에 넘겨 버림으로써 국내에서 지지 기반 구축에 실패하고 말았다.

열강의 이권 다툼 속, 대동강변에서 태어나다

이러한 역사적 사건들이 전개되는 상황에서 안창호는 태어났다. 자필 이력서에는 1878년 11월 9일 태어난 것으로 되어 있는데, 음력으로는 10월 6일이다. 출생지는 평양성 밖 대동강변의 봉상도, 이 지역 사람들이 '도롱섬'이라고 부르는 조그만 섬이다. 안창호가 대동강변의 섬마을에서 서당에 다니고, 먹을 감거나 투석놀이와 쇠꼴을 먹이며 자라는 동안 나라에는 몇 차례 큰 사건이 벌어졌다.

안창호가 2세 때인 1880년, 김홍집은 수신사로 일본에 파견됐고, 훗날 애국계몽운동의 중심인물이 되는 윤치호·유길준 등도 최초의 일본 유학생으로 도일했다. 안창호가 4세가 되던 1882년, 신식 군대의 도입에 불만을 품은 병사들이 봉급 체불과 차별대우에 항의하여 명성왕후 세력에 항거한 임오군란³⁾이 일어났다. 이를 계기로 일시적으로 대원군이 복귀하지만 청국의 원세개(袁世凱)가 개입하여 대원군을 청국으로 압송하면서 다시 명성왕후 세력이 권력을 연장하게 되었다. 명성왕후 세력이 청국의 군사력에 의지하게 되자 청국 상인은 조선에서 활발히 활동할 수 있었던 반면, 조선 상인은 입지가 축소되어 크게 동요했다.

이런 분위기의 영향으로 2년 뒤인 1884년 김옥균 · 박영효 등 급진개화파들이 쿠데타를 일으켜 청국에 의존하고 있는 명성왕후 세력을 제거하고, 위로부터의 근대화 작업을 시도하려 했다. 이것이 갑신정변⁴⁾이다. 개화파는 청국의 양무(洋務)운동 방식으로 동도서기(東道西器)적 개량을 추구하는 김윤식 · 어윤중 등의 온건파와 김옥균 · 박영효 등의 급진개화파로 분열되어 있었는데, 갑신정변을 일으킨 급진개화파는 광범위한 사회적 기반을 갖지 못한 채 일본에게 이용만 당하고 3일 만에 청군의 공격으로 붕괴되고 말았다.

이 시기 이후 청국과 일본 상인들이 한양 내에서 영업을 할 수 있게 되면서 한양 상인의 독점권이 무너졌을 뿐만 아니라 청국과 일본 상인은 고리대금업까지 진출하기에 이르렀다. 특히 일본 상인이 소포백목면(小布柏木綿)⁵⁾을 팔고 쌀과 콩을 일본으로 가져가면서 국내 토포 생

....

3) 1882년 한양의 하급 군인과 빈민층이 일으킨 난. 6월 5일 병사들이 겨와 모래가 섞인 쌀을 급료로 지급하려던 관리들을 구타한 사건으로부터 시작되어, 명성왕후 세력에 반대하는 대규모 시위로 이어졌다.

4) 1884년 김옥균 · 박영효 · 서광범 · 서재필 등 개화파는 명성왕후 세력을 무너뜨리고 청국과의 종속관계 청산 등 정치 개혁을 주장했지만 일본에 의존적인 성격에서 벗어날 수 없었다. 갑신정변은 3일 만에 무너졌다.

5) 조선의 수공업적인 토포(土布)에 비해 제품의 질이 좋고 면방직기계를 이용한 영국과 미국산 베와 면직물을 말한다. 이후에 일본산 제품으로 대체됐다.

산업자와 치열한 시장 쟁탈전을 벌이기 시작했다.

안창호가 10세가 되던 1888년에는 삼남 지방의 가뭄과 압록강 범람으로 수재민이 발생하면서 전국적으로 화적떼가 들끓고 소요가 각지에서 일어났다. 또한 1889년경 함경도와 황해도에서 발령된 방곡령[6]에서 보듯, 일본으로 쌀과 콩이 대량으로 반출되는 현상은 조선의 자·소작농의 몰락과 농촌 경제의 혼란을 불러왔다. 쌀값이 폭등하고 불안정해지면서 농촌의 소작농과 도시의 빈민이 직접적인 타격을 입었다.

일본은 명성왕후 세력을 압박해 부산을 시발로 제물포·원산 등의 단계적인 개항을 관철시키고 개항지의 100리 범위까지 영업 지역을 확대했다. 이렇게 영업 지역이 넓어지자 일본 상인은 영국과 미국산의 면직물을 조선에서 판매하고 쌀을 일본으로 수입하면서 세금을 내지 않고 폭리를 취했다. 일본은 면직공업의 발달에 따라 새로운 일본산 백포(白布) 수출시장이 필요했는데, 그 주된 대상이 한반도였다. 그뿐만 아니라 몰락한 무사계급의 활로도 열어 줘야 했는데, 그 신천지 역시 조선이었다.

어머니와 형의 노동으로 생활하다

선비 집안이었으되 농토가 없었던 안창호의 집도 이런 경제·사회적 타격으로부터 예외가 아니었다. 안창호의 아버지는 안흥국(安興國, 1852~1885), 어머니는 황몽은(黃夢恩, 1847~1930)이다. 몇 대에 걸친 선

---

6) 1876년 개항 이후 중앙 정부나 지방관이 곡물의 유통을 통제한 정책으로, 1904년까지 100건 이상 발령되었다.

대와 일가친척 가운데 벼슬한 사람이 없었던 것으로 보아 전형적인 잔반(殘班)이었다. 자기 농토 없이 다른 사람의 논을 부치거나 서당에서 동네 아이들에게 한문을 가르치던 아버지가 중풍으로 쓰러져 돌아가신 1885년 이후부터 안창호는 할아버지와 함께 살았다. 안창호는 3남1녀의 셋째 아들이었다. 둘째 형은 어릴 때 사망해서 친동기간으로는 형 치호, 누이동생 신호가 있었다. 연로한 할아버지는 농사지을 처지도 되지 못했기 때문에 어머니와 형의 노동으로 입에 풀칠을 할 수밖에 없었다. 이렇게 안창호는 가난한 농촌의 어린 소년이 겪어야 했던 모든 생활을 경험했던 것이다.

원래 안창호의 집안은 대유학자 순흥 안씨 안향(安珦, 1243~1306)[7]의 26대 후손으로 평양의 동촌(東村)[8]에 집성촌을 이루며 살았다. 집안의 사당과 선산도 동촌에 있었다. 동촌의 세거지에서 남쪽으로 조금 떨어진 지역에 안씨 집안 자손들이 옮겨 가 살기도 했다. 어린 시절부터 한양으로 상경할 때까지 안창호는 집안의 제사나 시제 때 할아버지를 따라 동촌의 사당에 가서 제례를 올렸다.

....

7) 안씨의 시조 문성공 안유는 흥주(興州) 출신으로 이름이 향(珦)이다. 고려 말의 이름난 유학자로 중국의 남송에서 일어난 정·주(程·朱)의 성리학을 고려에 소개했고 고려 원종 때 과거에 급제한 뒤 충선왕과 함께 원나라에 인질로 가 있었으며 찬성 벼슬에 이르렀다. 섬학전(瞻學錢) 제도를 설치해 학교를 부흥시켰다고 전해진다. 시호는 문성. 조선조 중종 때 그가 글을 가르치던 풍기 죽동에 백운동서원을 창설한 것이 서원 제도의 효시다. 안씨 족보에 의하면 안창호는 순흥 안씨 참의공파의 자손이고 참의공 종검(從儉)은 공민왕 때 공조참의를 역임한 바 있고 안창호의 17대조이다.

8) 이광수의 기록에 동촌으로 되어 있고, 주요한도 이를 그대로 인용하고 있다. 그런데 주요한이 안창호가 남촌 교인의 대표로 선교사의 기부운동을 반대하는 연설을 했다거나, 곽림대의 글에 동네 사람들이 안창호를 '노내미집 셋째'라고 부른 것을 보면 이때의 남촌은 안창호가 출생한 평양 남쪽, 즉 대동강변의 일부를 포함한 지역을 말한다. 『그리스도 신문』 1897년 7월 1일자에는 "평양 남촌 도롱섬에 사는 이석관"이라고 지칭하고 있는 것으로 볼 때 도롱섬도 남촌의 범위에 들어갔던 것으로 보인다. 그러나 안씨 집안의 세거지(世居地)는 평양 사람들이 흔히 동촌이라고 부른 대동강변의 동쪽 고분군 지대의 남쪽이다.

안창호가 태어난 봉상도는 평양과 같은 생활권역이었다. 이 섬의 일부를 행정구역상 남곤면 노남리 또는 남부산면 노남리라고도 하는데, 안창호를 가리켜 '노내미집 셋째'라고 부르게 된 것도 이런 연유가 아닐까 한다. 여러 곳을 이사 다녔던 안창호의 출생지에 대해 논란이 있지만, 흥사단에 입단하면서 안창호가 직접 작성한 이력서에는 "평남 강서군 조리면 7리 봉상도"라고 기재되어 있다.

소년기의 서당 학습

7세 때 아버지가 돌아가셨기 때문에 할아버지 밑에서 천자문 공부를 한 뒤 7세에서 8세 때는 국수당에서 천자문을 배웠고, 9세에서 13세까지는 노남리에서, 14세에서 15세까지는 심정리에서 서당에 다니면서 당시 서당의 일반적인 교과 과목이었던 한문, 『동몽선습』, 『소학』 등 유학의 기초 지식을 배웠다.

소년 안창호는 자신이 태어난 조선 땅이 격변의 소용돌이에 빠져 들어가고 있다는 것을 알 수 없었다. 하지만 안창호가 태어난 고장이 평안도 평양의 대동강변이었다는 것은 그에게 적지 않은 영향을 주었다. 그때까지도 1811년경 평안도 일대를 뒤흔든 대규모 민란인 홍경래의 난[9]에 대한 많은 소문들이 대동강변 섬마을에 떠돌아 다녔으며, 자연스럽게 어른들에게 무시무시한 얘기도 들었을 것이다. 또 '코쟁이 양놈'이나 '비단장수 왕서방' 얘기, 특히 1866년 동네 근처에 제너럴 셔

....

9) 1811년(순조 11) 12월부터 1812년 4월까지 약 5개월에 걸쳐 평안도 지역에서 일어난 대규모 농민 봉기.

먼 호가 상륙해 통상을 요구하자 대동강변의 마을사람들이 들고 일어나 선교사와 선원을 처단하고 배를 불태운 사건은 자주 동네 사람들의 화제에 올랐을 것이다.[10] 마을 청년들이 떼 지어 몰려가 투석전을 벌였던 얘기를 들을 때는 덩달아 신이 났을 것이다.

이런 시대적 환경과 어린 시절에 배운 유교적 가치관은 안창호의 운동적 삶 속에서 근대적인 가치관으로 발전했다. 안창호가 고향에 처음 세운 학교인 계몽학교에서 지어 가르친 노래 「부모 은덕가」는 개화기 곡조에 효도를 강조한 것이었다. 또한 1907년 미국에서 귀국하면서 안창호는 자유 문명국의 기초로서 민(民)의 자신(自新)[11]을 강조했는데, 이것은 유교의 수기치인(修己治人)에서 발전된 개념이었다. 그러나 안창호는 어린 시절에 배웠던 유학에 대해 공리공론에 기울고 허례허식에 빠져 나라를 망쳤다는 비판의식을 함께 갖고 있었다. 특히 안창호는 무실(務實)을 강조했는데, 조선 말기의 유교 폐해, 즉 실생활과 유리된 관념적인 공리공론과 허례허식 및 생활태도를 혁신하지 않고서는 조선이 힘을 기를 수 없다고 생각했다.

동네 사람들에게 책 읽어 주기

안창호의 가족은 그가 14세 때 심정리로 이사했다. 그곳에서 안창

---

10) 제너럴 셔먼 호 사건을 핑계로 병인양요와 신미양요가 발생했다. 1866년 프랑스 로즈 제독이 7척의 극동 함대를 이끌고 강화도를 침공(병인양요)했으나, 한성수·양헌근 조선 부대가 분전해 문수산성과 정족산성에서 격퇴했다. 몇 년 뒤인 1871년에는 미국 로저스 제독이 5척의 군함으로 강화도를 공격(신미양요)했지만, 어재연이 이끄는 조선 수비대가 광성보와 갑곶에서 격퇴했다.
11) 자신(自新)은 신식 교육과 신산업 등 사회 전반의 문명 개화를 의미한다. 청년학우회와 흥사단운동으로 발전하면서 보다 엄밀한 자아 혁신의 개념으로 구체화된다.

호는 서당에서 공부를 하는 한편, 밤에는 동네 사람들이 가지고 온 『홍길동전』·『춘향전』·『심청전』·『토끼전』·『흥부전』 같은 책들을 읽어 주었다고 한다. 이때 안창호의 목소리가 너무 좋아서 동네 사람들이 숨죽여 들었다고 하니, 조선 천지에 퍼진 안창호 웅변은 어린 시절부터 갈고 닦여진 솜씨였던 것 같다. 또 동네를 찾아다니는 방물장수나 평양으로 나가 장사꾼이 된 동네 사람을 통해 뒤숭숭한 세상 이야기를 전해 듣고 걱정에 잠기기도 하고, '되놈 비단장수'와 '왜놈의 게다짝·훈도시' 이야기에 배꼽을 집었을 것이다.

안창호의 어린 시절과 관련된 유명한 일화가 세 가지가 있다. 하나는 농촌에서 자란 어린이라면 흔히 있는 '참외 서리 사건'이고, 다른 하나는 '시집간 고모 집 가기', 그리고 '이암 회초리 사건'이다. 모두 안창호의 기민한 두뇌 회전과 상황에 주도면밀하게 대처하는 영리함을 보여 주는 일화들이다.[12]

참외 서리는 주인 몰래 동네 참외밭에서 참외를 훔쳐 친구들끼리 나눠 먹는 짓이다. 안창호는 이런 방식을 택하지 않고 참외 주인의 오두막에 당당히 가서 할아버지한테 쫓기고 있으니 숨겨 달라고 해서 참외밭에 엎드려 참외를 실컷 먹었다는 것이다. 대담하기 이를 데 없다. 시나리오까지 짜서 동네 아저씨를 속여 먹었으니 얼마나 놀라운 일인가? 그러나 이 일로 안창호는 어머니한테 크게 야단맞고 회초리를 맞으며 '절대 거짓말을 하지 않겠다'는 다짐을 하게 되었다고 한다.

고모 집에 가면 고모가 잘 해 주기 때문에 누구나 가고 싶어 한다. 안창호 역시 마찬가지였다. 그런데 출가외인이라는 전통이 엄연히 살

12) 이강, 「도산언행습유」, 윤병석·윤경로 편, 『안창호일대기』, 역민사, 1995, 29쪽. 158~159쪽.

아 있는 당시, 어른의 허락 없이 40리나 떨어진 시집간 고모 집에 함부로 갈 수 없었다. 그래서 안창호는 할아버지의 생각을 옆집 할머니를 통해 파악했다. 동네 할머니에게 고모 집에 간다고 말해 놓고 나서 그 할머니가 할아버지에게 전하게 해서 할아버지의 반응을 살폈던 것이다. 할아버지가 화를 내면 가지 않고, 별 얘기가 없으면 고모 집에 가겠다는 심사였다. 할아버지를 무작정 조르는 통상적인 아이들의 방식과는 다르게 간접적인 승낙을 얻어내려는 꾀가 보인다.

'이암 회초리 사건'은 숙제를 해 오지 않아 회초리를 맞게 된 훈장 이석관 선생의 넷째 동생 이암에게 앞으로는 숙제를 반드시 해 오겠다는 약속을 받는 대신 한쪽 구석에 있던 돗자리에 둘둘 말아 감춰 뒀다가 들킨 사건이다. 그리고 들키자 함께 매를 맞겠다고 나섰다. 딱한 사정에 처한 사람을 외면하지 않되 다시 잘못을 되풀이하지 않겠다는 약속을 받고 함께 문제를 풀려는 자세는 그가 어릴 적부터 보통내기가 아니었음을 짐작케 해 준다.

힘이 있어야 한다!

동학농민봉기와 청일전쟁

우물 안의 개구리처럼 부모에 대한 효도와 임금에 대한 충성, 어진 마음과 덕을 베풀고 살아야 한다는 소박한 유교의 가르침은 차츰 살벌해지고 있는 제국주의 열강의 쟁탈전으로 산산조각 나고 있었다. 우리 땅에서 외국 군대끼리 맞붙은 청일전쟁(1894~1895)이 터진 것이다. 1894년 9월 15일 평양전투로 평양성이 폐허가 되고, 숱한 백성들이 죽거나 다치는 것을 본 안창호는 심각한 문제의식을 갖게 됐다. 자신을, 크게는 조선을 둘러싸고 요동치고 있던 외부 세계의 실체를 비로소 직면하게 된 것이었다.

당시 일본은 청국 특히 북양군벌 리훙장의 군대와 맞서 싸울 만한 준비가 충분하지 않았다. 그래서 일본 내에는 청국과 군사적 충돌을 경계하는 목소리도 있었다. 그러나 조선의 통상교역권을 거머쥐고 영국산 면직물과 값비싼 서양 제품의 판매에 따른 수수료를 확보하려 했던 청국과 이를 저지해 자신의 손아귀에 이권을 쥐려는 일본 사이의 갈등은 점점 더 깊어만 갔다.

그러다 동학농민봉기가 일어나자 이를 진압한다는 구실로 청·일 양군이 한반도로 진주하면서 군사 충돌이 벌어졌다. 전쟁의 승패는 너무 쉽게 판가름 났다. 청국은 종이호랑이에 지나지 않았던 것이다. 이미 근대국가의 군인으로 출정한 일본군의 사기는 청국 군벌의 군대를 기세에서 압도했다. 청국은 1894년 10월 말 조선 반도에서 완전히 물러났다. 이로써 조선에서 청국의 종주권이 사라지고 일본의 영향력이 확고해졌다.

청일전쟁을 불러온 발단은 반봉건과 반외세를 주창하며 전국에서 일어난 동학농민봉기였다. 외척 세력과 양반 토호 세력의 수탈로 허덕이던 농민들이 신분 질서를 거부하고 만민평등을 강조하는 동학사상에 환호한 것은 당연한 일이었다. 동학은 들불이 번지듯 부패 · 타락하고 무능한 왕조 질서에 허덕이던 전국의 농민 대중 사이에 널리 퍼졌다. 안창호가 태어나기 이전인 1871년에 일어난 이필제(1816~1871)의 반란[13]이나 평안도 각지의 크고 작은 소요의 배경에는 동학의 움직임이 있었다. 안창호가 5세가 되던 1883년 보은에서 열린 집회에는 '교조의 신원'을 위해 2만여 명의 농민이 집결할 정도였다.

1894년 2월 고부에서 봉기한 농민군은 순식간에 1만여 명으로 불어났으며, 5월 말에는 관군을 격파하고 전주성을 점령하기에 이르렀다. 명성왕후 세력이 농민군의 일부 요구를 수용하자 동학농민군은 일단 해산했다. 그러나 이때 이미 명성왕후 세력은 청군의 파견을 요청해 놓은 후였다. 청국 군대가 진주하자 일본이 조선 정부의 요청이 없었음에도 무단으로 한양으로 군대를 진격시켜 경복궁을 1개 대대병력과 공병소대로 점령한 뒤 명성왕후 세력을 무너뜨리고 친일파 정권을 세웠다.[14] 뒤이어 9월 중순 평양성 전투에서 청군을 결정적으로 패퇴시

---

13) 1869~1871년 이필제가 중심이 되어 일으킨 난. 농민항쟁과 달리 군(郡) 단위를 넘어서서 지방 관아를 무력으로 점령하고 한양까지 진격하고자 했던 병란이다.

14) 中塚明, 박맹수 역, 『경복궁을 점령하라』, 푸른역사, 2002, 83~88쪽.

킨 일본은 다시 11월 공주 전투에서 반외세의 깃발을 든 동학군을 진압했다.

동학과 서학, 향시에 대한 생각

안창호가 동학농민봉기를 어떻게 생각했는지 추측할 수 있는 자료는 없다. 아마 안창호는 동학농민봉기에 관한 정확한 정보를 갖고 있지 못했을 것이다. 동학농민봉기가 일이닌 1894년, 안창호는 16세의 소년이었다.

같은 시기에 안창호보다 3년 일찍 황해도에서 태어난 우남 이승만(1875~1965)은 양녕대군파의 직계 후손으로 왕손 의식이 강했다. 3세 때 한양으로 올라온 이승만은 동학농민봉기 시기까지 과거 준비에 몰두했다. 또한 안창호보다 2년 일찍 태어난 백범 김구(1876~1948)는 황해도의 '애기 접주'가 되어 수천 명의 동학교도를 모았다. 김구는 관군과의 전투, 보은집회 참가 등 황해도와 평안도 인근 동학군의 주요 청년 지도자로 활동했다.

당시 동학군에는 주로 농민이 참가했다. 또한 중인이나 몰락한 양반이 일부 가세하는 형편이었기 때문에 풍문과 여러 지역의 움직임을 들었을 터였다. 그러나 본격적으로 사회적 흐름에 참가하기에는 안창호의 나이가 어렸다. 『성경대전(聖經大全)』이나 「궁을가(弓乙歌)」 같은 동학 교리를 정리한 경전과 노래를 접할 기회가 없었을 것 같지만, '시천주조화정(侍天主造化定) 영세불망만사지(永世不忘萬事知)' 같은 주문을 외우면 악귀도 쫓아내고 총알도 막는다는 동학에 대한 풍문 정도는 듣지 않았을까 여겨진다.

갓을 쓰고 있는 안창호.

향시(鄕試)에 대해서는 어떠했을까? 1894년 갑오개혁으로 마지막 과거가 1894년에 치러졌는데 고향의 서당에서 사서삼경 등을 공부하던 안창호가 향시에 어떤 관심을 갖고 있었는지는 알 수 없다. 할아버지의 완고한 선비 기질로 봐서 총명한 손자가 과거에 급제하여 가문을 빛내길 원했을 법도 하다. 그러나 이 역시 안창호의 나이가 어리고 본격적인 과거 준비를 하기에는 시골 서당에 다니는 것으로는 어림없는 일이었다. 그의 집안 형편상 글선생을 따로 모시거나 한학에 조예가 깊은 유명한 선비의 문하로 들어가는 일은 사치스런 일이었다. 이런 조건이나 안창호의 과거에 대한 증언이 없는 것으로 보면, 안창호가 과거 시험을 보거나 준비한 적은 없는 것 같다. 물론 마찬가지로 가난했던 백범 김구와 우남 이승만이 향시에 응시했던 것을 보면, 집안 분위기와 연관이 있었을 것이다. 안창호의 집안에는 대대로 벼슬을 한 사람이 없었으므로 안창호의 할아버지는 기본적인 교양을 갖추는 정도에서 더 이상의 욕심을 내지 않았는지도 모른다.

어쩌면 안창호는 당시 평안도 일대에 급속히 퍼져 나가던 서학의 움직임에 대해 더 많은 정보가 있었을 가능성이 높다. 천주교 신부와 개신교 선교사들의 왕성한 활동으로, 평양을 중심으로 관서 일대에서는 서학이 상당한 교세를 갖고 있었다. 동네 청년이나 도시로 떠난 친척 가운데는 '예수쟁이'가 된 사람도 있었을 것이다. 그들은 제 부모를 놔두고 '아버지! 아버지! 하고 다니는 불효막심한 놈들'이라는 힐난을 들었을 것이며, 안창호의 할아버지 같은 사람들은 '말세야! 말세!'라고 개탄했을지도 모를 일이다. 만약 안창호가 서학에 대해 들었다면 어떤 생각을 했을까? '하느님은 정말 존재할까', '예수가 죽었다가 살아났다는데 사실일까', '예수교인은 양반·상놈·백정도 한 자리에서 함께 밥 먹고 예우한다는데 그래도 괜찮은 일인가' 등등을 생각했을까?

어느 경우이든 안창호는 할아버지 밑에서 공자와 맹자의 영향을 더 많이 받고 있었다. 신학문을 배우겠다고 한양의 구세학당에 들어가면서도 겉으로 기독교를 믿는 척하면서 공맹(孔孟)의 도를 지키면 되지 않느냐고 자기 합리화를 한 것을 보면,[15] 이즈음 안창호의 정신세계는 또래들과 마찬가지로 아직 유교적이었다고 할 수 있을 것이다.

---

15) 이강, 「도산언행습유」, 162쪽.

필대은을 만나다

안창호에게 요동치고 있던 외부 세계의 복잡한 움직임과 새로운 흐름에 대해 소식을 전해 주는 사람이 있었다. 필대은(畢大殷)이었다. 14세에서 15세까지 안창호는 심정리에 있는 김현진(金鉉鎭) 훈장에게 유학을 배울 때 그 문하에 같이 있던 필대은을 통해 세상 돌아가는 흐름과 서양 세계와 각종 문물에 관한 지식을 들을 수 있었다. 말하자면 필대은은 안창호에게 조선 천지에서 벌어지고 있는 세상을 보는 창(窓)이었고, 그의 앞길을 비춰 주는 등불이었다. 안창호가 감수성이 예민한 청소년기에 필대은을 만나지 못했다면 신식 학문에 대한 열의와 한양행, 독립협회와 만민공동회 활동은 불가능했을지도 모른다.

그러면 필대은과 안창호는 어떻게 해서 친형제보다 더하게 의기투합을 했을까? 또한 어떤 이유로 안창호는 동학농민군에 참여하기보다 새로운 지식과 서양 학문을 배워야 한다고 생각하게 됐을까? 이 의문에 대한 대답은 그때 평양에 거주했던 필대은과 나눈 대화와 그의 영향 때문이라고 말할 수밖에 없다. 안창호가 존경하는 인물로 꼽은 이는 필대은, 『서유견문』을 쓴 개화파 유길준, 『독립신문』의 서재필이었다.[16]

필대은에 관한 기록이 남아 있지 않지만 이강의 회고담에 따르면,[17] 필대은은 황해도 안악 출신으로 안창호와 같이 김현진 서당에서 유학을 공부했고, 한양 생활을 함께 했으며, 독립협회 평양 지부 일에서도 손발을 맞추었다. 둘 다 기독교에 입교했지만 선교사들의 내세(來

---

16) 『신한민보』, 1925. 9. 3. 도산이 미주에 중국인 여권으로 건너와 서재필과 함께 LA 장로교 예배당에서 개최된 대한인여자애국단 창립 기념식에서 한 연설.

17) 이강, 「도산 언행습유」, 162쪽.

世) 기원 강조에 불만을 가졌고 교육과 과학 보급을 강조했다.

사고방식과 생활태도, 실천에서 거의 한 몸처럼 동지적 관계를 가졌던 필대은의 무엇이 안창호의 세상을 보는 눈과 치열한 민족의식을 갖게 만들었을까? 필대은은 안창호보다 서너 살 위의 형님 같은 존재였다. 필대은이 대동강변의 섬마을로 이사와 서당에 다녔고 그 이후 평양에 나와 장삿길에 들어선 것에서 알 수 있듯이, 그는 조선에서 개항기 전후에 새롭게 등장하기 시작한 신흥 상인층에 속한 사람이었다. 서양 약품을 판매하는 약종상을 했기 때문에 제국주의 열강의 흐름에 민감했고 비틀대는 조국의 참담한 현실에 울분을 느낀 청년 지사였던 것 같다. 김옥균·박영효 같은 족벌 가문의 개화파가 아니라 연소한 상한(常漢), 즉 전국 각지에서 새롭게 등장한 개화를 지향하는 젊은이였다.

한양과 평양 등 각지를 내왕하면서 자주독립, 개화자강(開化自强)의 사상을 갖고 있었던 우국 청년 필대은이었기에 영민하고 성실한 안창호를 만나 친동기처럼 정을 주고 친동생처럼 아꼈을 것이다. 안창호가 아플 때 필대은이 극진히 보살펴 주기도 했다. 또한 한양을 오르내리며 일본 견학을 다녀온 윤치호나 유길준 등 젊은 정치가들이 『지구전도(地球全圖)』, 『만국공법(萬國公法)』, 『중서관계론(中西關係論)』, 『박물신편(博物新編)』 등의 서적을 읽고 있다는 소식을 비롯하여 금계탑, 자기황, 석류,[18] 양철과 같은 서양 물건에 대한 얘기도 들려주었을 것이다. 필대은은 후배 안창호를 개화자강의 동지로 생각하고 그 당시 자신이 알고 있던 모든 지식과 정보를 전하고, 안창호는 스펀지처럼 필대은이 전해 주는 새로운 소식을 흡수했다.

....
18) 금계탑(키니네 약 이름), 자기황(성냥), 석류(보석).

    안창호와 필대은이 직접 목격한 청일 간 평양 전투의 참혹함은 힘 없는 나라의 비참한 현실을 일깨워 주는 직접적인 계기였다. 평양 시내로 필대은을 찾아간 안창호는 토론을 거듭했다. 구미 열강과 청일 양국의 각축전을 어떻게 볼 것이며, 강대국의 먹잇감이 돼 풍전등화의 위기에 빠진 조국의 현실을 어찌할 것인가? 국왕의 무기력과 고관대작들의 부정부패와 가렴주구에 대한 분노, 세상이 어떻게 돌아가는지 모르는 채 하루하루 생활에 허덕이는 백성에 대한 연민으로 두 사람은 밤을 꼬박 새웠다.

    '이 땅과 백성을 이대로 내버려 두면 나라가 망하고 백성은 일본과 구미 열강의 노예가 될 뿐이다! 힘을 길러야 한다! 종이호랑이 청국과 신흥 강국 일본을 보라! 문명개화로 강국인 된 일본이 청국을 박살내지 않는가? 일본의 노예가 되지 않으려면 힘을 길러 부강한 나라를 만들어야 한다.' 16세의 안창호는 굳게 결심했다. 필대은은 한양에 신학문의 길이 있다고 말해 주었다. '그렇다! 힘을 키우기 위해 우선 나부터 서양의 지식과 과학기술인 신학문을 배우자! 돈이 없으니 맨몸으로 부딪쳐 보자. 그러려면 한양으로 가야 한다!'

    극심한 가난에 시달리던 소년 안창호는 그냥 시골에서 남의 집 농사를 짓거나 도시로 나가 행상이라도 하며 장사를 시작하는 평범한 삶이 아니라 신학문을 배우기 위해 한양 행을 선택함으로써 자신의 삶을 역사의 무대에 올려놓았다.

2막

한양에서 신학문을 배우다

구세학당의 학생과 교사들.

신학문의 배움터 구세학당

첫 출향

마침내 안창호는 그때까지 태어나고 자란 대동강변을 떠나 한양으로 향했다. 청일전쟁이 일어난 지 두 달 뒤쯤이었으니 1894년 말경이다. 피난 간다는 구실로 삼촌과 함께 피난길에 나섰다가 혼자 서흥, 곡산을 거쳐 한양으로 간 것이다. 구체적인 경로나 소감 등은 기록이 없어서 자세히 알 수 없지만, 인생의 첫 출향(出鄕)이었기 때문에 청년기에 접어든 안창호의 다짐과 각오는 대단했을 것이다.

안창호가 괴나리봇짐을 지고 여비로 단돈 10원을 갖고 한양으로 올라와 처음 머문 곳은 숭례문 근처의 여관이었다. 당시 한 달 생활비는 평균 20원 정도였다고 한다. 그 무렵 우리나라에서는 봉건적 신분제도의 폐지, 조세의 금납화, 환곡의 폐지, 화폐제도의 근대화 등 이른바 박영효의 갑오개혁이 급격하게 추진되고 있었다.

숭례문 근처의 시장과 남산에 올라가 한양 시내를 바라본 청년 안창호의 소회는 어떠했을까? 청일전쟁과 동학농민봉기의 와중에 한양으로 상경한 안창호는 하루가 멀다 하고 쏟아지는 개혁조치에 박수를 쳤을까? 아니면 청일전쟁은 조선 지배를 위한 청일 양국의 침략 전쟁이며 전쟁에서 승기를 잡은 일본이 추진하는 개혁조치 속에는 이빨이 감춰져 있음을 감지했을까? 신학문을 배워야 한다는 열망과 한양 한복판에서 활보하고 있는 수천의 일본군 앞에서 청년기에 접어든 안창호의 갈등은 컸을 것이다.

안창호에게는 일단 먹고 자는 문제가 시급했다. 여비도 며칠 만에 바닥났다. 신학문을 배울 기회도 우선 먹고 자는 문제가 해결돼야 가능했다. 막노동이라도 해서 공부할 각오가 아니었던가? 그러던 차에 정동 거리에서 길거리 선교를 하던 밀러(F. Miller) 목사가 "배우고 싶은 사람은 우리 학교로 오시오. 먹고 자고 공부를 거저 할 수 있다"라고 외치는 소리를 들었다. 신입생 모집을 위한 가두 홍보였다. '먹여 주고 재워 주고 공부까지 시켜 준다니…' 안창호는 고민이 한꺼번에 해결될 수 있다는 말에 끌렸을 것이다.

안창호는 헐버트가 운영하고 있던 배재학당이나 경성학당, 또는 고등사범학교, 영어 · 프랑스어 · 러시아어 학교에 들어가지 못했다. 학비도 없었고 후원해 줄 인사도 없었기 때문이었다. 그는 철저한 가난뱅이였다.

당시 구세학당의 교사였던 송순명과 안창호는 10여 일 동안 '예수를 믿어라', '안 된다' 며 승강이를 벌였다고 한다. 그러다 결국에 안창호는 기독교를 받아들였다. 무일푼이었던 안창호에게는 먹여 주고 재워 주고 공부까지 시켜 준다는 구세학당의 입학 조건을 우선 받아들이는 것 외에는 다른 길은 없었다. '예수교인들이 하는 소리는 그냥 흘려듣고 겉으로 믿는 척하자' 고 생각했다는 것을 보면, 처음부터 구세학당을 염두에 두고 한양으로 올라왔다기보다 오히려 신학문을 향한 '무작정 상경' 에 가까웠던 것 같다.

이렇게 시작된 구세학당 생활은 안창호의 생활과 삶에 중대한 영향을 끼쳤다. 그리고 안창호가 배재학당이나 외국어학교에 들어가지

1887년 서울 정동에 있었던 새문안교회. 새문안교회에 안에 구세학당이 있었다.

못하고 구세학당에 다닌 것은 관서 지역 출신이라는 것과 결합해서 이후 독립운동 과정에서 상당한 어려움으로 작용하기도 했다.

구세학당 생활

당시 기독교 선교사들은 선교 목적으로 신식 학교를 지었다. 감리교 계통의 아펜젤러는 1886년 이화학당을, 헐버트는 1885년 배재학당을 세웠다. 언더우드가 1886년 설립한 구세학당은 미국 기독교 북장로회에 속한 학교였다.

구세학당은 광화문 새문안교회 안에 있었다. 초기에는 언더우드 학당(Under Wood School) 또는 고아학당으로 불리다가 1893년 언더우드와 함께 선교 활동을 했던 밀러 목사가 책임을 맡으면서 밀러 학당

(Miller School), 민노아학당으로 바뀌고 한문식 이름인 구세학당이 되었다. 구세학당에는 밀러 이외에 빈튼 박사와 벨 부부가 있었다.

안창호는 구세학당의 학칙에 따라 총각의 댕기머리를 자르고 머리를 짧게 깎았다. 그렇다고 모든 학생들에게 무조건 머리 깎기를 강요했던 것은 아니었다. 하지만 안창호는 학칙에 따랐다. 단발령에도 불구하고 댕기머리와 상투를 고수하던 당시의 사회 분위기에서 머리를 깎는다는 것은 대단한 변화였다. 대동강변의 시골 소년이 신식 문명을 받아들이고 새로운 세계를 알기 위해 불철주야 노력하는 새로운 청년으로 새롭게 탄생하겠다는 의미를 상징하는 것이었다.

구세학당에서 보낸 1895~1896년의 2년은 안창호의 한양 생활에 안정을 가져다주었다. 구세학당의 초대 교사는 정동명이었고, 안창호가 입학하던 때의 교사는 송순명[1]이었다. 안창호는 이곳에서 산술, 음악, 물리, 생물, 선교사, 지리 등과 같은 신학문을 배우면서 전통 유학이나 동학이 아닌 성경과 교리문답을 배워 기독교를 받아들이고 기도하는 법도 배웠다.[2] 오후 시간에는 가끔 목총으로 제식훈련과 도수체조를 배우기도 했다. 하지만 구세학당의 선교사들은 영어를 가르치지 않았다. 후일 안창호는 선교사들이 무조건 기독교를 맹신하도록 하기 위해 영어를 가르치지 않아 질 낮은 기독교 문화만 전파한다고 비판하기도 했다. 비슷한 시기에 어머니의 지원으로 배재학당에 들어갔던 이승만이 영어를 배워 졸업식에서 영어로 연설한 경우와 비교된다고 할 수 있다.[3]

1) 윤경로, 『새문안교회 100년사』, 새문안교회, 1995, 133~137쪽.
2) 「밀러 보고서」, 1896. 10. 16 : 『도산 안창호 전집 5』, 도산안창호기념사업회, 2000, 75쪽.
3) 이주영, 『독립운동가 열전 I』, 백산서당, 2005, 291쪽.

안창호는 구세학당에서 서양 문명과 세계 정세의 흐름을 보다 정확하게 알게 되었고, 기독교 사상도 열심히 배웠다. 세례를 받았으나 평생 어느 한 곳의 교회에 적을 둔 적은 없었다. 자신의 고향집에 교회를 세우고 인근 지역까지 전도하는 데 열성을 보이기도 했다.[4] 하지만 교회의 기부금 모집 운동이나 내세 구원 중심의 신앙에 매우 비판적이었다. 선교사들이 기대했던 신도라고 말하기 어려워 그들은 안창호를 '예수 믿는 사람이 아니다'라고 여기기까지 했다. 특히 미국에서 돌아온 직후인 1907년 안창호는 당시의 교회 부흥 운동에 따라 교인들이 예배당에 모여 죄를 자복한다고 울부짖고 땅에 구르는 것을 보고 "저 어리석은 백성을 어떻게 깨우칠까" 하고 한탄하기도 했다.

그러면서도 안창호는 수시로 기도를 드렸고 사랑을 강조했다. 또한 이스라엘 민족의 역사를 기록하고 있는 구약보다 신약을 자주 읽었다. 그중에서도 "너희는 먼저 그 나라와 의를 구하라", "의에 주리고 목마른 자는 복이 있나니", "내가 옥에 갇혔을 때 찾아와 주었고, 배고팠을 때 먹을 것을 주었다"는 마태복음과 요한복음 신약 성경 구절을 즐겨 인용하기도 했다.[5]

이를 보면 안창호에게 보다 중요했던 것은 신앙 그 자체가 아니라 외세의 탐욕에 먹잇감이 되고 있는 조국의 현실과 궁핍에 시달리는 백성이었다. 민족 현실에 튼튼히 서 있으면서 가난과 고통 속에서 허덕이는 사람들에게 위안이 되고 힘이 되는 하느님을 안창호는 사랑했던 것이다. 식민지 노예로 전락한 그들에게 하느님의 정의와 사랑이 가득 찬

4) 『조선예수교장로회사기』, 1928; 『도산 안창호 전집 5』, 78쪽.
5) 전영택, 「안 도산 선생을 생각함」, 『새사람 19』, 1948. 3; 『전영택 전집 2』, 목원대학교 출판부, 1994, 448쪽.

새로운 세계와 지식을 가르치고, 교육과 산업을 일으켜서 부강한 나라로 만들어야 한다고 믿었던 것이다.

안창호의 구세학당 생활에 대한 기록은 밀러 교장이 1895년에 쓴 보고서[6]가 유일하다. 안창호가 새해를 맞이하기 위해 옷을 마련한다며 3원을 빌려 갔는데, 새 옷이 보이지 않기에 "그 돈을 어디에 썼느냐"고 묻자 안창호가 "그 돈을 갚을 일거리를 찾고 있는데, 당신이 요구하면 언제든지 갚을 수 있도록 상자 속에 넣어 두었다"라고 대답을 해서 자신의 오해를 깨닫고 눈물이 났다는 것이다. 이 기록으로 볼 때 안창호는 단 몇 푼의 돈도 헛되이 쓰지 않고 일거리를 찾아서 일하는 신의가 강한 고학생이었다.

....
6) 「밀러 보고서」, 1895. 10. 25; 『도산 안창호 전집 5』, 64쪽.

의병 봉기의 폭풍우가 불다

전봉준의 「절명시」

구세학당 생활을 시작한 지 얼마 되지 않아 필대은이 동학군의 참모 노릇을 하다가 피신하여 안창호를 찾아왔다. 두 사람은 동학농민봉기 이후 전국적으로 번져 가는 배일(排日) 정서와 이른바 3국 간섭으로 복잡해지고 있는 국제 정세, 특히 한양에 주둔하고 있는 일본군의 움직임에 촉각을 곤두세웠다. 그때 동학농민봉기의 두령 전봉준(全琫準, 1855~1895)이 일본군에 잡혀 한양으로 압송돼 와 처형될 것이라는 소문을 들었다. 안창호가 구세학당의 보통반에서 신식 학문의 기초를 배우던 1895년 3월 29일 전봉준은 일본 영사관에서 교수형을 받아 순국했는데, 동학농민군의 또 다른 지도자였던 김개남은 이미 전주에서 머리가 잘리는 효수형을 당한 후였다. 이로써 반외세 반봉건의 깃발 아래 전개되었던 동학농민군의 봉기는 막을 내리게 되었다.

이때 구세학당의 교실에서 또는 필대은과의 대화에서 안창호가 전봉준이 죽기 전에 읊었다는 「절명시(絶命詩)」[7]를 소재로 얘기를 나눴다는 기록은 없다. 하지만 당시 동학농민군의 지도부였던 전봉준·김개

---

7) 때를 만나서는 천하도 내 뜻과 같더니(時來天地皆同力)/ 운 다하니 영웅도 스스로 어쩔 수 없구나(運去英雄不自謀)/ 백성을 사랑하고 정의를 위한 길이 무슨 허물이랴(愛民正義我無失)/ 나라 위한 일편단심 그 누가 알리(愛國丹心誰有知)

남·손화중·최경선·성두한·길덕영을 형식적인 재판을 거쳐 신속하게 사형을 집행한 일본의 만행은 필대은과 안창호에게 비상한 문제의식을 갖게 만들었을 것이다. '왜 우리나라 사람을 왜놈들이 처형하는가?' '왜 전라도·충청도·경기도·황해도의 농민과 일부 양반들이 가세한 농민봉기는 보국안민(輔國安民)과 척왜양창의(斥倭洋倡義)의 구호와 대중의 지지에도 불구하고 4천 명의 일본 군대를 당해낼 수 없었는가?' 동학농민봉기는 도리어 일본의 지배와 간섭이 노골화되도록 만들었으니, 감수성이 예민한 소년 안창호의 심정은 착잡하기만 했을 것이다.

필대은이 동학군을 빠져나와 한양에서 안창호와 함께 기거하고 있었기 때문에 안창호는 동학군의 실정과 현실을 잘 알고 있었을 것이다. 이미 서구 열강에 관한 지식을 갖고 있었던 필대은과 안창호가 동학군 정도의 무장과 조직으로 일본군과 정규전을 펼치면 일본군을 당해낼 수 없다는 판단을 쉽게 내릴 수 있었을 것이다. '이런 정도의 나라 형편과 준비로는 일본과 싸워서 이길 수 없다! 신식 무기로 무장한 청국도 패하지 않았는가!' '유교가 아니라 신학문을 배워 세계의 흐름을 알고 의식주에 필요한 편리한 각종 도구와 상품을 만들어 내는 산업을 육성해서 나라의 힘을 길러야 한다!'

전국에서 벌어진 일본군의 살육과 만행, 약탈에 관한 흉흉한 소문을 듣거나 경복궁을 장악한 한양 주둔 일본군의 방자한 행동을 대할 때마다 안창호는 '어서 빨리 힘을 길러야 한다! 우리 민족이 힘이 없기 때문에 일본에게 이렇게 당하고 있는 것이 아닌가' 하고 주먹을 불끈 쥐었을 것이다.

반일 정서와 의병 투쟁의 확산

경복궁을 점령한 일본은 무력을 등에 업고 김홍집 1차 내각을 출범시켰다. 김홍집 내각은 군국기무처를 통해 청국에 조공 중단, 노비제와 과거제 폐지 등의 조치를 취하면서 각종 이권을 일본에 넘겨줬다. 그후 평양 전투에서 이긴 일본은 2차 박영효 내각을 출범시켜 침략 기반을 확대하려 했지만 박영효는 미국·영국 등의 정동파(貞洞派)와 손잡고 정부 재정 개혁과 시위군 제도 정비 등을 꾀했다.

한편 독일, 프랑스, 러시아는 청일전쟁에서 승리한 일본에게 청일 강화 조약으로 확보한 요동(遼東) 반도를 되돌려 주라는 압력을 가했다. 이 3국의 압력에 밀려 일본이 요동 반도를 반환하자 명성왕후 세력은 재빠르게 러시아 세력을 배경으로 박영효 내각을 추방하고 러시아와 미국의 지지 하에 친정 체제를 수립하려고 시도했다. 김홍집 2차 내각이 들어서면서 시국은 유길준·어윤중 등 친일파 제거설과 대원군 옹립설로 뒤숭숭해졌다. 이런 미묘한 암투가 벌어지는 와중에 새로 부임한 일본의 육군 중장 출신 미우라 고로(三浦梧樓) 공사는 조선에 대한 지배력을 강화하기 위해 명성왕후를 시해하는 사건을 일으켰다. 1895년 10월 8일의 일이었다.

명성왕후 시해 사건은 전국의 반일 기운에 기름을 끼얹은 결과를 낳았다. '왜놈들이 감히 궁궐에 침입해 국모를 살해한 만행을 용서할 수 없다'는 정서가 전국에 팽배했다. 일본 스스로 이런 분위기를 기록하고 있다.

관민 일반은 물론이고 체류 중인 외국인까지 배일의 풍조가 극히 왕성하여 우리 행위에 대해서는 그것이 무엇이든 간에 묻지도 않고 모두가 반대하는 지경이며, 위로는 국왕으로부터 아래로는 서민에 이르기까지 조선의 상하 관민은 모두 배일의 열기에 들떠 일본을 나라의 원수로 여김에 권리의 확장은 생각할 여지도 없고 단지 세력 유지에 도 바빴다.[8]

　이런 일본에 대한 분노와 증오의 물결에 기폭제를 제공한 것이 김홍집 내각이 단행한 단발령이었다. 단발령을 계기로 그동안 동학농민 봉기에 참여하지 않았던 유생들이 전국 각지에서 들고 일어났다. 그들은 위정척사와 같은 기치를 내걸었는데 많은 평민과 농민, 동학 잔류 부대가 가담했다. 의병 부대의 절반이 동학 잔류 부대로 구성돼 있을 정도였다. 이미 단발을 한 안창호가 유생들과 같은 정서를 가질 수는 없었을 것이다. 유교의 가르침이 올바르고 천주교나 기독교, 서양의 문명은 사악하다는 주장에도 공감할 수 없었을 것이다. 하지만 그들을 움직이는 반일 정서와 투쟁의 호소를 무시할 수도 없었을 것이다. 일본 낭인들의 칼에 국모가 시해당한 사건은 구세학당의 학생들에게도 엄청난 충격이었다.

　전국 곳곳에서 일어난 의병과 그들의 죽음은 안창호의 고민을 깊게 만들었다. 의병 부대와 관군의 남한산성 포격전, 진주로 1만여 명 의병 집결, 포악한 관리들의 처형 소식도 수시로 들려왔다. 어떻게 할 것인가? 정국은 수개월이 멀다 하고 급변하고 있었다. 친일파, 친청파, 친러파, 친미파의 암투와 강대국의 간섭으로 나라가 뒤흔들리고 있었던

8) 三度部學 편, 『한국근대사』, 동녘, 1984, 54쪽.

것이다.

신식 학문을 막 배우기 시작한 17세의 안창호가 구체적으로 할 수 있는 일은 없었다. '신식 학문과 세상의 이치를 하루빨리 익혀서 우리도 힘을 길러야 한다. 힘이 없으니까 왜놈들이 왕후를 시해하는 천인공노할 사건까지 일으키지 않는가!'

학업과 토론에 열중하다

수치와 분노를 가라앉히며 안창호는 학업과 토론에 열중했다. 그는 이미 구세학당에서 빼놓을 수 없는 인물이 되어 있었다. 학생들은 안창호처럼 기숙사에서 생활하는 15명과 집에서 등교하는 30여 명으로 구성돼 있었다. 실제 등교하는 학생들은 35~40명 정도였다. 대부분의 학생들은 조국과 민족을 위해 기꺼이 자신의 한 몸을 바친다는 각오로 공부했다. 하지만 46명이 공부하고 있었던 구세학당의 분위기를 활기차게 바꿔 놓은 것은 안창호였다. 안창호의 논리정연한 설득력과 세상 돌아가는 이야기 등 탁월한 식견을 따라올 사람은 거의 없었다. 선교사들조차 안창호의 지도력을 인정하여 특별반에 들어가자 조교의 자격을 인정해 월 5원의 봉급[9]으로 학비를 보조받도록 해서 선교 사업에 크게 쓸 생각까지 했다.

하지만 안창호는 기독교 신앙을 받아들이고 기도를 하지만 선교 사업에 직접 몸을 던질 생각은 없었다. 당시 학생들은 새로운 지식을 배워 나라를 문명개화시키고 자주자강의 길로 나가지 않으면 일본과

---

9) 「밀러 보고서」, 1896. 10. 16; 『도산 안창호 전집 5』, 67~75쪽.

구미 열강의 먹잇감으로 전락한다는 위기의식을 강하게 가지고 있었고 문명개화에 대한 사명감에 불탔다. 다른 학생들과 마찬가지로 안창호도 백성을 신식 학문으로 교육시키고 새로운 과학기술과 서양 문명, 무기 군사학 등을 아는 인재를 육성해야 한다고 생각했다.

안창호가 18세가 되어 특별반에 들어갈 즈음인 1896년 2월 고종 황제가 구세학당의 건너편 러시아 영사관에 피신하는 사건이 벌어졌다. 또한 경인선 철도 부설권이 미국에, 함경도 경원과 종성의 금광 채굴권이 러시아에, 나라 살림의 운영권과 관세 업무가 영국인 브라운 손에, 한양과 의주 간의 경의선은 프랑스에, 운산과 강원도 금성 금광 채굴권이 미국에 넘어가면서 일본과 구미 열강들의 조선 수탈은 심화되고 있었다.

1883년 원산에서는 한국 최초의 근대적 학교인 원산학사(元山學舍)[10]가 세워져 운영되고 있었다. 외세의 국권 침탈에 대응하기 위해서는 신식 학문을 배우는 근대적인 학교를 세워 인재를 육성해야 한다는 지역 유지들의 자각에 따른 것이었다. 이는 원산 지역의 자발적인 운동의 결과였다. 따라서 학교의 교과목도 산수·지리를 비롯한 신학문, 병법, 군사훈련까지 당시 시국이 요구하는 지식과 실력을 갖출 수 있도록 했다.

이에 반해 선교사들이 설립했던 배재학당, 이화학당, 구세학당 같은 사립 학교들은 주로 서양의 신식 학문만을 가르쳤다. 교육의 중점 목표도 기독교 선교였다. 초기에는 초·중등반을 병합하여 진행하다가

....

10) 배재학당보다 2년 앞서 세워진 우리나라 최초의 근대 학교이자 근대 최초의 민립 학교. 외국인이 아닌 우리나라 사람들이 자발적으로 자금을 모아 만들었으며 정부의 공식 승인까지 받았다. 초기에는 문예반(50명), 무예반(200명)으로 편성했는데, 무예반은 별군관(別軍官)을 양성했다.

중·고등학교로 발전했다. 이런 조건 때문에 당시 구세학당의 교과목은 신식 학문과 기독교 중심이었고, 제식훈련 등이 있었지만 형식적이었다. 이 같은 학습 환경도 학생들에게 적지 않은 영향을 주었을 것이다.

안창호가 개화파 인사들 사이에서 자리를 잡아 가고 있던 배재학당이나 다른 유명한 외국어학교에 왜 들어가지 않았을까 하는 의문이 남는다. 필대은을 통해 배재학당과 다른 외국어학교 얘기를 들었을 것이다. 당시 배재학당이나 외국어학교가 치열한 경쟁을 치러 입학하는 것은 아니었지만, 학비 부담을 기본적으로 해야 했다. 또 예외적으로 유력 인사들의 추천이 필요했는데, 안창호는 그 두 가지 조건 모두 갖출 수 없었다. 그리고 안창호가 한양에서 학교를 다니려면 무엇보다 먹고 자고 배울 수 있는 조건이어야 했다. 안창호는 가족이나 친척의 도움을 전혀 받을 수 없는 완전한 고학생이었다. 돈 내지 않고 먹고 자고 배울 수 있는 곳은 구세학당뿐이었던 것이다.

그럼에도 불구하고 안창호의 학력 문제는 기호파를 비롯한 삼남 지방의 일부 인사들로부터 '평안도 촌놈'이라느니, '무식하다'는 등의 폄하를 받는 빌미가 됐고, 독립운동 기간 내내 일제의 분열 공작의 소재가 되었다.

세상을 보는 눈이 생기다

『독립신문』과 독립협회의 등장

구세학당에서 기숙하면서 학과 공부를 하는 한편, 안창호는 친일파 정권에 의해 추진됐던 갑오개혁이 실패로 돌아가고 1896년 아관파천 이후 새롭게 조성된 정세의 변화에 주목했다. 친러파와 친미 개혁파들이 연합하여 만들어진 공간 속에서 다양한 요구들이 분출하기 시작한 것이다.

1896년 4월에는 순한글 신문인 『독립신문』[11])이 창간됐다. 또 몇 개월 뒤인 7월에는 충군애국과 자주독립을 구호로 내걸고 독립협회[12])가 창립되면서 영은문을 헐고 독립문을 세우는 사업을 천명했다. 민심은 일시에 『독립신문』과 독립협회에 뜨거운 관심을 나타냈다. 물론 『독립신문』 이전에도 『한성순보』 등이 있었다. 하지만 이 신문들은 단순한 관가 소식과 인사동정 등을 주로 다뤘다.

일부 선각자들의 마음속에서 그리고 가까운 지인(知人) 사이에서

....

11) 미국에서 귀국한 서재필이 정부로부터 4,400원(3,000원은 신문사 창설비, 1,400원은 서재필의 주택구입비)의 자금을 지급받아 1896년 4월 7일 창간한 신문. 처음에는 가로 22cm, 세로 33cm의 국배판 정도 크기로 4면 가운데 3면은 한글 전용, 1면은 영문판이었는데, 1897년 1월 5일자부터 국문판과 영문판을 분리하여 두 가지 신문을 발행했다.

12) 1896년(고종 33) 7월에 설립된 한국 최초의 근대적인 사회정치단체. 정부의 외세의존 정책에 반대하는 개화 지식층들이 한국의 자주독립과 내정개혁을 표방하고 활동했다. 초기에는 토론회, 연설회 등 민중계몽 운동에 중심을 두어 청년들을 모았다.

토론되던 나라의 사정, 열강의 움직임, 전국 각지의 소식 등이 공공연하게 공론의 장으로 나오게 된 것이다. 안창호는『독립신문』을 반드시 찾아서 꼼꼼하게 읽었다. 이를 소제로 필대은이 한양으로 올라올 때는 더 자주 토론을 벌였다.

『독립신문』은 대성공이었다. 창간호를 300부 찍었으나 곧 3,000부를 발행했고 열독자는 수만 명에 달했다. 위로는 국왕에서부터 아래로는 일반 백성과 학생까지 온통 화제는『독립신문』이었다.『독립신문』은 그동안 침묵을 강요당했던 국정 침탈과 열강의 이권 획득에 대한 국권 회복을 호소하고 민권의 신장을 소리 높이 외쳤다. 고관대작들의 무능과 탐욕을 고발하는 한편 억울한 백성들의 처지도 다뤘다. 특히 국제 정세의 흐름과 세계에서 벌어지고 있는 사건들을 보도함으로써 나라 밖 정세의 추이에 대한 판단에 큰 도움을 주었다. 조선조 말까지 정부의 고관대작들까지 중국 이외의 세계를 이해할 수 있었던 책은 불과 2권이 전부였다. 완전한 우물 안 개구리였던 것이다.『황성신문』과『제국신문』까지 나오게 되면서 조선 천지에도 비록 한양을 비롯한 대도시에 국한된 것이지만, 자주독립과 개화자강의 싹이 여기저기서 솟아났다.

『독립신문』을 창간한 사람은 서재필(徐載弼, 1864~1951)이다. 서재필이 누구인가. 개화파의 핵심 인사로 갑신정변에 참여했다가 미국에 망명했지만 그의 집안은 3족이 멸문을 당했다. 미국에서 11년 동안 신식 학문과 문명 사회를 체험하고 미국인으로 귀국한 그였다. 서재필의『독립신문』창간은 김홍집 내각의 내부대신 유길준의 신분 보장과 지원이 큰 힘이 됐고, 아관파천 이후에는 박정양 내각의 후원이 컸다.

자유사상과 민주적 지식으로 인민(人民)을 지도계발하고 계몽된 인민의 힘으로 조국을 '자주독립의 완전한 국가'로 만들자는『독립신문』

의 창간 선언문은 안창호와 필대은 두 사람의 가슴을 뛰게 만들었다. 자주독립의 완전한 국가! 부패하고 무능한 왕실이나 가렴주구와 공리공론을 일삼거나 사치방탕에 빠진 양반·귀족들이 아닌 계몽된 인민의 힘으로 자주독립의 완전한 국가를 이룬다는 꿈은 얼마나 멋진가!

독립협회도 마찬가지였다. 독립협회는 갑오개혁을 주도한 집권 관료들의 모임인 건양협회 세력, 아관파천 이후 세력을 형성한 외무 관료와 각국 외교관 및 선교사들의 친목 모임이었던 정동구락부 세력, 건양협회나 정동구락부와 관련 없는 독자적인 중견 개화 관료인 남궁억·오세창 등을 중심으로 한 근대적인 실무급 중견 관료층 세력, 그리고 당시 형성되어 가고 있던 각계각층의 신흥 사회세력이 참여하여 창립된 것이다. 따라서 초기의 독립협회는 당시 정세를 반영해 혁신 관료들의 사교와 토론의 마당에서 벗어날 수 없었다. 민중의 힘으로 자주·독립국가를 형성하고 민주주의적 개혁사상을 대중화하기 위한 정치적 조직으로의 발전은 1년 뒤인 1887년에 이뤄졌다.

독립협회가 추진한, 영은문을 헐고 독립문을 세운다든지 모화관 대신에 독립관과 독립공원을 세우는 서재필의 독립문 개혁안은 조선 전체에 지대한 관심을 불러일으켰다. 독립문 건립을 위한 모금사업에 고관대작이나 시정의 상인, 어린이를 비롯한 각계각층의 활발한 참여가 이뤄졌다. 이 사업은 독립협회의 정체성과 대중성을 확실하게 만들었다. 이에 따라 윤치호(尹致昊, 1865~1945)의 제의로 기존의 혁신적 관료의 사교나 토론의 무대가 아니라 민중을 계도하는 계몽단체로 발전시키고 토론회를 활성화시키기로 했다.

토론회의 유행

1896년 8월 29일에 열린 첫 토론회가 '조선의 급선무는 인민의 교육으로 작정함'이라는 제목으로 열렸다. 제2회 토론회에는 회원과 방청인이 수백 명 참석했다. 이런 토론회는 당면 문제를 인식시키고 회원들에게 대중연설의 기회를 주었을 뿐만 아니라 개방적인 운영으로 민중이 독립협회 모임에 참여할 수 있게 만들었다.

구세학당에서도 배새·이화학당에서도 독립협회의 토론회가 유행이었다. 서재필과 윤치호가 1896년 11월에 조직한 배재학당의 학생 토론 서클인 협성회에 안창호는 준회원[13]으로 가입해 활동했다. 배재학당 학생이 아닌 방청인은 준회원으로 토론에 참여할 수 있었다. 타 학교의 학생 토론 서클에 안창호가 준회원의 자격으로 가입한 기록으로볼 때 이미 독립협회와 서재필 등의 강연회에 참석하고 구세학당 내의토론회도 조직하고, 각 학당의 토론회에도 열심이었던 것 같다.[14] 이런토론회의 참여를 통해 안창호는 민주주의적 사고와 다양한 견해에 대한 개방적 태도를 갖게 되었다. 그리고 민중운동의 핵심 활동가들을 만날 수 있었다.

안창호는 1896년 11월 21일에 있었던 독립문 정초식에 참석했다. 수천 명이 인산인해를 이룬 장관이었다. 500년 동안 유지돼 왔던 한심한 사대주의 상징물이 무너지고 자주독립을 국내외에 선언하는 역사적인 자리였다. 안창호는 설레는 마음으로 독립문을 바라보았다. '그렇

....

13) 『협성회 회보 1』, 1898. 1. 1; 신용하, 『독립협회연구』, 일조각, 1981, 112~117쪽.
14) 「밀러 보고서」, 1896. 16; 『도산 안창호 전집 5』, 67~75쪽.

사대주의 상징물을 허물고 자주독립을 선언하는 의미로 세워진 독립문.

다. 왜 우리나라가 남의 나라의 지배를 받아야 하는가, 자주독립이다!
자주독립은 저절로 되지 않는다. 우리가 꼭 지켜 나가자!'

　신학문을 배우면서 역사의 소용돌이 앞에 청순한 영혼으로 부딪쳐
가던 안창호는 1896년 11월 30일에 발족한 배재학당 토론회인 협성회
가 매주 토요일 오후 2시에 개최하는 토론회에 빠짐없이 참석했다. 토
론회 주제는 '국문과 한문을 석거씀이 가함', '학도들은 양복을 입음이
가함', '안히와 ᄌ미와 ᄯᆯ들을 각종의 학문으로 교육홈이 가함', '국중에
도로를 수리홈이 가함', '노비를 속량홈이 가함' '회원들은 이십 세 안
으로 혼인을 ᄒ지 말미 가함' 등이었다.

약혼

안창호는 구세학당의 2년 학업을 드디어 졸업하게 됐다. 안창호는 학교에서 조교로서 매월 5원씩 받은 돈을 아껴 쓰고 모아서 할아버지 선물을 사 들고 1896년 말 고향에 들렀다. 할아버지께 인사를 드리기 위해서였다. 그런데 할아버지는 예전 풍속대로 안창호의 의사도 묻지 않고 이석관(李錫觀)의 큰딸 혜련(惠練)과 약혼을 정해 놓고 있었다. 혜련은 13세의 시골 소녀였다. 안창호는 낭황했다. 선혀 예상하시 못했던 일이었다. 토론회에서 20세 이전에 혼인해서는 안 된다고 주장하지 않았던가.

18세의 안창호는 종교가 다르다는 이유로 장인이 될 이석관을 찾아가 "나는 예수를 믿는데 당신네는 아니 믿으니 어떻게 혼인할 수 있는가"라고 반대 의사를 전했다. 그러자 이석관 가족은 등개터에 있는 교회당에 나가 전 가족이 기독교인이 되었다. 이렇게 되자 안창호는 다시 "나는 공부를 했고 앞으로 더 공부할 터인데, 당신의 딸은 낫 놓고 기역자도 모르니 가정을 이룰 수 없다"고 얘기하자, "그러면 우리 딸도 배우면 되지 않느냐? 자네가 맡아서 잘 되도록 해 주게"라고 말하니 고민될 수밖에 없었다. 신식 학문을 배워 나라와 백성을 위해 일하자고 작정했던 청년 안창호는 참으로 난감했다.

고민을 거듭한 끝에 안창호는 일단 청혼을 받아들이고 혜련에게 신식 학문을 배우게 하자고 결정했다. 만약 파혼한다면 약혼녀에게 큰 상처를 주고 할아버지의 상심도 클 터였다. 물론 당시 신학문을 배우고 토론회 활동에 열심이었던 안창호가 신식 학문을 배운 여성을 얼마든지 선택할 수 있었다. 그러나 안창호는 할아버지가 정해 준 시골의 어린 소녀를 약혼녀로 받아들이되 그녀가 신식 교육을 받도록 하여 자신의 반려자로 삼기로 결정한 것이다. 자기 주장만 내세우지 않고 상대방을 배려하는 이 결정에서 청년 안창호의 인간됨됨이가 여실히 드러났다. 이렇듯 상대를 배려하되 함께 나아갈 수 있는 길을 찾는 방식은 안창호의 인간과 운동에 대한 일관된 원칙이 되었다.

안창호는 약혼한 혜련과 누이동생 신호를 함께 데리고 평양 만경대 나루터에서 뱃길로 다시 한양으로 올라와 정신여학교에 입학시켰다. 이 뱃길에 평양에서 선교 활동을 하던 모펫(Moffet) 목사와 동행했다.

3막

구국운동에 뛰어들다

나라를 구하는 일에 일생을 바치자!

서재필의 연설에 감동하다

성장기의 청소년은 여러 계기를 통해 삶의 목표와 사명에 대한 자각을 하게 된다. 안창호에게 그 계기는 서재필의 연설이었다. 안창호 자신의 증언, 즉 '1년 동안 밥도 굶고 쫓아 다녔다'는 애기로 봐서 이점은 분명하다. 그런데 이 결정적인 자각의 시기가 연설회나 토론회에 참석하기 시작한 초기인 1896년 하반기인지, 아니면 졸업 이후인 1897년 중반기인지는 명확치 않다. 다만 서재필은 안창호가 자신의 연설을 1년 정도 들었던 것으로 추정했는데, 안창호가 배재학당의 토론 서클에 가입한 시기가 1896년 말이고, 이때 서재필과 윤치호가 정기적으로 토론 지도를 했으므로 안창호가 서재필 연설에 접한 시기는 1897년 이전으로 봐야 할 것 같다.

배재학당 안에 협성회라는 회를 조직하고 모든 회규를 가르쳐 가며 어떤 때에는 서 박사, 윤치호, 두 분이 가부 편으로 갈리어 가지고 경쟁적 연설로 가르치매 차츰 회규를 아는 자 점점 늘어서 그 후는 독립협회를 조직하고 유신을 도모하는데, 그때에는 양반들도 많이 왔소. 그중에 배재학당에서 협성회의 회규를 배운 선생과 학생들과 양반들 사이에 차츰 충돌이 많았나이다. 그때 서 박사의 주의는 낡은 정치를 개혁하고 백성이 마음대로 복리를 누리도록 국가를 건설함과 탐관오리의 결재를 아니 받고 자주해 살자는 정신을 주장했소. 그 후『독립신문』을 발행할 때에는 백성을 본위로 하셨기 때문에 순국문으로 발행하여 각처에 퍼졌는데, 그때 인심이 신문을 보는 사람마다 서 박사는 참 선인이라는 부르짖음이 많았소. 그 다음은 각처로 다니며 연설로 많이 깨우쳤는데, 연설에 감동되어 독립협회는 날로 발전되었소. 이 사람도 서 박사의 연설로 감동을 많이 받았소. 그래서 서 박사가 연설한다면 밥 먹을 시간을 그만두고라도 따라다녔소. 내가 지금 그 전보다 얼마나 변했다고 할진대, 그 변한 원인은 유길준의 『서유견문』이라는 책과 서 박사에게 감동을 받은 결과이외다. 그래서 나는 이 두 어른의 감화를 잊지 못합니다.[1]

그러면 서재필의 어떤 호소가 감수성이 예민하고 나라 꼴에 비분강개하던 18세 청년의 영혼을 움직였을까. 이 문제를 판단하기 위해서는 당시『독립신문』과 독립협회의 연설회 주제를 알아볼 필요가 있다. 당시 연설회는 서재필의 단독 연설회와 독립협회 지도자들과 함께 하는 연설회가 있었는데, 토론회 끝에 연설과 강연이 진행되기도 했다.

특히 서재필이 매주 일요일 서대문 독립관에서 가졌던 연설회에는 청중이 구름같이 모여들었다. 이때의 연설은 주로 친러 · 친일파를 막론하고 외국 세력의 괴뢰 노릇을 비판하고 조선의 민리 · 민복만을 위하여 일하고 남의 굿에 놀지 않는 것이 위정자의 임무라는 것을 강조했다. 이 연설회나 토론회의 주제, 강연의 핵심은 '정치적으로는 외세에

....
1) 안창호, 『신한민보』, 1925. 9. 3: 『도산 안창호 전집 6』, 779쪽.

놀아나지 말고 자주독립해야 하며, 경제적으로 이권을 넘겨줄 것이 아니라 문명개화를 통해 산업을 일으켜 조선에서 상품을 생산하는 신산업을 육성하자. 또한 낡은 관습과 유교의 허례허식을 타파하고 과학지식을 보급하자'는 것이었다.

이런 서재필의 논리정연한 주장과 청년학도의 분발을 촉구하는 연설은 순수한 영혼을 가진 안창호로 하여금 나라를 구하는 일에 일생을 바쳐야겠다는 사명감을 갖게 만들었다. '그 일은 하루아침에 이뤄지지 않는다. 내 인생을 다 바쳐서 노력해야만 한다. 오! 하느님, 이 나라를 보호해 주소서!'

『서유견문』의 충격

이 시기 안창호의 문제의식에 확실한 내용을 준 것이 유길준(俞吉濬, 1856~1914)의 『서유견문』이다. 안창호 스스로 『서유견문』을 읽고 자신이 변화했다고 고백했을 정도로 이 책은 당시의 청년 학도는 물론이고 주자학적 사유 체계에 길들여져 있던 사대부와 고위 관료들에게도 큰 영향을 주었다.

유길준은 처음 우리나라가 수교하는 나라의 사정을 알아야 하기 때문에 읽을거리를 제공하기 위해서 쓰기 시작했으나 임오군란과 미국 방문 등을 통해 서양의 문물과 여러 제도를 깊이 이해한 뒤에 책의 내용을 대폭 바꿔 세계 각국의 지리와 문물을 소개하는 것은 물론이고 교육, 정부제도, 조세, 군대, 화폐, 법률, 경찰, 정당, 결혼풍습, 음식, 복지제도, 증기기관, 과학기술, 세계적인 대도시 등을 두루 다뤘다. 이 백과사전식의 책은 연금 상태였던 1885년부터 4년 동안 집필해 1890년 초고를 고종에게 바치고 비매품으로 관원과 일부 지인들에게 무상을 나눠 줬지만 널리 보급되지 못했다. 『서유견문』은 국한문 혼용체로 서술되었는데, 1895년 일본에서 초판 1,000권이 출판되었고[2] 이후 학교에서도 교재로 사용되었다.

안창호가 비매품으로 나돌던 『서유견문』을 보았을 가능성은 희박하고 1895년 이후에 출판된 책을 보았을 것이다. 『서유견문』은 유길준이 서문에서 밝히고 있듯이, 일본이 서양의 여러 나라 문물과 제도를 도입해 30년 만에 부강한 나라를 만든 것처럼 조선도 문명개화를 통해 발전해야 하는데, 그 길은 일단 서양을 알아야 한다는 것을 전하기 위해서 펴낸 책이었다.

그래서 『서유견문』은 서양과 서양 문명의 핵심인 근대적인 정치제도 도입을 통한 조선의 자주성을 강조했다. 따라서 『서유견문』은 단순한 안내서가 아니라 문명개화의 방법과 제도개혁 구상을 총괄한 개화사상의 지침서였다. 유길준은 "개화한 자를 국민이 그 마음을 하나로 합하여 여러 가지의 개화를 함께 힘쓰는 자"로 규정하고, "개화란 시대에 따른 변화와 지방에 따른 차이를 노정하는 것이므로 개화의 합·불합은 시세와 처지를 참작하고 비교하면서 추진해야 한다"는 방법론도 제시했다.

『서유견문』의 내용이 이러했기 때문에 세계 각국의 사정과 서양 문명에 대해 막연하게 인식하고 있던 안창호는 구체적인 사실과 다양한 정치제도, 법률, 교육, 과학기술 등의 새롭고 풍부한 세계에 빠져들었다. 군신(君臣)과 화이(華夷)적 기준[3]은 필대은과의 토론을 통해 이미

....
2) 유길준, 허경진 옮김, 『서유견문』, 서해문집, 2005, 17~27쪽.

집어 던졌지만, 새로운 문명개화, 자주독립국가의 제도와 운영에 대해서는 구체적으로 아는 바가 없었는데, 『서유견문』은 문명개화의 방법을 자세하게 제시하고 있었다.

안창호는 비로소 『서유견문』을 통해 막연하고 추상적이었던 문명개화의 길에서 현실적인 구도를 발견했다. 또한 학교에서 배우고 있던 신식 학문, 배재학당 등에서 진행된 토론회, 서재필의 강연회를 통해 민주주의적인 훈련과 각종 현안에 대한 자기 논리, 그리고 이런 문제를 해결해 나가기 위한 주체적인 노력이 무엇이어야 하는지를 정립시켜 갈 수 있었다.

애국계몽운동을 결심하다

1897년 초 다시 한양으로 올라온 안창호는 협성회의 토론회에 참석하여 토론 활동을 하거나 『독립신문』을 통해 나라가 처한 현실과 외세의 움직임을 정확히 알게 됐고, 서재필·윤치호·이상재의 연설을 경청하면서 자신이 해야 할 일을 깨달았다. 나라와 인민을 구하는 구국운동에 일생을 바치기로 결심한 것이다. 이때 안창호는 유길준의 『서유견문』이라는 책에 완전히 빠져 있었다. 몇 번 씩 되풀이해 읽으면서 이 땅을 문명개화한 부강한 나라로 만드는 그림을 그리곤 했다. 서재필은 독립협회 주최로 강연회를 개최했고, 배재학당과 이화학당에서 강연과 토론회를 자주 가졌다. 서재필과 안창호의 만남은 정식으로 인사를 나눈 것이 아니라, 안창호가 서재필의 강연회에 찾아다니며 들은 것이다.

....
3) 중국을 중심에 두고 주변국들을 오랑캐로 인식했던 조선시대의 사대부적 사고방식.

서재필이 그때 안창호를 알지 못했다는 증언[4]으로 봐서 이는 사실인 것 같다. 안창호가 평양과 한양의 독립협회와 만민공동회[5] 석상에서 유명한 웅변을 함으로써 지명도를 갖게 됐을 때는 이미 서재필이 한국을 떠나 다시 미국으로 돌아간 뒤였다. 서재필은 독립협회에 대한 압박이 계속되자 1898년 6월 도미했다.

안창호는 필대은과 같이 본격적으로 독립협회 활동에 참여했다. 독립협회는 1897년 가을까지 한양의 모든 학교에 토론회를 도입시켜 민중계몽에 힘쓰고 민중운동의 기간요원을 양성하자는 목표를 세웠다. 한편으로 각 지역에 독립협회의 취지에 동의하는 사람들로 지방 조직에 착수했다. 지방 조직의 필요성을 강조했던 필대은과 안창호는 독립협회의 관서 지부 창립을 위한 활동에 적극적으로 나섰다. 필대은과 안창호는 평양으로 내려가 김종섭, 한석진 목사, 양기탁, 이병학, 임기반 등 주로 개신교 쪽 인사들을 만나 독립협회 평양 지회 조직사업을 협의해 나갔다. 평양의 개화파 인사들과 교류가 많았던 필대은이 주로 평양 현지 조직사업을 담당하고, 안창호는 한양과의 연락업무 등을 맡았던 것으로 보인다. 이들의 맹렬한 활동으로 몇 개월 뒤인 1898년 봄 관서 지부 창립대회가 열리고 이후 9월 안창호는 필대은과 같이 쾌재정에서 연사로 나설 수 있었다.

그런데 안창호와 필대은은 독립협회의 창립회원도 아니었고 임원진에도 들어 있지 않았다. 정계의 저명인사 중심으로 조직되었기 때문

4) Philip Jaison, "My Impression of Ahn Chang Ho," *The Korea Student Bulletin*, vol.XVI, no.3, April~May, 1938, p.3.

5) 1898년 3월부터 지속된 한양의 시민, 소상인, 일부 지식인층이 주도한 제국주의 침략 반대운동. 주로 연설을 통해 대중의 여론을 일으켰다.

한말 광화문 앞 전경.

이었다. 따라서 관서 출신의 이름 없는 우국 청년이었던 필대은과 안창
호가 한양에서 독립협회 운동에 주도적으로 활동한다는 것은 불가능했
다. 1897년 한양에 올라온 직후 필대은과 안창호가 직접 참여할 공간은
없었다. 토론회와 강연회에 참석하는 수준이었을 것이다.

　이들이 적극적으로 참여할 수 있게 된 것은 독립협회 조직이 1897
년 8월 이후 토론회 조직으로 전환되고 민중의 참여가 활발해질 수 있
는 여건이 마련되면서부터가 아닌가 싶다. 이때 비로소 필대은과 안창
호는 물을 만난 물고기마냥 온 정열을 쏟아서 애국계몽운동에 뛰어들
었다.

만민공동회, 새로운 지평을 열다

애국계몽운동의 대중화, 의회 설립 운동

독립협회에서 활동하던 안창호가 한양에서 구체적으로 어떤 임무와 역할을 맡아 일했는지는 정확히 알려진 바 없다. 독립문을 세우는 모금 사업과 각 학교의 토론회를 조직하고 지도하는 일, 독립협회와 만민공동회의 집회에서 연설하고, 관서 지방에 연락하고『독립신문』을 배포하는 일 등이 아니었을까.

필대은과 안창호가 한양에서 독립협회 활동에 뛰어들고부터 교류하는 인사들의 범위가 예전과는 비교할 수 없을 정도로 넓어지고 깊어졌다. 평양에서 독립협회의 지부를 설립하는 일은 지역의 고관대작, 유지, 신흥 상인계층 등 아주 다양한 인사들과 접촉하고 기부금을 모집하는 일이었으므로 청년이었던 필대은과 안창호의 노력만으로 될 일이 아니었다. 중앙의 개화파 인사들과 연결을 갖고 있었던 평양의 중진들이 참여했을 것이다. 당시 김종섭이 관서 지회 초대 지회장이었고, 이어서 한석진 목사가 추대되었다.[6] 또 대중 집회에서 행한 안창호의 감명 깊은 연설도 알려지기 시작했다.

『독립신문』과 독립협회의 활동이 1897년 8월 말부터 대중적 토론

----

6) 채필근 편,『한석진 목사와 그 시대』, 대한기독교서회, 1971, 96∼97쪽.

회로 활성화되고 개방적인 회원제 운영으로 일반 민중의 참여가 이뤄짐으로써 애국계몽운동의 차원을 질적으로 변화시켰다. 소수의 선각자와 지식인 그룹에서 대중운동으로 변모되고 단순한 계몽 · 각성운동의 단계를 넘어서기 시작한 것이다.

1898년 2월 구국 상소운동을 전개하면서 독립협회 조직도 평의원 제도를 채택하여 민주적 운영을 강화했다. 1898년 8월 말 독립협회의 회원은 4,173명에 달했고, 만민공동회를 통해 신진 청년 회원들이 등장하고 대중적 기반이 확대되었다. 독립협회와 만민공동회 운동은 민권운동을 통한 입헌군주제적 의회 설립 운동으로까지 진전되었다.

이때 대중적인 독립자주와 민권자강 운동에 신진 정예 그룹들이 새롭게 대두했다. 양반 사대부가 아닌 소장 상한(常漢)들이다.[7] 정교, 이승만, 안창호, 양기탁 같은 이들이다. 안창호가 이른바 소장 혁신 · 신진파 13인에 거명되고 있었는지는 분명하지 않지만, 이 시기 각 부 과장 및 부장급 간부 명단에 안창호, 이승훈, 이동휘, 노백린, 이동녕, 이갑, 박은식, 이승만, 신채호 등이 등장하고 있었다. 독립협회의 상층부였던 서재필, 윤치호, 이상재 등이 원로 그룹을 형성하고 있었다면 20~30대 청년들이 실무 작업과 대중동원, 선전 등의 역할을 맡았던 것이다.

그러나 서재필 · 윤치호와 최초 학생 토론회 조직이 배재학당에 있었기 때문에 만민공동회에서도 소장파 논의의 중심축은 이승만 등이 속했던 배재학당 그룹이었다. 이들 만민공동회의 소장 상한 그룹은 1920~1930년대까지 조국광복운동과 혁명운동에서 주도적 역할을 하

....
7) 신용하, 『독립협회연구』, 일조각, 1981, 439쪽.

게 된다.

반외세·반봉건을 내걸었던 동학농민운동이 조선조 지배층과 외세의 간섭으로 실패했던 것은 내부의 역량을 조직하고 지속적으로 전개시켜 나갈 동력이 부족했기 때문이었다. 반면에『독립신문』과 독립협회는 갑오개혁의 새로운 조건과 광무개혁 속에서 확보된 공간을 이용해 일반 민중과의 결합을 시도하고, 만민공동회와 같이 이들의 참여를 보장하는 놀라운 변화를 만들어 냈다. 비록 입헌군주제적 한계를 갖지만, 자신들의 의견과 권리를 보장할 수 있는 의회 설립 요구로 발전했다. 이는 같은 시기 중국의 변법자강운동이 몇몇 유지들의 운동에 머문 것과 비교해 봐도 훨씬 발전된 것이었다.

반상의 구분 없이 백정 출신이 사회를 보는 만민공동회의 활동은 신분 차별이 분명히 존재했던 시대 상황에서 정말 획기적인 것이었다. 이는 동학농민의 좌절과 의병 투쟁이 지속되는 국내 여건에서 엄청난 활력을 가져왔다. 그야말로 신천지가 열린 것이다. 고관대작과 천민 취급을 받았던 백정 출신이 나란히 앉아 토론하고 함께 시위한다는 것은 천지개벽과 같은 일대 사건으로 받아들여졌다. 특히 만민공동회 활동이 전개되면서 민중의 요구가 분출하고 민권운동을 통해 독립자주의 길이 보이기 시작했다.

독립협회와 만민공동회의 활동이 활성화되면서 한양과 일부 지역에서 각종의 크고 작은 조직과 집회가 생겨날 정도로 사회 상황은 역동적으로 돼 갔다. 물론 여기에는 동학농민봉기와 의병투쟁이 좌절된 이후 전국 각지에서 그 잔여 세력이 활빈당이나 다양한 형태의 무장 활동을 계속하는는 불안한 시국도 작용하고 있었다. 그리고 무엇보다 3국 간섭으로 인한 일본의 군사적 후퇴와 아관파천 이후 고종과 일부 개혁파들이 환궁하면서 열강의 상호 견제 등을 이용해 대한제국을 선포하고 광무개혁을 추진한 정치적 조건이 작용하고 있었다.

안창호의 연설, 조선 민중을 움직이다

안창호는 독립협회 운동, 즉 독립자주와 민권운동 시기에서 두각을 나타낸 웅변가로 알려졌고 그중에서도 두 번의 연설 기록이 전해진다. 독립협회와 만민공동회 활동이 활짝 피던 시기다. 하나는 1898년 7월 25일(음) 평양 쾌재정 연설이고, 다른 하나는 1898년 11월 23일(양) 한양의 만민공동회 연설이다.

두 연설 모두에서 안창호는 웅변 솜씨와 실력을 유감없이 보여 주었다. 1만여 명이 운집한 청중 앞에 서서 만인의 관심을 모을 말로 흥미를 갖게 한 뒤 정확한 표현을 쓰고 누구라도 쉽게 알아들을 수 있는 말과 속담을 써서 설득한 후 논리정연한 사자후로 공감을 끌어내었던 것이다.

안창호가 쾌재정에서 행한 연설은, 교육의 중요성을 역설한 필대은의 연설에 이어 이렇게 시작됐다.

쾌재정, 쾌재정 하기에 무엇이 쾌한가 했더니 오늘 이 자리야말로 쾌재를 부를 자리올시다. 오늘은 황제 폐하의 탄신일인데, 우리 백성이 이렇게 한데 모여 축하를 올리는 것은 전에 없이 첫 번 보는 일이니, 임금과 백성이 함께 즐기는 군민동락(君民同樂)의 날이라, 어째 첫 번째 쾌재가 아니고 무엇인가. 감사 이하 높은 관원들이 이 축하식에 우리와 자리를 함께했으니 관민동락(官民同樂)이라 또한 두 번째 쾌재가 아닐 수 없도다. 남녀노소 구별 없이 한데 모였으니 만민동락(萬民同樂)이라, 더욱 쾌재라 하리니, 이것이 오늘 쾌재정의 삼쾌(三快)라 하는 바로다.

그런데 세상을 바로 다스리겠다고 새 사또가 온다는 것은 말뿐이다. 백성들은 가뭄에 구름 바라듯이 잘 살게 해 주기를 쳐다보는데, 인모 탕건을 쓴 대관·소관들은 내려와서 여기저기 쑥덕거리고 존문(存問)만 보내니, 죽은 것은 애매한 백성뿐이 아닌가. 존문을 받은 사람은 당장에 돈을 싸 보내지 않으면 없는 죄도 있다 하여 잡아다 주리를 틀고 돈을 빼앗으니, 이런 학정이 또 어디 있는가. 뺏은 돈으로 허구한 날 선화당에 기생을 불러 풍악 잡히고 연광정에 놀이만 다니니 이래서야 어디 나라 꼴이 되겠는가. 진위대장은 백성의 생명·재산을 보호하는 것이 책임인데, 보호는커녕 백성의 물건을 빼앗는 것을 일삼으면 나라가 어떻게 되겠는가.[8]

쾌재정이라는 장소를 활용하여 18개의 쾌재와 18개의 불쾌를 들어 당시 고관대작들의 가렴주구와 토색질의 실상을 낱낱이 폭로하고 비판했다. 무명 두루마기를 입고 연설을 한 20세의 안창호는 쾌재정 연설로 관서 일대에 떠오르는 별이 되었다. 안창호의 식견과 고관대작들의 가렴주구와 부패를 질타하는 용기, 대중을 움직이는 사자후가 합쳐져 민중이 참여하기 시작한 만민공동회 무대에 화려하게 데뷔한 것이다.

그러면 만민공동회 시기에 처음 등장한 안창호의 연설이 조선 천지에 유명해진 까닭은 어디에 있을까? 물론 감동 때문이었다. 구구절절

....
8) 주요한 편, 『안도산전서』, 흥사단출판부, 1999, 36~37쪽.

백성이 처한 현실을 감동적으로 표현하면서 듣는 이의 마음속에 파고들어 심금을 울렸기 때문에 함께 눈물을 흘리고 금가락지를 빼어 던졌던 것이다. 안창호의 목소리는 천부적이었다. 그리 높지도 낮지도 않은 중음계로 깊이가 있고 부드럽고 약간 비장조를 띠었다.[9] 연설의 내용은 논리적이며 솔직담백하되 철저하게 사전에 준비되었을 뿐만 아니라 독창적인 표현과 기발한 기법이 동원되었다.

필대은과 안창호는 평양 쾌재정 집회를 성사시키기 위해 평안도 일대의 기독교 소식뿐만 아니라 유림과 유시, 개화 인맥을 총동원했다. 그 성과는 인산인해를 이룬 인파로 증명됐다. 독립협회의 평양 지회는 지방 조직 가운데 가장 강력한 조직으로 성장했다. 필대은과 안창호가 주도적으로 활동하여 조직한 평양 지회는 1898년 10월 평양감사 조민희를 탄핵하여 회원 자격을 박탈하고 회원이 많아서 청국 사신을 영접하던 공관을 회관으로 쓰고자 할 정도로 왕성하게 활동했다.

그런데 중앙 활동에서 필대은이 명단에 보이지 않는 것으로 볼 때 안창호와 역할 분담이 있었던 것 같다. 즉, 필대은이 평양 조직사업에 주력하고, 안창호가 한양에서 활동하는 방식으로 일했던 것 같다. 평양 지회는 중앙 분회와 12월 만민공동회의 경비 부족을 지원하기 위해 400원을 모금하는 등 적극 활동했다. 평양 집회의 성공은 중앙 무대의 활동에도 영향을 미쳤다. 안창호는 집회마다 뛰어다녔다. 그러나 독립협회와 만민공동회 운동은 파국을 향해 가고 있었다.

아관파천 이후 러시아의 이권 침탈과 적극적 간섭 정책으로 각종 이권이 열강의 손에 속속 넘어가고 있었다. 1898년 2월 독립협회는 고

....
9) 주요한 편, 『안도산전서』, 83~84쪽.

종에게 대외적으로 자주국권을 수호하고 대내적으로 자유민권을 보장하여 나라의 위기를 구하자는 구국 상소를 올렸다. 이 구국운동과 3월 10일의 제1차 만민공동회를 통해 한국 사회 최초의 근대적인 사회운동이자 민중적인 정치운동이 시작됐다. 독립협회가 민중계몽운동단체에서 근대적인 정치단체로 변화된 것이다. 독립협회와 만민공동회의 자주국권운동과 자유민권운동은 러시아의 군사교관과 재정고문을 철수시키는 등 뚜렷한 결과를 낳았고, 대정부 민권보장운동도 연좌법(連坐法)과 노륙법(孥戮法)[10] 저지 운동으로 성공을 거뒀다.

10월의 평화적 혁명

이에 따라 독립협회 지도부는 국권 보호와 민권 보장의 근본적인 해결책은 개혁 내각을 수립하고 민선 의회를 설립하여 국민의 참정권을 보장해야 하며 국정 개혁을 단행해서 근대적인 자주자강체제를 갖추어야 한다고 믿었다. 안창호가 열성적으로 열강의 이권 침탈과 자주권의 유린, 국정의 난맥상과 고관대작의 가렴주구를 성토하고 백성의 공개재판과 법에 의한 심판, 언론·출판·집회의 자유를 외치고 있을 때 독립협회의 지도부였던 윤치호와 이상재는 독립협회에서 평의원 20명을 선출하여 대의체제를 발족시켰다. 의회 설립의 준비였다.

1898년 9월의 만민공동회는 이런 조건에서 출발하면서 친러 수구 내각을 타도하고 개혁 내각을 수립하고자 했다. 고도의 정치투쟁이 시

....

10) 연좌법은 조선시대 체제 반역자를 다스리는 엄격한 제도로, 죄를 저지른 사람만이 아니라 가족과 인척까지 죄를 묻는 제도다. 예로 역적으로 몰리면, 삼족을 멸했다. 노륙법은 처까지 연좌하여 죽이는 법이다.

작된 것이다. 그동안 위태롭게 친러 수구파와 독립협회의 개혁파가 연합하여 유지되던 정국이 요동을 치기 시작했는데, 과연 개혁 내각이 성립될 수 있을지 아무도 예측할 수 없을 정도로 상황은 급박하게 돌아갔다. 10월 초순 고등재판소 앞에서 민중대회를 열고, 7일, 8일, 10일 등 3차례에 걸쳐 독립협회와 황국중앙총상회가 합동 상소를 올렸다. 부패 무능한 정부 대신을 파면하고 새 내각의 수립을 요구한 것이다. 등교 거부를 선언한 학생과 철시한 시전 상인이 함께 주야간 시위와 철야농성을 벌였다. 이 과정에서 황제의 해산 명령은 거부됐다. 팽팽한 긴장감이 광화문에 흘러 넘쳤다. 고종의 선택은 무엇인가. 고종은 마침내 독립협회의 요구에 굴복하여 박정양 개혁파 내각을 등장시켰다. 부분적인 타협이었다.

이러한 한양의 새로운 국권회복과 민권운동의 정치세력화, 내각 교체는 열강들에게 '평화적 혁명'이라는 평가를 받았다. 독립협회와 만민공동회의 승리는 박정양 내각 출범 이후 의회 설립을 향하여 나아가게 만들었다. 상황이 이렇게 발전하자 독립협회 내부에 급진파가 등장해 황제의 권위를 부정하는 경향도 나타났다. 독립협회 지도부는 정부와의 협상을 통해 의회 설립 작업을 진행하면서 관민(官民)공동회[11] 개최를 통해 국정 개혁의 기본 방향을 정하고자 했다. 10월 29일에 개최된 만민공동회에는 1만여 명의 대중이 참여하여 6개 조의 개혁 강령, 즉 헌의6조[12]에 합의했다. 30일에는 고종이 5개 조의 조칙도 반포했고,

----

11) 만민공동회를 이끌어 온 독립협회가 국정 개혁의 대원칙을 정부와 합의하에 결정하기로 하고, 1898년 10월 28일에서 11월 2일까지 6일간 종로에서 열린 회의. 관이 포함된 만민공동회라고 해서 관민공동회라고 불렀다.

12) ①외국인에게 의지하지 말고, 관민이 합심하여 황실의 번영과 황제의 권한을 튼튼히 할 것, ②대

11월 5일에는 독립협회가 민선 의관 25명을 독립관에서 선출하도록 결정했다.

그러나 이게 끝이었다. 11월 4일 밤과 5일 새벽에 조병식, 유기환, 이기동 등 수구 세력이 러시아·일본의 지원을 받아 고종을 충동하여 독립협회 간부 17인을 긴급 체포하고 윤치호가 도피함으로써 독립협회는 무너지고 말았다. 고종의 배신으로 독립협회 지도부가 붕괴된 것이다.

철야농성과 50일의 가두투쟁

정부의 강경조치는 거꾸로 자발적인 만민공동회 운동을 불러왔다. 6일 동안 철야농성이 계속되고 가두시위가 이어지면서 신진 청년들이 등장하기 시작하고 대중적 기반이 확대됐다. 할 수 없이 고종과 수구파는 17명을 11월 10일에 석방했다. 그러나 고종은 헌의 6조에 대한 약속을 이행하지 않았다. 다시 11월 26일 독립협회가 가동되고 상설적인 만민공동회가 운영되었다. 이때부터 공식 간부가 아닌 회원들도 자발적으로 간부 역할을 하게 되면서 이른바 소장·혁신·신진파가 등장해 만민공동회를 이끌었다.

정부의 실천의지가 보이지 않자 소장파들은 11월 26일 수만 명이 참가한 대규모 만민공동회를 열었다. 자칫하면 왕정 타도로 발전할 수

....
한제국의 이권에 대한 외국과의 계약이나 조약은 대신이 혼자 처리하지 말 것, ③국가 재정의 수입과 지출을 공정하게 하고 예산을 국민에게 알릴 것, ④중대한 범죄는 공판을 하고, 언론·집회의 자유를 보장할 것, ⑤고급 관리를 임명할 때에 황제는 정부에 그 뜻을 물어서 정할 것, ⑥외국의 하원을 모방한 민회를 설치할 것 등이다.

도 있었다. 고종이 직접 대중 앞에 나서서 무마할 수밖에 없었다. 사상 초유의 일대 사건이 벌어진 것이다. 고종은 그 자리에서 만민공동회의 요구 사항을 수용할 것을 재천명했다. 그럼에도 불구하고 고종은 시간을 끌면서 또 약속을 어겼다.

민중대회가 12월 6일 다시 개최됐다. 만민공동회는 더 이상 고종의 말을 믿을 수가 없었다. 고종에 대한 불만과 불신으로 이어져 12월 12일부터 민중들은 각부 건물 앞에 모여 헌의 6조의 즉각 실천을 요구하는 실력행사에 들어갔다. 그러나 이런 방식의 운동은 대중의 참여를 떨어뜨리고 700명에서 1,000명이 참가하는 투석전에 막대한 자금이 소요됐고 이에 따라 강제 헌금 요구로 지지층이 급감했다. 수구파가 동원한 보부상패에 맞서기 위해 만민공동회도 왕십리 등에서 막노동꾼들을 일당을 주고 모집해 동원했다.

그런데 12월 6일 이후의 만민공동회 운동은 최정덕, 이승만 등 급진파에 의해 주도되고 박영효 복권과 천거를 주장하면서 고종의 경계심을 자극해 탄압 구실을 주고 말았다. 열강들도 만민공동회 운동이 더 발전돼 반외세운동으로 폭발할 것을 우려하기 시작했다. 결국 고종과 수구파는 외교사절의 양해를 얻어 12월 22 · 23일 병력을 동원해 만민공동회를 강제 해산시키고 400여 명의 핵심 간부를 사전 구속했다. 12월 25일 황제칙어로 11개 조의 민회 금압령을 내려 모든 만민공동회 활동을 금지시켰다. 이 조치 이후로 더 이상 수만 명의 군중들은 모여들지 않았다.

만민공동회의 소장·신진·청년 간부

독립협회 활동이 붕괴되면서 사실상 만민공동회가 수시로 개최돼 11월 5일부터 12월 25일까지 50여 일간 정부를 상대로 적극적인 정치 투쟁을 전개하는 역사적인 새로운 양상이 나타난 사실을 주목할 필요가 있다. 이 투쟁의 중심에는 독립협회의 청년 회원들이 있었다. 평양에서 상경한 안창호도 이 투쟁에 앞장서 싸웠다. 윤치호 등의 지도부가 사실상 지도력을 상실하면서 만민공동회 운동과 조직운영을 연소한 상한 그룹이 담당하게 된 것이다.

이들의 강력한 투쟁력 때문에 만민공동회의 해산에 실패한 수구세력과 고종은 11월 21일 2,000여 명의 보부상을 동원해 유혈 충돌을 일으켰다. 그러나 보부상의 공격이 거꾸로 수만 명이 모이는 민중대회로 발전하자 고종은 이런 압력에 굴복해 다시 수구파 5대신 처벌과 독립협회를 인정했다. 11월 22일 보부상과 유혈 충돌이 일어난 그 다음날 집회에서 안창호는 강력한 투쟁을 호소했다.

총칼이 가슴에 들어와도 물러나지 않을 용기가 있어야 한다, 목숨을 내놓을 결심으로 모이자![13]

이 연설로 볼 때 안창호가 11월·12월 시위운동의 주역이었던 소장, 신진, 혁신 청년층의 중심 인물의 하나였던 것만은 분명하다. 필대은과 안창호가 12월 6일 이후의 투쟁에도 주도적으로 활동했는지는 아

....
13) 이강, 「도산 언행습유」, 168~169쪽.

무런 증언이 없다. 11월 말의 보부상 공격에 대한 적극적 대응을 강조하는 것으로 봐서 일단 청년 활동가들과 함께한 것으로 볼 수 있다. 일부 자료에는 안창호가 총무부 과장 및 부장급으로 이름이 올라 있고 구속자 명단에 안창호가 포함돼 있다.[14] 하지만 일제의 심문조서나 주변 인사의 회고 등에서는 구속 사실이 언급되고 있지 않다. 그렇다면 12월 12일의 가두투쟁과 투석전에 주동적이었던 청년들은 대부분 구속됐는데, 안창호가 12월 투쟁의 어느 시점에서 후퇴했을 가능성도 있는 것일까? 그럴 가능성은 별로 없는 것 같다. 12월 말까지 투쟁에 참여했지만, 평양 지역의 일 때문에 잠시 지방에 갔거나 일시 연행됐으나 나이가 어려 구속을 면했을 수도 있다. 어쩌면 검거 소문을 듣고 도피했을 수도 있다. 일제의 심문에서 안창호는 나이가 어려서 구속을 피한 것으로 진술했다.

일부에서는 안창호 구속 문제에 대해 밀러 등 선교사들의 보호 때문에 화를 면했다고 보고 있는데, 아펜젤러 등의 보호를 받았던 이승만을 비롯한 배재학당 출신들이 대거 구속됐기 때문에 설득력이 없다.

안창호는 일생을 걸기로 다짐한 구국운동에 온몸을 내던지고 목이 쉬어라 외치며 불철주야 뛰어다녔던 독립협회 운동과 만민공동회 투쟁의 허망한 결말에 당황했고, 깊은 실망과 좌절감에 빠졌다. 기세를 찌를 듯하던 수만 명의 민중이 어느 날 갑자기 흔적도 없이 사라지고 호언장담하던 지도부가 무너지자 속수무책의 상태에 빠진 것이다.

---

14) 신용하, 「獨立協會沿歷略」, 『독립협회연구』, 439쪽.

만민공동회 운동은 왜 실패했는가

이 첫 본격적인 구국운동과 정치투쟁의 실패 경험은 안창호의 삶에서 매우 소중한 교훈을 남겼다. 무엇이 문제였는가? '독립협회 지도자들이 너무 무기력했다, 만민공동회의 정치적 지도력이 취약했다, 독립협회의 지방 조직과 각종 지원 조직의 구성이 너무 늦었다, 무엇보다 절대다수 농촌과 민중은 수구파의 손아귀에 있었다, 갑신정변 때와는 비교할 수 없을 정도로 민중의 성원을 받았지만, 민중의 각성이 여전히 부족하고 뒷받침이 취약했다, 자금조차 떨어져서 강제로 모금해야 할 상태였지 않은가.' 되돌아 보니 문제가 너무 많았다.

주관적으로 헌신한다고 해서 운동의 성과가 반드시 뒤따르는 것은 아니었다. 좀 더 신중하게 생각하고 책임질 수 있는 말을 하자고 마음을 가다듬었지만 차분하게 생각할 여유가 없었다. 보부상의 공격과 독립협회 중앙과 지방 조직 간부에 대한 검거 선풍이 불고 있었던 것이다. 비록 의회 개설과 개화 세력의 자주자강 내각의 수립에는 실패했지만, 만민운동이 완전히 끝난 것은 아니었다.

그런데 독립협회와 만민공동회가 11월 5일 이후 운동 과정에서 협상력과 정치력을 발휘하여 고종과 외세의 해산 조치를 피하면서 수만 명씩 참여하는 민중의 폭발적 에너지를 조직화하고 체계화할 수 있었다면, 만민공동회 운동은 분명 다른 결과를 가져왔을 것이다. 러일전쟁 시기까지 개혁 작업을 추진해 국정을 쇄신하고 신교육과 신산업의 기반을 어느 정도 만들고 외세의 침탈과 간섭을 줄일 수 있었을지도 모른다. 그렇게 됐다면 러일전쟁 이후 일본의 한반도에 대한 침략 양상은 달라졌을 것이다.

그런 점에서 고종 및 수구파에 대한 독립협회 지도부의 지속적인 협상과 설득, 수구파의 모략과 악의적인 선동에 대한 적극적 대처가 절실하게 필요했음에도, 지도부는 만민공동회의 격렬한 에너지에 놀라 몸을 움츠리고 꼼짝하지 않았다. 윤치호 대통령설과 박영효 쿠데타설이 궁정에 퍼져 있을 때 독립협회 지도부는 친러 수구파의 음모라는 점을 분명히 밝히면서 소장파의 친일파 박영효 복권운동을 중지시키고 고종이 염두에 두고 있었던 타협안을 일단 수용하면서 단계적으로 수구파를 제거해 나가야 했다.

　결국 독립협회와 만민공동회는 독립자주와 입헌의회 설립, 문명개화의 목표를 분명히 하고 민주적 운영으로 대중의 에너지를 집결시킬 수 있었으나 정치단체로 전환되면서 구체적인 정치 일정에 대한 내부 공감대 부족과 대안 및 리더십 부재로 수구파의 탄압을 이겨 나갈 수 없었다. 고종이 만민공동회 해산 조치를 취하게 된 직접적인 요인은 고종 폐위와 윤치호 추대설, 박영효 쿠데타설이었다. 특히 고종의 불안감을 적극적으로 진화하는 노력이 중요했는데, 소장파들은 거꾸로 이를 더욱 부채질하는 잘못을 저질렀다. 이승만을 비롯한 소장 강경파는 개혁파 내각의 수립을 요구했다. 개혁을 제대로 추진하기 위해서 박영효를 복권시켜 박영효 내각을 출범시키려고 획책한 것이다. 이 문제로 이승만은 반역죄로 무기형을 받게 된다.

　안창호는 독립협회와 만민공동회 운동을 반성하면서 이 점을 분명하게 인식했을까? 부패하고 무능한 외세 의존적인 정권을 개혁하여 나라의 운명을 바꿔 보고자 했던 안창호와 필대은은 12월 24일부터 불기 시작한 검거를 피해 일단 안전하게 도피해야 했다. 그런 다음 깊은 고민을 통해 새로운 활로를 찾고자 했다.

10년 생취, 10년 교훈

좌절 이후

이제 어떻게 할 것인가. 나라는 어떻게 될 것인가. 참으로 갑갑하고 답답했다. 서릿발 같은 탄압의 칼날도 피해야 했지만, 독립협회의 붕괴와 만민공동회의 해산은 또 한 번 주어졌던 자주적인 근대화의 길을 잃어버리고 외세의 지배로 가는 길을 닦게 된 것이다.

그때 안창호와 필대은이 독립협회 지도부의 움직임과 고종을 비롯한 수구파 세력의 움직임을 정확히 알 수 있는 처지는 아니었기 때문에 12월 6일 이후의 청년층 주도로 진행된 투쟁이 끼친 영향을 올바로 평가하기는 어려웠을 것이다. 신진의 젊은 상한들은 한꺼번에 너무 많은 목표를 달성하려 했지만, 민중 역량이 확보되지 않은 조건에서 지속적인 투쟁은 불가능했다.

하지만 안창호는 독립자주와 민권 확대라는 새로운 운동을 통해 새로운 공화국에 대한 희망을 뚜렷이 보았다. 우리의 꿈은 공화국이다! 또한 동시에 이런 운동이 무엇인지조차 알려고 하지 않는 낡은 사회와 백성의 무기력도 절감했다.

'학교는 무기다'

안창호는 한참 뛰어가다 갑자기 멈춰 설 때처럼 잠시 혼란에 빠졌지만, 며칠 지나면서 독립협회와 만민공동회 운동을 정리할 수 있었다. '그렇다! 기초 작업부터 튼튼히 쌓아야 한다! 조선 사회에 희망의 등불을 만들려면 민중을 일깨워야 한다! 만민공동회 운동이 한양뿐만 아니라 수구파들이 장악하고 있던 지방과 농촌에서 일어났다면 구국운동은 성공할 수 있었다. 백성의 절대다수가 살고 있는 농촌에 문명개화와 독립자주, 민권자유의 토대를 만들자.'

독립협회와 만민공동회, 『독립신문』을 비롯한 『황성신문』, 『제국신문』, 각종의 출판사 등 조직과 매체 등이 한결같이 강조했던 시급한 사업이 바로 교육이었다. 빨리 신식 학교를 설립해 신문명을 배우게 하고 새로운 산업을 일으킬 인재를 양성해야 러시아와 일본의 야욕을 막을 수 있다고 생각했다. 학교는 애국계몽운동의 중요한 통로였고 기지였으며 무기였다. '뜻을 같이하는 동지들이 목적을 분명히 하는 조직을 만들어 학교도 세우고 산업도 일으켜 실력을 쌓아야 한다. 그래야 외세의 침탈을 막을 수 있다. 우선 나부터 학교를 세워 민중에게 신지식을 가르치고 세계의 흐름과 나라의 사정을 알게 하자. 우리는 수구파들이 장악하고 있는 지방으로 각자 내려가서 운동을 다시 시작해야 한다.' 이것이 매사에 진지하고 성실했던 안창호가 선택할 수 있는 유일한 방안이었다. '일단 평양으로 내려가자.'

필대은의 죽음

하지만 평양은 어수선했다. 독립협회 지방 조직에 대한 수구파들의 탄압이 기승을 부리고 있었다. 독립협회에서 평양 지회를 대표했던 한석진 목사를 비롯한 지도급 인사들이 연행되는 등 1월 중에 선천, 의주, 영변, 황해도 황주 등의 조직도 같은 운명에 처해졌다. 독립협회와 만민공동회 간부들도 구속되어 안경수 등 3명은 사형에 처해지고 이승만은 무기형을 받아 5년 7개월을 복역하게 됐다. 독립협회 지방 조직에 대한 수구파 정권의 탄압은 1899년 내내 진행됐다. 목포 지회의 경우 '독립협회 잔당' 이라고 해서 회원들을 구속한 뒤 한양으로 압송할 정도였다.

그러나 평양에서 수구파 탄압의 광풍이 잦아들면서 서북 지방의 개화 자강파 세력들은 만민공동회 이후의 활동을 모색하고 있었다. 필대은은 표면적으로 선교사의 통역으로 활동하기 시작했다. 그런데 불행하게도 폐병에 걸려 눕게 되었다. 당시 만민공동회의 젊은 상한 그룹과 일부 독립협회의 중견 그룹이 박영효를 중심으로 한 활빈당 운동으로 활로를 모색하고 있었다. 이때 안창호와는 다르게 필대은과 독립협회 평양 지회장을 맡은 한석진 목사는 박영효의 활빈당 운동에 호응하여 이병확 등 평양 청년들을 보냈다. 하지만 철저한 탄압으로 많은 희생자를 낳고 말았다.[15] 이들은 좌절 속에서도 지속적인 실천적 구국운동을 모색하고 있었던 것이다.

이때 이들의 생활비와 활동비를 김종옥이라는 신흥 갑부가 대주었

....

15) 이강, 「도산 언행습유」, 173쪽.

다. 김종옥은 백정 출신으로 재산을 모았으나 사회적 차별은 여전했다. 신분 차별 폐지를 외치는 독립협회 운동과 만민공동회 활동에 공감하여 필대은과 안창호를 적극 후원했던 것이다. 계급 차별이 없는 기독교를 믿으면서 교류와 신뢰도 있었다.

그런데 안타깝게도 필대은은 유생원이라는 절에서 안창호의 극진한 수개월간의 간호에도 불구하고 폐병으로 별세했다. 친동기보다 더한 정을 느꼈던 필대은이었다. 새로운 사회에 대한 희망과 나라의 현실에 대해 함께 밤새워 고민하고 토론하기를 얼마나 했던가? 수구파 정권의 탄압에 맞서 이기려면 핵심 인물들의 비밀결사와 인재 양성을 위한 신식 학교, 산업 진흥을 위한 회사, 인민의 의식을 바꿀 수 있는 출판사 등을 세워 보자고 약속[16]했는데 그만 필대은은 그 뜻을 실현하지 못한 채 눈을 감은 것이다.

필대은은 언제나 자상하고 치밀했고 부지런히 앞서서 공부하여 동생 같았던 안창호의 앞길을 열어 주었다. 만약 안창호가 필대은을 만나지 못했다면 신학문과 조선의 국내외 사정도, 한양 가는 결단도, 독립협회 운동도 불가능했을 것이다. 무일푼이었던 안창호가 무작정 상경을 결심한 것은 필대은이 평양과 한양을 오가면서 신학문을 배우는 길을 가르쳐 주었기 때문이 아닌가. 애석하게도 안창호가 평양에 내려와 새로운 기초 작업에 열중하던 시기에 필대은은 조선 천지를 떠나갔다. 고향에서 계몽학교와 개간사업을 진행한 전후가 아닌가 싶은데, 정확한 기록은 없다.

....

16) 주요한 편, 『안도산전서』, 45쪽. 신민회 대성학교, 태극서관 등의 대사업이 사실은 필대은의 머리에서 많이 나왔다는 말이 있으나 확실치 않다.

계몽학교(점진학교)와 매축 공사

안창호는 큰형 안치호가 이사 간 강서군 동진면 바윗고지(岩花里)에 계몽학교라는 초등학교를 남녀공학으로 세웠다. 관서 지방의 최초의 사립 학교였다. 이때 안창호처럼 전국의 각 지방으로 내려간 개혁파 청년 지사들이 세운 학교들이 100여 개가 되었다. 개화 자강 인사들이 강조한 학교 설립은 첫째 소학교, 둘째 여학교, 셋째, 중학교·대학교, 넷째, 기술공업학교, 다섯째 외국어학교 등이었다. 교사로는 최광옥(崔光玉)과 이석원(李錫元) 등이 있었는데, 이들은 당시 평양 지역에서 신식 교육을 받은 개화파 청년들이었다.

안창호는 교사로 일하면서 학교의 이름을 처음에 계몽학교로 했다가 불타서 새로 신축했을 때 점진학교로 바꾸었다. 이 '점진'의 개념은 천천히 가자는 뜻이 아니라 '나날이 조금씩 나가자. 꾸준히 쉬지 말고 나아가자'는 뜻이었다. 독립협회와 만민공동회 운동이 실패로 돌아간 이후 안창호는 독립자주와 민권운동의 대중적 기초와 기반을 쌓으려면 10년 생취(生聚) 10년 교훈(敎訓)의 자세를 가져야 한다고 믿었다. 꾸준히 쉬지 말고 전진해 가자. 신학문을 배우고 일깨워서 민중을 조직해 나가자. 그래서 교가도 '점진'으로 지었다. 아주 재미있고 교훈적이다.

점진 점진 점진 기쁜 마음과/ 점진 점진 점진 기쁜 노래로/
학과를 전무하되 낙심 말고/ 하겠다 하세, 우리 직무를 다.

이와 함께 안창호는 점진학교 근처에서 강변을 매립하던 매축 공사도 추진해 농토를 넓히는 작업을 했는데, 절반쯤 공사를 진척시켰다.

점진학교 학생과 교사들. 1898년에 세워진 관서 지방 최초의 사립 학교였다.

농촌에 개간할 수 있는 땅을 개척해서 농민의 살림을 안정시키는 작업
을 시도한 것이다. 이 개간사업도 신산업 활동의 일환이었다. 신산업은
신기술을 배워 근대적인 방직·기계·신발 공장 등을 세우고 광산과
농업을 중시했다. 또한 농지를 개간하고 신품종과 신작물(면화, 연초 등)
을 재배해 새로운 산업을 일으키자는 것이다.

　안창호가 점진학교와 개간사업을 추진하는 데는 적지 않은 자금이
소요됐을 터인데, 이 자금을 어떻게 조달했는지에 대한 기록이 없다.
개인적인 부담이 불가능한 조건이었고 평양의 독립협회 동지들과 협의
해서 추진한 사업이었으므로 후원을 받아서 건설과 운영자금을 사용한
것 같다. 또 자신의 고향집에 교회도 세웠다. 동네 사람이 모여서 예배
를 보다가 아예 탄포리교회를 세운 것이다. 이 교회 역시 당시 평양의

널다리골교회(후의 평양 장대현교회), 즉 판동(板同)교회에서 시무하던 모펫 선교사 등과 협의하여 추진했다.

교육과 개간사업의 배경

독립협회 운동의 좌절 이후 안창호의 구체적 실천은 당시 안창호와 필대은이 어떤 판단을 내렸고 원대한 그림을 그리기 시작했는지를 보여 주는 것이다. 그는 교육과 개간사업을 통해 첫걸음을 떼놓았다. 교회를 통해 낡은 봉건적 신분질서를 무너뜨리고 새로운 민권사상도 고취할 수 있다고 믿었다.

그런데 이 같은 청사진은 안창호만의 독창적 사고방식이 아니라 그가 존경했던 서재필과 『서유견문』의 문명개화 노선과 일치하는 것이었다. 신식 교육과 신산업을 육성해 자주독립국가를 만들어 가자는 방안이다. 그러면 당시의 개화자강 노선에서 신식 교육과 신산업의 비중은 어떠했을까. 『독립신문』은 자금의 2/3를 신식 교육에, 1/3을 신산업에 투자해야 한다고 주장했다.[17] 그만큼 신식 교육은 문명개화의 핵심 사업이었고 가장 힘 있는 무기라고 인식한 것이다. 신산업은 면직공업과 같은 대규모 공장을 지어 영국과 일본산 면직물을 대체할 수 있고, 개간사업 등을 통해 새로운 농업기술로 농촌을 변화시키자는 구상이었다. 안창호는 이를 자신이 직접 실천하여 구국의 기초를 다지려 했다.

물론 필대은과 안창호가 신학문을 가르칠 학교를 세우고 신산업을 일으키는 실천 사업에 뛰어들게 된 배경에는 당시의 정치적 상황도 작

---

17) 『독립신문』 1897년 10월 9일의 논설.

용하고 있었다. 수구파 내각의 탄압이 극심해져 어떤 민권자강운동도 허용되지 않았다. 『독립신문』도 1899년 말 끝내 문을 닫았다. 1900년 선후로 박영효가 비밀리 입국해 독립협회와 만민공동회 잔여 세력을 재조직하려 했던 활빈당 운동도 주모자들에 대한 사형 등 극형과 무지한 고문·탄압으로 자취를 감췄을 뿐만 아니라 개화자강파를 공포로 몰아넣었다. 1902년에 들어서도 이상재 등이 조직한 개혁당이 나타났다. 그러나 그 역시 구속되고 말았다. 반면에 친러 수구파 내각은 경인철도 및 진신진화 개설 등 긱종의 기간산업의 이권을 외국에 넘겨주고 있었다.

이런 조건에서 안창호는 농촌으로 내려가서 신식 교육을 통해 구습을 버리고 기술을 한 가지씩 배우며 의식주에 필요한 물건을 생산하고 수입할 줄 하는 실상(實相) 학문을 가르치고자 했다. 안창호의 이 같은 태도는 분명했다. 독립협회가 붕괴되고 박영효가 활빈당 운동을 할 때 안창호는 활빈당에 들어가는 것을 문의하는 청년들을 만류하여 피해가 없었다.[18] 기반이 없는 정치운동을 사상누각에 지나지 않는다고 본 것이다.

청년 지사들의 선택

한편 독립협회운동 과정에 함께 뛰었던 청년 지사들의 선택을 주목해 볼 필요가 있다.

과거 시험에 응시했다가 갑오개혁으로 과거가 폐지되자 배재학당

....
18) 이강, 「도산 언행습유」, 173쪽.

에 들어가 신식 학문을 배우고 졸업했던 이승만은 독립협회 청년 그룹의 핵심 인물이었다. 회장인 윤치호와 직접적인 관계를 갖고 있었고, 1898년의 가두투쟁 시에는 『제국신문』의 기자로 있다가 구속됐다. 고종의 만민공동회 해산의 결심을 가져온 박영효 복권 추대작업도 이승만 등의 소장 강경파 주장이었다. 선명한 개혁 내각을 요구했던 것이다. 하지만 그런 이승만이 1904년 5년 7개월 복역 후 선택한 것은 미국 유학이었다. 그는 선교사들의 지원과 고종의 밀사로서 미국으로 떠나 1910년까지 고등학교와 대학을 다녔다.

이동휘는 군인 신분이었지만 독립협회와 만민공동회 운동에 적극 참여했다. 독립협회가 해산된 이후에는 친러파의 기반으로 군 장교로 진급하고 군대 내에서 신망을 쌓고 있었다. 그런 그도 러일전쟁 때 군을 떠나 학교 설립에 열심이었다.

신채호는 소년기에 과거 준비와 정통 유학을 공부하고 1898년 수구파 정부 대신이었던 신기선의 추천으로 성균관에 입학했다. 하지만 독립협회의 자주민권자강운동이 활발하게 전개되고 『독립신문』에 이어 『황성신문』, 『제국신문』, 『매일신문』 등이 발행되어 세계 정세의 변화와 국내 개혁의 시급성을 강조하자, 신채호도 자주민권자강운동에 깊은 관심을 기울여 부지런히 이런 신문과 개화파 서적들을 독파했다. 만민공동회가 파국으로 치닫던 1898년 11월 17일 각계의 신사 800명에게 초대장을 보내 간부급으로의 참여를 요청하자 이에 응해 간부급으로 활동했다. 12월 25일 독립협회와 만민공동회의 400여 명이 체포될 때 신채호도 체포됐다. 독립협회 이후에 신채호도 고향에 내려가 교사로서 교육에 나서고 국사 연구에 들어갔다. 그러면서도 성균관과 일정한 관계를 계속했고 후에 성균관 박사가 되었다.

안창호가 왜 다른 청년 지도자처럼 해외 유학이나 방향 전환을 선택하지 않고 고향에 내려가 개화자강파의 지론인 교육과 개간사업[19]의 최선선에 뛰어들었는가? 그리고 만민공동회 해산 이후에 독립협회 잔류 세력이 참여한 박영효의 활빈당 운동에 왜 동조하지 않았는가?

안창호는 만민공동회 활동의 실패를 통해 구국운동이 열매를 맺기 위해서 어떤 일이 가장 시급하며 중요한지를 깨달았던 것이다. 교육과 산업이었다. 촌촌설교(村村設校)와 농촌 개발이 개화자강 노선의 핵심이었고, 안창호는 이 사업에 직접 뛰어든 것이다.

안창호는 자신이 직면한 곤란한 상황을 결코 회피하지 않고 최선을 다해서 개화자강 사업에 전심전력을 기울였다. 자신의 명예나 지위에 대한 어떤 욕심도 없이 당면한 과제에 온몸을 던져 일하는 태도를 보였던 것이다. 자신이 평생을 다해서 몸 바치기로 한 구국운동을 자신이 직접 구체적으로 실천하는 것이 중요하다고 믿었던 것이다. 이런 기초 작업이 추진되지 않은 조건에서 활빈당 같은 운동이 성과 없이 끝날 것이라는 것은 너무나 분명했기 때문에 동지들에게 참여를 권하지 않았다.

모금 사업의 한계와 도미 결심

그러나 수구파의 감시와 탄압이 강화된 정세에서 안창호 활동을 성원해 왔던 평양의 지지자들이 하나둘 떨어져 나갔다. 1년이 안 되어

---

19) 개혁자강 노선에서 신교육론 다음으로 중요시했던 것이 산업 개발이었다. 이 산업 개발은 공업, 광업, 농업 개발 등이 강조됐다(『황성신문』, 1898. 10. 6 논설 참조).

학교 운영에 위기가 닥쳐왔다. 학생이 30여 명에 지나지 않는 농촌의 소학교이지만 숭실학교[20] 졸업생이었던 동지 최광옥이 신병으로 사직하게 됐을 뿐 아니라 운영자금 마련이 벽에 부딪친 것이다. 점진학교와 개간사업을 계속할 수 없었다.

독립협회 당시만 해도 문제가 없었는데, 세상인심이 이렇게 냉정해졌다는 말을 주위 사람들에게 여러 번 할 정도로 안창호는 매우 곤란한 상황에 빠진 것이다.[21] 점진학교는 일단 문을 닫을 수밖에 다른 길이 없었고 매축 공사는 형 치호가 맡아서 끝내는 것으로 매듭지었다.

안창호는 10년 생취, 10년 교훈의 자세로 시작한 사업이 벽에 부딪치자 크게 낙담했다. 이제는 함께 상의할 선배도 없고 스스로 해결하지 않으면 안 되었다. 용기를 내어 시작한 점진학교와 매축 사업은 자금조달 문제를 해결하지 않는 한 계속하는 것은 불가능했다. 그러면 활빈당 같은 운동이 수구파들이 탄압의 고삐를 쥐고 있는 상황에서 성과를 가져올 수 있는가. 아니다! 그렇다면 무엇을 해야 하는가. 평양에서 독립협회와 만민공동회 시절의 동지들과 많은 얘기를 나눴지만, 활빈당에 참가했던 동지들의 체포와 사망, 관련자 검거 등으로 시간만 지나고 있었다.

'이렇게 허송세월과 수구파 세력을 성토하는 공리공론의 말싸움만 할 것이 아니라 구체적인 활동을 해야 한다. 차라리 이번 기회에 문명개화한 나라를 직접 보고 교육학을 공부해 보면 어떨까.' 이미 평안도와 황해도 일대에는 선교사들의 얘기를 듣고 미국으로 건너가는 사람

....

20) 숭실학당은 선교사 베어드가 1897년 설립한 학교로 한양에서 개교했다. 최광옥은 제1회 졸업생이다. 숭실학당은 1901년 평양으로 이전해 숭실중학이 되었다.

21) 주요한 편, 『안도산전서』, 60쪽.

들이 생겨나고 있었다.

24세의 안창호는 단안을 내렸다. '부강한 나라의 문물과 제도를 직접 보고 배워 돌아와서 구국운동에 나서자.' 물론 안창호는 수구파 정권의 탄압이 열강의 상호 견제와 균형에서 나오며 이 상태가 조만간 붕괴된다는 점을 예상치 못했다. 더군다나 대국 러시아가 일본에 그렇게 맥없이 무너지고 일제의 침략이 신속하게 본격화될 것이라는 점을 알 수 없었다.

그러나 나중에 드러나지만, 안창호가 평양의 무기력하고 숨 막히는 분위기에서 벗어나 문명개화한 미국으로 건너가 이민동포들을 성공적으로 조직하고 훈련시키며 객관적으로 나라의 현실을 살펴보고 종합적인 시각을 갖게 된 경험은 독립운동 과정에서 큰 힘이 됐다. 탁월한 선택이었던 것이다. 어느 나라로 갈까? 일을 하면서 공부하려면 미국으로 가야 했다. 문제는 여비였다. 고심 끝에 독립협회 시절에 호의적이었던 진위대장 김응팔의 도움을 받기로 했다. 언더우드, 밀러와 상의해 그들이 여권을 비롯한 미국 입국 수속을 주선해 주었다. 평양의 선교사 팽한주도 자신의 선교에 비판적이었던 안창호를 미국에 보내 버리는 것이 낫다고 판단하여 여비를 일부 지원해 주었다. 그런데 문제가 생겼다. 약혼자인 이혜련이 함께 가겠다고 나선 것이다.

혼인 후 동행

안창호는 공부하고 귀국한 뒤에 혼인하자고 했으나 이혜련이 완강하게 반대하고 따라나섰다. 장인 이석관도 언더우드 목사까지 만나서 혜련을 안창호가 데려가도록 설득해 달라고 부탁했다. 단순한 여행이나 이민이 아닌데 나이 어린 약혼자와 동행한다는 것은 노동해서 살아야 하는 미국 생활에 지장을 가져온다는 것을 알았기에 안창호는 이혜련과의 동행을 완강하게 반대했다. 하지만 여비까지 만들어 막무가내로 따라나서는 이혜련을 어찌할 수 없었다. 할 수 없이 안창호는 제물포에서 배를 타기 전날 한양역 앞에 있던 세브란스병원(제중원)에서 김윤오의 주선으로 밀러 목사가 주례를 맡아 혼인식을 올렸다. 안창호의 여권은 이미 8월 9일로 발급되어 있었다.

1902년 9월 4일, 24세의 안창호는 신혼의 아내와 이미 미국에 간 장경의 아내와 딸을 동행하여 인천항을 떠나 며칠 만에 일본에 도착했다. 도쿄(東京)에서 일주일 정도를 기다리는 동안 안창호, 이혜련 부부는 신혼을 보내면서 발전하고 있는 일본의 모습과 생활수준, 상품 등을 꼼꼼하게 들러보았다. 일본의 놀라운 발전과 문명개화한 실상을 보자 조선의 참담한 현실이 떠올랐다. '어서 빨리 배워 돌아와서 자주독립과 자유민권이 보장되는 나라를 만들자.' 안창호는 새삼 결심을 굳게 했다.

기다리던 미국행 배 '몽골리아 호'가 출항했다. 다음 해 본격화된 하와이 이민노동자들을 태운 배는 주로 조선의 제물포항에서 승선하여 일본의 고베에 내려 신체검사 등 미 입국을 위한 사전점검을 했다. 그런데 안창호 부부를 태운 배가 고베에 들렀을 때 하선했다가 다시 미국행 몽골리아 호를 탄 것인지 아니면 도쿄까지 와서 미국행에 승선했는지는 정확한 기록을 찾지 못했다.

1902년 발행된 안창호의 여권.

1902년의 인천항.

또한 안창호의 일본에 대한 첫 인식은 그가 평생 대한의 독립과 조선혁명을 위해 싸웠던 만큼 매우 중요하다. 왜냐하면 다른 독립운동의 지도자들과 다르게 격렬한 투쟁을 요구받던 상황에서도 독립전쟁의 실제적인 준비에 전력을 기울였던 까닭은 일본과 미국 등의 국력을 정확하게 알고 있었기 때문이었다. 그중에서 일본 땅에 처음 내려 어떤 인상을 가졌는가를 알아보는 작업은 필수적인데 아쉽게도 이에 관한 기록이 없다. 또 이 긴 항해 동안 안창호가 어떤 책을 읽었는지에 대한 자료도 마찬가지로 찾을 수 없었다.

4막

미국에서 한인 노동자를 조직하다

도산(島山)이라는 호

또 하나의 이름, 도산

일본 열도를 벗어나 태평양으로 들어섰지만 가도 가도 짙푸르거나 칠흑 같은 어둠만이 기다리고 있었다. 대동강변의 만경대에서 마포나루까지 연안의 조그만 배를 탄 적이 있었다. 하지만, 이렇게 큰 배는 처음이었다. 몽골리아호는 태평양의 거대한 바다 속에 한 조각의 나뭇잎에 지나지 않았다. 그러기를 10여 일 기진맥진해 가던 순간 먼 곳에서 구름 사이를 뚫고 솟아오른 산봉우리가 나타났다. "산이다! 육지다!" 육지를 기다리던 사람들에게 산봉우리는 기쁜 희망이었다.

안창호는 이때 도산(島山, 섬 봉우리)이라는 또 하나의 이름을 갖기로 했다. 패망의 길로 들어선 나라와 고통 속에서 허덕이는 동포들에게 우뚝 솟아올라 희망과 용기를 주는 사람이 되자는 뜻에서다. 나라를 구하는 사업에 평생 온몸을 바치기로 한 안창호에게 어울리는 이름이었다.

하와이를 떠나 캐나다의 밴쿠버를 거쳐 시애틀에서 며칠 묵은 뒤 기차로 마지막 기착지인 샌프란시스코에 도착한 것은 1902년 10월 14이었다.

하우스보이로 시작하다

　샌프란시스코에서 입국 수속은 의외로 쉽게 끝났다. 안창호 부부
에 대한 주한공사 알렌의 소개장이 있었기 때문이었다. 이민국 검사 과
정에서 조선에서 만난 적이 있는 드류라는 의사가 통관을 도와주고, 또
그의 집에서 일단 기거하게 됐다. 도산 안창호 부부는 드류 의사 집에
기거하면서 하우스보이로 일했다. 몇 개월 뒤 여관으로 거처를 옮겼다.
아내 이혜련은 인삼 장사 하던 동포의 소개로 선교사 집에서 일하면서
영어를 배웠다. 이혜련은 산 설고 물 설은 이국 땅에서 끼니를 걱정해
야 하는 생활이 하도 절망스러워 눈물로 하루하루를 보냈다.

　안창호는 영어를 익히고 미국의 교과 과정이나 내용을 직접 체험
하기 위해 그래머스쿨 과정에 입학했다. 그런데 몇 개월 뒤 언론에 보
도되는 바람에 그 학교에 계속 다닐 수 없게 되었다. 취학 연령이 18세
로 제한된다는 규정 때문이었다. 몇 군데에서 퇴짜를 받은 끝에 가까스
로 학교에 들어가 영어를 공부하고 미국식 교육제도를 조금 체험할 수
있었다.

　하지만 이런 현지 적응 생활도 오래가지 않았다. 길거리에서 동포
끼리 상투 잡고 싸우는 광경을 보게 된 것이다. 이들을 뜯어말리고 싸
움 경위를 들어보니 인삼 판매를 위한 구역 다툼이었다. 당시 샌프란시
스코에는 먼저 건너온 인삼 장사꾼 5~6명과 유학차 건너온 학생들이
5~6명 있었다. 이들은 서로의 이질적인 조건 때문에 멸시와 감정적인
다툼이 많았다. 안창호는 동포들의 집을 일일이 방문해 보았다. 문제가
너무나 많았다. 또 샌프란시스코에 거주하는 동포들이 늘어나면서 이
들의 정착과 생활안정 문제가 제기되었다. 인삼 판매 상권을 둘러싼 동

포들의 다툼과 갈등이 계속됐고, 대부분의 동포들이 미국에 와서도 조선에서의 생활관습을 버리지 못하고 있었다. 미국인은 조선인의 잘 안 씻는 습관, 거친 행동과 말투를 언짢게 생각했다. 조선인에 대한 인상이 나쁘면 결국 나라의 명예에 욕이 될 게 아닌가. 독립할 자격이 없는 국민이라고 볼 우려가 있었다.

신식 학문을 제대로 배울 중요한 기회인데, 어떻게 하는 것이 옳은가? 며칠 동안 고민을 거듭했다. 동포 사업을 하게 되면 학업은 사실상 불가능해지는데 공부할 수 있는 중요한 기회를 포기해야 하는가? 안창호는 자문자답 끝에 결론을 내렸다. '내가 공부를 하는 목적은 쓰러져 가는 나라를 일으켜 세워 자유문명국을 만들기 위한 것이 아닌가. 이 동포들의 생활을 안정시키고 튼튼한 기반을 갖게 만든다면 이보다 더 필요한 사업은 없다. 공부는 3년 정도 뒤로 미루자.' 안창호는 조선인의 생활태도를 고쳐서 문명국가의 국민이 되게 하고, 단결 합심하여 일자리와 생활안정을 만들며, 또 이들을 잘 조직하여 독립 자격이 있는 국민임을 보여 주리라 생각했다.

안창호는 팔을 걷어붙였다. 낮에 노동을 하면서 틈나는 대로 동포 집을 방문해 집 앞을 쓸고 꽃을 심고 침을 함부로 뱉지 못하도록 설득했다. 5~6명의 인삼 장수들을 모아 중국인 교회를 빌려 한인 교회도 시작하면서 주일마다 설교도 맡았다. 동포들의 일자리도 적극적으로 주선해 주었다. 안창호가 직접 나서서 유리창도 닦고 커튼을 달아 주니 동포들의 생활환경이 몰라보게 달라졌다. '더럽고 불결하고 싸움질 잘한다'는 악평을 받았던 조선인에 대한 샌프란시스코 시민의 인식이 달라지기 시작했다.

동포 사회에 상항친목회를 결성하다

동포들도 안창호를 차츰 신뢰하게 되었다. 이때부터 동포들은 안창호를 도산 선생이라고 부르기 시작했다. 이혜련도 미국식으로 안 여사로 불렀다.

신임이 두터워지자 도산 안창호는 인삼 장사들의 행상 구역을 정하고 파는 값을 정해 싸게 팔아서 손해 보는 일을 없앴다. 이를 토대로 계를 만들어 협동하여 신용을 쌓게 만드니 생활이 나아지기 시작했다. 이렇게 동포들과 동고동락하기를 1년쯤 한 끝에 상항(桑港)친목회를 1903년 9월 23일에 발족했다. 박선겸, 이대위, 김성무, 박영순, 장경, 김병모 등 10여 명이었다. 도산 안창호 부부가 미국에 온 지 채 1년이 안 된 시점이었다. 친목회가 결성되고 나니 자연 일자리도 쉽게 구해졌고 하와이에서 넘어오는 동포들도 늘어났다.

1902년 말은 우리나라 최초의 하와이 이민이 시작된 해였다. 하와이의 사탕수수 재배업자 연합회가 조선 정부의 승인을 받아 한양, 인천, 부산, 원산 등의 노동 이민들을 모집해 고베에서 출발시켰는데, 제1차 이민선에 탄 121명이 1903년 1월 13일 하와이에 도착했다. 1905년 일본에 외교권이 넘어가기 전까지 16척의 배로 총 7,226명이 하와이로 이민 갔다. 남자가 6,048명, 여자가 637명, 어린이가 541명이었다.[1]

이들은 대부분 예수교인이거나 공부할 목적으로 이민을 자원한 학생, 가난한 시골 선비, 해산당한 군인, 머슴, 막벌이꾼 등 다양한 계층의 사람이었다. 이들은 조국이 망하여 일제의 식민지로 전락하자 자신

------

1) 이만열, 『미주국민회 자료집 1』, 경인문화사, 2005.

공립협회장 시절의 도산 안창호.

들이 피와 땀으로 모은 돈을 한 푼 두 푼 모아 조국광복을 지원하고 후원해 갔던 해외 동포세력의 기초가 되었다.

하와이 이민 노동자들이 샌프란시스코로 건너오기 시작했지만 하와이 동포들의 상태도 심각했다. 거의 노예 같은 생활을 하고 있었으므로 대책이 시급했다. 그래서 도산 안창호와 임준기 등이 독립협회 시절부터 친교가 있었던 임준기의 부친인 임기반에게 편지를 보내 하와이 동포 사업을 부탁했다. 임기반 가족은 원래 도산 안창호 부부와 같이 미국행을 위해 인천까지 왔다가 눈병 때문에 함께 배에 타지 못했었다. 임기반은 1903년 하와이로 건너와 동포 사업을 하다가 1904년 다시 조국으로 돌아갔다.[2] 임기반은 제7안식교회의 초기 지도자였다.

2) 이종근, 「민족계몽과 독립운동의 선구자 근당 임기반 재조명」, 『도산사상 연구 7집』, 도산사상연구회, 2001, 235쪽.

공립협회를 조직하다

유학의 꿈을 접고 동포 조직사업을 펼치다

좁은 하와이 사탕수수밭 농장에서 노예 같은 생활을 하던 한인 노동자들이 하나둘씩 미국 본토로 건너와 태평양 연안지역으로 몰려들었다. 이들 속에서 도산 안창호는 솔선수범과 동고동락하는 리더십으로 동포들을 조직했다. 이 조직 과정을 통해 생활안정과 협동의 중요성을 일깨워 공동의 이익을 도모하면서 대한사람으로서 자부심과 긍지를 잃지 않도록 격려하여 독립운동의 전선에 서게 한 것이다.

그런데 미국으로 건너와서 1년간 보낸 안창호의 생활과 활동을 보면 조금 이해하기 어려운 면을 발견하게 된다. 도산 안창호는 분명 선교사들과 관계가 있었고, 그들의 주선으로 여권 등을 받을 수 있었다. 그렇다면 의당 신학교나 다른 미국 학교에 추천해 주었을 법한데, 도산 안창호는 전혀 그런 움직임을 보이지 않았다. 또 하나는 자본주의 사회에 살아 본 적이 없는 도산 안창호가 자본주의 사회의 가장 큰 문제로 대두된 노동문제, 그중에서도 이민 노동자의 권익보호와 생활안정 운동에 뛰어들어 조직사업을 성과 있게 전개했다는 사실이다.

첫 번째 문제는 기실 도산 안창호가 선교사들에게 고분고분하지 않았고, 몇몇 선교사들은 도산 안창호는 예수교인이 아니라고 할 정도로 경계했기 때문에 제대로 추천장을 써 주지 않았을 가능성이 높다.

또 도산 안창호가 다녔던 구세학당에서 영어 학습이 없었기 때문에 미국의 고등학교나 신학대학에 진학할 수 없었는지 모른다. 그리고 무엇보다 도산 안창호의 미국행은 막다른 골목에 몰렸던 평양의 상황에서 벗어나는 길인 동시에 문명된 나라의 문물을 직접 보고 배우겠다는 생각을 갖고 왔으므로 '자격증 갖는 문제'에 집착하지 않았던 것 같다.

도산 안창호보다 늦게 미국에 온 이승만은 미국에서 고종의 밀사로서 미국 대통령을 개인적으로 면담한 뒤 미국 고등학교에 들어갔다. 조지워싱턴 대학과 하버드 대학을 거쳐 프린스턴 대학에서 박사학위를 받았다. 그러나 이승만은 고종의 밀서를 미국 루스벨트 대통령에게 전한 일 말고는 학업에 전념했다. 서재필과 이승만이 고학을 하면서 의사 자격증과 박사학위를 확보해 독립운동 과정에서 적절하게 사용한 행태와 비교하면 도산 안창호의 도미 초기의 동포 조직사업은 뜻밖이었다.

그러나 이런 삶의 방식이 도산 안창호다웠다. 초기에는 도산 안창호의 이런 행동을 아내와 주변 동포들이 이해하지 못했지만, 차츰 도산 안창호라는 인간의 진면목을 알게 된다. 자신의 이익보다 동포의 이익을 먼저 생각하는 자세는 한평생의 운동 과정에서 보여 준 '사심 없이 자신을 내던지는 태도'의 첫걸음이었다. 독립협회와 만민공동회 운동, 점진학교와 개간사업이 개화자강 의식에 눈뜨고 그 물결에 정신없이 헤엄쳐 간 것이었다면, 미주에서 시작한 조직사업은 패망의 길로 점점 빠져 들어가는 조국의 운명을 바라보면서 동포들 속에서 그들을 일으켜 세우고 합심 단결하여 난관을 헤쳐 나가는 조직운동의 모범을 보인 것이다.

그렇다면 그때 도산 안창호는 이민 노동자들이 계속 늘어나는 추세를 지켜보며 이들을 조직해 훈련시킨다면 구국운동의 기초가 될 수 있다고 생각했을까. 아니면 이민 온 동포들의 현실이 너무나 참담하기 때문에 이들의 생활안정에 목표를 두었을까. 또 당시 거세게 불고 있었던 미국 노동운동의 흐름을 어느 정도 알고 있었을까? 물론 임준기의 부친인 임기반이 이민 노동자를 모집하던 동서개발주식회사의 직원으로 일하고 있었기 때문에 하와이 이민이 지속적으로 추진된다는 소식을 알고 있었을 것이다. 그렇지만 아마 처음에는 후자의 문제의식이 중심이었을 것이다. 그러다가 차츰 동포들을 조직하고 훈련하면서 독립운동의 든든한 기초가 될 수 있다는 생각으로 발전해 나간 것 같다.

이민 노동자들이 본격적으로 샌프란시스코로 넘어오는 시점은 도산 안창호가 동포 사업을 시작한 지 한참 뒤의 일이었다. 당시 미국에는 혁명적 노동운동의 바람도 거세게 불고 있었다. 노조 활동가, 그중에서도 부두노동자조합의 활동이 1900년 전후로 활발했기 때문에 도산 안창호도 이들과 접촉하여 공제조합과 같은 조직사업이 필요하다는 것을 절감했을 것이다. 친목회나 노동캠프는 이민 노동자 조직의 일반적인 초기 형태였다.

공립협회의 설립과 『공립신보』 발행

샌프란시스코에서 친목회를 조직하고 1903년 말 동포들이 많이 거주하는 LA로 옮겨 갔다. 리버사이드에 자리 잡은 도산 안창호는 마침 하와이를 거쳐 미국 본토로 건너온 이강(李剛, 1878~1954)[3]을 만났다.

....

3) 호는 오산. 평남 용강 출생으로 1903년 하와이로 이민 와 도산과 함께 공립협회, 『공립신보』를 만들었다. 1907년 귀국 신민회 조직에 참여하고, 1908년 블라디보스토크에서 『해조신문』을 창간해 독립사상을 고취하는 데 힘썼다. 흥사단우로서 도산의 평생동지였다.

이강과 임준기를 불러 대한인노동캠프를 차리고 조선인 이민 노동자 사업을 시작했다. 노동조합이 아닌 일종의 공제사업이었다. 대한인노동캠프는 이민 노동자로 건너온 사람들에게 가장 절실한 일자리 주선, 취업정보 소개, LA 지역에 관한 각종 소식은 물론이고 고국 소식을 주고받는 사랑방이었다. 대한인노동캠프는 동포들끼리 친목을 도모하면서 동포의 생활태도와 일하는 자세 등을 교육함으로써 고용주의 신임을 얻었다. 자연 조선인이 열심히 일한다는 소문이 고용주 사이에 퍼지면서 이들이 취업하는 작업장이 늘어났다.

이때 일자리는 주로 세 종류였다. 오렌지 농장에서 오렌지를 따는 일과 철도 공사장의 일, 그리고 근교의 콩 농장의 일이었다. 도산은 오렌지 농장에서 오렌지 따는 노동을 직접 하면서 오렌지 하나도 정성스럽게 따야 한다고 강조했다. 그것도 나랏일이라는 것이다. 정성껏 오렌지를 따는 대한인이 많아야 미국인이 좋게 평가할 것이고, 그것이 자주독립에 우호적인 여론을 만들어 낼 수 있기 때문이었다.

대한인노동캠프가 LA의 리버사이드에서 손쉽게 정착할 수 있었던 것은 아니었다. 당시 일본인이 근처의 농장을 경영하는 경우도 있어서 일본인의 일자리가 먼저 채워지고 난 뒤에야 동포들에게 일자리가 생길 수밖에 없었다. 그래도 한인 노동자들이 열심히 일하고 동포들의 생활태도가 개선되기 시작하면서 미국인의 인식이 바뀌어져 노동캠프에 필요한 독자적인 사무실을 임대할 자금을 빌릴 수 있었다. 노동캠프에 가입한 사람들도 처음에는 8명이었지만 곧 10명이 늘어나 18명이 되었다. 전화도 2대로 늘리고 활발하게 공제사업을 벌여 나갔다. 야간에 도산 안창호 자신은 신학강습소에 나가 신학 이론을 배우고 영어 학습도 병행했다. 안 여사도 중국인이 거의 무료로 운영하는 학교에 나가 공부를 계속해 나갔다.

노동캠프 사업이 본 궤도에 오르게 되면서 한인 교회를 미국 교회 안에 열었다. 일요일마다 예배를 보고 야학을 열어 영어 공부를 시켰다. 이렇게 되자 이강, 임준기 두 사람이 중심이 되어 시작했던 노동캠프 사업을 보다 체계적으로 발전시킬 필요가 생겼다.

그래서 준비 끝에 18명의 한인 이민 노동자들이 1904년 9월에 모여 리버사이드 공립협회(共立協會)[4]를 설립하고, 회장에 도산 안창호를 추대했다. 이때부터 동지들 다섯 사람이 버는 몫을 떼어 활동자금을 내기로 결정한 뒤 도산 안창호에게 전업적으로 동포 지도사업에 나서 줄 것을 강권했다. 처음에 도산 안창호는 함께 일하면서 활동할 수 있다며 사양했다. 하지만 공립협회 동지들은 도산 안창호가 계속 고집을 피우면 자신들이 노동을 하지 않겠다며 물러서지 않았다.

이때부터 도산 안창호는 공립협회 사업에 전념할 수 있게 되었다. 전업적인 활동이 가능해지면서 도산 안창호는 각지에 산재해 있는 동포들을 찾아다니는 등 밤낮 없이 뛰었다. 또 고국에서 발행되는 신문과 각종 소식지를 구독했다. 또 샌프란시스코로 다시 가서 친목회 조직을 공립협회 조직으로 확대 발전시키고자 노력했다. 1905년 1월 호놀룰루 일본 총영사를 대한제국 명예총영사로 임명하여 미주의 한인들을 통치하려고 했기 때문이다.

한편 안 여사는 1905년 3월 29일 첫 아들을 낳았다. 병원에 입원할 비용도 없고 조산원을 부를 처지도 못 돼 교회구제회관에서 해산했다.

---

4) 미국 각지에 지방 지회를 만들기 시작하여 1907년까지 LA, 새크라멘토, 솔트레키, 리버사이드, 레드랜드, 록스플링 등 서해안 지역 도시에 지회를 설치했다. 도산 안창호가 귀국한 후에는 국내 지회가 더욱 확대되어 항일 비밀결사인 신민회 활동을 전개하는 토대가 되었다.

공립협회 창립 회원. 앞줄 왼쪽부터 송석준, 이강, 안창호, 뒷줄 임준기, 정재관.

도산 안창호는 아들의 이름을 필립(必立)이라고 지었다. '반드시 자주 독립한다'는 의미였다. 집안 살림을 돌보지 않은 채 동포 구제 사업에 바쁘게 돌아다니는 도산 안창호를 대신해 안 여사는 빨래와 가정부, 식당 보조, 음식 판매 등으로 가정 살림을 꾸려 나갔다.

러일전쟁에서 일본이 승리하면서 도산과 미주의 49인의 동포들은 일본의 미주 동포 지배에 대처하고 국권회복 운동을 추진할 미주 동포 전체를 아우르는 조직체가 있어야 한다는 데 인식을 같이했다. 이에 리버사이드 공립협회를 확대 발전시킨 공립협회 본부를 한인 동포들이 많이 살고 있는 샌프란시스코에 두고, 사업 목적도 상부상조라는 친목적 공제 외에 조국광복을 분명히 했다. 이로써 1905년 4월 5일 샌프란시스코 공립협회가 창립됐다. 대한제국의 영사관을 대신할 기관이 설립된 것이다. 공립협회는 규칙 대지(大旨)에서 구체적인 실천 강령을 내세우고 있다.

"우리 동포가 단체를 성립하야 동종을 상보하는 의로 정함"을 목적으로 조직한 단체로서 "무편무당하야 무슨 종교와 어떠한 지위와 무슨 업을 분간치 않고 다만 공포된 의무를 지키는 자가 일제로 합하야 회를 조직하고 본회 목적을 이루려 함이오, 실행하는 의무는 환난을 서로 구원하며 허물을 서로 규정하며 중애를 서로 힘쓰며 학업을 서로 힘쓰고 이 밖에 우리 동포의 공의상에 관계되는 일을 일절 힘쓸 것"을 종지(宗旨)로 정하고 있다. 이러한 종지를 달성하기 위하여 공립협회는 다음과 같은 것을 실행하고자 했다.

회원 중에서 병이 있고 스스로 치료할 수 없으면 회에서 힘을 다하여 치료할 것이오, 회원 중에서 세상을 떠나고 돌아볼 사람이 없으면 회 중에서 맡아 안장하고 돌아보는 사람이 있더라도 동력할 것이오, 회원 중에서 무리한 능욕을 당하고 스스로 벗어날 수 없으면 회에서 힘을 다하여 구할 것이오(患難相救), 회원들이 본회 목적을 가지고 우리 종족을 건지기 위하여 앞일을 준비하며 다른 동포들에게 애국하는 뜻이 있도록 권면할 것이오(忠愛相勉), 경찰위원들이 특별히 회원들을 살피고 그른 길에 빠지는 자를 효유하고 효유를 듣지 않는 자나 허물이 경하지 아니한 자들은 회중에 고하여 공석에서 처벌을 당하게 할 것이오, 죄과가 중하여 본회 대체에 해를 크게 미치는 자는 출회하고 죄악이 심하여 모든 동포에게 큰 얼을 미치는 자는 관청에 보내 엄치하여 동포 대체에 해로움이 없게 할 것이오, 회외인(會外人)이라도 죄과가 중하여 동포 사회를 그릇 치며 동포의 체면을 손상하는 자는 법

사에 고하여 악한 자를 다스리고 양선한 동포를 보호하는 의무를 실
행함(過失相規).[5]

공립협회는 리버사이드 시절부터 밤 9시에 취침할 것, 속옷 차림으
로 외출하지 말 것, 방을 깨끗이 정리할 것, 버는 돈은 저축할 것, 차이
나타운에 가서 돈을 쓰지 말 것 등의 행동규칙을 정하고 순찰을 도는
등 자조적인 활동을 전개해 나갔다. 동포들의 생활은 눈에 띄게 달라졌
다. 한인 교회 활동도 활발해지고 영어 실력도 향상되었다. 또한 1905
년 말에 발행되기 시작한 『공립신보』에 국내외 정세, 동포들의 교양 및
동정들을 실어 대한인의 각성과 자주독립의 필요성, 해외동포들의 생
활태도와 자세를 일깨워 나갔다.

이런 변화에 따라 미국인도 조선인에 대해 우호적인 감정을 갖게
되고 많은 도움을 주었다. 동포 생활이 안정돼 가면서 공립협회도 회관
운영비와 간사들의 봉급을 모두 회원들의 회비로 충당할 수 있게 되었
다. 일제에 의한 국권침탈이 계속되자 한인 노동자 사이에서 반일 여론
도 높아 갔다.

포츠머스 회담의 한계와 기회

리버사이드에 거주할 때 러일전쟁의 소식을 듣고 귀추를 주목했던
도산 안창호지만 그사이 일본이 착착 추진해 갔던 식민지화의 구체적

---

5) 공립협회 규칙 대지는 1905년 창립 확대 이후 9월 9일 출간한 것으로 공립협회 전회 통용장정에 포
함되어 있다. 도산안창호기념사업회, 『미주 국민회 자료집―총목차』, 경인문화사, 2005, 33~34쪽.

인 작업을 잘 알 수 없었을 것이다. 일본 군대가 다시 용산에 주차군사령부를 세우고 군인·헌병·경찰을 배치해 철저한 무단통치의 공포가 지배한다는 소식은 이주 동포와 국내에서 발간되는 각종 소식지를 통해 들었다.

하지만 도산 안창호는 이미 벌여 놓은 사업과 오클랜드, 레드랜드, 록스플링 등지에 조직되고 있는 소중한 신생 공립협회 조직을 튼튼히 세우는 작업을 소홀히 할 수 없었다. 공립협회는 1905년 9월 포츠머스 회담[6]에 조선 문제를 제기할 대표단을 파견하기로 결정하고 도산 안창호가 공립협회 측의 임무를 받아 주도록 요청했으나, 도산 안창호는 받아들이지 않았다. 국제회의에 재미 동포가 참석할 권리가 없고 아무리 애써도 참석하지 못할 게 뻔한데 동포들의 땀 판 돈을 쓸 수 없다는 이유에서였다.

도산 안창호는 이미 포츠머스 회담이 전승국의 잔치라는 점을 간파했던 것이다. 이렇듯 도산 안창호가 동포들의 돈 한 푼도 헛되어 써서는 안 된다는 확고한 태도를 독립운동 내내 견지했다는 것은 다른 독립운동 지도자들과 대비되는 점이다. 이 포츠머스 회담에는 하와이의 에와친목회가 공립협회에서 보내 준 지원금을 합쳐 이승만을 통역으로 해서 대표를 파견했으나 도산 안창호의 예상대로 성과 없이 끝났다.

그런데 만약 이때 도산 안창호가 비록 미약한 조직의 대표지만 국제 외교전의 현장을 직접 보고 배웠다면 제국주의 시대에 국제 정세의 흐름에 좀 더 능동적으로 대처하는 교훈을 얻을 수 있지 않았을까. 뿐

....

6) 1905년 미국 포츠머스에서 루스벨트 대통령의 알선으로 러일전쟁을 마무리하기 위한 회의. 조선에 대한 일본의 보호·감리권 승인, 사할린 일본에 양도 등에 합의했는데, 루스벨트는 세계 평화에 기여했다는 이유로 1906년 노벨 평화상을 탔다.

만 아니라 각국 대표들에게 보다 강력하게 일본의 조선 지배를 용납하지 않겠다는 우리측 의사를 훨씬 효과적으로 천명했다면 미국과 영국의 일본 지원에 따른 부작용도 심각할 것이라는 점을 주지시켰을지 모른다.

샌프란시스코 지진과 피해 수습

1905년 5월 LA의 공립협회 총회 평의회를 열어 도산은 공립협회 내에 학무부, 사법부, 구제부, 대의회를 조직하자는 제안을 하여 새로운 기구를 발족시켰다. 또 하와이까지 공립협회의 조직을 확대하고 미국 정부의 보호 아래 한인 자치기관으로 역할할 것을 결의했다.

또 11월 14일에는 3층집을 본부 회관으로 매입해 공립관이라는 자체 회관 건물을 확보했다. 이 본부 건물을 미주 동포의 대표기관으로 운영하기 시작했으며, 곧바로 20일부터 기관지로 『공립신보』를 석판 인쇄로 발행했다. 『공립신보』는 처음에 300부 정도 격주간으로 인쇄했는데, 국내의 언론기관과 해외 각지 교포 사회에도 발송되었다. 아울러 『공립신보』 지사를 여러 곳에 설치했다.

1906년 2월이 되자 일제는 재차 해외 한인에 대한 일본 영사의 보호를 천명했다. 이에 대응하기 위해 도산은 공립협회 총회장 자격으로 하와이의 에와친목회와 함께 재미한인공동대회를 개최하고 배일 선언을 발표했다. 이 배일 선언문은 을사조약 체결의 당사자인 황실과 그 정부는 이미 조선이 아니며 의연히 남아 있는 것은 오직 이천만 민족이라고 주장했다. 미국 생활을 통해 무능한 황실에 대한 어떤 미련도 갖지 않게 된 것이다.

1906년 4월 18일 샌프란시스코에 큰 지진이 일어나 24명의 동포가 사망하고 퍼시픽 거리에 있던 공립협회 회관인 공립관이 불타 무너져 내리는 뜻밖의 타격을 입었다. 도산 안창호는 지진 피해를 수습하고 복구하는 작업에 전력을 기울였다. 이때 미묘한 문제가 발생했다. 을사늑약으로 이미 대한제국이 외교권을 상실해 일본의 통감부가 대신하던 때라 고종이 보낸 진재 위로금을 6월에 일본 영사관에서 찾아가라고 통지했던 것이다.

도산 안창호는 한인 동포들이 일본 기관을 통해 돈을 받아선 안 된다며 단호한 태도를 취했다. 각지 대의원의 의견을 취합한 결과 전원 일치로 거부하기로 결정했다. 그리고 이런 내용을 적어 고종에게 돌려 보냈다. 동포들은 비로소 샌프란시스코에 있으면서 조국 정부에 외교권이 없다는 사실, 일본 영사관의 간섭과 지배를 받아야 한다는 사실을 구체적으로 실감하게 된 것이다.

공립협회는 일본 영사관의 간섭과 지배를 거부하고 일본 영사로부터 한인 사회에 간섭하지 않겠다는 약속을 받아 냈다. 이로써 공립협회는 미국 정부의 묵인 하에 교포 사회에서 발생하는 각종 사건과 외교적 문제를 해결하는 대한인의 명실상부한 대표기관으로서 자리를 잡아 나갔다.

조국의 급박한 상황 변화

공립협회가 정식으로 창립된 1905년 4월은 도산 안창호의 나이가 27세 되는 해였다. 미국에 건너온 지 2년 반, 공부를 미루고 동포 사업에 전력을 기울이자던 약속 기한 3년이 다 돼 가는 시점이었다. 그러나 도산 안창호는 개인적인 목적을 내세울 수 없었다. 꿈에도 잊지 못하는 조국이 일제의 마수에 걸려 숨조차 쉴 수 없는 상황으로 몰리고 있었던 것이다.

도산 안창호가 한반도를 떠난 1902년 9월에는 이미 영일동맹이 체결되어 일본이 러시아와의 전쟁 준비에 들어가기 시작한 때였다. 일본은 영국 차관 등으로 전비를 마련해 군함 건조 등 전력을 강화했다. 1년 반 뒤인 1904년 2월 인천항과 여순(旅順)항의 러시아 함대를 공격해 러일전쟁의 포문을 열었다. 영국은 일본의 작전을 지원하기 위해 러시아 함대의 남진을 인도양에서 저지했다. 일본은 러시아 격파를 구실로 조선 내에서의 군사 행동과 주둔지를 요구하고 군대·헌병·경찰력을 배치할 수 있는 조선주차군을 1904년 4월 운영하기 시작했다. 또 8월에는 재정과 외교에 일본인 고문을 배치하여 대외교섭의 창구와 나라 살림을 장악했다.

러일전쟁이 1905년 9월 포츠머스 조약 성립으로 끝나자마자 일본은 이등박문(伊藤博文)을 특파대사로 보내 1905년 11월17일 을사늑약[7]을 체결시켜 통감부를 설치했다. 사실상 일본의 식민 지배가 시작된 것이다.

러일전쟁이 한창이던 1905년 8월 일본과 영국은 제2차 영일동맹을 맺고 일본의 조선 지배권을 인정했다. 우리나라가 외교권을 잃게 되자 가장 먼저 미국이 철수했다. 미국은 1905년 7월 29일 가쓰라-태프트 협정을 맺어 일본이 필리핀에 대해 공격할 의도가 없다는 것을 약속받는

---

7) 제2차 한일협약으로 을사오조약이라고도 한다. 일제는 청국한테 받은 배상금에다가 철도, 광산, 삼림, 어업, 항시, 온천 등 갖가지 이권과 함께 조선의 금 수출과 무역까지 장악하게 된다.

대신 조선에 대한 일본의 종주권을 사실상 허용했던 것이다. 이 협정은 루스벨트 대통령의 승인 아래 이뤄졌다. 이렇게 러시아, 일본, 영국, 미국 등 열강의 국제적 이해관계에 따라 일본의 조선 지배를 사실상 인정하는 조건에서 조선의 운명은 오로지 조선의 선각자와 민중에게 달려 있었다.

귀국 결심과 신고려회 결성

미주 공립협회는 을사늑약 이후 국권회복을 위해 해외 한인들이 국민단합을 이뤄야 하며 국권회복의 주체가 국민임을 분명히 했다. 이미 망국의 길로 들어선 나라를 어찌할 것인가. 평생을 자주독립과 자유민권을 위해 바치기로 작정하지 않았는가. 미주 동포들의 생활안정과 조직사업도 앞으로 중요한 토대가 되겠지만, 도대체 국내에서는 어떻게 대처하고 있는지 잠을 잘 수 없었다. 도산 안창호는 이때 조선에서 광범위하게 일어나고 있는 애국계몽운동의 바람과 의병투쟁 소식을 듣고 있었다. 민영환·조병세의 자결, 최익현·이남규 등 유생들의 움직임도 각종 신문과 잡지[8] 등을 통해 알고 있었다.

어떤 방식으로 대처해야 과연 나라를 구할 수 있겠는가. 청국과 러시아를 격파한 일본의 군사력과 지난 수십 년간 길러 온 일본의 국력으로 볼 때 의병의 화승총으로 대처할 수 있겠는가. 아니 무엇보다 의기분천한 각계의 산발적 대처로는 죽도 밥도 안 될 상황이었다. 전체 운

---

8) 일본의 태극학회 소식을 도산 안창호가 미국에서 읽었다는 것을 보면 상당히 많은 국내 소식도 접하고 있었을 것이다.

동 전략을 짜고 실력을 길러서 지휘할 수 있는 통일연합기관인 지휘부가 있어야 했다. 독립협회와 같은 허약한 지도부가 아니라 목적을 굳게 다짐한 비밀결사가 필요했다. 국내외가 상호 연합해 일본과의 독립전쟁에 나서야 하지 않겠는가.

도산 안창호는 귀국할 결심을 했다. 우선 동지들의 의견을 들어보기로 했다. 1906년 연말과 1907년 새해 초 연휴 기간에 29세의 도산 안창호는 이강·임준기와 함께 장시간 토론을 했다. 일본이 조선을 보호국으로 움켜잡은 뒤 조선에서는 의병이 일어니 항쟁하고 있지만 일본군의 신식 무기 앞에 희생자들이 속출하고 있었다. 의병투쟁은 동학농민봉기나 단발령 때의 의병 부대와는 분명 달랐다. 『황성신문』에 을사조약의 내용이 폭로되고 장지연의 체포와 『황성신문』의 정간은 반일 운동의 기폭제가 됐다. 경운궁 앞에 수천 명이 모여 조약 파기를 요구하고 각처에서 유생들이 격문을 돌리고 시전 상인들이 철시했다. 조병세와 민영환의 조약 폐기를 요구하는 상소와 자결은 전국을 비분강개하게 만들었다. 최익현, 이남규, 임병찬 같은 유생들은 의병을 일으켰다. 하지만 의병투쟁이 지속될 수 있는가.

세 사람은 국내 사정이 급박하게 돌아가고 있는데, 해외에서 동포들의 생활안정과 조직사업에만 매달릴 수 없다는 결론에 도달했다. 그러면 어떻게 할 것인가. 세 사람은 신고려회를 조직하고 도산 안창호를 귀국시키기로 결정했다. 여비와 활동비를 이강, 임준기, 신달요, 박영순, 이재수 등이 신고려회에 가입하여 노동해 버는 돈으로 지원하기로 했다.

도산은 자신의 구상을 설명했다. '통감부가 설치돼 군인·헌병·경찰이 거미줄처럼 감시하는 조건에서 과거와 같은 독립협회식 단체로는 안 된다. 비밀지하조직이어야 한다. 이 조직은 해외 조직과 동시에 추진돼야 한다. 목적을 분명히 하고 맹세를 한 사람으로 엄선해서 조직해 교육·산업·언론 등 각 분야에서 실력을 길러 독립전쟁의 기회를 만들자. 고국에 돌아가 현지 사정을 파악하여 국내 조직과 연해주에 근거지를 건설하는 등 국내외 연합기관을 만들어 활로를 모색하자'는 것이었다. 이강과 임준기는 전적으로 동의했다. 도산과 공립협회 동지들은 이미 국권회복의 주체가 황실이나 대한제국이 아니라 국민임을 분명히 하고 있었다. 국내와 해외에 있는 국민의 힘을 모아 연합기관을 만들어 국권회복의 중심 주체로 하자는 구상이었다. 도산 안창호의 국내 활동을 보면서 공립협회 조직을 해외 각 곳으로 확대하기로 한 것이다.[9]

도산 안창호는 1902년 10월 샌프란시스코에 도착한 지 만 4년 3개월 만에 고국으로 돌아왔다. 사실 도산 안창호가 앞뒤가 꽉 막힌 1900년 전후의 상황에서 일단 미국에 건너가 신흥 공업국가로 비약적으로 발전하고 있는 미국에서의 체험은 무엇보다 값진 것이었다. 그동안 막연하게 가졌던 문명개화의 그림도 보다 구체적으로 다가왔다. 그리고 조선의 처지를 객관적으로 인식할 수 있게 되었다. 또 어떻게 문제를 풀어 나가야 할지에 대해서도 뚜렷한 전망이 세워졌다.

5년여의 짧은 조직 생활 과정에서 획득한 도산 안창호의 헌신적인 리더십은 교포 사회에 튼튼하게 뿌리를 내려 그의 40년 독립운동과 혁

---

9) 이 계획에 따라 공립협회는 1907년 6월 도산 안창호를 다시 공립협회 총회장으로 선출해 국내 사업을 지원하면서 조직 확대를 위해 하와이와 원동에 조직원을 파견했다. 이강이 도산 안창호의 뒤를 이어 1907년 10월에 입국하여 신민회 활동을 하다가 1908년 블라디보스토크에 근거지를 잡고 공립협회 원동 지부를 만들었고, 1908년 1월에는 김성무와 이교담도 귀국하여 이강과 합류했다. 이런 노력으로 1909년 1월에 블라디보스토크, 1908년 9월에 대한인국민회 수청 지방회와『공립신보』지사가 설치된 것이다.

명운동에 커다란 힘이 되었다. 그리고 무엇보다 도산 안창호가 직접 이민 노동자를 조직하고 교육하고 훈련시키는 과정에서 동포들의 고충을 충분히 들어주고, 그들이 의견을 모으도록 기다려 주며, 언제나 솔선수범하여 원칙을 확실히 지켜 나가며, 구체적 현실 조건을 따져서 그에 맞게 일해 나가는, 탁월하고 민주적인 지도력이 자리 잡게 되었다. 그의 영혼이 맑고 깨끗했기 때문이었다.

도산 안창호는 이런 경험을 통해 축적된 리더십으로 다양한 정치세력이 참여한 독립운동 과정에서 매우 민주적이며 유능한 지도력을 갖춘 인물로 부각될 수 있었다. 또 공리공론이나 허장성세가 아니라 동포들의 실제적인 생활조건에 근거하여 독립운동 방략을 제시하고 대중을 설득하는 호소력 있는 웅변을 통해 중요한 시기마다 역사적인 선택을 함으로써 구국의 경륜을 보여 줬다. 그는 논리정연한 사고, 끊임없는 자기 반성과 혁신을 통해 조국이 직면한 위기의 본질을 예리하게 파악하고 온몸을 던져 험로를 뚫고 나가는 인물의 전형을 창조했다.

맨몸으로 미국에 건너와 위기에 빠진 조국을 구하는 일에 평생을 바치기로 다짐한 한 우국 청년의 미주 5년여 경험은 유학의 꿈과 맞바꾼 것이었지만 현대적인 조직과 민주적인 운영 과정을 통해 한국 역사상 가장 뛰어난 조직 지도자의 탄생을 가져왔다.

5막

공화국의 꿈을 안고 조국으로 돌아오다

구국운동의 중심에서

신민회 깃발 들고 귀국길에 오르다

도산은 귀국한 이후의 활동 방향에 대해 고민을 거듭했다. 어떤 길이 최선의 길인가. 통감부가 설치되고 수만 명의 신식 무기로 무장한 일본군이 주둔하고 있는 현실에서 지속적으로 독립운동을 전개하려면 주요 인사들을 결집시키는 비밀결사가 있어야 했다. 독립협회와 만민공동회 시절의 입헌군주제는 이제 아무런 의미가 없었다. 고종 황제와 수구파의 대한제국은 사실상 무너졌다. 이제 민주공화국 건설이 목표가 되었다. 일본군과 싸워 이겨야 새로운 민주공화국도 비로소 가능해진다.

'민주공화국을 궁극적 목표로 한 조직체는 수구파 유림의 반발을 피하기 위해서라도 지하조직으로 해야 한다. 해외와 국내의 지하조직을 중심으로 운동 방략을 결정하고 힘을 축적해 조선과 가까운 연해주에 근거지를 만들고 일본과 싸워 나가자. 그러려면 민주공화국의 주체인 민(民)의 힘을 강화시켜야 한다. 학교 설립과 언론 활동이 완전히 봉쇄된 것은 아니니 청년 지사들을 양성할 학교도 만들고 언론 활동에도 적극 참여하자. 회사도 설립해 우리 손으로 상품을 생산해 내자. 이런 확실한 토대를 만들어 싸워야 일본군도 몰아낼 수 있다.'

유림과 수구파의 지지를 받고 있는 고종 황제는 어찌할 것인가.

'고종은 독립협회 운동 과정에서 보았듯 중심이 없고 적과 동지를 구분하지도 못하는 암매한 자이다. 그러나 이 문제는 자칫 적전 분열이 될 수 있으므로 신중하게 접근해야 할 것이다.'

그래서 도산은 동지들과 합의한 대로 국내 사업을 담당할 신민회라는 비밀결사를 만들기로 결정했다. 회칙의 초안도 만들었다. "동포 형제에게 모(謀)하여 드디어 일회(一會)를 미국 가주 하변성에서 발기하다. 이름을 대한신민회라 하다"라고 했다.

왜 도산은 귀국한 이후 동지들의 의지를 규합하여 신민회를 만들지 않고 미국에서 몇 사람으로 조직된 신고려회를 발판으로 조직화 사업을 밀어붙이는 구도를 짠 것일까? 가장 큰 이유는 해외와 국내를 망라한 연합기관을 조직하기 위해서였다. 두 번째는 보안 문제 때문이었다. 통감부가 설치되고 군대와 경찰이 전국을 거미줄처럼 감시하는 조건에서 조선 내에 본부를 둔다는 것은 치명적 타격을 가져올 것이었다. 그리고 무엇보다 국권회복 운동의 지속성을 담보할 수 없기 때문이었다. 그래서 도산과 공립협회 동지들은 통일연합의 운동 목표를 다음과 같이 제시했다.

동방으로부터 오는 악신(惡信)은 귀뿌리를 놀라게 하며 이역의 광음은 류수와 공히 최족하니 안좌(安坐)코저 하되 참을 수 없고 도사(徒死)코자 하되 무익이라 이에 우로 천지신명에 질(質)하고 아래로 동포 형제에게 모(謀)하여 드듸여 일회를 미국 가주 하변성에서 발기(發起)하니 기명을 대한신민회(大韓新民會)라 하다.

신민회는 무엇을 위하여 이러남이뇨? 민습의 완부(頑腐)에 신사상이 시급하며 민습의 우미(愚迷)에 신교육이 시급하며 열심의 냉각에 신제창이 시급하며 원기의 모패(耗敗)에 신유양(釽養)이 시급하며 도덕의 타락에 신윤리가 시급하며 문화의 쇠퇴에 신학술이 시급하며 실업의 조졸(凋悴)에 신모범이 시급하며 정치의 부패에 신개혁이 시급이라 천창만공에 신(薪)을 대(待)치 않은 바 없도다.[1]

도산은 1907년 1월 8일 도릭 호를 타고 귀국길에 올랐다. 29세 때다. 도릭 호에서 도산은 신민회 취지서와 통용장정이라는 회칙을 검토해 보았다. 신민회의 목표를 국권을 회복히여 지주적인 독립국가를 세우는 데 두고 그 정치체제를 민주공화정으로 잡았다. 이를 '자유문명국'이라 표현했다. 국권을 회복하려면 국권회복에 분명한 뜻을 가진 인사들을 결집해야 하며 그런 인사들이 교육·언론·산업·군사 등에 종사해 힘을 길러야 한다. 또 전국 각지에서 일어나는 의병전쟁의 불씨를 살려 독립전쟁을 전개해 나가야 한다. 쉽지 않은 일이지만, 만민공동회 활동과 평양에서 학교와 매축 사업, 샌프란시스코에서 공립협회 사업을 통해 도산은 조직과 운영, 일본의 식민지화에 맞서 싸울 방안에 자신이 있었다.

그런데 신민회 취지서에는 기존의 문명자강 노선에서 잘 언급되지 않는 자신(自新)의 필요성을 강조하고 있다. '스스로를 새롭게 한다'는 자신은 인민을 새롭게 하는 신민의 기초이자 전제이기도 하다. 자신의 내용은 신교육과 신산업 등을 의미한다. 후에 '나부터 변하여 건전한 인격을 만들어야 한다'는 도산식 운동 논리가 처음으로 언급되고 있다는 점을 주목할 필요가 있다. 도산은 얼마 뒤에 이 자신을 보다 엄밀하

....
1) 「신민회 취지서」, 『도산 안창호 전집 5』, 213쪽.

고 주체적인 자아혁신(自我革新)으로 체계화한다.

13일간의 일본 탐색

1월 30일 귀국길의 하와이에서 작은아버지(안교점)와 해후하고 요코하마에 도착한 다음 날 적의 심장부인 일본 도쿄에서 안창호는 2월 12일까지 분주하게 움직였다. 태극학회 총무인 김지간에게 연락해 일본 유학생들의 근황과 정세 등에 관해 의견을 들은 뒤 2월 3일 태극학회가 주관한 환영회에서 도산은 「학생의 분발과 전진방침」이라는 제목으로 장쾌한 연설을 했다. 이 연설에서 도산은 우리 국민이 처한 현실과 우리 국민의 약점을 지적한 뒤 해외 동포의 실정을 설명하고 일본 유학생의 문제점을 일일이 지적하면서 청년의 분발과 학생의 전진 방침을 설득했다. 일본 유학생들은 도산의 이 연설에 감동했다.

도산은 도쿄 연설로 일약 국권회복운동의 새로운 지도자로 부각되었다. 이 감동적인 연설 소식이 곧바로 한양으로 전해졌던 것이다. 태극학회에서 도산은 후일 자신을 도와주는 회장 장응진, 총무 김지간, 최석하 등 유학생들과 후일 청년학우회 총무로서 열심히 일하게 되는 최남선을 만났다. 최남선은 도산 연설에 감명을 받아 자신의 앞날에 대해 '도산의 지도 하에 상의'하고 청년 계몽운동에 나설 것을 결심한다.

일본 체류 기간 중 도산은 자신의 문명개화·자주독립 사상에 큰 영향을 미쳤던 『서유견문』의 저자 유길준을 방문하여 많은 대화를 나눴다. 이때 유길준은 일본에 망명 중이었다. 도산은 존경하는 유길준에게 "우리나라에 국기는 있어도 아직 국가가 없으니 선생님께 지어" 주길 청하자, 그는 "나는 책을 써 내긴 했어도 노래를 지을 재능이 없다"고 사양했다. 얼마 뒤인 1907년 7월 유길준도 귀국했으며, 이후 유길준은 도산의 적극적인 후원자가 되었다.

도쿄에 13일 정도 머무르면서 일본의 의도와 계획을 알아보기 위해 일본 지도층의 주장과 논리, 유학생들이 느끼는 문제의식, 근대적인 대학과 철도, 정부기관, 의사당, 신문사 등을 두루 살펴보았다. 확실히 일본의 국력은 이제 반석 위에 올라 있었다. 자유민권을 둘러싸고 여러 정파들이 치열하게 싸우고 있지만 친한론자들의 속셈도 분명했다. 믿을 것은 우리 자신의 힘 밖에 없었다.

1907년 2월 20일, 조국 땅을 밟다

2월 12일 신교에서 열차로 귀국길에 올라 20일 인천항에 드디어 도착했다. 그 길로 한양으로 들어온 도산은 거처를 정하고 왕년의 동지들을 정력적으로 만나기 시작했다. 그런데 도산이 꿈에 그리던 한반도는 그동안 어떻게 변해 있었던가. 또 도산이 독립전쟁을 위한 개전 준비를 부르짖고 실력양성에 매진하던 시기에 일제의 식민화 정책은 어떻게 전개되고 있었는가.

당시 합법적인 단체로는 대한자강회가 조직되어 있었다. 이 단체는 1906년 3월 헌정연구회를 확대 개편하여 윤치호를 회장으로 하고, 장지연, 윤효정, 심의성, 임진수, 김상범 등이 발기인으로 참여하여 교육의 확장과 산업의 진흥을 통해 자국의 부강을 이룩하고 독립의 기초를 만드는 것을 목표로 했다. 대한자강회는 전국 지방에 지회를 조직하여 전국적인 규모를 갖고 있었다. 그러나 대한자강회는 합법단체였기 때문에 통감정치가 시작되고 식민지화 정책이 구체화되면서 활동공간이 제약되고 있었다.

일제는 1907년 헤이그 밀사 사건을 계기로 정미7조약을 체결하고 차관정치를 시행해 나갔다. 그 첫 조치가 언론·출판 활동을 제약하기 위한 신문지법을 공포하여 검열을 강화하고 보안법의 공포로 언론·집회·결사의 자유를 억압했다. 7월 31일에는 아예 군대를 해산하여 완전히 무력화시켰다. 대한자강회는 고종 양위와 정미7조약에 대한 반대 시위를 주도했다는 이유로 1907년 8월 19일 강제 해산되었다.

하지만 같은 해 11월 대한협회가 남궁억을 회장으로 권동진, 여병현, 유근, 오세창, 이우영, 장지연, 정운복, 홍필주 등이 발기하여 조직되었고 친일파인 일진회에 반대하여 활동했다. 그러다 일진회와의 연합을 주장하는 일부 세력이 나타나는 등 내부 분열로 제 역할을 하지 못했다.

통감부의 거미줄 같은 치안 확립

이렇게 일제의 식민지화 사업이 착착 진행되고 이에 부화뇌동하는 친일파들이 공개적으로 등장하게 된 것은 어떤 사회적 변화가 있었기 때문인가.

이 기간에 일제가 자주 사용한 용어가 치안 확립이었다. 조선 민중의 저항과 반발을 철저히 억압해 일제 통치의 기초를 닦기 위한 작업이 치안 확립이었다. 이 야욕이 구체화된 첫걸음은 1904년 2월에 강요된 한일의정서였다. 한일의정서에 따라 조선 정부는 사실상 일본의 군사 행동을 전면 허용함으로써 일본의 식민지화를 위한 군사력에 의한 치안 확립을 가능하게 만들었던 것이다. 일본은 이런 조건을 이용해 군대 · 헌병 · 경찰력을 집중시켜 조선주차군사령부를 설치하고 전선과 철도노선 상의 치외법권을 선언했다. 또 한양과 인근의 대한제국의 치안경찰권을 박탈하고 언론, 출판, 집회, 결사 및 일체의 정치활동까지 일본군의 군율을 적용했다. 생포된 의병들을 동원하여 경의선, 경원선, 마산선 등을 개설해 군사력과 수탈체제를 정비해 나갔다.

일본은 조선 민중의 저항을 억압하는 가장 효과적인 방법은 폭력적인 경찰 제도를 확립하는 것이라고 보고 도산이 귀국한 이후인 1907년 5월에는 각 도에 분견소 50개, 분파소 268개를 조직해 사실상 전국에 걸쳐 경찰의 전권을 실제적으로 장악했다.[2] 이와 함께 일제는 조선인 경찰 제도를 정비해 13도의 경무서 외에 26개의 분서, 122개의 분파소를 조직 · 운영함으로써 거미줄 같은 치안망을 만들었다. 도산이 전국 강연과 신민회 조직에 분주하던 7월에는 총 4,396명으로 경찰력을 확대하고 10월에는 아예 일본 관헌의 지휘 · 감독을 받도록 했다. 1909년 7월에는 조선의 사법 및 감옥사무 위탁에 관한 각서를 조인해 사법권까지 확보했다.

헌병도 치안 확립의 주요 기반이었다. 일제는 1907년 10월 치안도 담당하고 군사령관의 지휘도 받는 체제를 만들어 의병부대를 헌병대가 출동하여 병사들을 지휘하여 공격할 수 있도록 만들었다. 1908년에는 헌병보조원을 4,392명을 포함해 6,760명으로 늘리고 헌병 분대 등의 조직도 212개에서 452개소로 확장했다. 이런 치안유지 정책은 경찰과 헌병, 일본군주차사령부 체제를 유기적으로 결합시키기 위해 헌병대장이 총감부의 경무총장을 겸하도록 만듦으로써 완료되었다.

....
2) 총독부 경무국, 「고문경찰소지」(1910), 三度部學 편, 『한국근대사』, 62쪽.

화폐개혁으로 경제 장악

일제는 식민지화를 위한 억압체제를 폭력적으로 구축하면서 본래 목적인 경제적 수탈을 위한 제도 정비에도 발 빠르게 나섰다. 일제는 러일전쟁 직전의 각의에서 대한시설강령을 결정했다. 조선을 식민지화 하기 위한 7개 항의 침략 강령인데,[3] 핵심 조항은 재정과 화폐정리였 다. 일제는 1904년 8월 제1차 한일협약에 의해 일본의 대장성 주세국 장을 파견하여 조선 재정의 실권을 장악했다. 1차 작업으로 왕실 소유 로 되어 있던 전환국(조폐국)을 폐지시킨 뒤 일본의 화폐와 같게 하고 일본으로부터 자금을 차입해 일본 화폐를 유통시키고 본위화폐와 태환 권을 일본과 동일하게 만들 것을 결정했다.

이에 따라 고종은 1905년 1월 일본과 같은 금본위제를 실시하고 7 월 1일부터 구화폐와 신화폐를 교환하는 화폐개혁을 실시했다. 이제 대 한제국 화폐는 일본 화폐가 되었고, 일본 화폐도 대한제국의 공식 화폐 로 통용되었다. 그런데 화폐개혁은 또 다른 숨은 목표가 있었다. 조선 의 구화폐의 가치를 떨어뜨려 조선 지배층의 경제력을 약화시키고자 했던 것이다. 조선 화폐에 대한 계획적이고 조직적인 가격폭락으로 조 선의 화폐가치를 떨어뜨리고 생활을 불안정하게 만들었다. 조선 사람 들이 화폐개혁에 따라 구폐인 조선 화폐를 불신하게 되어 앞 다퉈 동산 이나 부동산으로 바꾸려 했다.

일제는 토지와 가옥에 대한 소유권을 확립하고 법적으로 공인시키

....

3) 일본 각의에서 결정된 1904년 대한시설강령은 ①방비 완수, ②의정 감독, ③재정 감독, ④교통기관 장악, ⑤통신 장악, ⑥척식 도모, ⑦경찰권 확립 등이다.

면서 대대적인 토지수탈에 들어갔다. 가장 쉬운 방법은 고리대 방식에 의한 토지수탈이었다. 1907년에는 국유민간지법을 공포하고 식산흥업이라는 명목으로 동양척식회사를 설립해 1만 1,000성보에 달하는 국유지인 역전·궁전·둔전을 현물로 제공받았지만 싼값으로 평가해 동양척식 소유로 집어삼켰다. 그리고 어업, 수산업, 제염업을 장악하고 광산자원을 약탈했다. 1905년 을사늑약이 강요되던 시기에 조선 땅에 거주하던 일본인은 4만 2000명, 도산이 귀국했던 1907년에는 7만여 명에 달했다. 이런 일제의 식민지 체제 구축 준비가 본격화되면서 이 제체에 참여하기 시작한 부류와 기구들이 가동되면서 친일파가 공공연하게 등장하기 시작했던 것이다.

이렇게 진행되고 있는 식민지화를 조선의 선각자들과 민중이 구경만 하고 있었던 것은 아니었다. 러일전쟁 이전에는 수구파의 탄압으로 조직적인 배일 운동이 불가능했지만 신식 학교를 설립하고 언론·출판에 의한 실력양성운동은 계속되고 있었다. 1906년에는 관서 지방의 1개 군에서 20개의 학교가 설립될 정도였다. 러일전쟁과 포츠머스 회담에 의해 일본의 조선 지배가 본격화하자 초기 의병부대들이 다시 결집하기 시작했고 유림 측의 의병 궐기가 잇따랐다. 그러나 의병들은 호서와 호남, 경북, 충북, 강원도 등 일부 지역에서 일어났고 전국적 투쟁으로 발전하지는 못했다.

의병전쟁의 폭풍

전국 순회 강연

이런 상황에서 귀국한 도산은 일단 지도층과 대중, 각지의 민심을 살펴보고 국내외 비밀 연합기관인 신민회 조직사업에 착수하고자 했다. 한양으로 올라온 다음 날인 2월 22일경 도산은 『대한매일신보』와 『황성신문』를 방문하여 공립협회 명의의 국채보상금 35원과 의연금 35원을 기부하고 양기탁(梁起鐸, 1871~1938)[4]을 만나서 신민회에 대해 논의했다. 이 만남에서 신민회를 공개단체로 하자는 양기탁과 의견 조율이 이뤄지지 않았다.

도산은 귀국한 지 10여 일 뒤인 3월 1일에 숭례문 밖에 있는 한양학교에서 한양학교 · 광흥학교 · 균명학교 · 청련학교의 교직원과 학생, 일반대중을 상대로 최초의 귀국 연설을 했다. 도산은 1907년 한 해 동안 10여 차례에 대중 강연이나 연설을 했는데 연설 장소는 학교, 운동회, 회관 등 여러 곳이다. 지역적으로는 한양이 제일 많고 평양, 개성, 안주 등 서북 지역이 중심이었다. 군대 해산과 정미7조약으로 전국이

----

4) 호는 우강. 평양 출신으로 1904년 영국인 베셀과 영자 신문인 『코리아타임즈』를 발간하고 1905년 국한문으로 『대한매일신보』를 창간했으며, 1907년 도산과 신민회를 조직, 독립운동에 진력하다가 1911년 105인 사건에 연루되어 4년간 복역했다. 출옥 후 만주로 망명하여 의성단을 결성하는 등 독립운동단체의 통합에 힘썼다.

의병전쟁의 불꽃으로 휩싸일 때인 8, 9, 10월에는 연설회가 열리지 못했던 것으로 보인다.

이듬해인 1908년에는 5회, 1909년에는 2회로 축소된다. 일제의 통제와 봉쇄가 극심해지고 도산도 대성학교 사업에 진력했기 때문이었다. 그런데 이 연설회 자료는 당시 언론에 보도된 것만 통계로 잡은 것인데, 백영엽 등의 증언[5]으로 보면 도산이 귀국한 1년쯤 후에 신의주에 와서 최광옥의 주선으로 청년의 모험맹진(冒險猛進) 정신을 고취하는 연설을 했다고 한다. 따라서 도산이 귀국 후 언론에 보도된 외에도 더 많은 대중 연설의 기회가 있었다는 것을 짐작할 수 있다. 나라의 급박한 상황을 설명하고 독립전쟁에 대비하기 위한 민력의 양성을 위해서 연락되는 대로 전국을 뛰어다녔던 것이다. 국채보상운동이 활발했던 대구와 독립협회 지회 조직이 있었던 공주와 광주에서도 연설회가 있었을 것이다.

귀국 직후 일정으로 볼 때 도산은 3월 1일 학교 연설회와 2일 서우학회가 주최한 귀국 환영회에 참석하면서 대한자강회 간부와 『대한매일신보』의 양기탁 등 한양의 지도적 인사를 만난 뒤 3월 상순 고향인 평양으로 내려갔다. 도산은 한 달 정도 체류하면서 고향을 방문하고 서북 지방의 독립협회와 만민공동회 시절의 동지들과 기독교 지도자 등을 만나 비밀결사의 필요성과 신민회 가입 등을 타진한 것으로 보인다. 평양에서 개최된 3월 11일의 평양 강습소 개교식에는 도산이 세운 점진학교의 교사였던 최광옥과 함께 의무교육 실시에 대해 역설하면서 신식 교육으로 문명개화와 국권회복의 기초를 닦아 나가자고 호소했

5) 백영엽, 「해운대 좌담」, 윤병석, 윤경로 편, 『안창호 일대기』, 191쪽.

다. 이때 평양에 관찰사로 내려왔던 이시영과 만나 교육운동의 필요성을 역설하여 그의 동의를 받았고 평양 유지들과 회동해 국권회복을 위한 실력양성의 중요성을 강조했다.[6]

도산은 연설회를 통해 주로 대중의 교양을 높이는 데 노력했지만 동시에 자신의 시국관, 국권회복 방안을 구체적으로 나타내는 경우도 많았다. 대표적인 것이 1907년 5월 12일의 한양 삼선평에서 개최된 서북학생 친목운동회에서의 연설, 1908년 2월 대한협회 주최의 연설, 대성학교 개교식 연설 등이다. 삼선평 연설회에는 안중근도 참석하여 도산과 인사를 나눴다.[7] 안중근은 도산보다 한 살 아래의 젊은이로 같은 순흥 안씨 집안이었다.

독립전쟁 개전론

현재 한인들 가슴 속에는 불평의 마음을 품지 않은 자가 없는데, 그 까닭은 첫째 시국의 참담과 사태의 급박함 때문이고, 둘째 타인의 노예가 되어 나라가 패망하고 종족이 진멸하는 경우가 임박했기 때문이라. 패망에 처한 조국과 국가를 수호하기 위해 우리나라를 침략하는 강국과 개전하여 국권을 회복해야 한다.…

여러분들은 나의 개전론을 듣고 현재 병력도 빈약하고 군함과 대포 등 군수물자가 없는데 무엇으로 개전할 것인가 하고 마음속으로 놀랄 것이다. 하지만 적들의 러일전쟁의 선전포고는 2~3년 전이지만, 전

....

6) 「안창호의 귀국과 평남도 민정에 관한 內田良平의 조사보고서」, 『한국독립운동사』 제1권(자료편), 1016~1017쪽.

7) 이재호, 「안창호와 안정근, 안공근 형제」, 『도산학연구 10』, 도산학회, 2004, 110쪽.

쟁 준비는 이미 38년 전이다. 38년 전에는 일본도 야만의 미개국이었다. 몇 명의 학생이 유학하여 학업과 지식을 발전시킨 것이다. 따라서 개전을 준비한 지 38년이 지나 필경 그 열매를 얻었으니 여러분은 이런 일을 거울로 삼아 오늘로 개전을 준비하자.…

지금 한인은 어떤 자를 믿어야 하느냐. 많은 사람들은 계룡산 진인이 외국인을 퇴거시킨다든지 일본과 부합하면 아국에 행복이 있을 것이라 하고 영국이나 미국이나 아국을 원조해 주지 않을까 희망하고 있다. 계룡산에 진인이 결코 없을 것이고 일본인도 자국 사업을 위힐 뿐이니 아국의 독립이 그들에게 유리하면 원조를 행하려니와 이익 될 일이 없다면 원조할 일이 없다. 역발산기개세하던 초패왕도 절망병으로 오강에 빠졌으니 이는 죽을 각오로 진력을 다하면 천하에 불가능한 일이 어디 있겠는가. 오늘로 함께 맹세하고 장차 타국과 개전할 일을 준비하야 어느 해 어느 날이든지 1차 선전서 포고하야 태극국기를 현양하여 봅시다![8]

이를 보면 당시 도산의 실천 목표가 독립전쟁 준비였음이 분명한 것 같다. 이 독립전쟁 준비론은 이미 귀국 전 공립협회 선언이나 움직임으로 볼 때 도산의 투쟁노선이었다. 이 독립전쟁 준비에 대해서 양기탁은 자신이 주장한 것이라고 진술하고[9] 있는데, 이는 도산의 입장과 다르지 않았다는 것을 의미한다. 이를 위해 국권회복운동의 간부를 양성할 대성학교와 대학을 세우고, 전국 각지에 연락할 거점으로서 태극

---

8) 「안씨 삼선평 연설」, 『서북학회 월보』, 1907. 6; 『도산 안창호 전집 5』, 109쪽.
9) 「양기탁 심문조서」; 윤경로, 『105인사건과 신민회 연구』, 일지사, 2004, 261쪽.

서관을 세워 애국계몽의 서적을 보급하고, 자기 회사를 설립해 자금을 마련하고, 만주·연해주에 독립운동의 근거지를 만들고자 했던 것이다.

이런 종합적인 국권회복 방략을 실현하기 위해 전국 각지를 다니며 국내외 정세를 설명하고 인민의 각성을 촉구하여 독립전쟁의 준비를 해 나가자고 호소했다. 도산의 순회 강연은 새로운 지도자의 출현이었다. 그의 주위에는 전국의 구국지사들이 모여들었다.

정미 의병전쟁

도산은 평양에서 다시 4월 초 한양으로 올라왔다. 평양에서 안태국 등에게 신민회 조직사업 구상을 설명하고 찬동을 받았을 것이다. 평양 지역의 호응에 힘입어 도산은 좀 더 조직적으로 작업을 추진하기 위해 안태국과 차이석을 한양으로 불러와 실무를 맡겼다. 안태국과 차이석이 4월 초에 합류했는지 5~6월에 상경했는지는 명확하지 않다. 어쩌면 도산이 일본 유학생들의 초청으로 일본을 방문한 5월 20~26일 이후일 가능성이 높다. 어쨌든 7월에는 도산 밑에서 실무를 보고 있었다. 한양역 앞 세브란스병원 건너편 김형제상회 2층에 연락처를 정하고 신민회 조직사업과 학교 개교 등 여러 사업의 준비에 들어갔다.

전국 각지의 여러 지도자, 청년 지사들과 회동하며 국권회복 방안을 타진하던 차에 헤이그 밀사 사건이 터지고 이준 열사가 분사하면서 국내에 엄청난 파장을 불러왔다. 일제는 헤이그 밀사 파견을 구실로 고종의 일본 사죄 방문을 추진하여 인질로 잡고 어린 아들을 내세워 완전한 허수아비 정권을 만들고자 했다. 그러기 위해서 한양에 주둔하고 있는 6,000여 명의 조선 군대를 해산시켜 불안요소를 아예 제거할 필요가 있었다. 완전한 무장해제가 필요했던 것이다.

　헤이그 밀사 사건과 이준의 분사 소식은 7월 3일 『대한매일신보』의 보도를 통해서 국내에 알려졌다. 이등박문은 이완용과 송병준을 통해 고종을 일본에 보내 사죄케 하든지 아니면 아들에게 양위하도록 압력을 가했다. 고종 황제가 비록 유명무실한 황제라고는 하지만 일왕에게 사죄하러 간다는 어가동도(御街東渡)의 굴욕적인 소문은 삽시간에 전국에 퍼져 각지에서 규탄 집회와 저지 운동이 일어났다. 합법적인 대중 단체였던 대한자강회의 움직임도 활발했다. 도산과 이갑, 이동휘, 노백린, 유동열 등 뜻을 모으고 있던 신민회 그룹도 전국에서 대표들을 소집해 군사 쿠데타 방안을 검토했다.

　이런 일제의 국권침탈 소식은 17일부터 시중에 알려져 벽보가 나붙고 양위를 반대하는 시위가 벌어졌다. 대한자강회와 동우회 등의 단체들이 18일 밤 일진회 기관지인 국민신문사를 공격하여 파괴하고 대한문 앞에 모여 시위를 전개했다. 19일에는 무장한 조선군이 탈영하여 시위 군중과 합세했으나 양위식을 막을 수 없었다. 고종은 무기력하게 7월 20일 순종에게 양위했다. 일제는 24일 이른바 정미7조약을 만들어 강요함으로써 사실상 국정 전반에 대한 장악을 완료했다. 별도로 교환된 비밀 각서에 의해 군대 해산을 명문화하고 곧이어 보안법을 제정하여 집회·결사를 제한했다. 또 광무신문지법으로 조선인이 발행하는 신문 발행의 허가와 사전검열제 등의 언론 탄압을 강화했다.

　8월 1일 비상소집을 통해 조선 군대를 해산하려 했던 일제는 3,441명의 병사 중 약 47퍼센트인 1,811명의 무장을 해제하고 강제 해산시켰다. 곧이어 지방 친위대를 해산시키려 했으나 원주와 강화진위대 병사들의 봉기와 해산된 병사들이 각 지역의 의병부대에 합류함으로써 의병전쟁을 촉발시켰다. 이렇게 헤이그 밀사 사건 이후 전국적 차원에서 맹렬하게 불길이 타오른 의병투쟁은 해외인 만주 간도와 연해주까지 확대되었다. 이에 일제는 무자비한 살육전과 초토화 작전으로 대응해 1907년 7월에서 1908년 말까지 파손된 가옥만 6,681호에 달했다.

어가동도 저지 봉기 계획

헤이그 밀사 사건과 양위식, 군대 해산 등 상황이 긴박하게 돌아간 시기인 7~8월에 도산은 무엇을 하고 있었는가. 신민회 조직을 처음 발기하고 조직을 확대하던 상황에서 갑자기 터진 헤이그 사건은 의외의 사태로 발전하고 있었다. 무기력했지만 저항을 시도하는 고종이 쫓겨나고 나이 어린 왕이 허수아비로 앉았으며, 마지막 저항수단이었던 군대마저 해산당하게 되었던 것이다.

이 상황에서 도산은 7월 18일, 19일, 20일의 가두 시위에 참가하고, 8월 1일 이후 해산당한 군인들이 벌인 시가전에서 부상 병사들을 간호하고 병원으로 후송하는 작업에 뛰어다녔다는 증언이 남아 있다. 이는 2선의 지원활동이지 지휘부의 행동이 아니다. 하지만 곽림대의 이 증언은 서북 지역 대표로 상경한 사람의 목격담이고, 이강의 증언 역시 전해들은 수준이다. 당시 교류하던 추정 이갑의 증언이 없고, 성재 이동휘의 기록은 효충회(孝忠會)의 움직임을 담고 있을 뿐이다.

양위식과 잇따른 가두시위 시기에 도산과 신민회 동지들의 대책은 무엇이었는가. 증언들을 종합해 보면, 신민회 그룹은 군사행동을 검토하면서 전국적인 봉기를 준비했지만 상황 변화와 준비 부족으로 봉기 계획을 중지했다. 중지 이유에 대해 도산은 "현재 참여할 수 있는 병력은 노백린의 기병, 이동휘·이갑·유동열 3인이 움직일 수 있는 보병을 합하여 불과 2,000명의 소수다. 인명 피해만 가져올 것이므로 무장 봉기 행동을 단념했다"는 것이나. 실제 일본 육사 출신이 가담했던 효충회는 어가동도에 반대하는 봉기를 계획했는데, 그 중심은 이동휘로 알려졌다.[10] 그리고 이 효충회의 핵심이 신민회의 발기에도 참여하고 있었다.

하지만 도산의 이런 방침 발표[11]로 각처에서 대기하고 있던 각 지역의 대표들은 할 수 없이 귀향하려고 했으나 바로 다음 날 군대 해산이 내려져 격렬한 전투가 벌어졌다는 것이다. 곽림대의 이 증언으로 보면, 첫째, 도산을 중심으로 김형제상회에 연락처를 정하고 어가동도 방지를 위한 비상계획이 진행됐고 무장봉기도 검토했으며, 둘째, 봉기에 참여할 군 병력으로 노백린, 이동휘, 이갑, 유동열 등 참령급 지휘관, 즉 실제 병력을 갖고 있는 대대장들이 있었고, 셋째, 전국 각지 특히 평안도 지역에 수백 명의 결사대가 대기하고 있었다는 것이다. 그리고 이 연락처에 실무자로 이미 안태국과 차이석이 도산을 보좌하고 있었다는 사실을 알 수 있다.

그렇다면 어가동도 저지 대책 차원에서 계획된 무장봉기 계획에 어느 정도 무게가 실린 것이며, 또 그 계획은 누가 주도했으며 도산의 의중은 무엇이었을까. 이를 정확하게 판단할 수 있는 자료가 적다. 이동휘와 곽림대의 증언이 있을 뿐이다.[12]

그런데 유감스러운 것은 어가동도 저지를 계기로 한 군사봉기를

....
10) 반병률, 『이동휘 일대기』, 범우사, 1998, 64~66쪽.

11) 곽림대, 「안도산전」, 윤병석, 윤경로 역, 『안창호 일대기』, 49~58쪽.

12) 이 부분에 관한 자료 확보와 더 많은 연구가 필요하다.

연기할 수밖에 없었다는 것이다. 도산의 귀국이 너무 늦어 국내 기반이 충분하지 못했고, 무관 출신에 의존할 수밖에 없었기 때문이었다. 또 그때 이갑과 임재덕 등 효충회 핵심 회원들이 박영효의 반역 사건으로 체포되어 이동휘의 거사 계획은 난관에 봉착해 있었다. 만약 1년 정도의 활동 기간이 있었다면, 2,000여 명의 무장 세력을 주축으로 각지의 의병과 결합하여 일본군 축출 작전을 전개하고 산악 지역을 거점으로 국제적 지원을 받아 일본을 견제할 수 있었을 것이다. 그렇게 됐다면 한말의 정세는 어떻게 변화했을까?

무관들과 도산은 병력이 적음과 인명 피해를 우려했다. 그러나 실제 의병과 죄 없는 인민들이 학살당한 인원이 3만여 명에 이르렀고 무장 해제에 반발한 군인이 50퍼센트 정도였다. 이들이 개별적으로 의병 부대에 합류한 것을 보면, 당시 도산과 무관들의 판단이 정확했다고 보기는 어렵다. 봉기 연기를 결정했을 때 무관들과 도산은 몰랐지만, 그때가 실제적으로 나라가 망하기 전의 마지막 무장저항의 기회였다. 그 후 독립운동 세력들은 40여 년 동안 조국광복 때까지 군대 해산 이전의 군사력을 보유하지 못했다.

군대 해산 이후 전국 각지에서 해산당한 군인들이 자발적으로 참여한 의병전쟁이 확대됐다. 하지만 훈련받은 정규군의 무력을 상실한 의병부대의 전투력으로는 일본군을 당해 낼 수 없었고, 결국 한반도에 대한 일제의 군사적 지배가 확고해지게 되었다. 이런 상황을 만회하기 위해 도산은 신속하게 공립협회 지사를 귀국 직후 평양과 진남포에 설립한 데 이어 포섭된 동지를 중심으로 지사를 1908년 11월까지 확대해 나갔다. 블라디보스토크에도 동지들을 파견해 한반도와 인접한 지역에 조직 기반을 만들고 있었다. 전국에 39개의 지사를 설치하고 『공립신보』를 3,000여 부 배포하여 국내외 연합 기반도 강화하고 있었다. 또 『공립신보』를 통해 독립전쟁을 주장했다.

이런 움직임으로 볼 때 도산은 이미 이갑·이동휘 등과 신민회 조직을 협의하여 동지적 관계에 있었고 유동열·노백린 같은 애국 군인들과 깊숙한 교류가 있었다. 안태국은 군대 해산 시기 이전에 도산에 의해 설득됐고, 차이석은 실무자로 배치된 것으로 봐야 할 것 같다. 그렇다면 이 7~8월의 시기에 신민회 조직사업을 하는 과정에서 헤이그 밀사 사건이 터지고 어가동도 문제가 불거지자 각처 조직을 가동해 투쟁 방법을 모색했다고 볼 수 있다.

하지만 군대 해산 이후 의병부대에 합류한 군인들의 투쟁의식으로 볼 때 투쟁역량의 평가가 지나치게 비관적으로 돼 있고, 그리고 무엇보다 어가동도를 내세워 일제 통감부가 고종의 양위와 군대 해산 카드를 구사할 것이라는 점을 미처 파악하지 못하는 한계를 드러냈다. 그러나 봉기 참여 병력에 대한 오판과 군대 해산 문제에 대한 정보 부족은 도산 자신의 한계라기보다 이갑과 이동휘 등 군 장교 그룹을 포함한 신민회 초기 그룹의 판단이었다고 봐야 한다.

한편 김형제상회 이층 접견실과 세브란스병원 숙직실에서 도산은 각 지역의 의병부대를 격려하고 연락하기 위해 편지지를 노끈처럼 만들어 보내는 등 의병부대와 지속적인 접촉과 교류, 지원을 하고 있었다.[13] 그리고 연락처에 2명의 실무자들이 움직였다는 것은 매우 구체적 사업이 진행되고 있었다는 것을 의미하는데, 이때 실무자들이 구체적으로 무엇을 진행하고 있었는지가 분명하지 않다. 강연 일정을 잡고 각

....

13) 이응준의 증언, 『안도산전서』, 103~104쪽.

처의 인사들과 면담을 주선하는 작업만 하지는 않았을 것이다. 그런 업무라면 한 사람으로 충분한데, 2명이나 실무를 보고 있었다면 그 이상의 준비를 하고 있었다고 보아야 한다. 일단 어가동도 저지 대책 때문일 수도 있고, 신민회와 학교와 회사 설립 등의 일일 수도 있다.[14]

망국 이전의 유일한 기회였던 군대 해산 전후의 투쟁에서 중요한 요소였던 외교적 문제는 어떤 길이 있었을까. 러일전쟁 이후 영·미·일의 동맹이 강화되고 러시아가 고립된 조건에서 조선에 대한 국제적 지원은 쉽지 않은 일이었다. 하지만 길이 아주 없었던 것은 아니었다. 러시아는 여전히 부동항을 노리고 있었고, 미국은 만주에 대한 야욕을 갖고 있었으므로 영·미·일 동맹이 굳건했던 것은 아니었다. 우리의 기반과 역량에 따라서 국제적인 지원도 가능했다는 것이다.

그런데 이 문제를 떠나 입헌군주제가 아닌 민주공화국의 꿈을 갖고 있었던 신민회 동지들이 봉기 이후 정치체제 문제를 어떻게 정리하느냐도 어려운 문제였을 것이다. 근왕파의 쿠데타로 시작했다면 민주공화국의 깃발을 내걸 수도 없고 과도적인 입헌군주제가 모색될 가능성이 높았다.

준비 부족으로 봉기를 연기시킨 도산과 신민회 그룹은 애초 방침대로 민력의 양성작업을 위해 각종 준비 작업에 들어갔다. 대성학교 설립, 마산동 자기회사 설립, 태극서관 및 협동조합 조직과 신민회 조직 확대에 노력했다. 이러한 활동은 연말 연초에 정식으로 창립되기 전까지 도산을 중심으로 지하 세포조직의 각 지역 핵심활동가들을 접촉하여 동의를 받는 방식으로 진행되었을 것이다. 이 작업은 평안도 등 서

....

14) 장석흥, 『차리석 평전』, 역사공간, 2005, 125~126쪽.

북 지역에 집중됐다.

이등박문과의 회담

1907년 11월에 통감 이등박문은 의병부대를 무자비하게 진압하고 수천 호의 민가를 불태우는 초토화 작전까지 추진하면서 한편으로 더욱 거세지고 있는 구국운동을 차단하기 위해 당시 조선 사회에 혜성처럼 떠오른 도산 안창호를 포섭하고자 했다. 최석하를 통해 면담 요청을 한 이등은 도산이 거절하자 더욱 설득할 필요성을 느껴 미끼로 안창호 내각을 제안했다. 이갑과 최석하는 도산을 중심으로 하는 청년 내각을 구성하여 이토를 이용할 수도 있지 않느냐며 도산을 설득했으나 도산은 단호히 거절했다. 이등의 흉계에 빠져 결국 일진회의 전철을 밟게 된다는 이유에서였다.

이갑과 최석하의 권유로 마지못해 이등박문을 만난 안창호는 정중하지만 협조할 수 없는 분명한 이유를 밝혔다. 이때 이등박문은 66세요 도산은 29세였다. 이등박문과의 대화 내용은 일제의 예심 심문기에 기록돼 있다. 도산은 이갑을 통역으로 데려갔는데, 이등은 울타리까지 나와 영접했다.

이등: 그대가 한국 삼천리 남북을 두루 다니면서 연설을 하는데, 그 목적은 무엇인가?

도산: 귀하가 50년 전 일본 강산에서 일본을 위해 하던 그런 사업을 나는 오늘 조선에서 조선을 위하여 하려는 것이다.

이등: 그대의 연설은 이 연설집에 의해 잘 알고 있다. 그대는 열렬한

애국자다. 나는 일본인이지만 그대의 조선을 사랑하는 애국열
은 충분히 알고 있다. 나는 일본 유신 공로자의 한 사람으로서
조선도 훌륭한 나라로 만들려고 생각하고 있다. 그러니 흉금을
열고 말하자.

도산: 만일 일본이 조선을 위한다면, 조선의 자주독립을 용허한다면,
　　　일본은 어찌하여 한인으로서 조선 독립을 위해 활동하는 자이
　　　면 조금도 가차 없이 체포하고 투옥하는가. 이것이 조선을 위
　　　해 주는 것인가?

이등: 그것은 나의 생각을 이해치 못하는 하부의 자들이 잘못하는 일
　　　이다. 내 평생의 이상이 셋이 있으니 하나는 일본을 열강과 각
　　　축할 만한 현대 국가로 만드는 것이요, 둘째는 조선을 그렇게
　　　하는 것이요, 셋째는 청국을 그렇게 하는 것이라. 일본에 대해
　　　서는 거의 목적을 달했으나 일본만으로 서양 세력의 아시아 침
　　　입을 막을 수 없으니 조선과 청국이 일본만한 힘을 가진 국가
　　　가 되고 서로 사이좋은 나라가 되어야 한다. 지금 조선의 재건
　　　에 전심전력을 경주하고 있거니와 이것이 완성되면 청국으로
　　　가겠노라. 그대는 나와 같이 이 큰 사업을 경영하지 않겠는가.
　　　내가 청국으로 갈 때 나와 함께 가서 세 나라의 정치가가 힘을
　　　합하여 동양의 영원한 평화를 세우자.

도산: 세 나라의 정립친선(鼎立親善)이 동양 평화의 기초라는 데는
　　　동감하며, 그대가 그대의 조국 일본을 혁신한 것을 치하하며,
　　　조선을 사랑하여 도우려는 호의는 감사한다. 그런데 그대가 조
　　　선을 가장 잘 도울 방법이 있으니, 그것을 아는가?

이등: 그 방법이 무엇인가?

도산: 일본을 잘 만든 것이 일본인인 그대였던 것처럼 조선은 조선인
　　　으로 하여금 혁신하게 하라. 만일 명치유신을 미국이 와서 시
　　　켰다면 그대는 가만있었겠는가. 뿐만 아니라 유신 그것이 되지
　　　못했을 것이다.

이등: ….

도산: 일본은 불행히도 조선이나 청국에서 인심을 잃었다. 이것은 일
　　　본의 불행인 동시에 세 나라 전부의 불행이다. 그대가 막으려
　　　고 히는 서양 세력의 침해를 끌어오는 원인이 될 것이다. 일본
　　　의 압제 밑에 있는 조선인은 도움을 미국이나 러시아에 구할
　　　것이요, 일본의 강성을 원치 않는 열강은 조선인의 요구를 들
　　　어줄 것이니, 이리하여 일본은 열강의 적이 되고 동양 여러 민
　　　족의 적이 될까 두렵노라. 그대가 만일 우방의 빈객으로 우리
　　　나라에 왔다면 나는 매일 그대를 방문하여 대선배로 선생으로
　　　배우겠노라. 그러나 그대가 조선을 다스리려고 온 외국인이매
　　　나는 그대를 방문하기를 꺼리고 그대와 친근하기를 꺼리노라.
　　　일본이 조선의 독립을 재삼 보장했고, 청·일, 러·일 두 차례
　　　의 전쟁도 조선의 독립을 위함이라 하므로 조선인은 일본에 얼
　　　마나 감사하고 믿었던가. 그러나 전승 후 일본이 제 손으로 조
　　　선의 주권을 깎을 때 조선은 얼마나 일본을 원수시 하게 되는
　　　가. 조선과 일본 두 나라의 이런 관계가 계속되는 동안 조선인
　　　이 일본에 협력할 것을 바라지 말라. 또 그대가 청국을 거들어
　　　서 도울 것을 말하나, 그것은 조선의 독립을 회복시킨 뒤에 시
　　　험하라. 청국의 4억 민족은 일본이 조선을 보호국으로 가지고
　　　있는 한 결코 일본을 신뢰하지 않을 것이다. 이 세 나라를 위하

여 불행한 사태를 그대와 같은 대정치가의 손으로 해결하기를
바라노라.

이등과의 면담 이후 도산 내각 제안에 대한 논의가 있었던 것은 사
실일 것이다. 하지만 도산 청년 내각설의 진상은 알려진 바 없다. 이등
박문의 제안을 일본 내각이 검토했다는 어떤 기록도 발견되지 않았다.
단지 이등이 도산 등 청년 지사들이 통감 정치에 협력한다면 추진해 볼
수 있는 하나의 방안이 아니었던가 싶다. 국민의 신망이 있는 이들을
통해 합병 공작을 마무리하면서 국제사회의 반발도 약화시킬 수 있는
카드이기 때문이다. 다시 말해서 도산을 비롯한 청년 지사들에게는 독
약 이외에 아무것도 아니었던 것이다.

도산은 이등박문이 던진 미끼를 물지 않았고, 신민회 운동과 연해
주에서의 기반 구축에 진력했다. 도산은 12월 30일 다시 일본을 방문해
유학생들과 간담회를 갖고 일본 심장부의 움직임을 파악한 뒤 귀국했
다. 이 유학생들과의 면담에서 새로 설립할 대성학교에서 근무할 교사
들을 초빙할 수 있는지를 타진하고 신민회 조직 사업도 벌였을 것이다.

신민회와 대성학교

신민회 발기인 조직

지금으로부터 19년 전(14년 전의 오식으로 판단됨)에 국내에서 이승
훈, 안태국, 양기탁, 이갑 제씨가 일본에 대항하려면 첫째 인재, 둘째
금전, 셋째 단결력, 이 세 가지를 길러야 하겠다는 의견으로 신민회를
발기했소. 진정한 애국자면 동에 있거나 서에 있거나 모두 신민회에
들게 하자. 그리고 각 처에 서포와 약국과 학교를 설비하자. 실업자와
연락하여 금전을 모으자. 중학교를 세우되 군대훈련을 하여 평시에는
각각 직업을 가졌다가도 일시에 군인이 되도록 하자. 이리하여 금전
과 인재가 이만하면 되겠다 하는 때에 이르면 동(動)하자. 이것이 신
민회의 내용이었소.[15]

신민회는 언제 조직되고 어떤 활동을 했을까? 이 신민회 결성 시점
에 관해서 여러 주장이 있다. 1907년 2월설과 4월설, 1908년 1월설[16]
등이다. 도산의 심문 기록에는 귀국 후 1년쯤이라고 언급되어 있다. 이
기록대로라면 1908년 초가 된다. 그런데 귀국 후 1년쯤에 신민회 창립

....
15) 주요한 편, 『안도산전서』, 682쪽.
16) 1907년 4월설은 신용하의 주장으로 대표적이고 다수설이다. 강재언은 2월설을 주장했다.

을 했다는 것인지 아니면 발기인대회를 했다는 것인지 명확치 않다. 도산이 직접 언급한 인사들의 면면을 보면, 대부분 평안도와 함경도 인사들이다. 총서기를 맡은 이동녕, 재무를 본 전덕기 등이 없다. 이로 보면 일단 기맥이 통한 5명으로 발기인대회를 조직하고 이후에 정식 창립대회를 개최하여 역할 분담을 한 것으로 보인다. 따라서 공립협회와 신고려회의 동지인 이강이 신민회 창립에 참여하고 블라디보스토크에 1908년 3월에 건너간 것, 임치정이 1907년 11월에 귀국했는데『매일신보』에 들어간 뒤 창립회원으로 기록돼 있는 것으로 보면, 1907년 말에서 1908년 1월경에 정식으로 창립된 것으로 보아야 할 것 같다.

정식 창립 이전에 신민회는 어떤 상태에 있었을까? 어가동도 시기를 보면, 신민회 그룹은 이미 상당한 조직적 결속을 갖고 있었다. 따라서 정식 창립이 1907년 말이나 1908년 초라 할지라도 신민회 조직의 발기와 조직 활동은 1907년 5월부터 시작됐다고 보아야 한다. 일부 동지들을 중심으로 발기인 조직이 4월 말에서 5월 사이에 가동됐을 가능성이 높다. 양기탁 문제로 혼선이 있었기 때문이다.

당시 도산의 조직 방식은 흥사단을 조직하던 때와는 달랐다. 신고려회를 일단 조직하고 귀국한 것으로 봤을 때 평양 지역을 중심으로 조직사업을 추진하고 한양에 와서 지속적인 조직 확대 사업을 전개했을 것이다. 따라서 이때의 가입이나 조직 형태는 일종의 발기인 조직의 성격을 띠고 있다고 봐야 한다. 이런 조직적인 뒷받침이 있었기에 어가동도 저지 대책이 가능했던 것이다.

그러면 신민회 조직 과정은 일사천리로 진행된 것인가? 그건 아닌 것 같다. 1907년 2월 첫 만남에서 양기탁과 의견 일치를 보지 못한 문제는 공개단체로 할 것이냐 비밀결사로 할 것이냐였다. 도산이 비밀단체로 해야 한다고 끝까지 주장한 것은 첫째, 공화국 수립 목표를 공개적으로 천명할 경우 유림 세력의 반발과 저항이 우려되고, 둘째, 통감부의 탄압, 셋째, 첩자의 침투에 대한 경계와 정예 조직의 원칙 때문이었다. 하지만 평양에서 접촉한 인사들과 한양과 각지의 연설을 통해 만나게 된 인사들을 대상으로 엄선해 가면서 일단 신민회 발기인이 될 것을 권유하고 양기탁과 비밀결사에 합의함에 따라 발기인 조직을 구성했을 것이다.

초기 발기인 조직에 참여한 동지들은 이승훈, 안태국, 양기탁, 이갑 등이었다.[17] 여기에 도산이 법정에서 진술한 이동휘, 이동녕, 전덕기, 유동열은 없다. 왜 이런 문제가 발생했을까? 이동휘나 이동녕, 전덕기, 유동열에 대한 동지의식이 약화됐기 때문인가? 그런 면을 배제할 수 없지만 공명정대했던 도산이 그런 사사로운 감정에 좌우됐다는 가정은 무리다. 이 명단 차이는 바로 초기 발기인과 정식 창립대회 임원 간의 차이를 말해 주는 증거가 아닐 수 없다. 도산이 흥사단 대회에서 직접 거론한 초기 신민회 발기 동지들이기 때문에 분명할 것이다. 도산을 포함해서 5명이다.

그 이후에 참여한 그룹은 당시 매우 강력한 투쟁성을 갖고 있었던 상동교회의 기독교 청년 조직과 이갑의 무관 그룹에 속한 인사들이다. 상동교회의 전덕기, 이동녕 등은 이미 수천 명의 교인을 모아 구국기도회 등으로 을사늑약을 반대하고 일제의 침략을 규탄했다. 상동 그룹은 비밀결사를 준비하고 있었고 어가동도 저지운동 당시에 조직력을 보여 줬기 때문에 신민회에 참여하게 됐을 것이다. 이 과정에서 군대 해산과

17) 안창호, 「본단역사」, 『안도산전서』, 682쪽.

정미7조약 문제가 터져 동분서주하게 되면서 일시 조직 작업을 중지하고 의병전쟁의 뒷수습에 골몰하게 되었다.

신민회의 정식 창립

의병전쟁이 소강상태에 들어간 12월 하순에서 1908년 1월 초순[18]에 신민회 취지에 동의한 여러 동지들이 모여 정식 창립대회를 개최할 수 있었다. 도산이 연말에 일본에 다녀왔기 때문에 1월 초일 가능성이 높다. 기존 발기인 5명 외에 전덕기, 이동녕, 이동휘, 최광옥, 유동열 등이 추가되었고, 도산 등이 회의를 열어 신민회를 공식 창립한 것으로 보인다. 이동휘는 1907년 9월 강화도 봉기 혐의로 구속됐다가 도산과 이등박문의 면담으로 석방됐는데, 곧바로 간도 지방 순회를 끝내고 돌아와 있었다. 비밀 창립대회에서 양기탁이 총감독, 이동녕이 총서기, 전덕기가 재무, 도산이 집행원의 역할을 맡았다. 집행원의 역할은 신입 회원의 자격심사였다. 도산이 조직 작업을 총괄하면서 당시에 신망 있는 동지 양기탁을 총감독으로 추대함으로써 1907년의 정세에서 활동하던 주요 지도자들을 신민회에 포섭하는 데 성공한 것이다. 무관 출신이 주요 직책을 맡지 않는 것으로 볼 때 초기 신민회의 활동 비중을 짐작할 수 있다. 양기탁은 귀국 이후 한동안 비밀조직 문제 때문에 조직 작업에서 제외시키고 회칙조차 회수한 바 있는데, 이후 다시 비밀조직론에 동의하여 발기인이 되었고, 임치정 등이 입사한 12월 초 이후

....
18) 신민회 창립 시기를 4월 초로 보는 견해가 다수이나, 도산의 진술이나 이강의 블라디보스토크 파견, 임치정의 귀국 시기 등을 고려하면 정식 창립대회는 1월 초가 타당하다.

에 총감독으로 추대된 것으로 보인다.[19]

초기 신민회 주축 세력들은 다음과 같다. 첫째는 평양 그룹이다. 평안도 지역에서 실업과 교육 사업을 하고 있는 이승훈, 안태국, 최응두, 최광옥 등이며, 주로 독립협회 이후부터 지역적 연고가 있었던 인사들이다. 이승훈, 안태국, 최응두 등 신흥 상인 세력은 협동사 사장인 안태국의 구속에 항의하여 상민공동회를 만들어 활동하고 있다가 도산의 권유로 신민회의 발기에 참여했다. 이들뿐만 아니라 미국의 이강·임치정 등 평안도에 기반을 갖고 있었던 신고려회 동지들이 순차적으로 귀국하여 신민회에서 적극적인 활동을 담당했다.

둘째는 기독교 상동교회와 자매 교육기관이었던 청년학원의 인물들이다. 전덕기 목사를 중심으로 한 상동 그룹은 을사5조약 반대상소 운동과 시위를 주도하면서 국권회복을 위한 교육구국과 기독교 운동을 하고 있었다. 전덕기, 이준, 이동녕, 이회영, 정순만, 최재학, 조성환, 김구, 서상팔, 계명육, 이승길, 이항직, 이선황, 기선도, 김병헌 등으로 이회영이 책임을 지고 있던 청년학원이 중심적으로 움직였다.

셋째 주축 그룹은 독립협회 평양 지회에서 함께 활동했던 양기탁이 총무로 있던 대한매일신보 그룹인데, 대한매일신보에는 양기탁, 신채호, 박은식, 장도빈, 옥관빈, 최익, 이장훈, 양인탁, 김연창, 유치겸, 이만직, 임치정, 강문수, 김홍서가 근무하고 있었다. 이들은 거의 전부 신민회에 가입했다. 임치정은 공립협회에서 11월 하순 귀국해 매일신보의 재정을 맡았다.

....

19) 양기탁 심문 조서: 「양기탁 경성지방법원 제11호 공판 시말서」, 윤경로, 『105인사건과 신민회 연구』, 261쪽.

신민회의 국권회복 운동에는 대한제국의 장교 출신들인 이갑, 이동휘, 유동열, 노백린, 김희선 등 무관들이 대거 참여하여 신민회의 독립전쟁 준비에 주축을 이뤘다. 을사늑약 이후 의병전쟁이 진행되었지만, 이들은 신민회 창립 당시에는 주로 교육 구국 운동을 하고 있었다.

이렇게 발족한 신민회는 회원들을 어떻게 모집하고 관리했을까? 신민회의 기본 원칙은 엄선주의였다. 뜻과 의지가 있다고 해서 가입시키는 것이 아니라 자세히 관찰하고 담력을 시험하여 합격해야 입회를 허락하고 맹세를 시켰다. 각 지역 책임자급들과 협의하여 『공립신보』의 배포 사업도 전개했다. 신입회원의 맹세에는 생명과 재산을 국권회복을 위해 전부 바친다는 것이 포함되어 있었다. 또 이렇게 입회한 사람에게 바로 신민회의 이름을 알려 주는 것이 아니라 합법적인 표현단체에 가입시켜 1년간 활동하게 하고서야 신민회 조직과 활동내용을 알 수 있게 했다.[20]

신민회에 가입한 회원들은 조직보안을 위해 일선 조직인 반(班)에 배치했고 5명마다 반장을 뒀다. 20명의 회원이 있으면 부반장을, 60명마다 도반장을, 그리고 이들을 군 단위에서 지휘하는 군감을 두고, 도에는 도총감이 있었고, 전국 중앙에는 총감독이 있었다. 윤치호를 회장으로 했으나 명예직이었고, 매일신보사의 양기탁을 총감독으로 하고, 실질적인 조직 관리는 도산이 직접 했다.

20) 윤경로, 『105인사건과 신민회 연구』, 193쪽.

새로운 구국운동 방략

도산은 신민회 조직을 위해 중국의 비밀결사와 프리메이슨 조직을 연구하여 참작했다. 도산의 조직 경험을 보면 독립협회와 만민공동회, 샌프란시스코 친목회, 공립협회에서 활동했다. 모두 공개적인 대중조 직이었는데, 독립협회와 만민공동회에는 회원과 간부로 참여한 것이 고, 도산이 직접 손을 댄 것은 친목회와 공립협회였다. 이 두 조직은 모두 대중직인 공개조직이고 친목과 상부상조가 일차적 목적이있다.

그렇다면 도산은 대중의 요구에 기초해 그에 맞는 형식을 만들어 조직하면서 또 질적으로 아주 다른 최고의 정치결사체이자 지하비밀조 직인 신민회를 구상하고 직접 조직 작업에 나섰다는 것은 무엇을 의미 하는 것인가? 이는 도산이 미주 동포의 생활안정과 개선에 대한 조직 사업을 하면서 자주독립과 민주공화국을 건설할 경로와 방향에 대해 끊임없는 고민과 많은 연구를 했다는 것을 의미한다. 도산은 만민공동 회 좌절과 학교운영이 실패한 뒤 효과적인 운동방법과 조직노선을 연 구하고 새로운 실천전략을 모색했다. 미국에서 다양한 형태의 조직에 관해 공부도 할 수 있었을 것이다. 프리메이슨 조직에 대한 연구가 그 런 것이었다.

이런 고뇌의 산물이 있었기에 투쟁목표와 투쟁노선, 조직노선에서 이전 시기의 어떤 구국운동보다 질적으로 획기적인 발전을 이룰 수 있 었다. 양기탁의 주장대로 공개단체로 했을 경우 일제의 탄압을 피하지 못하고 초기에 붕괴됐을 것이다. 민주공화국을 목표로 하되 일본과의 독립전쟁을 위한 개전 준비로 민력 양성에 주력했고, 그 운동의 주도를 비밀지하조직인 신민회가 추진했기 때문에 그 결과 아주 많은 성과를 가져오게 되었던 것이다. 단순한 자주독립이 아니라 민주공화국 건설을 목표로 내걸고 민력의 양성과 독립전쟁의 준비라는 투쟁목표와 투쟁노선은 당시 정세와 역량에 적합한 과학적 노선이었다. 특히 지하조직노선의 선택에 의해 지속적 운동을 보장했던 것이다.

그러면 어느 시점부터 도산은 신민회 조직의 필요성을 실제 느낀 것일까? 귀국 직전일까 아니면 공립협회를 조직하면서부터일까? 대한신민회 통용장정을 보면 '본회의 목적을 우리나라의 부패한 사상과 관습을 혁신하여 국민을 유신케 하며, 쇠퇴한 발육과 산업을 개량하여 사업을 유신케 하여 유신한 국민이 통일연합하여 유신한 자유문명국을 성립케 함'이라고 했다. 또 구체적인 실천방법으로 학교와 회사의 설립, 신문·잡지·서적의 발행 등을 들고, 국외에 무관학교를 설립하여 기회가 올 때 독립전쟁에 대비할 것, 국외에 독립군 기지를 건설하고 독립군을 창설할 것으로 했다. 개화자강노선에 기초하되 독립전쟁을 위한 실력양성과 자신(自新)을 강조하고 있는 것이다.

이런 내용으로 볼 때 도산이 비밀결사인 신민회를 구상한 때는 1905년 을사늑약에 따라 고국에 통감부가 설치된 이후가 아닌가 생각된다. 일본군 주차사령부와 통감부가 들어서고 군사적 지배가 노골화되는 상황에 대처하기 위해서는 독립전쟁 준비에 나서야 하며, 이를 추진할 비밀조직이 필요하다고 판단했을 것이다.

그런데 국외에 무관학교를 세워 기회가 올 때 독립전쟁에 대비하자거나 독립군 기지 건설과 같은 실천공약은 애초의 초안에는 없었고 귀국 후 창립 과정에서 추가된 것이 아니냐는 주장도 있다. 그러나 당시 도산이 총회장이었던 공립협회 기관지가 독립전쟁론을 주장하고 있었고 어가동도 저지에 군사력 동원을 검토했으며 도산이 무관 출신들과 '1류 교제'를 계속하며 의병부대와 긴밀한 연락을 지속하고 있었다는 증언, 국내에 신민회 조직을 하는 동시에 연해주와 만주 등 해외기지 건설에 동지들을 파견해 지속적인 노력을 쏟는 것을 보거나 대중연설에서 독립전쟁 개전론을 주장하고 있는 것으로 볼 때 신민회 구상 당시에 독립전쟁이 불가피하며 그에 따른 준비가 필요하다는 문제의식을 반영했다고 보는 것이 타당할 것이다.

105인 사건 조사에서 양기탁은 안창호에게 국외에 무관학교를 설립히여 기회가 올 때 독립전쟁에 대비할 것과 국외에 독립군 기지를 긴설하고 독립군을 창설하자는 제안을 했다고 진술했는데, 이는 공개단체로 하자는 기왕의 양기탁 주장과 모순된다. 따라서 독립전쟁에 관한 신민회의 문제의식과 전략적 과제는 도산과 공립협회 동지의 독립전쟁 및 해외 기지 건설에 관한 문제의식과 일치되는 것이었다.

이렇게 주도면밀하게 준비되고 조직된 신민회는 105인 사건[21]으로 조직의 일부가 드러나기까지 4년여 동안 일제의 엄밀한 감시와 수사에도 불구하고 조직의 전모가 끝까지 드러나지 않았다. 물론 일제도 도산 중심의 비밀조직이 있다는 것을 어느 정도 감지하고 있었다. 그러나 조직의 비밀은 준수되었고, 1908년 말까지 『공립신보』 지사망이 7개에 달했던 경상도 조직은 큰 타격을 받지 않았던 것으로 보인다. 신민회 회원 수는 도산이 망명하기 전까지 최소한 약 300여 명, 1911년 105인 사건 때에는 700~800명까지 확대된 것 같다.[22]

....

21) 1911년 일본 경찰이 신민회 회원 600여 명을 검거하여 고문하고 105인을 기소한 사건. 발단은 1910년 평북 선천에서 안명근이 데라우치(寺內正毅) 총독을 암살하려다가 실패한 사건의 배후조종을 신민회가 했다는 구실로, 윤치호, 양기탁, 이승훈, 이동휘, 유동열 등 600명을 검거하여 악독한 고문으로 조사했다. 2심에서 99명은 무죄 석방되고, 윤치호, 양기탁, 안태국, 이승훈, 임치정, 옥관빈 등 6명만 주모자로 몰려 4년형을 받았다.

평안남도 총감에 안태국, 평안북도 총감에 이승훈, 함경도에 이동
휘, 황해도에 김구, 강원도에 주진수, 경상도 총감대리에 김진호, 충청
도에 최익을 책임자로 하고 미주 본부와의 연락대표로 임치정과 김홍
서를 임명했다. 이준은 창립되기 이전 헤이그에서 분사했으므로 발기
인으로 가입했을 것이다. 조직 기반이 튼튼한 신민회 서북 조직은 최광
옥에 의해 평안노와 황해노 사업이 추신됐으나 정식 창립 이후에는 평
안남도와 황해도를 최광옥이, 평안북도는 이승훈이 도총감을 맡았다.
신민회 본부는 전국 각지에 연락이 용이한 기독청년회에 두고 경기 이
남과 각지의 사무는 경신학교, 경기 이북은 대성학교와 숭실학교에서
맡았다.

신민회는 실천방안으로 약속한 여러 사업들을 전개하기 시작했다.
국권회복 운동의 인재를 양성하기 위해 대성학교를 평양에 세우고 출
판과 서적의 보급을 위하여 태극서관을 설립했으며, 신민회 동지들이
주축이 되어 전국 각지에 3,000여 학교를 설립하도록 고취하고 지도했
다. 또 평양에 이덕환, 김남호 등이 발기인이 되어 마산동 자기 회사를
설립했다. 협성동사(協成同事), 상무동사(商務同事) 같은 협동조합식의
상업조직과 조선실업주식회사의 주주 모집을 추진하여 호응을 받았기
도 했다. 그리고 연초공장과 모범농촌 건설계획도 세웠다. 청년 조직을
위해 청년학우회를 조직해 인재 양성에 힘썼다. 또한 신민회 결성과 더
불어 만주와 시베리아에 독립군 근거지 건설을 위한 작업이 구체적으

....

22) 일제는 외곽단체까지 모두 포함시켜 200만 명이라는 내부 자료도 작성했지만, 과장이 많다. 도산
의 진술은 동지들의 안전을 위한 최소치를 얘기했을 가능성이 높다. 도산 망명 이후 최광옥이 집행원
의 역할을 맡았으나 그 역시 105인 사건 전에 사망하여 회원 가입에 대한 기록이 없고 지방 조직의 가
입은 독자적으로 진행되어 더욱 그렇다.

로 모색되었다.

　이러한 신민회의 활동은 누란의 위기에 빠진 망국 직전 3년간의 상황에서 혼신의 노력을 기울인 결과였다. 유림의 복벽운동이나 기존의 개화자강의 입헌군주제가 아닌 민주공화국 건설이라는 보다 원대한 구상을 갖고 있었던 세력이 선택할 수 있었던 최선의 방안이기도 했다. 신민회를 중심으로 전개된 3년간의 치열한 실력양성운동, 즉 독립전쟁 준비운동은 을사조약 이후 절망에 빠져들던 선각자와 각성된 민중에게 희망과 용기를 주었고, 조선 사회 전체에 맹렬한 기운을 불러일으켰다.

신민회의 간부 양성기관, 대성학교

　신민회 사업을 효과적으로 추진하려면 막대한 재원이 필요했다. 공립협회는 대한매일신보를 지원하고 도산의 활동비를 지원했지만, 그런 수준으로는 어림없었다. 도산은 각 지역의 양식 있는 부자들을 설득해 학교 설립에 나서게 하거나 회사를 설립해 운영하도록 장려했다. 이승훈 같은 평양의 유력한 부호가 도산의 호소에 감명 받아 교육사업과 마산동 자기 회사 설립에 적극 나서고 또 이승훈이 지원한 자금으로 안태국 같은 중견 사업가가 신민회 동지로서 태극서관을 한양·평양·대구 등에 설립하여 인민을 신민으로 만들 수 있는 문명개화의 소식과 과학기술 서적들을 보급하고 연락거점의 역할을 담당했다.

　하지만 이런 사업을 지속적으로 추진하기 위해서는 세상의 때가 묻지 않은 청년들 가운데 정예 분자를 선발하여 체계적인 교육을 통해 대량으로 양성하여 그 성과를 전국에 내보임으로써 서울, 대구, 전주, 원산, 공주 등 주요 지역으로 확대할 필요가 있었다. 그 본보기 학교로 개화파와 각성된 상인층이 많았던 평양에 대성학교를 설립하기로 하고 신민회의 역량을 총동원하기로 했다.

학교 설립에 필요한 재원 문제는 의외로 쉽게 풀렸다. 서울의 이종호가 10만 원의 거금 쾌척을 약속하여 평양에서 학교 부지 매입, 교사 신축, 기숙사 건립 등의 공사가 시작되었다. 여기에 일반 민중의 기부금이 모아져 1908년 9월 26일 대성학교의 개교식이 거행되었다. 개교식은 학생과 내빈 등 1,000여 명이 모여 성대하게 진행되었다. 교장 윤치호와 교장대리 도산의 연설도 있었다. 건축 공사가 마무리되지 않은 상태에서 일단 개교했으나 평안도 철산의 부호였던 오희원이 5,000원, 김진후가 3,000원, 선천의 오치은이 2,000원을 내놓아 공사를 완공했다. 이 세 사람을 당시 언론에서는 '관서강산의 3지사(志士)', 또는 '위재(偉材) 3씨'로 칭송했다. 대성학교 설립 준비가 한창 진행될 때 일제는 사립학교령을 공포하여 사립 학교에 대한 탄압을 강화했다. 이런 상황에서 대성학교 개교 작업이 추진되었던 것이다.

대성학교의 시험 과목은 독서(국한문), 작문(국한문), 산술 등이었고, 학과 과정은 평안도 지역의 교육여건을 고려하여 3년제 중학 과정과 예비과 1년제로 운영하기로 했다. 첫 입학생은 90명이었다. 교장을 윤치호로 했으나 도산이 교장대리로서 학교 운영을 직접 책임졌다. 당시 교사로는 차이석, 김두화, 나일봉, 장기영, 문일평, 황의돈 등 해외에서 유학을 마치고 돌아온 우수한 인재들로 구성했다. 장응진은 개교 1년 뒤에 대성학교에 와서 학감을 맡았으며, 안태국이 맡았던 신민회 평양지회장 대리와 대성학교 반장도 겸했다.

대성학교가 개교되자 서북 지방의 반응은 대단했다. 평북 철산의 오희원, 선천 오치운, 평양 김진후의 지원도 이런 기대의 산물이었다.

그런데 개교 초기 선발한 학생은 실력이 떨어져 중학 과정에 진학하지 못하고 예비과에 입학시켰다. 다시 개교 20여 일 뒤에 학생을 모집해 초등과 학생을 채웠다. 대성학교는 매 학기마다 학생을 뽑았다. 신설 학교였고 시국이 어떻게 급변할지 알 수 없기 때문이었다. 1학기 이후 2기 시험은 독서, 작문, 산술, 역사, 지리, 영어, 일어, 생리, 식물 등으로 구성되었으며, 개교 때보다 훨씬 우수한 학생들이 몰려들기 시작했다. 학생들은 입학을 위해 필기시험만 본 것이 아니었다. 도산이 직접 면접을 본 뒤 입학을 허락했다. 대성학교가 중학 과정이었지만, 실제 교과 과정은 매우 높았다. 1학년 과정에 국가학, 임업, 영어, 중국어, 일본어, 2학년에 법학통론, 수산학, 3학년에 천문학, 측량, 광물학, 경제학, 농정학 등을 배웠다.

새벽마다 행해진 평양 시내 구보 행진

매일 아침 조회 때마다 애국가를 부르고 애국에 관한 훈화를 했고 수신, 국어, 한문, 작문, 역사, 지리 등과 같은 학문 이외에 군사훈련에 해당하는 체조를 중시했다. 체조시간에는 전술강의, 제식훈련, 기병, 장거리 행군 등 체력 훈련을 강조하여 학생들을 독립전쟁의 간부로 육성하고자 했던 뜻을 지켜 나갔다. 대성학교로 전국 각지에서 뜻있는 청년들이 모여들어 1년도 지나지 않아 대성학교 학생들은 선비의 품격을 갖췄다는 평을 받았다. 개교 이듬해에는 학생이 400여 명으로 늘었고 학교의 틀도 잡혀 갔다.

교사들도 개교의 취지를 잘 알고 있었기에 학생들을 독립운동의 간부로 육성하기 위해 심혈을 기울였다. 도산은 학생들에게 죽어서도 거짓이 없어야 한다고 정직을 강조했고, 성실이란 바로 지금하고 있는 일에 충실한 것이라면서 수업 5분 전 착석과 시간 지키기를 강조했다. 또한 체육시간에 눈 위를 맨발로 걷는다든지 새벽에 비상 소집하여 만수대나 청류벽 언덕까지 노래 부르며 행진한 후 집단체조를 실시하기도 했다.

장하도다. 우리 학도/ 병식 행보가 나파륜(나폴레옹)의 군인보다 질 것 없겠네./ 무쇠골격, 돌근육, 소년 남아야/ 애국의 정신을 분발하여라.

금수산의 뭉킨 영기/ 반공중에 우뚝 소사/ 모란봉이 되었고나/ 활발한 기상이 소스난 듯/ 모란봉아 모란봉아/ 웃뚝 소사 독립한 내 모란봉아/ 네가 내 사랑이라.

이러한 노래를 힘차게 부르며 애국심과 체력 단련을 통해 독립전쟁의 간부로 육성하려 했던 것이다. 학생들과 교사들은 매일 애국가와 노래 부르기를 통해 단결과 사명감을 고취했다. 도산은 대동강에서 학생들과 같이 수영을 하기도 하고 돌팔매질도 하면서 그들의 훈육에 정성을 쏟았다. 도산과 교사들의 이런 열성은 학생들에게 그대로 전파되어 교사들과 학생은 모두 혼연일체가 되었다.

대성학교의 봄·가을 운동회에는 4,000~5,000명의 시민이 참관하였으며, 40여 개의 경기 종목이 진행되었다. 또한 대성학교에서 한양-평양의 축구대회가 처음 개최되기도 했으며, 하기 방학식에는 관찰사가 참석하여 연설을 했고 연구 등 각종 행사를 개최할 정도로 성대했다. 이 모두가 대성학교에 대한 관심 때문이었다. 대성학교는 학생의 자치를 권장하고 동문회에 각종 부서를 두어 취미활동을 장려했다. 대성학교에서 교육받은 학생들은 당시 학교의 분위기를 사관학교 또는 사범학교의 분위기로 추억한다.[23]

대성학교 사업이 성공적으로 진행되고 널리 알려지면서 다른 학교들도 대성학교식 교육을 따랐다. 이종호가 함경도 경성에 세운 경성중학, 의주의 양실학원, 안악의 양상중학 등은 대성중학교 같은 민족교육기관으로 설립된 것들이었다.

도산은 일제의 식민지화 작업이 착착 진행돼 감시망이 옥죄어오고 대중연설회가 어려워지자 1908년 중반 이후에는 공개적인 대외활동을 축소하고 대성학교 운영과 지하조직과 연해주 사업에 주력했다. 도산의 대성학교 생활은 이듬해인 1909년 10월 안중근 의거 사건으로 구속됨으로써 사실상 끝나게 되었다.

그러면 신민회의 목적 사업의 하나인 신산업운동은 어떻게 전개되었는가? 이승훈이 중심이 된 마산동 자기 회사가 주주 모집을 통해 1908년 말 설립되었다. 평양의 토질이 도자기 생산에 적합했고 일제 도자기에 대항하기 위해서였다. 평양의 마산동 자기 회사는 경향 각지의 관심과 호응을 받으며 도자기를 생산해 판매하기 시작했다. 태극서관과 공립신보 지사가 평양·한양·대구에 세워져 서적의 발간과 판매, 신민회의 연락 업무를 담당했다. 태극서관은 지사들이 설립한 학교에 도서를 납품하는 사업도 추진했다.

그런데 도산이 처음부터 대성중학교만을 설립하려 했던 것은 아니

---

23) 전영택, 『새벽』, 1954년 9월호.

었다. 귀국한 1907년 도산은 대학 설립을 추진하여 천주교의 뮈렐 주교에게 도움을 요청했으나 거절당했다. 그래서 일단 중학교 설립에 집중하기로 하고 대학 설립은 차후에 도모해 가기로 했다. 도산은 서양 신부나 선교사들이 우리 민족의 현실을 외면하는 행태에 분개하여 "교의 진리는 믿을지언정 외국인의 심정은 믿을 것이 못 된다" 하여 배우던 프랑스어도 중단했다고 한다.[24]

이강 등 공립협회 동지들이 국내로 귀국하자 곧바로 1908년 초부터 블라디보스토크에 잇따라 파견하여 해외동포 조직과 독립운동 근거지 확보 작업을 서둘렀다. 김성무도 1908년 11월 12일 블라디보스토크에 가서 원동사업에 가세했다. 독립전쟁을 추진하기 위한 해외 기지를 건설하기 위해서는 원동에 조직적 기반이 필요했기 때문에, 이를 위해 공립협회 원동지회가 조직됐다. 이 작업은 이강이 맡아서 진행했다. 1908년 9월 수청 지방에 공립협회 조직을 건설하고 『공립신보』의 지사도 설치했다.[25] 공립협회는 사업 추진에 필요한 재정 확보를 위해 아세아실업주식회사를 설립하고자 했다. 특히 1908년 3월 23일 샌프란시스코에서 공립회원 전명운과 협성회원 장인환이 통감부 외교고문인 스티븐슨을 사살한 사건이 알려지면서 국내는 물론 국외에서도 공립협회에 대한 기대가 높아졌다. 전명운은 재판 후 미국을 떠나 블라디보스토크에 잠입하여 김성무·이강 등과 같이 공립협회 원동사업에 참여했다. 이 기지 건설을 위해 미주에서 10월 2일 아세아실업주식회사 설립 운동에 들어갔다. 당시 연해주는 독립전쟁의 근거지로 부각돼 있었다.

....

24) 윤병석 역편, 『안중근 전기 전집』, 국가보훈처, 1999, 141~142쪽.
25) 『공립신보』, 1908. 11. 18.

이강을 통해 도산은 1908년 5월 『해조신문』이 폐간되었다는 보고를 받았고, 11월에 다시 『대동공보』를 창간했다는 소식도 들었다. 블라디보스토크에 조직적 기반이 구축되고 있었던 것이다. 도산은 국내에서도 이승훈, 김필순, 김홍량 등을 중심으로 갈수록 어려워지고 있는 농민의 생활을 실제적으로 개선할 수 있는 모범적인 농촌마을을 만들어 전국에 보급함으로써 자유문명국의 기초로 삼고자 했다. 김필순을 통한 국내 근거지 구상이 단순한 농촌개량 시범사업이었는지 아니면 독립군 근거지였는지는 정확치 않다.

군대 해산 이후 의병 부대들이 국경을 넘어 만주로 모여들고 있었다. 그러나 안중근 의거 사건으로 신민회의 해외 독립운동 근거지 건설 작업은 일시 중지되었다.

조선혼의 깃발, 청년학우회

대성학교 설립을 통해 국권회복과 자유문명국의 핵심 인재들을 양성하는 작업에 팔을 걷어붙였지만 1년에 기껏 기백 명을 지도할 뿐이다. 그리하여 전국의 청년학생들 중에서 나라를 구할 뜻을 갖고 있는 젊은이들을 찾아내 조직하고 훈련시키기로 계획했다. 마침 최남선이 일본 유학생 사건으로 자퇴하고 귀국했으므로 최남선을 중심으로 학생 조직을 추진하기로 했다.

이 학생 조직은 국권회복과 국민을 위해 뜻을 세운 젊은이들이 부지런히 자신을 닦아 나가고 학문과 기술을 연마하여 사회발전에 기여하며 굳게 단결하는 훈련을 하는 청년학생 단체였다. 신민회 동지였던 신채호가 청년학우회의 취지서를 작성해 주었다. 청년 학생들 중에서 뜻이 있는 자들을 일단 청년학우회에 가입시켜 일정 기간 동안 활동태도와 생활자세 등을 평가해 보고 신민회에 가입시키기로 했다.

청년학우회 조직 과정은 엄격한 회원선발과 복잡한 문답 과정[26]을 특징으로 했기 때문에 공개적인 단체이면서도 인격수양을 강조하는 일대정신단(一大精神團)의 풍모를 갖고 있었다. 정신이 부패하고 의지가 박약해지는 경향을 우려하여 새로운 기풍을 불어넣는 조직이었고, 조선혼을 일깨우자는 유신한 청년 조직을 목적으로 했다. 청년학우회는 조선혼을 불어넣기 위해 무실·역행·자강·충실·근면·정체·용감의 7대 정신을 강령으로 하고 덕·체·지의 3육을 육성해 실력을 연마하고 1인1기의 기술을 습득해 자유문명국의 기초로 삼고자 했다.

도산은 신민회가 국권회복과 자유문명국을 건설하는 지하조직이라면 청년학우회는 그런 운동의 기초가 되는 인재 양성조직이자 청년운동체라는 점에서 합법적인 성격을 견지했다. 청년학우회 조직 과정에서 도산이 진행한 입단 문답을 보면 이 시기에 도산이 자신(自新)의 문제를 깊이 고민하고 있었다는 것을 알 수 있다. '비분강개하고 온몸을 내던질 듯하다가도 돌아선다. 믿을 만한 책임감이 없다. 따라서 언변보다 실행을, 형용보다 내용을 준수해야 한다.' 이것이 도산이 강조하는 무실역행이다. 격렬하게 타올랐던 청년들의 독립 열정도 일제의 무자비한 탄압이 지속되면서 1909년이 되면 장기적인 계획을 세우지 않으면 안 되게 되었다.

어떻게 청년학생들을 키워 나가야 독립전쟁과 민주공화국의 꿈을 달성할 수 있을까? '일본에 대화혼(大和魂)이 있다면 조선에는 조선혼

······

26) 흥사단 입단 문답과 유사하므로 흥사단에서 자세히 설명한다.

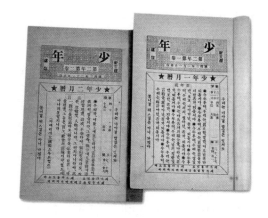
청년학우회의 기관지 『소년』.

이 있다. 이를 살려 내야 한다. 일제의 탄압을 이겨 나가려면 보다 합법적인 형식과 내용을 갖춰야 한다. 스스로 갈고 닦는 새로운 인간의 탄생을 통해 참다운 힘과 실력을 키워 가야 한다.' 도산은 이를 강조했다. 특히 국권회복 운동에 직접 참가하지 않는 연령인 청소년은 보다 자기 수련과 실력 연마를 중시할 것을 강조했다.

　청년학우회는 집회·결사가 철저하게 통제되던 1909년 8월 중앙총회 발기인대회를 열었다. 너무 늦게 시작된 것이다. 중학교 교장들인 윤치호(대성중학), 이승훈(오산학교), 박중화(보성중학), 전덕기(공옥학교), 최광옥(양실중학), 교사들인 장응진, 차이석, 김도희, 그리고 최남선, 안태국(협동사 사장)을 합쳐 12명이 발기인이다. 1909년 5월 대성중학교 운동회에서 청년학우회 명칭에 대해 윤치호는 동지회, 안태국은 권학회, 도산은 학우회, 김두화는 청년회로 하자는 등 다양한 의견이 나왔다. 이런 논의로 보면 청년학우회 설립 논의는 이보다 2~3개월 전에 시작되었다고 보아야 할 것 같다.[27] 한양, 개성, 대구, 평양, 오산, 의주 등 중학교가 있는 지역에 청년학우회가 생겼다. 최남선은 청년학우회의 기관지로 『소년』을 발간했다.

청년학우회 조직은 폭넓은 전국적 조직으로 만 17세 이상으로 중학교 정도의 학력을 갖고 품행이 단정한 청년들을 엄선해 훈련시켰다. 청년학우회는 통상회원과 특별회원으로 구분했고, 특별회원은 청년학우회의 취지에 찬동하고 5원 이상의 찬조금을 냈거나 영입인사로 했다. 청년학우회는 대성학교에 숭심 조직이 있었는데, 체육회·토론회·연설회를 주로 개최했다. 주제는 '국권회복을 어떻게 할 것인가', '학문이란 무엇인가' 등이었다. 청년학우회는 1910년 5월 대성학교에서 열린 송림연설회에 윤치호와 이동휘를 초청해 윤치호는 '자신(自新)'이란 제목으로, 이동휘는 '평양의 풍속 개량'으로 연설했다. 청년학우회는 조직을 각급 중학교로 확대했으나 1910년 8월 나라가 망하면서 일제에 의해 11월 활동을 중지 당했다. 이후 최남선이 총독부에 청년학우회 설립취지서를 다시 제출해 재조직했다. 이때 지방 지회가 연합회로 개정되어 7개 지방에 연합회가 새로 조직되었다. 그러나 이마저도 105인 사건이 나면서 파괴되고 말았다.

청년학우회는 창립되자마자 활동할 공간이 완전한 식민지가 되어버림으로써 뿌리를 튼튼히 할 시간을 갖지 못한 채 소멸됐는데, 1913년 미주에서 다른 형태로 역사의 무대에 소생하게 된다.

....
27) 윤경로, 『105인사건과 신민회 연구』, 233~234쪽.

사랑하는 한반도야, 너를 두고 나는 간다

안중근 의거 사건과 구금

일제는 충청, 호남, 영남 지방에서 지속되고 있던 의병전쟁을 진압하기 위해 1909년 가을부터 소위 남한대토벌작전을 벌여 100명 이상의 의병장을 체포하고 잔혹한 살육과 초토화 작전으로 의병투쟁을 탄압했다. 이런 상황에서 1909년 10월 29일 안중근 의사가 하얼빈 역에서 일제 침략의 원흉 이등박문을 총살시키는 역사적 사건이 일어났다.

1909년 대성학교에 대한 일제의 감시가 강화되면서 도산의 순회강연 등 공개행사와 대중접촉이 갈수록 어려워졌다. 도산은 가급적 학교 운영에 타격이 오지 않도록 주의하고 있었는데 사건은 뜻밖에 북만주 벌판에서 터졌다. 도산은 일제의 미친 듯한 탄압의 광풍을 예감할 수 있었다. 도산은 정영도를 시켜 사무실의 기밀 서류들을 모두 태웠다. 정영도가 4~5시간 불태운 서류들은 독립군 지도자들과 주고받은 서신, 귀국 이후의 활동 등에 관한 기록이었을 것이다.[28] 이틀 뒤인 10월 31일 일본 헌병들이 대성학교를 포위하고 도산을 찾았다. 도산은 체포돼 평양역으로 끌려갔으며, 다시 한양의 용산에 있는 헌병대에 구금되고 말았다. 목조 단칸 2층 건물의 4조 다다미방이었다.

....
28) 정영도 증언록, 『도산 안창호 전집 5』, 323쪽.

일제는 도산이 안중근과 최근에 만난 사실이 없다는 점을 잘 알면서도 차제에 이동휘, 이갑, 이종호, 이종만, 신채호, 김지간 등 신진 청년 지사들을 엮어 이등박문 처단 이후 고조되는 저항운동의 불길을 끄고자 했다. 이갑은 10월 30일 장단역에서 체포돼 개성 헌병대에, 김명준와 이종호는 같은 날 본정 분견대에 구류 당했다.[29]

안중근 의사의 하얼빈 총격은 어떤 배경에서 일어난 것인가? 진국 산하를 피로 덮은 의병 투쟁의 전선이 1909년 삼남 지방에서 계속되고 있었다. 일부 부대는 남·북 만주와 블라디보스토크로 넘어갔다. 1909년 가을부터 시작한 남한대토벌작전으로 각 지역에서 산개 투쟁하던 의병 부대들이 진압되자 일제의 총칼이 동북 지방의 독립군을 겨냥하고 있었다. 이 의병부대에는 삼남지방의 의병도 있었지만 한반도의 북쪽인 평안도와 함경도의 의병부대원들이 많았다.

도산은 안중근과 삼선평 서북학회 연설회에서 해후한 이후 평양에서 만난 것도 확실하다. 안중근은 도산을 가장 영민한 사람으로 평가하고 주위 사람들에게 도산을 높게 평가[30]한 것을 보면 매우 우호적인 관계였다는 것을 알 수 있다. 도산과 안중근은 같은 순흥 안씨로 안중근이 한 살 아래였다. 하지만 안중근이 1908년 이후 의병 부대원을 이끌고 압록강을 넘은 이후 안창호와 직접적인 연결을 가졌다는 증언은 아직 없다. 다만 공립협회에서 독립전쟁에 대비해 1908년 3월 블라디보스토크에 파견한 이강으로부터 안중근과 긴밀히 협력한 사업에 대한 보고를 받고 있었을 것으로 보인다. 이강이 일했던 대동공보는 공립협

29) 하얼빈 사건 범행 연루자 체포의 건(헌기 제2096호, 1909. 10. 31).
30) 곽림대, 「안도산전」, 46쪽.

회의 지부였고, 안중근 거사를 협의한 장소이기도 했다. 그리고 도산이 한양에 체류할 때 의병부대와 긴밀한 연락을 주고받았다는 증언으로 볼 때 대성학교 시절에도 의병부대의 동향에 깊은 관심을 갖고 이들과 교류했을 가능성이 높다.

그러면 도산은 안중근 의거로 검거돼 헌병대에서 취조 받으면서 이 의거를 어떻게 평가하고 있었을까? 일제는 안중근 기소 과정에서 안중근이 도산의 연설로 정치사상을 가졌다[31]고 보았다. 도산은 안중근을 장한 의혈 청년으로 생각했을 것이다. 이등박문 같은 원흉이 수두룩한 현실에서 그런 자 하나를 처단한다고 해서 조선의 독립이 이뤄진다고는 생각하지 않지만, 일제에 대한 조선인의 분노를 국제사회에 널리 알리는 효과가 있다고 보았을 것이다. 다만 도산은 하루 이틀 일제와 싸워서 될 일이 아니므로 독립운동의 근거지를 만들어 장기전에 대비하면서 조직적인 게릴라전을 통해 일제의 통감 체제를 흔들어야 한다고 생각했을 것이다.

1910년 3월 26일 안중근이 여순 감옥에서 순국한 뒤 도산도 국외 망명을 하게 되었다. 도산은 블라디보스토크에서 안중근의 동생 안공근과 안정근이 정착할 곳을 마련하기 위해 1911년 2월 안정근과 함께 봉밀산과 여러 곳을 둘러보고 4월 안중근 가족을 데리고 북만주의 무링 (穆稜)에 거처를 잡았다. 이곳에는 이갑이 있었는데, 토지를 안중근 가족에게 주었다. 그만큼 안중근 가족과 신뢰 관계가 돈독했다는 얘기다. 안중근 동생들은 형의 순국 이후 도산과 함께 흥사단과 독립운동의 길을 걸어 나갔다.

....
31) 박은식, 「안중근」, 윤병석 역편, 『안중근 전기 전집』, 306, 311쪽.

도산이 용산 헌병대에 구금돼 있는 동안 평양 대성학교 학생들이 집단으로 찾아와 수감돼 있는 도산과 이동휘, 이갑, 이종호 등 청년 지사들을 격려하기 위해 밤새 노래를 불러 주었다든가, 한 여학생이 다른 핑계를 대고 전화를 걸어 노래로 격려를 했다는 에피소드가 남아 있다. 도산은 두 차례에 걸친 탈옥 권유를 거절했고, 장기간의 헌병 취조에 항의하기 위해 자살 소동을 벌이기도 했다. 또 수감 기간에 필내은의 부인이 식사 수발 등을 도왔다.

그런데 체포 당시 도산의 주머니에 평양에서 하얼빈 가는 일정표가 있어서 압수를 피하기 위해 갖은 노력을 다했다는 증언이 있는데,[32] 왜 그 시기에 도산이 하얼빈행 노선에 관심을 갖고 있었는지 모르겠다. 하지만 도산은 이등박문 사후 일제의 식민정책이 어떻게 변화할지, 독립전쟁을 위한 실력양성 운동을 향후 정세에서 어떻게 전개해 나가야 할지 심각한 위기감을 느끼고 있었을 것이다. 이제 공개활동은 벽에 부딪쳤다.

정당 결성 압박과 망명 결정

50일 이상 취조를 했으나 아무런 혐의를 찾지 못한 일제는 12월 21일 애국지사들을 일단 석방했다. 도산은 평양의 대성학교로 돌아가 여러 동지의 의견을 들었다. 국외 탈출 의견이 많았다. 이런 움직임이 새어나갔는지 1910년 1월 9일 다시 연행돼 조사를 받게 되었다. 2월 20일 석방된 도산을 비롯한 지사들은 더 이상 합법적 활동이 불가능하게 되

---

32) 정영도 증언록, 『도산 안창호 전집 5』, 323쪽.

었다는 것을 명확히 인식할 수밖에 없었다. 이른바 문치파였던 이등박문이 죽자, 무단파인 가쓰라 다로(桂太郎) 2차 내각은 조선 통감에 육군 대장 출신의 데라우치, 경시총감에 정보통인 아카시 모토지로(明石元次郎) 등 군부 출신을 배치해 철저한 억압 체제를 강화했다.

일제는 도산 등의 석방 조건으로 서북 지역의 정당을 만들라는 제안을 했다. 이 제안이 통감부의 의사였는지 최석하 등의 공작이 있었는지는 분명하지 않다. 도산의 진술에 의하면 최석하·정운복 등이 기호파에 대항하기 위해 서북파의 징딩을 조직해 만일에 내비하사고 했나는 것이다. 일부에서 제기한 내각이 아니라 일제가 정당을 만들어 분열 책동을 하자는 계산이었던 것 같다. 도산의 이 진술이 내각설보다 현실성이 있어 보인다.

원동에 있는 이갑의 집에서 이동휘, 이종호, 김지간, 최석하 등이 참석해 이 문제를 검토했다. 도산은 최석하 등이 주장하는 서북파 중심의 정당 조직에 대해 "2년 전 도산 내각 문제와 마찬가지로 신민회가 정국의 주도권을 쥐고 움직이기에는 그 힘이 미약하고 지역 분열만 심화될 것이다. 이런 상황에서 실국의 책임만 뒤집어쓰게 되고 일제의 민족 분열과 정당화에 이용만 당할 것이므로 정당 결성은 어불성설이다"라고 말했다.[33] 이런 논란이 몇 차례 계속되자 최석하 등은 일제가 협력하지 않으면 대규모 구속조치를 취할 것이라는 통감부 분위기를 들고 나왔다.

이에 신민회 동지들은 1910년 3월 간부회의를 열고 당면 투쟁방향과 활동내용을 검토했다. 이 회의에서 신민회는 독립전쟁 전략을 공식

33) 주요한 편, 『안도산전서』, 134~135쪽.

적으로 채택하고 간도에 무관학교를 설치하기로 결의했다. 헌병대에 체포됐던 간부들을 망명시켜 이 사업을 담당하기로 함으로써 해외 망명이 결정되었다. 이 결의에 따라 도산과 이갑, 유동열, 신채호, 이종호·종만 형제, 김희선, 김지간이 망명하기로 결정되었다.

석방 이후 한양에서 동지들과 향후 진로를 논의하던 도산은 최석하 등의 집요한 설득에 대해 표면적으로 유보적 태도를 보이면서 실제적으로는 망명의 길을 준비했다. 동지들과의 역할 분담도 끝났다. 우선 이갑이 고향 방문을 명분으로 한양을 떠났고 그 뒤 이종호도 수색역에서 기차를 타고 북행하여 이갑과 합류했다. 선천의 양전백 목사를 통해 압록강을 건너 약속한 북경으로 갔다. 헌병대에 연행됐던 인사를 제외한 신민회 간부들이 각 지역의 책임을 맡았다. 한양은 전덕기, 평양은 안태국, 평북은 이승훈, 황해는 김구, 연해주는 이동녕, 북간도는 이동휘, 북경은 조성환, 서간도는 이시영과 최석하가 분담했다. 신민회의 집행원 임무는 최광옥이 맡았다.

도산이 일제의 감시를 따돌리고 망명에 성공하기까지는 우여곡절이 있었다. 도산은 최석하의 제안을 일단 유보해 놓고 미행을 따돌리기 위해 서북학회, 기호학회, 황성신문사 등 여러 곳을 심방하고 기생집에도 들렀다. 미행을 따돌리고 유동열의 집에 가서 점심을 먹고 한강변에 나가 미리 약속한 언더우드 목사의 집사를 만나 배를 탔다. 4월 7일이었다. 행주에서 신채호, 김지간, 정영도를 만나 출발했다. 배멀미가 심한 신채호와 김지간은 도저히 배로 망명하기가 어려워 육로로 탈출하기로 하고 웅진해협에서 내렸다.

도산 일행은 해주 근처의 연평도에서 숙박했다. 연평에서 청령도를 지나 송천 몽금포의 서상륜의 집에서 며칠간 낮에는 산에 있고 밤에만 유숙했다. 이곳 해서제일학교에서 떠나기 직전 학생과 동네 사람들을 상대로 마지막 강연도 했다. 얼마 뒤에 연태로 가는 중국 상선을 탔다. 1910년 4월 14일이었다.

「거국가」를 남기고

몽금포에서 배를 기다리면서 도산은 지난 3년 동안의 귀국 활동을 되돌아보았다. 패망의 길로 접어든 나라를 일으켜 세워 보려고 몸부림을 쳤건만 이제 꼼짝없이 해외에서 내일을 기약할 수밖에 없게 되었다. '북만주에 독립운동의 근거지를 만들어 차후에 대비하리라.' 도산은 산꼭대기에 올라가 2시간이나 길게 기도를 했다. 불쌍한 한반도와 동포들을 사랑하사 광명의 새날을 반드시 누리게 해 달라고 울부짖으면서 간구했다. 도산은 옌타이(烟台)로 가는 배 속에서 점점 멀어져 가는 한반도를 바라보면 한말 청년들의 가슴을 울렸던 「거국가」를 지었다.

1. 간다간다 나는 간다. 너를 두고 나는 간다.
   잠시 뜻을 얻었노라 가불대는 이 시운이
   나의 등을 내밀어서 너를 떠나가게 하니
   이제부터 여러 해를 너를 보지 못할지나
   그동안에 나는 오직 너를 위해 일할지니
   나 간다고 설워 마라. 나의 사랑 한반도야

2. 간다간다 나는 간다. 너를 두고 나는 간다.
   저 시운을 대적타가 열혈루 뿌리고서

네 품속에 누어지는 내 형제를 다 깨워서

한 번 기껏 해보았으면 속이 시원하겠지만

나중 일을 생각하여 분을 참고 떠나자

내가 가면 영 갈소냐 나의 사랑 한반도야

3. 간다간다 나는 간다. 너를 두고 나는 간다.

지금 너를 작별한 후 태평양과 대서양을

건널 때도 있을지며, 시베리아 만주들에

다닐 때도 있을지니 나의 몸은 부평같이

어느 곳에 가 있든지, 너를 생각할 터이니

너도 나를 생각하라. 나의 사랑 한반도야.

4. 간다간다 나는 간다. 너를 두고 나는 간다

지금 이별할 때에는 빈 주먹을 들고 가나

후일 상봉할 때에는 기를 들고 올 터이니

눈물 흘린 이 이별이 기쁜 환영 되리로다.

악폭풍우 심한 이때 부대부대 잘 있거라.

훗날 다시 만나보자. 나의 사랑 한반도야.

이 노래는 신민회 동지들에게 보내져 『대한매일신보』 등에 신도(新島)라는 사람이 지은 것으로 실렸다.[34] 작사자가 도산인 것도 모른 채 대성학교 제자들과 많은 청년 학생들은 이 노래를 일제시대에 소리 죽

....

34) 『대한매일신보』(1910. 5. 12일자), 『신한민보』(1915. 11. 11일자)에 기재됨.

여 불렀던 것이다.

신민회 지도부의 한계

29세에서 32세까지 만 3년의 활동을 통해 도산이 국권회복 운동에 기여한 공로는 다른 누구와 비교할 수 없는 지대한 것이었다. 신민회라는 비밀조직의 무기로 민주공화국의 꿈과 국권회복의 기반을 확보하기 위해 전개한 다양한 사업은 도산의 탁월한 지도력과 통찰력의 산물이었다. 평안도 출신의 이름 없는 황발로 독립협회와 만민공동회 활동에서 연설로 두드러진 모습을 드러냈을 뿐인 도산이 미국 생활 5년여에 근대적인 조직과 독립국가에 필요한 제반 요소들을 신민회라는 조직을 통해 구체화해 나갔다는 것은 경이로움 그 자체다.

그런데 학교나 신문사, 회사 같은 공개적인 조직은 통감부의 정책이 어떻게 되느냐에 따라 운명이 좌우될 수밖에 없기 때문에 정치적 상황이 중요하다. 애국계몽 운동가들이 세웠던 학교들은 사립학교령에 의해, 언론사들은 신문지법에 의해, 회사들은 회사령에 의해 머지않아 전부 숨통이 끊어졌다. 도산이 심혈을 기울였던 대성학교, 마산동 자기 회사, 태극서관의 운명도 마찬가지였다.

이렇게 보면 도산의 신민회 사업은 참으로 아쉬운 점이 많다. 일제가 그렇게 신속하게 군대 해산 조치를 취할 줄 몰랐지만, 군대 해산 이전 한국군 내에 일정한 기반을 왜 적극적으로 활용하지 않았을까? 또 의병 운동의 역량과 투쟁의지를 효과적으로 결합할 방도는 없었는가? 통감부의 남한대토벌작전 이후에 벌어질 대대적인 탄압에 대비한 대비책은 적절했는가? 특히 안중근 의거 사건 이후 헌병대에 신분이 노출된 사람들만 해외로 망명키로 했으나 이는 매우 안이한 판단이었다. 일제는 신민회 잔여 조직을 일망타진해 붕괴시켜 버릴 정도로 도산 그룹에 신경을 곤두세우고 있었다. 그렇다면 보다 철저한 대비책이 필요했음에도 애국지사들의 대처는 너무 무기력했다.

결국 일제가 무장독립운동 세력과 2,000회에 가까운 전투를 벌이고 그 세력을 제거하기에 광분하면서 거미줄 같은 탄압의 그물을 짜고 있는 시기를 이용해 자주독립과 민의 역량을 강화하는 사업을 벌여 독립운동의 씨앗을 뿌리는 데에는 성공했지만, 그 씨앗은 일제에 의해 모조리 파괴될 수밖에 없었다. 이런 점은 신민회 운동의 어쩔 수 없는 한계였다고 할 수 있다. 물론 신민회 조직과 동시에 추진된 연해주의 독립전쟁 근거지 건설 작업은 일제의 통치력이 미치지 않는 곳이었으므로 지속되고 있었다.

중국의 손문(孫文)이 도산보다 뒤늦게 1911년 신해혁명을 일으키고 중화민국을 선언하는 등 중국의 근대화 혁명이 전혀 다른 경로를 밟아 간 것과 비교해 볼 때 도산의 신민회 운동은 민족해방운동사에서 선구적이고 독창적 위치를 갖는 동시에 비정치적인 측면이 두드러졌다고 봐야 할 것이다. 그리고 일제가 도산이 3년 동안 뿌린 신민회 조직 기반을 붕괴시키기 위해 칼을 빼든 것은 시베리아에서 악전고투를 하다가 베를린을 거쳐 영국에 가 있을 무렵이었다.

6막

해외 독립운동 기지 밀산(蜜山) 개척과 흥사단 창단

블라디보스토크에서

북만주 밀산 독립군 기지 개척

20여 일 만에 위해위(威海衛)에 두착한 두산 일행은 연타이를 거쳐 애초에 약속한 북경으로 가기 위해 천진(天津) 가는 배를 탔다. 다시 기차를 타고 북경으로 갔으나 황실 폭탄 테러로 북경에서 묵을 수 없었다. 이갑 등이 신분이 안전한 청도(青島)로 갔기 때문에 다시 독일의 조계지였던 청도로 간 도산 일행은 이갑, 김희선, 신채호, 이종호, 이종만, 유동열, 김지간을 만났다. 안중근 의거 사건 이후 변호인 선임과 재판 지원을 위해 동분서주했던 이강도 청도에 왔다. 청도에 먼저 도착한 이강, 이갑, 유동열이 기독교 선교사를 찾아가 한인 망명객을 청도 사회에 소개해 줄 것을 요청하고, 독일 총독을 방문해 잡지 발행 계획을 타진했으나 허가를 받지 못했다.

조국을 떠나 망명객 신세가 된 다른 사람들은 지극히 처연하고 비장해졌다. 이 청도 7월 초 회의에 참석한 이들은 도산, 이갑, 유동열, 김희선, 이강, 김지간, 서초, 이종호, 이종만 등이다. 국내에서 결의했던 3월 결정사항을 비롯해 당면 정세, 향후 활동내용을 놓고 많은 얘기가 오고 갔다. 동지들의 의견을 진지하게 경청하던 도산이 일단 길림(吉林) 밀산현(密山縣) 땅을 사서 자급자족을 하면서 사관학교를 운영하자는 3월 결정을 재확인했다. 이 논의 과정에서 3,000달러의 자금으로 청도가 독일 조계지라서 일제의 힘이 미치지 못하고 한반도와 가까운 거점으로 적합하므로 신문과 잡지를 발간해 정치운동의 기반을 만들자는 유동열과 김희선의 주장이 있었다. 그러나 이 제안은 독일 총독이 정치적 색깔의 잡지를 허가하지 않아 착수되지 못했다.

그런데 청도 회의에서 이동휘 등의 무단파와 문치파가 분열됐다는 이광수와 이를 그대로 인용한 주요한의 기존 주장은 오류다. 그 이유는 첫째, 이동휘가 청도 회의에 참여하지 못했고, 1차 대전 이전까지 도산과 같은 독립전쟁 준비에 노력하고 있었기 때문이다. 둘째, 청도 회의 논의 초기에 유동열과 김희선이 잡지 발행 계획을 제기했으나 독일 총독의 불허로 끝났고, 대신 밀산 기지 개척으로 결론이 났다. 따라서 청도 회의에서 약간의 이견이 있었으나 결론에 합의하여 신민회 동지들이 함께 블라디보스토크에 간 것이기 때문에 청도 회의에서 분열됐다는 기록[1]은 사실이 아니다. 물론 도산이 검찰 심문에서 청도에서 의견이 갈라졌다고 진술하고 있지만 블라디보스토크까지 함께 간 것으로 볼 때 무단파와 문치파의 분열이라고 보는 것은 과장일 뿐 아니라 의도적이다. 더욱이 무단파와 문치파라는 단어는 일제가 사용한 용어였고, 독립운동가들이 썼던 단어도 아니었다.

도산은 회의의 결론, 즉 이종호의 자금과 국민회[2] 지원금으로 밀산의 토지를 매입하여 무관학교 설립과 근거지 건설을 위해 전문가를

---

1) 이광수가 자신의 논리를 강화하기 위해 도산이 독립전쟁 논자들과 청도 회담에서 결렬된 것처럼 기록한 것은 이해가 되지만, 주요한의 경우 광복 이후 당시 청도 회담에 참석한 이강으로부터 그 전말을 들은 바 있는데, 이를 반영하지 않고 이광수의 관점을 그대로 인용한 것은 유감이다.

2) 하와이 한인합성협회와 샌프란시스코의 대한공립협회가 통합하여 1909년 2월 국민회(國民會)를 조직했다. 이어 1910년 5월 대동보국회를 흡수하여 대한인국민회로 이름을 바꾸었다.

초빙하기로 함에 따라 블라디보스토크를 거쳐 길림성의 밀산 지역으로 가기로 했다. 이 사관학교에서 이갑, 유동열, 김희선은 교관으로, 신채호는 한문, 김지간은 학교 운영을 맡아 보기로 역할을 나누었다.

도산과 이갑 명의의 여권이 필요해서 북경에 갔으나 실패하고 이갑과 이강이 상해에 가서 외교관으로 일한 바 있던 현상건을 만나 추천서를 받아 러시아영사관에서 정식으로 여권을 발부 받았다. 다른 동지들은 육로를 택했다. 7월 10일 상해에서 블라디보스토크로 가는 배를 탔는데, 일본 항구인 나가사키에 기항할 경우 문제가 생길 것을 우려해서 황포, 오송 강을 지나서 큰 등대(燈臺)에 내렸다. 도산은 8월 3일 위해위를 거쳐 8월 15일 청도에서 다시 직항 노선의 차(茶) 운반선을 탔다. 이 기간에 국내에서는 신민회 결정에 따라 이주 준비를 하여 1910년 9월부터 12월 시기에 삼원보 지역에 이동녕, 이회영 등이 선발대로 옮겨 갔고 1911년 봄 대대적인 집단이주를 계획하고 있었다.

블라디보스토크에서 망국 소식을 듣다

도산은 블라디보스토크에 1910년 8월 24일 도착했다.[3] 도착 직후 국치 소식이 전해졌다. 명목상 유지되던 대한제국이 완전히 망해 버린 것이다. 망국노의 신세가 될 줄은 진작에 알았지만, 막상 현실이 되니 슬픔이 복받쳐 올랐다. 도산은 일단 슬픔을 누르고, 현지 동포 사회와 공립협회 지회 간부들과 만나 향후 운동방략에 관해 토론했다. 그러나 분노와 울분, 근왕파들의 망연자실이 뒤섞여 생각이 잘 정리되지 않았

....
3) 日本外交史料館, 不正團關係 雜件, 排日朝鮮人名簿 傳達の 件, 機密 62호.

안창호가 부인에게 보낸 편지.(1910. 8. 10)

다. 이제는 죽으나 사나 독립투쟁 이외에 다른 방법이 없었다. 도산은
10년 넘게 뛰어다닌 지난 시절을 되돌아보았다. 그보다 몇 배의 시간과
몇 십 배, 몇 백 배의 고통이 닥쳐올 앞날을 응시하면서 어금니를 악물
었다. '허수아비 같았던 대한제국마저 무너졌으니 이제 완전히 새로운
공화국을 건설해야 한다. 시간이 걸리더라도 기초부터 탄탄히 다져 어
떤 비바람과 폭풍우도 견뎌낼 튼튼한 나라를 만들자. 맨손, 맨 몸뚱이
뿐이지만 평생을 조국에 바치기로 맹세하지 않았는가. 앞으로 부딪칠
고난을 이겨 나가려면 멀리 보고 긴 호흡을 해야 한다!'

　　도산은 청도에서 연해주로 가면서 미국으로 다시 가서 영어를 더
공부한 뒤 아예 가족을 연해주나 본국에 옮겨 와 살 계획까지 했다.[4] 그
런데 도산의 이러한 긴 호흡론은 3 · 1운동 이후의 사태에 대처하는 데
많은 어려움을 만들어 내게 된다.

....

4) 안창호, 이혜련 여사에게 보낸 편지, 1910. 8. 10, 『도산 안창호 전집 1』, 2000, 도산안창호기념사업
회, 469쪽.

블라디보스토크에 이주 한인들과 애국지사들이 집결함에 따라 일본의 감시와 견제도 구체화되기 시작했다. 일제는 조선을 집어삼키자마자 세계사상 유례가 없는 잔혹한 식민 통치기관으로 조선총독부를 설치했다. 총독부는 치밀한 각본을 구체화해 나갔다. 조선 왕족 세력을 각종의 우대조치로 회유하고 전국에 군사적 계엄조치를 일상화시켰다. 국왕이 사라진 조건에서 절대다수를 차지하고 있던 근왕파 유림 세력들은 구심점을 잃었고 의병 세력들은 일제의 지속적인 군사작전으로 뿌리 채 뽑혀 나갔다. 독립사상을 고취했던 사립 학교들은 거의 폐쇄되었고 식민 교육을 수용하겠다는 선교사들의 일부 학교만 남겨 놓았다. 일제는 격렬하게 저항하고 있는 조선의 양반계층을 압박하기 위해 토지조사사업을 시작했고, 움트기 시작한 회사 조직도 철저하게 통제했다. 조선인의 자립적 기반을 봉쇄하기 위해서였다. 일제는 이를 위해 직접적인 군사력과 헌병, 경찰뿐만 아니라 거미줄 같은 밀정 조직을 일진회원 등을 이용해 구축했다. 도산이 1907년 귀국했을 때 이미 일제는 미국에 보낸 한국인 밀정으로부터 도산의 입국 사실을 보고 받고 있을 정도였다.

러시아는 1910년 7월 10일 제2차 러일협약을 체결해 일본의 조선 침탈을 묵인했고, 미국의 만주 진출에 대항하기 위해 만주에서 러일 간의 공조 관계가 발전하고 있었다. 러일 간의 협력 관계는 대다수 재러 동포들이 기대했던 제2의 러일전쟁의 가능성을 무너뜨렸다. 거꾸로 반일운동을 탄압하는 국면이 조성되고 있었다. 『대동공보』가 9월 1일자로 폐간되고 8월 30일에는 13도 의군과 지역 지도자 20여 명이 구속되었다.

이런 조건에서 블라디보스토크에 도착한 도산 일행은 일제와 러시아 당국을 긴장시켰다. 도산은 헌병사령부를 방문해 반러운동을 할 뜻이 없음을 분명히 하여 러시아 당국의 의구심을 해소시켰다. 왜냐하면 블라디보스토크에는 헌병사령관이 실권을 갖고 있었기 때문이었다. 도산은 도착 초기에 한인 사회 지도자들과 회동하거나 11월 16일 이갑, 이상설과 함께 교포들에게 단결과 애국심을 호소했다. 1911년 1월에는 일주일에 3회 정도 야학교에 나가 역사를 가르치고 애국 연설을 했다. 그곳에서는 공립협회 동지이자 신민회 동지인 이강, 정재관, 김성무가 맹렬한 활동을 전개해 안중근 거사에 결정적인 지원을 함으로써 한인 사회에서 활동 기반을 구축하고 있었다. 도산까지 연해주에 오게 되자 국민회 조직은 지회 조직을 확대하고 재러 동포와 청년들 사이에서 지지 기반을 넓혔다. 반면 국내 운동과정에서 크게 문제되지 않았던 공화국 건설 문제가 재러 동포사회에서 적지 않은 갈등을 가져왔다.

이종호의 이탈과 지역 계파 갈등

근왕파인 의병계와 러시아에 귀화한 함북 출신 김립과 윤해가 신민회의 자금책인 이종호를 '함경도파'로 끌어들여 지도자로 내세우려 하면서 상황이 복잡하게 되었다. 결국 이종호는 함북청년회장 엄인섭과 연합해 재러시아 독립운동의 주도권을 장악할 계산에서 신민회 결정사항을 번복했다. 밀산 투자 약속을 거둬 버린 것이다. 이종호는 이 자금을 재러 한인들의 교육과 계몽사업에 사용하고자 했다. 이종호의 이런 결정은 예상보다 빠른 대한제국 멸망이라는 새로운 상황 전개에 따라 현지 실정에 맞게 선택한 것일 수도 있다. 비록 제정러시아 치하의 연해주이지만, 독립운동에서 전략적 중요성을 가진 곳이기도 했다.

밀산에서 백지 상태로 시작하기보다 동향 사람들이 많이 거주하는 블라디보스토크에 기반을 확대하는 작업이 효과적이라는 판단을 내렸을지도 모른다. 그러나 이종호의 그런 결정은 신민회의 토론을 통해 결정된 바도 없었고 동지들을 진지하게 설득하지도 않았다.

이런 약속위반에다가 또 하나 충격적인 사건이 일어났다. 기호파가 재러 한인들의 신망이 높았던 양성춘을 이강, 정재관, 김성무의 국민회와 협력해 활동한다고 하여 정춘만을 시켜 쏘아 죽인 것이었다. 안중근 모의에 이강, 김성무 등 국민회 관계자들만 관여하고 자신들을 소외시켰다는 불만이 배경이었다. 안중근 구원 활동으로 형성된 연해주 동포사회의 국민회에 우호적인 분위기도 이들을 자극했다. 물론 일제의 분열 공작도 있었을 것이다. 일제는 함북청년 회장인 엄인섭을 매수하여 이종호를 함북파로 끌어들여 지역 갈등을 부추겼고 일진회원들을 연해주에 보내 한인 단체에 침투시키고 있었다.[5] 이 총격 사건으로 안중근 거사 이후 고조되던 한인사회의 분위기가 일변했다.

이런 상황이 조성되면서 제러 한인사회가 출신지역에 따라 함경도파, 평안도파, 기호파로 분열됐다. 한심한 사태에 직면한 도산은 중재 노력에 전력을 기울였다. 이상설, 차석보, 고상준, 김규섭, 김치보, 신채호 등과 모임을 갖고 분파적 행동을 하지 않도록 결의[6]했지만 파벌 갈등은 더욱 심화됐다. 이렇게 현지 사정이 복잡해진 상황에서 신민회 동지들 사이에서 무관 출신인 유동열과 김희선이 즉시 독립군을 조직해 투쟁하자는 안을 고수했다. 자금을 갖고 있었던 이종호가 약속을 저

5) 이명화, 「일본사료관 소장, 헌기제 제974호, 267호」, 도산 안창호의 독립운동과 통일노선, 경인문화사, 2002년.
6) 『신한민보』, 1911. 1. 25.

버리고 일부 인사들이 즉각 독립전쟁론을 고수하자 신민회 차원의 합의를 도출하는 것은 불가능해졌다. 하는 수 없이 도산은 북만주 기지 건설을 위해 집결했던 신민회 동지들과 일단 헤어지기로 결정했다. 군대 해산 전이라면 모르지만, 현재 상황에서 즉각 전쟁을 시작하자고 하는데 무엇을 가지고 싸운단 말인가?

밀산 근거지 개척 고수

도산은 생활 근거지를 튼튼히 만들어 소수 병력으로 국내 진공작전을 통해 식민지 체제를 흔들어야 한다고 생각했고, 이런 생각은 기지 개척을 위한 새로운 방안을 모색할 수밖에 없었다.

그러면 도산은 왜 끝까지 밀산 근거지 건설 방안을 고수한 것일까? 가장 큰 이유는 공화국을 지향하는 독립운동의 핵심 근거지는 제정러시아의 정치적 탄압으로부터 안전하고 조선에 주둔한 일제의 군사력이 직접적으로 미치지 않는 북만주 지역, 그중에서 언제든 러시아로 이동할 수 있는 밀산이 최적지라고 판단했기 때문이었다. 도산의 판단은 실제 공화제를 지향하는 국민회의 연해주 조직이 제정러시아 당국의 탄압으로 몇 년 안 돼 전부 붕괴되는 현실에서 타당했다는 점이 입증되었다.

이종호의 이탈은 독립운동의 근거지 구상을 뿌리째 흔들었을 뿐 아니라 도산에게 깊은 정신적 충격을 주었던 것 같다. 이강의 증언처럼 너무 큰 충격을 받아 자살하지 않을까 우려할 정도로 도산은 정신적 공황상태에 빠져 있었다. 목숨을 바치기로 맹세했던 동지가 아무 설명도 없이 약속을 헌신짝처럼 저버리는 행동을 납득할 수 없었던 것이다. 상상조차 하지 않았던 일을 직접 당했기 때문에 인간 자체와 모든 일이

싫어졌다. 한동안 충격상태에 있다가 가까스로 정신을 수습한 도산은 동지들과 머리를 맞댔다. 이갑은 이종호에게 완전히 속았다며 개탄했지만, 망명객 신세인 자신들이 이국땅에서 자금을 마련할 다른 대책은 없었다. 기본 구상이 무너져 버리고 조국 광복의 꿈도 너무나 막막해져 버렸다.

'어찌 해야 하나? 목숨을 걸고 죽을 때까지 함께하자던 동지들이 하루아침에 표변하니 도대체 누구를 믿고 구국운동을 할 것인가?' 기가 막히고 또 기가 막혔다. 무엇보다 동지들의 분열과 배신이 가슴 아파서 눈물을 참을 수 없었다. 일제의 총칼과 고문보다 동지들의 분열과 배신이 더 무서웠다. 도산의 심적 충격과 낙담이 얼마나 컸던지 주변 동지들은 도산의 일거수일투족을 살펴봐야 할 정도였다. 당시 망명 자금으로 갖고 있던 5,000원의 자금을 신민회 동지들에게 나눠 주면서도 도산은 이종호 자금을 끝내 받지 않았다. 미주에 연락해 송금된 자금으로 활동했다. 도산은 연해주와 러시아 지역에서 다른 근거지를 찾기 위해 1910년 10월 24일 치타 지역을 둘러보았다. 이종호의 자금 지원은 불가능해져 안정적인 기지 개척은 어려워졌지만, 이미 국민회의 자금이 도착해 있었다. 추가자금이 문제였다. 하지만 도산은 깊은 좌절의 상처를 속으로 삭이며 겉으로는 연해주 한인사회의 현안 문제에 매달렸다.

도산은 안광택(安廣宅)이라는 가명으로 1911년 2월 7일 안정근·장경과 함께 북만주의 밀산 지역을 둘러봤다. 도산은 『대동공보』 폐간 이후 신문 재간행, 자선공제회 운영, 한인의 귀화운동을 벌였다. 또 3월 6일 재러 청년단체 대표들과 만나 한인의 망명문제를 매듭짓고 곧이어 신임 총독과 면담해 재러 한인사회를 안정시키고자 했다. 일제는 도산을 블라디보스토크 재류 한인들의 수뇌이며 한인이 기획하는 모든 일에는 안창호가 관련돼 있다는 보고를 본국에 보냈다.[7]

도산은『대동공보』의 폐간에 대처하기 위해 주식을 모집해 신문을 발행하기로 했다. 1주 4회 정도 발행할 계획을 세우고 당국에 신청했으나 허가되지 않았다. 3월 6일에는 함경도 그룹의 최봉준과도 만나 신문 재간에 관해 논의하고 4월 26일 이종호, 이강, 김병학, 최재형 등이 유진률 명의로 연해주 지사에게『대양보』의 간행을 청원했다.

도산의 이런 움직임은 당면한 재러 한인사회의 안정과 발전, 그리고 독립운동 근거지 개척 사업을 위해 자신을 배척하고 있는 함북파도 설득해 공동으로 대처하면서 러시아 당국과 교섭하는 포용력 있는 태도를 보여 준 것이다. 지방색 문제는 이후에도 도산을 끊임없이 괴롭혔다. 그때마다 도산은 한결같은 포용과 통일의 자세를 견지했다.

『대양보』 창간을 추진한 청년들은 주로 '청년권업회' 소속이었다. 한형권, 김치보, 유진률, 김규섭, 김만식 등이 바로 그 주역이었다.[8] 도산은 이들과 함께 신문 발행과 자선공제회 조직, 재러 한인 귀화운동을 전개해 나갔다. 새로 부임한 곤다치 총독의 한인우호정책으로『대양보』는 도산이 블라디보스토크를 떠난 이후인 1911년 6월 5일에 창간호가 나왔다.

도산이 러시아에 있는 동안 노력을 기울인 자선공제회는 어떤 조직인가? 1910년 12월 18일 공립협회 세력과 블라디보스토크 청년들이 조직한 자선공제회는 공립협회 조직의 다른 이름이다. 공립협회가 장인환 · 전명운의 스티븐스 사살과 안중근의 이등박문 사살 사건의

----

7) 이명화,『일본 외교사료관 소장. 기밀선 제2호. (1911년. 1. 21) 조선인근황보고의 건』.

8) 한형권,『도산 안창호 자료집 2』, 도산안창호기념사업회, 2000, 699~700쪽.

배후로 지목돼 일제의 감시와 탄압이 강화되면서 러시아 내에서 활동이 어려워졌다. 이를 타개하기 위해 공립협회는 신용조합과 같은 경제 단체의 성격으로 완화시켰다. 그리고 1910년대에 들어와서 국민회의 활동이 러시아 당국의 허가조차 받기 어려워지면서 정치 냄새가 나지 않는 공제회의 이름으로 활동하고자 한 것이다.[9]

러시아 한인사회의 문제

재러 한인들의 가장 큰 당면 문제는 '귀화'였다. 조선이 일제의 식민지로 전락했기 때문에 재러 한인들은 일본 영사관의 감독을 받아야 했는데, 러시아에 귀화하게 되면 일본의 간섭을 받지 않게 되었다. 거기에 신분의 안정과 러시아 당국이 귀화인에게 일정한 토지 등을 나눠 줬으므로 보다 적극적인 대책이 필요했다. 반면에 러시아 당국은 한인의 귀화에 소극적이어서 보다 적극적으로 귀화 문제를 해결하고자 러시아 당국에 탄원을 하는 등의 노력이 필요했다.

한편 밀산 독립군 근거지 개척 사업은 지속적으로 추진되고 있었다. 원래 북미의 공립협회가 태동실업주식회사를 설립해 추진하기 시작했던 사업인데, 대한인국민회로 통합되면서 정재관과 이상설을 전권위원으로 파견하여 1909년 7월 14일 블라디보스토크에 도착함으로써 구체화되었던 것이다. 5만 달러의 자금으로 이상설이 원동임야주식회사, 정재관이 태동주식회사 대리인으로 공동 구매했다. 이 사업은 도산이 출발한 이후 1911년 7월 2,430에이커의 규모로 등기를 마쳤다. 밀산

....
9) 이강 편지(1912. 2. 15), 백원보 편지(1911. 9. 15), 『도산 안창호 자료집 2』, 439쪽.

지역은 소만 국경지대로 영토상으로 중국이지만 정치·경제적으로는 러시아에 속한 지역이며, 지리적으로 만주와 러시아의 교역이 가능한 곳이기도 하다. 또한 토지는 넓은 평원이고 매우 비옥한 토질을 갖고 있어서 농업에 적합한 곳이었다. 이 사업에서 정재관, 이강, 김성무가 실무를 맡았다. 하지만 근왕파였던 이상설은 이들과 갈라져 별도로 한 흥동이라는 기지를 개척해 나갔다.

미주의 국민회는 토지 매입 후 이주 가옥 건설과 도로 개척, 농기구와 우마 구입, 사무 건물과 35채의 가옥도 건축했다. 하지만 자금부족은 심각했다. 중국인에게 차입해서 추진하는 상태까지 됐다.

도산은 밀산 토지 구입을 보고 추가적인 국민회의 자금지원을 요청하기 위해 1911년 5월 말 블라디보스토크를 떠났다. 이 과정에서 일제는 도산을 체포하기 위해 거액의 현상금을 내걸었다. 도산이 러시아 영내를 떠나 만주 지역으로 오자 국내에서 도산을 담당하던 자들까지 만주에 파견되어 도산을 쫓았다. 하얼빈행 기차에서 하마터면 체포될 뻔했는데, 도산의 기지로 모면한 일도 있었다.[10] 도산은 안정근이 무링(穆稜)에 건설한 농촌에 둘러본 뒤 치타에서 교민들을 상대로 연설을 하고, 이르크츠크, 페테르부르크와 베를린에 들렀다. 8월 24일 베를린을 출발해 영국을 거쳐 미국으로 건너갔다.

도산이 치타에 머무는 동안 밀산 기지 개척 사업은 자금부족에도 불구하고, 150가구, 100가구, 50가구가 모여 3개의 한인부락을 만들었고, 산재한 가구도 200가구 정도 되었다. 총 500가구가 이주한 셈인데, 전체 2,000명 정도 집결했다. 이곳에 동명학교가 개교하여 32명의 학

....
10) 정영도 증언록, 『도산 안창호 전집 5』, 329쪽.

생이 수업했다. 김병규, 김치영, 장기영, 간병세 등이 교사로 일했으나 교재가 부족할 뿐만 아니라 교사들의 의복, 음식 등 기본적인 경비조차 만들기 어려웠다. 밀산 기시는 흉년과 중국인이 토지분쟁으로 추방될 지경에 처하기도 했고 마적 떼의 준동으로 지속적 운영이 불가능해 보이기도 했다. 하지만 밀산 지역은 그 이후에도 한인들이 계속 거주했으며 1916년에는 홍범도가 빈민 200여 호를 이주시켜 교육과 독립군 양성사업을 추진했다.

밀신 기지 개척 사업이 난관에 부딪쳤지만 미주의 국민회는 시베리아 각 지역에 지방 조직을 구축하는 데 노력을 기울였다. 도산이 도착하기 이전에 이미 쁘리아무르주에 12개의 지회를 설립했고 하바로프스크에도 지회가, 연해주에도 수청지방을 비롯해 각지에 13개의 지방회가 조직됐다. 하지만 제정러시아 당국은 공화제를 표방하고 미국에 본부가 있는 국민회를 불온시하고 스티븐슨과 이등박문을 암살한 테러 단체로 경계했다. 그리하여 도산이 체류 중이던 블라디보스토크의 한인 800여 호 7,000여 명이 살던 신한촌이 철거 명령을 받는 일까지 벌어졌다. 이에 따라 재러 한인사회는 근왕을 표방하는 의병계와 함경도 출신들이 주도하는 권업회라는 비정치적인 친목회 성격의 조직이 장악하게 되었고 이들이 러시아 당국으로부터 공식적으로 인정받게 되면서 공화정을 표방하는 국민회계 인사들은 활동할 공간이 없어졌다. 국민회는 일단 권업회에 들어가지 않으면 안 되었다. 제정러시아 당국의 탄압과 일제의 분열 공작으로 연해주 국민회 조직은 존립 자체가 위태롭게 되었다.

치타에서의 새 기지 구축

도산이 블라디보스토크를 떠나 치타로 간 것은 단순히 페테르부르크로 가기 위한 경유지가 아니라 블라디보스토크의 탄압 국면을 피하면서 활동 근거지를 어떻게 만들 것인지를 타진하기 위한 것이기도 했다. 이런 복잡한 세력 갈등과 주도권 다툼에서 도산 위해설이 유포되었고, 도산을 제거하라는 편지가 공개되는 사건까지 일어났다.

그러나 치타에서 동포들이 환대하고 순박한 것을 본 도산은 이곳에 시베리아 근거지를 만들기로 했다. 6월에 이강에게 치타로 오라는 편지를 보냈다. 치타에 있으면서 상해에 가서 천치메이(陳其美)라는 손문의 동지도 만났다. 천치메이는 그때 혁명사업을 한·중 간에 합작하는 것이 어떠냐는 제안을 했다. 그래서 도산은 한·중 간의 합작도 좋지만, 중국 내의 통일적 조직을 만드는 것이 선결 과제가 아닌가 하고 반문했다고 한다.[11] 천치메이가 저장성(浙江省)에 들어가 민군(民軍)을 조직하고자 하니 교관을 보내 달라고 부탁해서 노력하겠다는 대답을 하는 선에서 한·중 간의 협력 문제가 끝났다고 한다.

도산의 편지를 받고 9월 10일 블라디보스토크를 떠난 이강과 정재관은 치타에 도착하여 1911년 10월 대한인국민회 시베리아 총회를 치타에 설치하는 데 성공했다. 특히 러시아 당국이 국민회 조직이 기독교의 선교 목적으로 일하고 있는 단체이며 선교사의 지원을 받고 있다고 오해하는 것을 피하기 위해 아예 러시아 종교인 정교회에 들어가 활동하기로 했다. 그래서 국민회가 러시아 정교회의 전교 활동을 적극적으로 지원

---

11) 이강, 「도산 언행습유」, 200~202쪽.

하고 교회 문답 교사직도 한인들이 맡았다. 이강도 치타 정교회의 부주교의 전도로 러시아 정교도로 개종했다. 이런 점을 인정받아 1912년 1월 『대한인 징교보』를 창간하는 데 성공했다. 그러나 『정교보』가 일제의 학정과 탄압을 강도 높게 비난하는 기사들을 연이어 게재하자 일제의 항의로 정간되고, 다시 노력 끝에 재간되었으나 끝내 폐간되고 말았다. 국민회 기관지인 『신한민보』에 대해서도 러시아 당국은 견제를 늦추지 않아 배포 상황을 정확히 파악하고 있었다.

그러나 이런 악조건 속에서도 국민회는 지방 조직을 확대하고, 각지에 학교를 세우는 등 한인회 대표기구로서 활동했다. 그리하여 1914년 러일동맹 이전까지 7개 지방회를 갖추었다. 또한 이곳에 한인 야학교를 설립하여 『대한지지(大韓地誌)』, 『동국 역사』 등 국내에서 이미 금지된 교과서로 동포들을 교육했으며, 반일의식과 민족의식을 고취하기 위해 대황조성탄절, 건국기원절(10. 3), 한산도전승일(7. 8) 살수전승기념일(7. 28), 대욕일(大辱日. 8. 29) 등을 5대 기념일로 정했고, 설, 보름, 삼짇날, 수릿날(단오), 칠석, 한가위 등 우리 명절을 기념했다.

이런 상황은 1914년 제2차 러일동맹이 체결되면서 일제가 국민회 조직에 대한 탄압을 강력하게 요구하고 더 나아가 국민회 내에 일제의 밀정 조직인 일진회를 침투시켜 친일 단체로 전환시키려는 공작이 활발해지면서 위기 국면에 직면했다. 일제는 일진회원으로 새로운 국민회 지회를 만들었는데, 이들은 지원금을 받아 조선총독부가 발행한 교재를 이용해 식민지 교육을 실시하고 일제를 위한 조사활동에 참여하기까지 했다.[12]

....

12) 이명화, 「조선문제에 관한 G. V. 뽀드스타빈 교수의 기록. 헌병대의 바브이치의 보고, 보가쩨비치의 보고(1914. 9. 26)」.

일제의 교묘한 침투와 분열 공작에 더불어 국민회 조직에 대한 러시아 당국의 탄압, 재정의무금 부담을 하지 않는 회원에 대한 징계 강화 등으로 시베리아 동포사회에서 국민회에 대한 비판여론이 형성되고 말았다. 의무금 미납자를 제명시킨 문제를 일제가 이용했기 때문이었다. 또한 러시아 당국도 대한인국민회를 선동적 반일단체이며, 무장봉기에 의한 자치국가 조선의 부활을 목적으로 하는 단체 내지 무장투쟁 조직으로 파악했다.[13] 즉, 대한인국민회 조직원은 빨치산 지대원들이고, 인식표로서 안중근의 사진을 새긴 금속제 표식을 가슴에 달고 있다고 경계할 정도였다. 결국 전시 계엄령이 선포되어 모든 집회·결사가 금지된 조건에서 시베리아 지방 총회가 러시아 당국의 개입으로 중단되고 이강을 비롯한 핵심 간부들이 연행됐다. 이에 따라 1915년 5월 시베리아 총회는 폐지되었다.

한 가지 아쉬운 점은 시베리아 지역에서 전개한 도산의 노력이 국민회 조직의 붕괴 이후 더 이상 발견되지 않는다는 사실이다. 김성겸은 블라디보스토크에 남아 권업회 활동에 참여했는데 이후 연락이 끊어졌다. 도산이 제1차 대전 이후라도 이 지역에 관심을 갖고 연대 활동에 나섰다면 3·1운동 이후의 사태에 대처하기가 훨씬 수월했을 것이다. 제정러시아가 사라지고 갑자기 내전 상황이 벌어지는가 하면 곧이어 소비에트 체제가 자리 잡아 손을 쓸 겨를이 없었던 것이었을까? 그런 상황에서 3·1운동이 터져 버린 것은 아닐까?

....

13) 이명화, 「바이칼 헌병대장이 주지사에 보내는 보고. (1916. 2. 11)」.

해외 동포 조직을 통일시키다

독일·영국에서 제국주의 심장부를 보다

도산이 페테르부르크에서 이갑을 만났으나 그는 중병을 앓고 있었다. 그의 치료비를 도와주거나 미국으로 이송해 치료하는 방법밖에 없었다. 도산은 함께 있던 정영도를 남겨 놓고 동행한 학생을 데리고 베를린을 거쳐 1911년 8월 24일에 런던에 갔다. 책과 신문으로만 듣던 제국주의 국가의 심장부를 살펴볼 수 있었던 것이다. 독일 제국의 급속한 발전은 『서유견문』에서 보던 바와는 큰 차이가 있었다. 발전의 속도가 놀라웠다. 그런데 베를린의 민박집에서 따뜻한 정이 넘치는 독일 가정을 보고 도산은 가부장적 권위만 있는 조선 사회와 비교하지 않을 수 없었다. '우리는 언제 가야 이런 따뜻한 사회를 만들 수 있을까?' 도산은 독일인 가정에서 느낀 순박하고 따뜻한 환대를 평생 잊지 못할 것 같았다.[14]

런던에서 도산은 세계를 제패한 영국의 번영과 영화를 보았다. 그리고 런던 변두리에선 아프리카, 인도, 아라비아에서 온 사람들의 비참한 생활도 목격했다. 그들이 남 같지 않았다. 같은 섬나라인 영국과 일본은 언제까지 동맹체제를 유지할 것인가, 새로 등장한 영국 노동당은 이 세계의 제국 정치에서 어떤 역할을 할 것인지 등도 궁금했다. 도산

---

14) 주요한 편, 『안도산전서』, 150쪽.

에게 처음이자 마지막이었던 러시아·독일·영국에 대한 견문은 조선과 그들의 국력 차이가 분명히 크다는 사실을 분명하게 인식한 기회였다. 그들끼리의 합종연횡은 조선의 운명에 지대한 영향을 미칠 것인데, 구체적인 내막을 알 수 없었다. 또한 그들과 같은 문명국가를 건설해야겠다는 각오를 다졌지만, 그 목표가 너무나 까마득했다. 더 보고 배우고 싶었지만 여비조차 바닥이 나고 있었다.

그동안 블라디보스토크에서부터 동행한 학생의 유학을 주선해 주고 나니 미국 가는 여비가 부족했다. 왕홍성(王鴻盛)이라는 중국인이 경영하는 탐화루(探花樓)라는 식당에 들어가 필담으로 사정을 설명하고 돈을 빌려 달라고 부탁했다. 그 중국인은 50달러를 선뜻 빌려 줬다.[15] 8월 26일 도산은 스코틀랜드의 글래스고에서 카린도니아 호를 타고 9월 2일 뉴욕 항에 도착해 세계의 항구로 번창하고 있던 뉴욕 시내를 둘러보았다. 사실 이때까지 도산은 뉴욕이나 워싱턴을 방문하지 못했다. 그럴 돈도 여유도 없었다. 뉴욕의 번창은 런던과는 달랐다. 활기차고 신흥 대국으로 떠오르는 미국의 도약이 느껴졌다. 도산은 9월 26일 시카고의 세클라멘트 한인 농장을 방문하고 9월 28일 샌프란시스코에 도착했다. 동포환영회에서 연설을 하고 LA로 갔다.

LA에 도착한 도산은 공사판에 나가 노동을 시작했다. 하루 빨리 돈을 벌어서 이갑의 치료비와 미국 입국에 필요한 여비를 보내 줘야 했고, 런던에서 중국인에게 빌린 돈도 갚아야 했기 때문이었다. 도산의 공사판 품삯과 부인이 삯바느질을 하고 음식을 팔아서 번 돈이 조금 모이자 300달러를 페테르부르크에 보내 이갑을 미국으로 초청했다. 『신

....
15) 왕홍성(王鴻盛), 1911. 11. 26: 『도산 안창호 전집 2』, 도산안창호기념사업회, 2000, 759~764쪽.

한민보』의 주필 자격이었다. 하지만 이갑은 뉴욕 부두에 내리지 못했다. 중환자여서 이민국이 입국을 거부하고 말았다. 이갑은 이후 러시아로 돌아갔는데, 국민회 시베리아 총회가 있던 치타에 머물다가 안중근의 아우 안정근 일가가 있던 무링에서 요양했다. 그곳에서 몇 년 뒤인 1917년 4월 24일 숨을 거뒀다.

　미국에 도착하자마자 도산은 국내의 신민회 조직에 대한 대대적인 검거 선풍이 불고 있다는 소식을 들었다. 총독부가 얼마나 혹독하게 고문을 가했던지 고문 도중에 사망한 동지들이 속출했고 고문의 종류도 70여 종을 넘을 정도로 참혹했다. 1912년 6월 공판이 진행되면서 고문 실상이 드러나 세계 여론의 규탄을 받았다. 당시 17세 어린 학생으로서 구속돼 고문 받았던 흥사단우 선우훈은 이렇게 증언했다.

　각처에서 계속하여 잡혀 오고, 입감 3개월에 아무 취조가 없었으나 전하는 소식은 놀랄 만했다. 태극서관 김근형과 정주 정희순은 악형으로 죽었고, 더러는 팔이 떨어지고, 눈이 빠지고, 빈사 상태에서 피를 토하고, 하루 몇 번씩 기절하고 배를 곯리어 미친 사람같이 되었고, 물도 주지 않고 재우지도 않고, 냉방 · 혹한에 의복을 벗기고 끌고 다니며, 달고 지지고 온갖 형구를 다 쓰는 악형이라고 헌병은 전해 주었다. 취조의 골자는 정부를 전복시키려고 데라우치 총독과 요인을 죽이려고 한 대사건이었고, 또한 데라우치의 시정 시작이라 먼저 조선의 애국자 및 기독교에 내리는 철추라고 하며 벌써 피검자가 700여 명에 달했다는 보고를 들었던 것이다.
　…
　돌집으로 된 형구실에서 취조를 받았다. 심문관은 넷인데, 우도라는 경시는 조선 말 잘하는 40여 세 된 자요, 상내라는 자는 키가 작고 얄미운 자요, 헌병 한 놈은 뚱뚱하고 모질게 생겼고, 또 한 놈은 키가 크고 수염 많은 사나운 놈인데 이 네 놈이 밤낮 30여 일을 계속했다. 묻는 말을 부인할 적마다 네 놈이 달려들어 때리고 찬다.

두 엄지손가락을 박승으로 결박하고 한편 팔은 앞으로 돌려 어깨 위로 올리고, 한편 팔은 뒷등으로 놀려 두 손이 서로 닿을 만큼 하고 매어다니 몸이 2척 가량 공중에 달린다. 두 놈이 두 자 가량 되는 대막대기 두 개를 마주 잡고 옆구리에서 허리까지 쭉쭉 훑으니 몸이 두 동강이가 되는 듯 하지의 힘이 쑥 빠지고 전신의 기력이 없어진다. 다른 놈이 채찍으로 머리로부터 다리까지 숨 쉴 틈 없이 난타하니 땀은 낙숫물같이 쏟아지고 호흡은 하늘에 닿고, 가슴엔 불이 붙고, 코에선 불김이 훅훅 쏟아진다. 이러길 약 20분에 전신은 동태같이 얼고 감각도 없어졌다. 눈은 돌아지고, 입은 벌리고 혀를 빼선 물고 숨소리가 없어지니, 맥박도 끊어져 죽은 것 같이 되는 때라 한다.

악귀들은 감각이 남았는가 보기 위하여 화젓가락으로 다리를 지지고 담뱃불로 얼굴을 지져 보고, 벌린 입속에 담배연기를 뿜어 본다. 얼굴에 물을 뿌린 후 백지를 한 장 두 장 발라 봉창을 한다. 이렇게 해도 호흡이 통하지 않음을 보고 줄을 늦추고 채찍질을 두 차례 하고, 가슴을 치고, 머리를 치고, 배를 주무르고, 돌바닥에 메쳐 놓고 귀를 잡아 끌고 다니면서 발길로 차고, 머리카락을 끌고 다니면서 돌바닥에 메어친다. 그리해도 도로가 같이 뭉친 밤알 같은 숨덩이는 풀어지지 않는다.

이윽고 맥박이 살아나니 온몸이 바늘이나 송곳으로 쑤시는 것 같다. 그래도 호흡도 터지지 않으니 코에다 물을 부어 두 주전자가 들어가니 배에서 가슴이 터질 듯하다. 엎어 치고 젖혀도 호흡이 않더니 부어 넣은 물이 쏟아지는 동시에 호흡이 열리니 그동안 30~40분 걸렸을 것이다. 윗옷 한 조각만 입고 하체는 실오리 하나 걸치지 않은 몸이 터지고 상처입지 않은 곳이 없다. 죽은 척 했다고 곤봉과 쇠뭉치로 두 골을 때린다.

이렇게 살려 놓고 한 시간 이상 피차 휴식이 된다. 놈들은 세수하고 둘러앉아 담배 피우고, 차 마시고, 과자 먹고 나를 향해 비소한다.

때는 벌써 해가 지고 밤이 되었다. 본관인 큰 방으로 옮기니 또 처음 보는 형구실이다. 두 팔목을 결박하여 궤짝 같은 형구 밑에 들여세우니 높이가 넉 자 반쯤 된다. 몸을 꼬부라졌으니 앉을 수도 없고 설 수도 없는 궤짝 속에 치켜 달고 입에 박승으로 재갈을 물린다. 머리카락도 잡아매어 치켜다니 머리를 들 수도 없고 숙일 수도 없다. 발뒤축도 뒷벽에 치켜 다니 꼬부린 몸이 옴짝달싹 할 수 없다. 처음부터 전신이 발발 떨리고, 땀이 쏟아지고 뼈가 쏘고, 사지가 녹아 재와 같이 된다.

…

정신이 들어 사방을 살피니 아침 8시요, 나는 감방에 와 있었다. 사흘째 되는 날 여전히 아는 것 없노라는 대답에 하의를 벗기고 얼음 섞인 물 두 통을 머리에서부터 이었다. 그리고 전날과 같이 공중에 매어 달고 댓가지로 옆구리를 훑으니 두 어깨가 머리보다도 높이 솟아올랐고, 넓적다리는 채찍 끝에 점점이 떨어졌다. 기절이 되니 다시 전과 같은 방법을 살려냈다.

…

내가 주는 물을 받아 먹지 않고, 한시바삐 죽여라 하고 발악을 하니, 다시 전날과 같은 궤짝 형벌을 가했다. 5, 6일도 같은 악형이 계속되었다. 전신이 터지도록 부어서 귀 한쪽이 큰 신짝처럼 되었는데, 다시 말라빠지고 해골같이 되었다.

35일째 되는 날, 밤 12시경에 나에게 문득 약 먹인다. 약 먹었다는 소리가 꿈결같이 들리더니 냉수 두 통을 머리에서부터 끼얹는다. "정신 차려라" 하면서 옷을 입히고 난로 곁에 메쳐놓고 "네 소원대로 오늘 밤에 총살을 할 터이다. 네 부모한테 전보를 쳤더니 지금 밖에서 시체를 가지러 왔으니, 유언이 있으면 말해라." 나는 정신이 들면서 무겁던 몸이 가뿐해지는 듯 마음이 경쾌해졌다. '하늘의 공도는 천추만대에 변함이 없다. 마른 풀대와 같은 약한 몸이 지금은 악을 싸워 완전히 이겼나이다. 이 영혼을 받아주소서.' 나는 이렇게 기도를 했다.

두 놈이 어깨를 추켜들고, 우도는 선두에 서고, 헌병은 총을 메고 남산 기슭 눈 속으로 걸어 나갔다. 꼬부라진 노송 밑에 구덩이를 파고 옆에는 불을 피웠다. "아무 유언도 없고, 다 준비했으니 죽이시오." 모두 물러서는 듯하더니 땅 하는 요란한 총소리가 나고, 나는 감각을 잃었다.

물을 끼얹고 난타하는 매 소리에 눈을 떠 보니, 어릿어릿한 안광에 형리들이 왔다 갔다 함이 비친다. 하나의 연극이었다. 이런 연극으로 자백을 받은 일도 있다 한다. 이튿날 오후 다시 불려 나갔다. "원망 말라"면서 우도는 과자와 차를 권했지만, 35일간의 악형과 60여 회의 기절을 기억하는 나는 과자와 차를 거절하고 먹지 않았다.

이튿날 오후 문턱에 매어달고 졸도할 때까지 때렸다. 나는 앉을 수가 없어 마루에 쓰러졌다. 또 한 차례 쇠몽둥이로 얻어맞았다. 목침으로 턱을 고이고 눈을 뜨라고 귀와 뺨을 때리고 눈초리를 쇠줄로 때리니, 눈이 터져 피가 나와 더욱 눈을 뜰 수 없다. 턱을 목침으로 고이고 눈은 성냥개비로 받치고 심문을 시작한다.

김현식과의 대질 심문으로 100여 장의 조서를 작성했다. 내가 부인할 때마나 쇠로 때려 나는 테이블 아래 쓰러지고 김은 과자와 차를 먹었다. 이러기를 2일 동안에 조서는 완성되었다. 나는 끝까지 부인했다. 인력거에 몸을 싣고 검사국에 가 검사의 심문을 받고 오동마차에 실려 종로 구치감으로 갔는데 벌거벗고 몸을 다니 전에 119근이던 내가 73근이었다.[16)]

도산 자신도 헌병대에 붙잡혀 고문을 받아 보았지만, 신민회 동지들이 당한 악형은 너무나 끔찍했다. 억장이 무너지고 가슴이 한없이 답답했다. 하지만 뾰족한 방법이 없었다.

LA서 다시 신발 끈을 조이며

도산은 5년 만에 LA에 돌아오면서 긴 여행 중에 되풀이해 왔던 '이 심각한 상황을 어떻게 타개해 나갈지'에 대한 생각을 정리해 보았다. 빈껍데기 같은 나라였지만, 그마저도 없어지니 이제 완전히 망국노가되어 버렸다. 전국에 학교를 세워 반은 신식 학문을 가르치고, 반은 군사훈련을 시켜 유사시에 일거에 일어나 독립전쟁을 해서 공화국을 세우고자 했건만 뜻을 이루지 못했다. 신민회의 잔존 조직은 남았으나, 사실상 재기하기 어려울 정도로 타격을 입었다. 길림성 밀산에 건설하려 했던 독립운동의 근거지도 믿었던 동지의 배신과 분열로 사실상 축

---

16) 선우훈 증언, 『안도산전서』, 193~204쪽.

소되어 추진되고 있었다. 하지만 그것도 막대한 자금을 감당할 수 없었다. 사랑하는 동포들은 일제의 손아귀에 붙잡혀 숨조차 쉴 수 없는 상태에 빠져 있다. 일단의 해외 동포들이 독립투쟁에 나서고 있지만 힘이 미약했다. 조국과 가까운 만주 지역에 근거지를 만들어 싸워야 하는데, 여의치 않게 되었다. 더 가슴 아픈 일은 동지들마저 뜻을 잃고 뿔뿔이 흩어지고 말았다는 사실이었다.

'하지만 우리에게는 국민회 조직이 건재하지 않은가? 이곳에서 새롭게 시작하자! 해외 동포 조직을 통합시켜 대표 조직으로 만들어 가자! 일제의 총독부가 동지들을 잡아 가두고 무자비한 탄압을 계속하게 되면 한동안 국내의 독립운동은 힘들어질지 모른다. 길게 보면서 착실하게 전도 대업의 기초를 만들어야 한다. 새로운 공화국의 집을 지을 기초공사를 해 나가자!'

도산은 우선 재외 동포 조직을 통합하여 통일단결하고 동포의 생활을 안정시켜 독립운동의 기반이 되도록 다져야 한다고 생각했다. '신민회 같은 조직도 있어야 하지만, 조선혼을 가진 신성한 단결과 건전한 인격을 생명으로 삼는 조직을 만들어 독립운동의 인재를 키워 나가자. 인물이 있어야 독립도 전쟁도 할 수 있는 것 아닌가? 기초가 튼튼해야 집도 튼튼하다! 강철 같은 단결이 있어야 일제와 피 흘리는 싸움을 계속할 수 있는 것 아닌가. 그 단결은 저절로 되는 게 아니다. 지속적으로 훈련시켜야 가능하다. 그렇게 훈련된 인물들이 새 공화국의 중심축으로 우뚝 서야 우리의 꿈은 피어날 수 있다.' 대륙간 열차 속에서 도산은 이렇게 생각을 정리하고 LA에 내렸다.

LA에는 공립협회가 국민회가 되고, 또 대한인국민회로 발전해 명실상부한 해외 동포들의 대표기구로 자임하고 있었다. 형식적이지만 중앙총회도 조직돼 있었다. 망국 이후 임시정부 설치 등에 대해서도 논의가 활발했지만, 해외 전체 동포를 아우를 지도자가 없어서 구심력이 약했다. 도산은 동지들이 찾아와 동포 사업에 나서 줄 것을 권유하자 이를 받아들여 해외 동포 조직을 통합하는 사업에 집중했다.

신민회 활동, 아쉬운 점도 있다

그 시기에 도산은 국내의 신민회 사업과 해외 독립운동 근거지 사업의 곤경에 대해 정확하게 평가를 내리고 있었을까? 이 문제와 관련된 이렇다 할 만한 회의 자료가 없고 도산 자신의 구체적인 언급도 없어서 분석해 볼 도리가 없다. 다만 도산이 LA로 돌아와 해외 동포 조직을 정비해 통일된 기구를 만들고 독립운동의 투사 양성기관으로 흥사단을 만든 것에서 당시 가졌던 문제의식의 일단을 볼 수 있다. 2대 사업은 그 시기에 정말 필요한 사업이었고, 타당한 문제의식이었다.

도산이 1902년 24세의 나이로 미국으로 건너가 4년 만에 신민회 전략 같은 국권회복 방략을 구체화하고 29세 때 귀국해 국내 운동을 지도할 수 있는 역량을 키웠다는 것은 도산 개인에게는 그야말로 눈부신 성장이요 발전이었다. 또한 29세 나이에 3년의 활동을 통해 전국적인 지도력을 확보하고 핵심적인 역할을 했다는 것은 비록 일제의 신속한 식민화 정책 때문에 성공을 거두지 못했다 하더라도 대단한 성과였다.

도산이 뿌린 씨앗은 이후 독립운동의 밑거름이 되었다. 다시 망명길에 올라 독립운동의 근거지를 건설하고 국내외 연합기관을 조직해 독립전쟁에 대처한다는 기본방향과 사업은 비록 좌절했지만 불가능해진 것은 아니었다. 오히려 LA로 와서 국민회 조직 기반을 다져 독립운동의 기반을 확보하는 작업은 무엇보다 소중한 사업일 터였다. 또 도산만이 할 수 있는 일이었다.

하지만 도산의 구상과 실천적인 사업이 일제의 정책에 의해 좌절될 수밖에 없었다는 점에서, 객관적인 정세 변화에 대해 철저히 분석하고 또 그에 따른 대응책을 제대로 준비할 필요가 있었다. 만약 도산이 일제의 식민화 프로그램과 동향에 좀 더 주의를 기울였다면 합법적 활동의 내용과 형식, 국내 신민회 동지들의 배치 등 대응책이 보다 철저하게 진행돼 피해를 최소화할 수 있지 않았을까? 그런 점에서 보면 일제의 정보력을 가볍게 보고 탄압 국면 이후 헌병대 구속자들만 망명함으로써 대다수 동지들이 일제의 마수에 빠져 심각한 역량의 손실을 입는 결과를 낳았다고도 할 수 있다. 그 타격은 매우 컸다. 그리고 망명 이후 도산이 신민회 시절의 역량을 일부라도 보존하고 지속적으로 관리했다면 도산의 활동력은 차원을 달리했을 것이다.

또한 블라디보스토크에서 발생한 이종호의 배신과 신민회의 분열에 대해 국치라는 새로운 상황의 발생에 따른 다양한 반응으로 인식하기보다 개인의 윤리 문제로만 인식했던 것은 아니었을까? 물론 인간에 대한 문제의식이 흥사단 창단이라는 역사적 성과를 가져왔고 다른 독립운동 지도자들과 질적으로 다른 리더십을 만들어 냈다.

그러나 현실적인 운동론의 차원에서 평가할 때 도산은 자신이 확보한 입지를 충분히 살려 제1차 세계대전을 전후한 격변기에 적극적인 활동을 전개해야 할 필요가 있었다. 그럼에도 불구하고 별다른 대처를 하지 않았다. 기초 준비가 되지 않았다고 너무 냉철하게 판단했기 때문이었다. 동포의 의식도, 핵심 기구도, 독립운동 전체를 아우른 탁월한 지도자도 없다고 본 것이었다. 그러나 얼마 되지 않아 3 · 1운동의 폭풍이 일어났다. 이를 예측조차 못했던 것은 도산이 블라디보스토크의 좌절을 지나치게 인간의 문제, 윤리 문제로 파악한 데 원인이 있다고 볼 수밖에 없다. 인격혁명과 신성단결의 중요성을 인식하고 이를 조직화하여 새 공화국의 기초로 만들려 한 것은 도산의 탁월성을 입증한 것이다. 흥사단 창단을 통해 도산은 독립운동이 일제와의 투쟁일 뿐 아니라 새로운 사회를 건설해 가는 기초 작업이라는 명제를 아울러 도모할 수 있었다. 하지만 그 문제에만 매달려 있는 사이 도산의 지도력과 활동공간은 미주 동포 사회에 갇혀 버리고 말았다.

제1차 세계대전의 추이를 지켜보면서 미국을 비롯한 국제 사회가 조선의 독립을 결코 허용하지 않을 것이라고 본 것은 정말이지 3·1운동 지도부나 이승만, 다른 어떤 지도자보다 뛰어난 국제 감각과 예리한 판단을 드러낸 것이었다. 일본과 같은 전승국 위치에 있던 미국 대통령의 말에 희망을 걸고 있던 3·1운동 지도부나 3·1운동 이후 6월까지 국제 사회에 대한 환상을 버리지 못하고 있었던 많은 독립운동 지도자들과 비교하여 도산의 냉철한 현실인식은 분명 돋보이는 것이었다. 그러나 그런 냉철한 판단력을 갖고 있었던 도산이었기에 해야 할 역할은 더욱 많지 않았을까? 블라디보스토크 현지에서처럼 LA에 있으면서 좀 더 지도력을 만주와 상해 등 국내외 동포들에게 발휘하는 활동을 했어야 했다.

도산이 LA에 도착했을 때 국내에서는 신민회 사건이 터져 독립운동계에 피바람이 불고 있었다. 700여 명에 달하는 신민회 동지들이 일제의 탄압으로 감옥에 갇혀 고문으로 죽거나 죽어 가고 있었다. 이들에 대한 뒷수습과 사후대책도 추진했어야 하지 않았을까? 이런 활동에 소극적이었던 이유는 본국에서 멀리 떨어진 미주에 있었고 도산이 동지

러시아 치타에서 설립된 대한인국민회 시베리아 지방총회.(제1차 대의회 기념, 1911)

들의 배신과 분열이라는 충격적인 체험을 인간의 윤리 문제로만 천착하게 되면서 다른 동지들에 대한 신뢰가 무너져 함께 추진했어야 될 다른 지역 사업을 포기하고 기초 사업에만 매달렸기 때문이었다.

멕시코와 쿠바의 동포들

이미 북미 지방총회와 하와이 지방총회가 설립되어 있었던 대한인국민회는 지방 조직에 더욱 박차를 가했다. 1911년 10월에는 전술한 대로 치타에 시베리아 지방총회가 창립되었고 11월에는 만주 지방총회가 세워졌다.

국민회 중앙총회에 멕시코 지방회와 쿠바 지방회가 들어와 있는데, 이들 조직은 어떻게 생겨났는가? 멕시코 이민은 1904년 영국인 마야스가 일본인을 내세워 조선에서 비밀히 이민을 모집해 멕시코로 보내면서 시작됐다. 진남포, 부산, 인천 등지에서 선금 150원을 주고 모집된 멕시코 이민단은 4개월 동안 1,033명(남 802명, 여자와 아동 231명)이 프랑스 공사의 요청으로 조선 정부가 발행한 여권으로 1905년 3월 인천을 출발해 멕시코의 베라쿠즈 항에 도착했다. 1,000여 명이 어저귀 농장이나 황무지 개간 또는 시멘트 공장 등 24개소에 배치되었다. 이들은 12시간 노동에 장정 35센트, 큰 아이 25센트, 어린이 12센트밖에 받지 못했다. 감독들의 채찍질과 폭염 밑에서 어저귀를 따는 노동이기 때문에 손과 발은 피투성이가 되었고 거처할 집조차 없어서 토굴에서 자는 형편이었다.

이런 멕시코 이민 노동자들에 대한 소식이 『공립신보』에 게재되고 여론화되어 국내에서 1906년 1월 상동청년회에서 멕시코 현지조사를 했으나 별 효과가 없었다. 1909년 4월 북미 대한인 국민회에서 황사용·방화중을 파견해 메리다에 국민회 지방회를 조직하고 구제 사업을 벌였다. 국민회를 중심으로 구제금을 모집하여 지원하고 변호사도 선임하여 고용주들과 싸워 4년 노동계약이 끝나는 사람들을 모두 구제할 수 있었다.

1911년 1월 국민회에서 멕시코 재류 동포들을 하와이로 보내는 운동을 시작하여 일부 성과가 있었으나 이들이 미 본토로 다시 건너오는 문제가 발생했다. 이 문제로 미국 정부가 입국을 거부하여 본토 입국은 실패했다. 그 이후 멕시코 국민회 지방회로 조직돼 해외 동포 조직으로 활동했다. 멕시코 지방회는 제1차 세계대전이 마무리되어 가던 1917년 도산을 초청했다. 도산은 1918년 멕시코에 산재해 있는 한인 동포들의 거주지를 8개월 동안 직접 방문하여 연설과 직접 지도를 통해 국민회 조직을 튼튼하게 만들었다. 미주에서와 마찬가지로 국민회의 원칙대로 생활관습의 개선과 신용엄수, 교육을 통해 멕시코 동포의 생활개선과 단결을 지도해 나갔다. 쿠바 지방회는 멕시코에서 건너간 288명의 동포들이 주축이 돼 조직됐고, 1920년 이민 농포들이 늘어나 활성화됐다.

대한인국민회 중앙총회, 최대의 해외 동포 자치기관

도산은 LA에 도착한 뒤 10월부터 클레어몬트, 스팩톤 등 한인사회를 순방하면서 국민회 지방조직을 다져 나갔다. 그리하여 1911년 11월 29일~12월 4일까지 북미지방총회 대의회를 소집하여 조직기반을 튼튼히 했다. 그런데 대한인국민회는 국치 이후 해외동포를 대표할 조직 작업에 착수하여 1911년 3월에 이미 중앙총회를 조직하여 중앙총회장에 최정익과 부회장에 한재명을 선출한 바 있었다. 하지만 이 중앙총회는 회장단을 선출했을 뿐 실질적인 활동은 없었다. 해외동포를 대변할 중앙조직 활동이 실제로 필요했다. 그래서 네 곳의 지방총회, 즉 북미, 하와이, 연해주, 시베리아의 대표자회의를 도산이 소집하여 중앙총회를 조직함으로써 명실상부하게 해외 동포 조직을 통합시켰다. 최대의 해외 동포 조직이 탄생한 것이다. 이날 대표회의 결의문은 "대한인국민회 중앙총회는 각 지방총회를 관리하며 독립운동에 관한 일체의 사업을 중앙총회 지도에 의한다"고 규정하고 대한인국민회 중앙총회를 해외 한인 최고기관으로 선언했다. 해외 동포 간 자치제도를 취하며, 각지에 있는 해외 동포는 국민회의 지도를 받을 의무가 있으며, 국민회는 일반 동포에게 의무 이행을 장려할 책임을 갖고 입회금이나 회비가 아니라 의무금을 보낼 것을 결정했다.

본회의 목뎍은 교육과 실업을 진발ᄒᆞ야 ᄌᆞ유와 평등을 뎨챵ᄒᆞ야 동포의 영예를 증진케 ᄒᆞ며 조국의 독립을 광복케 홈에 있슴.

대한인국민회 중앙총회는 사실상 민주국가를 공표하고 의무금 제도 도입를 도입했을 뿐만 아니러 모든 해외 동포는 자동적으로 회원이 되게 했기 때문에 사실상 망명정부의 성격을 띠고 있다. 이런 수준의 중앙총회 조직은 실제 당시 해외 동포의 실정을 볼 때 적절한 성격일 수 있었다. 각지에 무수한 독립운동단체가 난립하고 있었기 때문이었다. 그러나 아쉬운 점도 있었다. 국민회 중앙총회를 기반으로 범독립운동세력을 규합하는 운동도 필요했고, 중국과 연해주의 일정한 세력이 집결됐을 때 새로운 조직 체제를 발족했다면 1914년 발발한 제1차 세계대전에 보다 능동적으로 대처할 수 있었지 않았을까?

물론 국치 이후 국민회 일부에서 제기한 망명정부 조직 주장은 너무 앞서간 것이었다. 또 각 지역의 해외 동포 조직이 지역 할거주의를 표방하며 분열과 대립을 거듭하고 있어서 해외 동포 조직을 규합하는 작업도 생각처럼 쉽지 않았을 것이다. 국민회 중앙총회조차 3 · 1운동 직전에는 사실상 미주 총회 조직으로 축소돼 있었던 실정이지 않았던가? 하지만 국제적인 역학관계가 변하고 있는 제1차 세계대전이 발발한 상황에서 주체역량의 취약에도 불구하고 국내외의 역량을 집결시켜 좀 더 적극적으로 대처할 필요성이 절실했다. 북미 지역의 국민회원의 의무금은 1909년 3달러, 중앙총회가 조직된 1912년부터 5달러, 1923

년부터 15달러로 조직의 재정적 안정을 가져다주었다.

도산이 국민회 중앙총회의 초대 총회장에 피선되었다는 몇몇 인사들의 증언에도 불구하고 확실한 자료는 없다. 1912년 11월의 대의원 회의에서 선출한 총회장은 하와이 대표였던 윤병구였다.[17] 이로 볼때 1대 회장이 북미 대표였던 최정익이었기 때문에 2대 회장을 하와이 출신에게 양보했을 가능성이 높다. 총회장이라는 기구가 창립 당시에는 상설적인 조직도 아니고 북미총회 사무실을 연락처로 삼고 있을 뿐이었고 실제 전체적인 조직지도를 할 만한 인물은 도산 이외는 없었다. 일본 측 자료에는 중앙총회장에 윤병구, 부회장에 황사용, 서기 강영소 등이 선출된 것으로 기록돼 있다.[18]

당시 도산은 흥사단 창단을 위한 준비 작업과 재정 확보를 위해 북미실업주식회사 설립 작업이 진행되고 있었다. 이 운동이 결실을 맺어 1912년 1월 20일에 북미실업주식회사를 발기하였고 7월 5일에는 둘째 아들 필선(必鮮)도 태어났다. 연말에는 흥사단 창단 준비작업도 시작했다. 그러나 중앙총회 조직을 도산이 지도했다는 것은 여러 사실로 볼때 분명하다. 도산은 국민회 운동방침을 동포의 권익옹호와 생활개선의 지도에 두었다. 동포의 권익옹호는 공립협회 초기부터 해 왔던 일자리 알선뿐만 아니라 나라가 없는 동포들의 형사상·민사상 권익을 대변하는 업무도 중요해졌기 때문에 강조되었다.

미국 정부도 재미 동포의 신분에 대해 일본 대사관의 관할을 인정하지 않고, 대한인국민회 총회에 대표권을 줘 각종 사건 처리에서 대표

17) 『신한민보』, 1912년 12월 9일자, 잡보, 「디표회 의ᄉ쵸록」
18) 호놀룰루 일본 총영사, 「한국인국민회에 관한 건」, 『도산 안창호 전집 5』, 636쪽.

부로서 역할을 하도록 했다. 생활개선운동은 환경 미화와 신용의 확립이었다. '서양인보다 더 청결을 유지할 것, 예절을 지키고 거짓말 하지 말 것, 수락과 거절을 분명히 할 것, 약속한 것은 반드시 지킬 것' 등을 정하고 이를 지켜 나가도록 힘썼다. '조선인 상점에서는 안심하고 물건을 살 수 있다. 조선인 노동자는 믿고 일을 맡길 수 있다. 조선인의 약속은 믿을 수 있다고 신용을 세워야 해외 동포 모두에게 도움이 되고 독립운동에 이바지하는 것'이라고 강조했다.

이런 작업이 착실하게 추진되어 여권이 없는 유학생도 국민회의 보증을 받아 미국에 입국할 수 있었다. 1914년 4월 대한인 국민회는 캘리포니아 지사로부터 사단법인으로 인가를 받았다. 이 같은 미국 정부의 태도는 매우 전략적인 것이었다. 을사늑약이 체결되자 공사를 제일 먼저 철수시켰던 미국 정부는 가쓰라—태프트 밀약으로 일본의 조선 침략을 승인하지 않았던가? 미국 정부는 영·미·일 동맹을 유지하면서도 극동에서 자국의 이익을 위해 조선 카드를 준비할 필요가 있었던 것이다. 만약 국민회 중앙총회가 해외 동포 단체를 규합해 임시정부를 선언했다면, 미국 정부는 어떻게 나왔을까?

도산은 3·1운동 발발로 상해로 건너가기까지 7년 동안 전심전력을 기울여 국민회 중앙총회의 조직과 훈련·재정사업 기반을 확고하게 만들었다. 도산은 하와이 지방총회 조직이 이승만과의 갈등으로 혼란에 빠지자 1915년 직접 중앙총회장으로 부임하여 8월 25일 하와이를 방문해 7개월간 체류하며 연설과 토론을 통해 통합에 힘썼다. 1918년에는 멕시코 지방회 초청으로 10월 12일 샌프란시스코에서 산호세 호를 타고 멕시코를 방문했다. 10월 21일 산니노항에 도착하여 27~28일 멕시코 수도에서 동포들을 만나 연설과 간담회를 개최해 해외 동포들의 단결과 청결·신의의 중요성을 강조했다. 멕시코 지방회는 4곳의 지방총회 아래에 116개소의 지방회가 조직돼 있었으며, 1918년 당시에 약 20만 달러의 재정을 갖고 있었다. 도산은 멕시코에 1918년 8월 27일까지 방문하고 8월 29일 샌프란시스코로 돌아왔다.

국민회 중앙총회는 일제의 압력으로 1914년 만주 지방총회가, 러시아 당국의 탄압으로 시베리아 지방총회가 1915년에 각각 해산당하면서 해외 동포 전체의 연합기관이라는 위상을 지킬 수 없었다. 또한 하와이 지역은 이승만이 독자적인 동지회 조직과 신문을 만들어 운영하고 하와이에 거처를 정해 활동하면서 박용만 조직과 대립하는 등 분열상을 노정하더니 3·1운동 이후에는 아예 교민단을 만들어 분리되어 나갔다.

망명정부를 고려하지 않은 까닭

도산은 해외 동포 조직을 통합하면서 그 당시 일부에서 제기했던 망명정부 조직이라는 질적으로 전혀 다른 형태의 투쟁을 왜 고려하지 않았을까? 물론 도산은 이 문제에 대해 확고한 판단을 하고 있었다. 3·1운동이 일어나기 전 도산은 여러 회원들에게 편지를 보내 독립전쟁이나 독립승인 모두 어리석은 희망이라고 비판하고 우리 민족이 독립하려면 정신상·생활상 독립이 돼야 한다고 강조했다. 해외 동포 조직을 통합한 뒤 몇 년 뒤까지 도산은 기초 작업이 부족하다고 판단한 것이었다. 그것은 사실이었다. 하지만 불과 1년도 안 되어 3·1운동이 일어났고, 도산은 이 거국적 궐기를 예상하지 못했었다. 도산은 깊은 충격을 받고 신속하게 이 폭발력을 다시 결집시키기 위해 상해임시정부에 참여한다.

그렇다면 대중조직이나 지하조직과 질적으로 전혀 다른 조직 형태이자 투쟁인 임시정부 문제에 대해 도산이 너무 평면적으로 또는 단계적으로 사고했다는 비판이 가능하다. 도산은 당연히 해야 될 기초 작업을 진행하면서 다양한 투쟁방식과 내용을 검토할 수 있는 그 시기의 유일한 지도자가 아니었던가? 적어도 국민회 중앙총회를 다져 나가면서 제1차 세계대전이 발발하던 시기에 국내외 동포조직을 규합해 통일적인 독립정당 또는 통일적 단체를 구성하여 종전 전후에 국내의 3·1운동을 조직하는 등 보다 적극적인 활동을 전개했다면 국내외 정세는 크게 달라졌을 것이다. 도산이 제1차 세계대전 이후 독립전쟁이나 독립승인 모두 어리석은 희망이라고 보았던 것은 우리의 주체적 역량을 냉철하게 인식한 결과였다. 그러나 수천 명이 죽고 수만 명이 구속된 식민지 조선의 이름 없는 민중의 투쟁의지를 과소평가했다는 점은 지적되어야 한다. 일제의 무자비한 탄압이 폭발을 불러온다는 객관적 모순에 대한 인식에 철저하지 못했던 것이다. 참으로 아쉽기 짝이 없다.

물론 도산이 소극적 태도를 취할 수밖에 없었던 배경이 있었다. 국민회 중앙총회 내의 하와이, 연해주, 시베리아 등에서 조직 문제가 발생했다. 1915년 하와이 국민회 지방총회에서 이승만과 박용만 간의 갈등과 대립은 마침내 법정 다툼으로 번졌고, 연해주와 시베리아 조직도 해산당하는 상태에 빠졌다. 국민회 중앙총회는 사실상 북미 지방총회만 남게 되는 비상상태에 처했던 것이다. 따라서 도산은 총회장이라는 자리에 복귀해 전면에서 내부 수습에 골몰할 수밖에 없었던 것이다.

국민회 사업을 본격적으로 추진하면서 도산은 새로운 공화국의 기초 작업인 독립운동의 투사를 양성하기 위한 훈련조직을 만들기 시작했다. 도산은 북만주 독립운동 근거지 사업이 이종호의 약속 위반으로 혼란에 빠져 계획성 있는 추진이 어려워지자 매우 비관했다. 시베리아 열차를 타고 러시아로 오면서 도산은 그저 눈물을 흘렸다. 배신과 분열의 충격을 잊고 블라디보스토크 현안 문제에 매달렸지만 쉽지 않았다. 지옥 같은 나날을 보냈다. 도산은 열차를 타고 여행하는 동안 조국과 자신을 되돌아보면서 다시 절망의 낭떠러지에 떨어졌던 것이다. 망국노의 신세가 되어 이곳저곳으로 유랑하는 자신의 신세도 그렇거니와 믿을 동지 하나 없이 천애고아가 되어 버린 것이 아닌가? 필대은이라도 있다면 붙잡고 울기라도 했을 텐데 그는 이미 하늘나라로 가 버렸다. 오랜 동지 이갑조차 페테르부르크로 가 버렸지 않은가? 독립운동 근거지의 희망도 물거품이 되어 버려 앞길이 정말 막막했다. 힘없는 나라와 고생하는 백성들, 평생을 구국운동에 몸 바치기로 한 자신의 인생이 너무나 불쌍해서 그저 눈물이 흘러나왔다.

어떻게 할 것인가? 도산은 고민을 거듭했다. 동지와의 약속을 헌신짝처럼 버리는 애국지사들이 수천 명 있으면 무엇 하나? 오늘은 열에 들떠 목숨도 내놓을 것처럼 떠들지만 그게 며칠 가는가? 왜적은 수십년 동안 실력을 길러 오늘에 이르렀는데, 우리는 겨우 씨앗을 뿌리는 수준 아닌가! 105인 사건으로 신민회 동지들이 모두 도륙당하고 있으니 동지들과의 약속이라도 내가 지켜야 한다!

민족 전도 대업의 기초, 홍사단 창단

도산은 치타에서 이강에게 얘기한 바대로 민족 전도 대업의 기초 작업인 홍사단을 조직하기로 결심했다. "조선 사람들은 김옥균의 개화당 이래 20명 이상 단체를 만들어 단결해 본 예가 없다. 이는 단결 훈련이 되지 않았기 때문이다. 조선이 독립하려면 무실역행하는 청년들이 많아야 하는데, 이 또한 지속적인 인격 훈련을 통해야 가능한 것이니 이를 목적으로 하는 단체를 조직해야 한다"[19]는 것이었다. 그리고 도산은 흥사단이 청년학우회를 계승한다는 점을 분명히 했다.

나는 점점 동지와 약속한 것을 네가 지키느냐 하는 양심의 희망이 더해져서 마침내 청년학우회를 시작했소. 그러나 이름을 흥사단이라 하게 된 것은 첫째, 청년학우회라 하면 본국에 있는 전(前) 학우원들이 더 곤란을 맞지 아니할까 하는 문제가 있고, 둘째, 청년학우회원 중에 이미 그 정신을 잃은 자가 있는데, 그 처분을 어떻게 할까 하는 이유로 이름은 다르게 했으나 정신은 더욱 간절했소. 내가 시베리아를 지날 적에 내 마음이 이상히 비창하여져서 많은 눈물을 흘렸소. 박영효·김옥균으로부터 지금까지 우리나라에 한데 뭉친 단결이라고는 20명이 없었소. 이러고야 망하지 않을 수가 있겠소. 우리 민족은 너무도 단결상 신의가 박약한 민족이라, 내가 죽는 날까지 다만 한두 사람과 일을 하더라도 내 깨달은 주의대로 철저히 나갈 뿐이오. 네가 내게 복종하고, 내가 네게 복종해야 한 주의에 모이는 단체를 만들 수 있소. 죽는 날까지 다만 한두 사람을 만나고 말지라도 이러한 간절한 마음으로 흥사단이 발기되었소. 지방적이라는 말을 내지 못하게 하기 위하여 각 도에서 한 사람씩 위원을 뽑았소.[20]

....

19) 이강, 「도산 언행습유」, 202~203쪽.

20) 안창호, 「본단 역사」, 『도산 안창호 전집 8』, 도산안창호기념사업회, 2000, 53쪽.

민족 전도 대업의 구상

　　도산은 흥사단 조직을 준비하면서 단순한 독립운동을 넘어서는 보다 근본적인 문제를 고민했다. '독립은 저절로 되는 것이 아니라 일제와 장기적인 지구전을 치러야 한다. 이 싸움을 해 나가려면 힘이 있어야 하고, 요행이 일시적으로 독립이 이뤄졌다 하더라도 새 나라를 키워나갈 힘이 없으면 독립을 유지할 수 없을 것 아닌가. 그렇다면 어떤 폭풍우에도 쓰러지지 않는 튼튼한 뿌리와 탄탄한 기초 작업이 필요하다. 그 작업은 무엇일까?' 이 해답으로 도산은 흥사단을 내놓았다. 이로써 도산은 단순한 독립운동가를 뛰어넘어 근대적인 민족국가의 기본적 가치를 중시한 인물로 역사적인 생명력을 갖게 되었다. 아마 도산 자신도 자신이 구국운동 과정에서 체득한 우리 민족사회에 절실히 요구되는 가치관을 가진 인간을 조직적으로 키우고 훈련시켜 나간다는 문제의식이 시대를 뛰어넘어 오랫동안 호소력 있게 작용하게 될 줄을 몰랐을 것이다.

　　도산은 우리 민족의 독립과 복된 사회의 번영을 위할 수 있는 과정을 도표로 만들어 보았다.[21]

....

21) 도산 유품인 수첩에 그려져 있는 구상. 『도산 안창호 전집 5』.

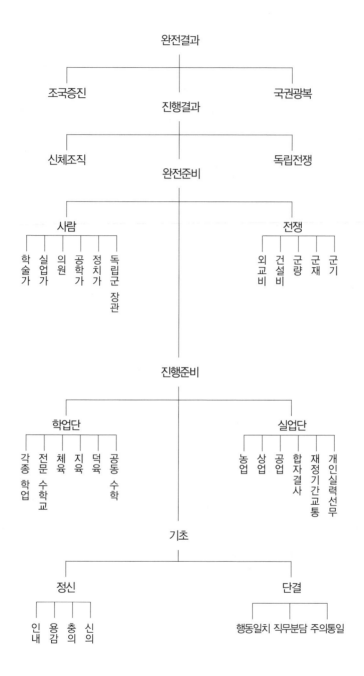

완전결과

조국증진　　　　　　　　　　국권광복
　　　　　　진행결과

신체조직　　　　　　　　　　독립전쟁
　　　　　　완전준비

사람　　　　　　　　　　　　전쟁

학술가　실업가　의원　공학가　정치가　독립군장관　　　외교비　건설비　군량　군재　군기

진행준비

학업단　　　　　　　　　　　실업단

각종학업　전문수학교　체육　지육　덕육　공동수학　　　농업　상업　공업　합자결사　재정기간교통　개인실력선무

기초

정신　　　　　　　　　　　　단결

인내　용감　충의　신의　　　　행동일치　직무분담　주의통일

도산이 메모한 이 구상은 한 번 떠오른 착상을 메모한 수준에 지나지 않을 수도 있고, 고심 끝에 정리된 내용을 그려 본 것일 수도 있다. 이 수첩 메모는 도산의 실천내용과 과정, 그리고 목표를 잘 드러내고 있다는 점에서 매우 중요한 자료로 보인다. 이 메모는 언제쯤 작성된 것일까?

이 구상은 늦어도 도산이 LA로 돌아와 국민회 중앙총회를 조직해 해외 동포 단체를 대표하는 대중조직으로 발전시키는 데 진력하면서, 1912년 10월 북미실업주식회사를 제안하여 주식 모집을 시작하고 연말에 젊은 동지 세 사람을 모아 동맹 수련을 시작하던 시기 이전에 작성된 것으로 판단된다.

도산이 신민회와 같은 비밀결사를 만들어 독립전쟁 준비를 위해 대성학교, 마산동 자기회사, 태극서관, 농촌과 만주 독립군 근거지 건설, 청년학우회 조직 등의 사업을 전개하는 구도와 유사하면서도 기초단계의 작업이 보다 강조돼 있다. 일제의 완전 식민지가 됐다는 현실과 신민회의 블라디보스토크 분열, 만주 독립군 기지 개척사업의 좌절에 따른 고민의 결과였다.

하지만 다른 점도 있다. 신민회 시절 청년학우회 조직이 YMCA와 같은 기독교 단체에 맞설 수 있는 조금 느슨한 조직이었던 데 비해 이 구상에는 보다 짜임새 있고 엄격한 조직을 지향하고 아주 기초적인 단계로서 기본 작업의 위상을 차지하고 있다는 점에서 다르다. 이 기초작업인 흥사단 조직을 통해 도산은 장기적인 독립전쟁과 그 이후의 민족 전도 번영을 위한 기본 역량을 준비할 수 있게 되었다.

도산은 기초 단계에서 인내, 용감, 충의, 신의 정신을 갖춘 청년들이 이념 노선에서 통일되고 역할을 나눠 수행할 수 있으며 행동이 일치하는 훈련을 통해 신성한 단결을 이뤄야 하며 이런 인재들이 많이 배출되어야 한다고 생각했다. 흥사단과 같은 조직의 역할이 바로 그것이다. 그 다음 단계에 분야별 학업을 통해 전문적 기량을 키우고 각 분야별로 산업을 육성해 독립전쟁을 위한 기본 역량을 확대하고 민족적 역량을 축적하여 전쟁 준비에 들어가야 한다. 대성학교, 사관학교, 태극서관, 북미실업주식회사, 국민개업과 국민개병 같은 사업이 그것이다. 세 번째 단계는 인재들이 완전히 각 분야별 전문가로서 기량을 발휘할 수 있고, 군기와 군재, 군량과 외교비 등 전쟁에 소요되는 자금을 조달할 수 있는 완전 준비 단계다. 대독립당, 임시정부 광복군 사령부, 병참기지, 군수제조창회사를 운영한다. 네 번째 단계로 전면적인 독립전쟁에 돌입하여 일제를 몰아내고 국권을 광복한다. 마지막 단계로 새로운 사회의 건설에 인재들이 매진한다는 것이다.

그런데 이 5단계 구상이 운동의 단계론적 인식을 도표화한 것인지는 명확치 않다. 도산이 3·1운동 이후에 전개한 독립운동 방략을 보면 매우 종합적이고 전체적인 차원에서 접근하고 있는 것으로 볼 때 편의상 다섯 단계로 운동의 발전과정을 구분한 것 같다. 다시 말하면 기초작업이 완료돼야 진행 준비에 들어가는 것이 아니며, 낮은 단계와 높은 단계, 경제적 투쟁과 정치적 투쟁을 엄격히 구분한 것도 아니었다. 정세와 조건에 따라서 당면한 투쟁 과제를 종합적으로 인식하는 태도를 갖고 있었다는 것이다. 그러면서도 도산의 정세인식과 판단에는 주체역량의 준비 정도, 즉 주체 역량이 어느 수준에 있느냐에 따라 실천의 방향과 내용이 좌우되는 경우도 많았다.

객관적 정세보다 주체적 조건에 크게 영향을 받고 있었던 점도 분명하기 때문에 이 5단계 구상은 일정한 사고방식을 반영하고 있다. 그러나 도산의 이런 경향을 주관주의라고 평가하는 것은 지나친 것일 수 있다. 주체적 역량에 걸맞는 투쟁을 전개했느냐 하는 차원에서 이 도표를 이해해야 할 것 같다. 일본의 국력과 국제적 위상을 정확히 인식하고, 이에 맞서 싸우려면 지속적인 역량 확보가 중요하다는 것을 강조한 것이다.

그리고 이 구도를 보면 도산이 식민지 해방을 위해 독립전쟁이 불가피하며 준비와 작업이 모두 독립전쟁과 국권광복을 위한 실제 준비였다는 점이 분명하다. 인격 훈련과 인재 양성이 독립전쟁과 유리된 개인의 인격적 완성을 목표로 한 것이 아니라 독립운동의 역동적 과정에서 요구되는 필수적인 요소로 파악했기 때문이다. 어떤 자리와 직분을 맡고 있다 하더라도 인격 수련과 신성 단결이 독립전쟁과 국권광복의 실천을 위한 것이었지, 고고한 인격자나 심오한 신앙심, 인격자 집단을 목표로 한 것이 아니었다.

도산은 이 도표에서 처음에 무실, 역행, 충의, 용감의 4대 정신이 아니라 신애, 충의, 용감, 인내를 염두에 두었다. 서로 믿음과 사랑이 가득 찬 인간, 나라를 위하여 목숨도 내놓을 수 있는 애국자, 비겁하거나 무기력한 자가 아니라 진취적이고 적극적 사람, 어떤 시련도 이겨낼 수 있는 사람을 건전한 인격의 내용으로 보았다가 다시 청년학우회 시절의 무실, 역행, 충의, 용감 등 7대 정신을 축소시켜 4대 정신으로 명료화시킨 것으로 보인다. 이 도산의 창작 용어인 무실역행은 공리공론만을 일삼았던 조선 사회의 폐해를 지적하는 지행합일의 자세를 강조하는 것이면서 그 사상적 뿌리를 공자의 무본(務本)[22])에서 발전시키

....
22) 『논어』의 「學而篇」에 나오는 군자무본(君子務本). '군자는 근본에 힘쓴다' 는 뜻이다.

고 있다는 점이 흥미롭다.

　도산은 이 같은 구상에 따라 흥사단 조직 작업에 착수하면서 신민회 조직 과정에서 참조했던 프리메이슨과 중국의 비밀결사 등을 더 깊이 연구해 독창적인 조직이론을 체계화하고 구체화했다. 신성 단결을 위한 분명한 원칙, 합의를 위한 철저한 검증과 다양한 의식, 절차를 중시하여 이를 도입하고 조직생활의 규범으로 만들었다. 이를 위해 약법에 세세한 사항을 규정하고, 이를 철저하게 이행하도록 했다. 142개 항에 달하는 내용을 창립위원회의 의결로 제도화했다. 민주사회를 겪어보지 못했던 식민지의 인재들에게 민주주의적 훈련을 받고 생활화하도록 한 것이었다.

흥사단의 창단과 7도 대표 창립위원회 구성

　1912년 말 도산은 하상옥, 강영소, 정원도 세 청년과 함께 동맹수련을 시작했다. 약법 초안을 만들어 대구 출신의 송종익을 만나 흥사단 발기인으로 참여하라고 권유하여 동의를 받았다. 미주 동포들이 대부분 농장노동자이거나 장사꾼 또는 어린 학생들이어서 단우를 선발하는 작업이 쉽지 않았다. 늦게까지 일하고 돌아온 동지를 찾아가 밤늦게까지 토론하고 충분한 준비와 결의가 확인될 때까지 선발 작업이 계속됐다. 발기인대회 때까지 참여한 발기인이 LA에 16명, 샌프란시스코 등에 4명으로 20여 명이었다. 이런 준비 끝에 1913년 5월 13일 발기인 6명이 참석하여 강영소 집에서 창립식이 거행됐다.[23] 이날 참석자는 하

....
23) 1913년 5월 13일 흥사단 발기인 창립대회에 참석한 발기인 수와 그 시기까지 확정된 발기인이 몇

상옥, 강영소, 정원도, 홍언, 양주은, 그리고 도산이었다.[24] 이대위까지 7명이 참석했지만, 그는 창립 예배를 인도하기 위해 온 사람이니 그때까지 발기인은 아니었다. 이 창립식에서 임시 규정을 통과시키고 발기인이 25명이 넘으면 8도 창립위원을 선정하여 창립대회를 개최하고 본격적으로 조직을 가동하기로 결정했다. 도산은 전권위원으로 임명됐다.

하지만 1913년 말까지 발기인 대표로 참여할 농지의 선발이 쉽지 않았다. 블라디보스토크에서 느꼈던 대로 지방색 문제는 통일 단결에 심각한 장애가 될 터였다. 그래서 지방색을 없애기 위해 발기인 대표를 아예 조선 8도를 대표할 수 있는 인물로 선정하기로 했으나 충청도 출신의 단우가 1913년 말까지 없었다.

따라서 1913년 5월 13일에 8도 대표들이 모여 창립대회를 개최했다는 기존의 주장은 사실이 아니다.[25] 이날은 창단 발기인대회를 열고 조직 결성 과정에 필요한 제반 규정과 절차 등을 정한 임시 규정을 통과시킨 것이었다. 창립위원회가 구성된 것은 1913년 12월 20일이었다. 40여 명의 단우들이 서면 투표로 7명의 각 지역대표를 11월 30일까지 선거하여 7명의 창립위원을 구성했다. 이렇게 7명으로 구성된 창립위원회는 경기도 출신의 홍언을 창립위원장으로 뽑고 창립위원회를 가동시켰다. 그 이후인 1914년 여름 조병옥을 충청도 대표로 선정했다.

....

명인지는 여러 설이 있다. 미주 흥사단에서 활동한 곽림대와 한승인은 각기 40인설과 30인설을 주장하나 정확치 않은 것 같다. 흥사단에 있는 초창기 자료로 볼 때 발기인이 25명을 넘으면 창립위원회를 구성하기로 발기인대회 때 임시규정에 의해 결정했기에 5월 13일 발기인회를 개최했을 때는 분명 25명 이하였다. 초기 기록을 검토해 보면 5월 13일에 참여한 발기인은 20명이었던 것으로 보인다. 또 1913년 11월 22일에 발기인이 40명이 됐으므로 일단 충청도 대표를 뺀 7명을 창립위원으로 서면선거로 선출하여 1913년 말 창립위원회를 구성했다.

24) 양주은, 「노단우의 회고」, 『도산 안창호 전집 11』, 도산안창호기념사업회, 2000, 927~929쪽.
25) 「강영소가 도산에게 보낸 통지」, 『도산 안창호 전집 7』, 도산안창호기념사업회, 2000, 248쪽.

초기에 홍사단 지도부는 감독을 3인으로 하여 홍사단을 내외에 대표하도록 했으나 적임자가 없어 선출하지 않고, 평의부, 이사부, 검사부에 약간 명의 임원을 뒀다. 창립위원회 구성 이전에는 발기인회가 운영돼 실무 작업을 맡았다.

창립위원으로 선정된 인물은 경기도 홍언, 경상도 송종익, 함경도 김종림, 강원도 염만석, 황해도 김한주, 평안도 강영소, 전라도 정원도이었다. 충청도 발기인 대표인 조병옥은 창립 발기인 대회 이후인 1914년 여름에 입단했다.[26] 이렇게 창립 발기인회를 운영하면서도 8도 대표 선정에 노력을 기울인 까닭은 홍사단 조직이 평안도 조직이라는 비난을 벗어나기 위한 것이었다. 창립위원장에 경기도의 홍언을 선출한 것도 같은 이유에서였다.

이렇게 조촐하게 출범한 홍사단은 차츰 틀을 갖춰 독립운동사상 매우 독특하고 생명력 있는 조직으로 탄생하여 임시정부를 떠받쳤고, 때로는 비난과 배반의 소용돌이를 겪으며 험난한 독립운동 속에서 깃발을 굳게 지켜 나갔다. 발기인대회에 앞서 기념예배와 축가가 있었다.

홍사단 조직의 편제도 민주공화국의 원리를 원용하고 단우들을 훈련시키기 위해 삼권분립 체제를 만들어 의사·이사·심사라는 입법·행정·사법 체제를 구축하고, 각 지방에 지방위원회를 두고 모든 경과 사항을 본부에 보고하도록 했다. 의사부와 심사부 임원은 통상 단우들의 직접 투표로 선출했다.

도산은 발기인대회 이후에는 전권위원으로, 창립위원회가 성립되어 약법이 정식으로 통과되는 1914년 하반기부터는 이사부장의 직책을

---

26) 조병옥, 『나의 회고록』, 선진, 2003, 82~86쪽.

맡아 조직 전반을 총괄했다. 1915년에는 국민회 중앙총회장도 맡아서 매우 분주한 일과였음에도 인재의 선발과 훈련에 각별한 노력을 기울였다. 1915년 1월 16일에 맏딸 수산(繡山)이 태어났고 1917년 5월 27일에 둘째 딸 수라(秀羅)가 출생했다.

초창기 창립위원으로 1914년에 입단한 조병옥의 도산과의 문답이 흥미롭다.

나는 안창호 선생에게 편지를 내고 만나 뵙고 싶다고 했다. 그러던 중 어느 날 LA에 계시던 안창호 선생이 일부러 나를 만나기 위해 내가 있는 우리들리라는 작은 농촌에 오셨다. 안창호 선생은 이 농촌의 어느 작은 호텔에서 3일간 유숙하면서 나에게 흥사단에 입단할 것을 권유했다. 나는 3일간 안창호 선생과 담론하면서 그 인격에 깊은 감명을 느끼지 않을 수 없었다. 체격은 좀 마른 편이었으나 얼굴에는 언제나 위엄과 온화한 빛이 감돌고 있었으며, 입은 굳게 다물어 굳은 의지를 표현하는 듯했다. 그의 빛나는 눈은 매섭고 날카로운 관찰력과 명석한 두뇌를 지니고 있음을 표현하는 것 같았다. 따라서 항상 몸 가지기를 근엄하게 했으며 자세를 흐트리지 않았던 것을 지금도 기억하고 있다. 그의 음성은 높지도 않고 낮지도 않았지만 명랑하고도 부드러워서 사람을 대할 때에 친밀감을 주었고, 동시에 사람을 대하는 태도가 너그럽고 친절했다.
선생은 성심성의를 다하여 명석한 이론과 정연한 논리와 무거운 어조로써 나에게 흥사단의 입단을 권유했다. 그는 한국의 독립은 지구전이 되지 않을 수 없다고 하면서 일본의 당시의 국제적 지위를 말하고, 따라서 일본의 발언이 국제적으로 커다란 영향을 주고 있는 까닭에 우리 민족은 무엇보다도 실력을 배양하지 않으면 안 된다고 강조하는 것이었다. 우리 민족의 실력을 양성함에 있어서 기술을 배워야 하고, 독립정신이 철저한 인재를 많이 양성해야 한다고 주장하면서 이러한 인재를 양성하려면 무실역행의 정신 아래 집단적 훈련을 하지 않으면 안 된다고 역설하는 것이었다.

선생은 3일 동안 홍사단의 취지를 설명했는데, 정연한 이론과 열의로써 젊은 나에게 설득함에 감복하여 마침내는 홍사단에 입단하여 충청도 대표로 활야하게 되었던 것이다.[27]

입단 문답

도산은 홍사단을 상징하는 기러기 깃발, 마크, 입단가 등을 직접 제작하여 치밀한 준비 작업에 만전을 기했다. 홍사단 조직은 모든 집회와 활동과정에서 단을 상징하는 각종의 심벌을 활용하고 강조하여 조직원의 단결과 일체성을 고취해 민족을 떠받치고 나갈 일꾼들의 사명감과 의무를 체화시키도록 힘썼다. 입단할 때 문답을 반드시 거치는데, 이때 위원은 어깨에 누른빛과 붉은빛, 두 쪽을 합하여서 된 단대(團帶)를 맸다. 누른빛은 무실의 참됨을, 붉은빛은 역행의 힘을 상징했다. 또 충의의 백과 용감의 청과 아울러서 4색이었다.

문답을 시작하기 전에는 '거짓 없는 참으로 말할 것'을 강조하면서 각자 신앙에 따라서 기도하도록 했다. 기독교, 불교 등 모든 종파를 초월한 단결을 보이고 동시에 거짓 예와 단절하기 위해서였다.

27) 『도산 안창호 전집 11』, 107~108쪽.

흥사단 기와 안창호의 흥사단 입단 증서.

문: ○○ 군, 그대는 흥사단에 입단하기를 원하시오?

답: 네, 나는 흥사단에 입단하기를 원합니다.

문: 왜?

답: 우리의 독립을 회복하고 민족 영원의 창성을 얻으려면 흥사단주
   의로 갈 수밖에 없다고 믿습니다.

문: 왜?

답: 우리는 힘이 없어서 나라가 망했으니, 나라를 흥하게 하려면 힘
   을 길러야 합니다.

문: 힘이란 무엇인데?

답: 한 사람 한 사람의 건전한 인격과 그 건전한 인격들로 된 신성한
   단결입니다.

문: 나라의 힘이라면 부력과 병력일 텐데, 어찌하여 그대는 부력과
   병력은 말하지 아니하고, 건전한 인격과 신성한 단결을 힘이라고
   하시오?

답: 건전한 인격과 신성한 단결이 없이는 부력도 병력도 생길 수가

없습니다.

문: 왜? 농업과 상공업이 발달하면 부력은 저절로 있을 것이요, 대포와 군함만 있으면 병력은 저절로 있을 것이 아니오?

답: 국민이 건전한 인격과 신성한 단결이 없고는 농업이나 상업이나 공업도 발전할 수도 없고, 또 대포와 군함이 있어도 그것을 쓸 사람이 없을 것입니다.

문: 국민이 농업, 상업, 공업의 지식과 기술을 잘 배우고, 또 대포와 군함을 쓰는 재주를 잘 배우면 그것이 힘이 되지 않겠소?

답: 그렇습니다.

문: 그러면 지식과 기술만 배우면 그만이지, 인격이니 단결이니 하는 것은 무슨 소용이오?

답: 인격이 건전치 못한 사람의 지식과 기술은 나라의 이익을 위하여서 쓰이질 아니하고 도리어 나라에 해롭게 쓰이는 일이 많습니다.

문: 그런 실례가 있나요?

답: 5적, 7적은 다 무식한 자가 아니라 유식하고 유능한 자였습니다.

문: 그러면 지식과 기능과 인격과는 어떠한 관계가 있다고 생각하시오?

답: 지식과 기능은 인격의 3요소 중의 하나입니다.

문: 인격의 3요소는 무엇 무엇입니까?

답: 덕과 체와 지입니다.

문: 덕이란 무엇이오?

답: 도덕입니다.

문: 도덕이란 무엇이오?

답: 도란 사람이 마땅히 좇아갈 길이요, 덕이란 그 길을 걸어가므로, 즉 실천하므로 생기는 정의의 경향, 궤도, 다시 말하면 옳은 길을 즐겨하는 버릇과 힘인 것입니다.

문: 그러면 그 덕의 중심이 되는 것, 근본이 되고 기초가 되는 것이 무엇이라고 ○○ 군은 믿으시오?

답: 참이라고 믿습니다.

문: 참이란 무엇이오?

답: 거짓이 없다는 것입니다.

문: 거짓이란 무엇이오?

답: 거짓말과 속이는 행실입니다.

문: 거짓이 어찌 해서 옳지 못한 것이오?

답: 단결 안 되는 것이 그 한 실례인가 합니다.

문: 어찌 해서?

답: 민중이 지도자를 안 믿고 지도자끼리 서로 안 믿고, 민중끼리 서로 안 믿고 단결이 될 리가 없다고 생각합니다.

문: 우리나라가 망하기 전에 백성이 정부를 믿었소?

답: 안 믿었습니다.

문: 왜 안 믿었을까요?

답: 대신이나 수령, 방백이나 제 욕심만 채우고 나라와 백성을 생각하지 않았으므로.

문: 그것이야 이기심이지 왜 거짓이오?

답: 나라 일을 함네 하면서 제 일을 하니 거짓입니다.

문: 그렇게 정부 관리들이 다 거짓을 했고 그렇기 때문에 백성이 믿지 않았다는 것은 무엇으로 압니까?

답: 만일 관리들이 거짓이 없었고, 백성들이 나라를 믿었다면, 나라 가 망했을 리 없을 것입니다.

문: 나라가 망한 것은 다 거짓 때문이라고 생각하시오?

답: 이전에는 그렇게 생각하지 않았는데, 이 문답 중에 그렇게 생각 하게 되었습니다.

문: 참이 큰 덕이요 거짓이 큰 악이겠지만, 그 때문에 국가의 흥망까 지야 달리겠소?

답: 중용에 성자는 천지도야요 성지자는 인지도야라 헸고, 또 불성이 면 무굴이라 했으니 성리나 참이요. 천지가 참으로 유지되어 가 나 한 번 참이 깨어지면 천지는 즉시 부서지리라고 생각합니다. 모든 별들이 제 궤도를 갑네 하고 딴 길을 가고, 시서가 어그러져 봄이 되는 척 하고 겨울이 된다고 하면 천지는 파괴가 되고 혼란 이 되리라고 생각합니다. 나라도 그와 같아서 모든 벼슬아치와 모든 백성이 다 참을 지키는 동안 결코 망하지 않을 것입니다. 그 와 반대로 그중에 어느 하나가 참을 버리고 거짓 길로 가면 벌써 그 나라는 어지러워진다고 생각합니다.

문: 옳소, 옳소! 그러면 우리나라를 참 나라로 만드는 길은 무엇이 오?

답: 거짓을 버리는 것입니다.

문: 거짓을 버린다면 실제로는 어떻게 한단 말입니까?

답: 거짓말을 끊고 거짓된 것을 일체 버리는 것입니다.

문: 누가?

답: 우리 민족입니다.

문: 2천만이 넘는데? 어떻게? 무슨 방법으로? 누가?

답: (오랜 시간 말이 막힌다)

문: (말없이 쳐다보고 있다)

답: 내가 합니다. 내가 거짓을 버리고 참된 사람이 되어야 합니다.

문: OO 군이?

답: 네.

문: 흥사난 약법을 다 읽어 보셨나요?

답: 네.

문: 다 외우셨소?

답: 네.

문: 조목마다 다 깊이 생각해 보셨소?

답: 네, 오늘 문답을 받아 보고야 비로소 흥사단의 뜻이 얼마나 깊은
지 알아지는 것 같습니다. 사실 이처럼 깊은 줄은 몰랐었습니다.
나는 약법을 외우기까지 했으니 흥사단을 잘 안다고 믿고 있었는
데 오늘 문답을 하여 보니, 내가 흥사단을 안 것은 피상뿐이었다
고 깨닫게 되었습니다.

문: 예를 들면 어떤 것이오?

답: 나라가 망한 근본원인이 거짓에 있다는 것 같은 것.

문: 또?

답: 나라가 망한 책임자도 나요, 나라를 일으키는 책임자도 나라는
것 같은 것.

문: 그렇게 생각하시오?

답: 그렇게 생각하게 되었습니다.

이런 문답을 통해 입단한 단우들이 3 · 1운동 이전까지 116여 명이

었다. 통상 단우 76명, 예비 단우 21명, 특별 단우 22명, 적립금은 2,250원이었다.[28] 1년에 몇 십 명을 넘지 못했던 것이다. 그러나 초창기 단우들은 거주 지역을 중심으로 반을 편성하여 '단원의 공동 직무'에 따라 직무, 일과, 예절 등을 자세하게 규정된 대로 생활했다. 동맹저축과 동맹독서, 운동을 일상생활 속에서 준수하고 보고하도록 했다. 이런 엄격한 수련 과정을 통해 단우 개개인이 독립전쟁의 투사가 될 지도적 인물이 될 수 있을 것으로 생각했던 것이다. 홍사단우들은 월례회와 토론회, 운동회 등을 통해 정의(情意)를 돈수(敦修)하고 신성한 단결을 다짐하면서 한말의 학도가와 모란봉가, 흑인영가 등을 함께 불렀다.

그런데 이렇게 적은 단우의 수는 엄선주의도 하나의 원인이지만, 그보다는 미주 동포 사회라는 좁은 틀에서 인물을 찾았기 때문이었다. 이런 조건은 극복되기 어려웠다. 이런 한계를 극복하기 위해 신민회 시절처럼 국내 등 각지에 인물을 파견하여 조직 확대 작업을 했던 것 같지는 않다. 일부 귀국하는 단우들이 생겨나고 있었지만 국내 조직이나 반 활동은 없었다. 독립전쟁의 지휘부가 아니라 인재 양성과 훈련을 주된 목적으로 조직된 단체였기 때문이었다. 3 · 1운동 이전 미주 홍사단과 단우들은 철저하게 기초 단계의 활동 수준에 머물렀다.

3 · 1운동 이전의 국내 사정

3 · 1운동이 일어나기 전까지 미주 시대의 홍사단은 단우 모집과 동맹수련, 신성단결과 재정적 기초를 만들기 위한 북미실업주식회 사

---

28) 홍사단성적표 1919년, 『도산 안창호 전집 7』, 2000, 도산안창호기념사업회, 438~448쪽.

1915년 하와이를 방문한 안창호와 국민회 하와이 지방총회 임원들.

업 등을 정력적으로 전개하여 대한인국민회 조직을 떠받치고 흥사단 운동의 중심이 될 인물들도 배출했다. 하지만 미주 동포 중에서 인재를 선발할 수밖에 없는 지역적 한계와 이주노동자와 고학생 중심이었으므로 독립운동에 필요한 인재를 기른다는 목표와는 거리가 생겼다. 흥사단의 주체적 역량의 실상을 도산이 잘 알고 있어서 1919년까지 단 전체를 지도할 감독이나 임원을 전부 선출하지 않고 일부 임원만 선출하고 있었다.

　이런 한계는 도산이 국내외를 망라하는 전체 독립운동 전선에서 해야 될 보다 적극적인 역할을 스스로 제약하는 조건으로 작용했다. 특히 1915년경 구체화되기 시작한 국민회 하와이 지방총회의 이승만과 박용만 간의 분열과 대립은 도산이 대한인국민회 중앙총회장으로 일선에 나서서 수습하지 않으면 안 될 정도로 감정 대립을 넘어 법정 다툼까지 가는 자중지란에 빠졌다.

1912년 국민회 하와이 지방총회는 동포의 교육과 훈련을 위해 이승만과 박용만을 하와이에 초청했다. 이승만은 영어학원을 맡고 박용만이 언론을 맡기로 했으나 박용만은 곧 군사학교를 세워 젊은 청년과 여성을 모아 군사훈련을 하면서 미 군함을 타고 본국으로 독립전쟁을 하러 가자는 주장을 폈고, 이승만은 외교전만이 우리나라가 독립할 수 있는 길이라면서 독자적인 세력 기반을 만들어 가고 있었다. 양 세력의 다툼이 패싸움에서 폭력사건으로, 급기야 법정으로까지 가게 됐던 것이다. 국민회 중앙총회장의 자격으로 도산은 1915년 하와이를 방문해 양 지도자를 화해시키려 애썼으나 두 사람 모두 피하는 바람에 하와이 동포들을 상대로 연설하고 토론회를 진행하면서 양측의 화해와 단결을 촉구했다. 그래서 양측 간부들이 화해하기로 결정했기 때문에 도산은 동포 사회의 분열 책임은 지도자들의 태도에 달려 있다는 점을 강조하고 화해할 것을 권유하여 형식상으로 일단 봉합되었다. 그러나 각자의 치열한 세력다툼으로 국민회 하와이 지방총회는 사실상 별개의 조직처럼 되어 갔다. 한편 시베리아와 만주 조직은 러시아의 탄압과 일제의 공격으로 무력화되고 있었다.

총독부의 철권 통치

도산이 국민회 조직 관리에 머리를 싸매고 흥사단 조직의 기초를 다지기 위해 동분서주하던 시기에 국내는 어떻게 돌아가고 있었나? 일본은 조선을 식민지로 다지기 위해 정치적으로 철저한 무단통치를 지속하여 언론 · 출판 · 집회 · 결사와 같은 어떤 움직임도 허용하지 않았다. 또한 경제적으로는 식민지 체제로 재편하기 위해 토지와 임야에 대한 조사사업을 진행하여 1918년에 완료했다. 그 결과 막대한 양의 논밭과 산이 조선총독부의 재산이 되었으며, 여기에서 나오는 지대 수입이 총독부의 중요한 재원이 됐다. 대대로 내려오던 땅을 빼앗긴 농민은 대부분 소작농으로 전락했다.

총독부는 회사령도 만들었다. 조선인에 의한 신산업 진흥을 철저하게 억제하기 위한 조치였다. 1910년 일본인 회사 102, 조선인 회사 21, 기타 외국 회사 10, 한일 합작사가 20개 정도 있었는데 허가권을 통해 조선인의 진출을 억제하고 조선 경제를 철저하게 일본 자본주의에 종속시키려 했다. 일본은 국치 이전에 경인 · 경부 · 경의선을 완공한 데 이어 호남 곡창지대의 쌀 반출을 위해 1914년 호남선과 경원선을 완공하여 운송 체계를 완비했다. 총독부는 효율적인 식민지 관리를 위해 주요 도시를 연결하는 전신전화를 가설하고 1918년에는 일본 화폐만 통용되도록 조치했다.

이렇듯 경제적 궁핍이 심각해지고 전국에 애국지사들이 설립했던 학교들이 폐쇄되면서 앞날에 대한 아무런 기대를 가질 수 없게 된 암흑천지가 꿈에도 잊을 수 없는 사랑하는 한반도였던 것이다.

해외 각지에 망명한 독립지사들은 만주와 미주, 연해주에서 도산처럼 장기적인 독립투쟁에 대비해 기반 구축에 이를 악물고 뛰어들고 있었고, 일부 의병의 소규모 전투가 산발적으로 진행됐지만 성과를 가져올 수 없었다. 국내의 신민회 지하조직이 1911년 일제에 의해 철저하게 무너진 뒤 국내 핵심부는 감옥에서 신음하고 있거나 끔찍한 악형에 놀라 암중모색에 들어가고 있었다. 그래도 기독교, 천도교 등의 세력은 종교 활동을 통해 기맥을 유지하면서 바깥세상의 흐름을 주시했다.

복잡해진 중국과 러시아 사정

중국의 사정은 복잡했다. 의화단 운동 이후 붕괴에 직면한 청조가 뒤늦은 개혁 조치를 취해도 효과가 없었다. 열강의 이권 침탈이 계속되자 중국동맹회를 조직한 손문을 비롯한 혁명세력이 우한(武漢) 봉기에 이어 전국 각 성에서 연달아 청조에 반기를 들었다. 하지만 이때 손문의 세력은 소수였다. 대부분 입헌파나 구세력이 제휴해 청조로부터 독립을 선언하는 경우가 많았다. 이들 세력은 연합해 임시정부를 수립하기로 하고 손문을 임시대총통으로 뽑았다. 1912년 1월 1일이다.[29] 청조는 위안스카이를 총리대신으로 내세워 남북 화의를 시작해 중화민국 임시약법에 합의했다. 마침내 청조는 선통제 푸이가 퇴위함으로써 막을 내렸다. 여진족의 청조가 공식적으로 사라진 것이다.

중국 대륙은 이후 혁명파와 각 지방에서 일어난 군벌이 각축을 벌이는 소용돌이 속으로 빠져들어 갔다. 중화민국이 발족되고 정당이 난립되어 공화당과 혁명파의 국민당이 1913년 2월 선거에서 경쟁해 국민당이 제1당으로 부상하고 원세개가 이를 저지하면서 2차 혁명이 일어났다. 2차 혁명은 원세개에 의해 진압되고 국회를 사실상 무력화시키고 원세개 독재 시대가 시작되었다. 일본에 다시 망명한 손문은 구동맹회 세력을 기반으로 새로운 혁명정당을 만들었다. 1914년 7월 8일 중화혁

---

29) 堀川哲男, 왕재렬 편역, 『손문과 중국혁명』, 역민사, 1983.

명당을 선포한 것이다. 국민당의 실패를 되풀이하지 않기 위해 당원 자격을 엄격히 심사하여 비밀·지하조직화했다. 그러다 1914년 제1차 세계대전의 발발했고, 11월에 일본군이 산동성을 침략해 일부 지역을 점령하는 사건이 일어났다. 1915년 일본은 21개조 요구를 원세개에게 제시했다. 이를 적당히 무마한 원세개는 엉뚱하게도 황제의 꿈을 구체화하기 시작하자 이에 반대하는 시위와 전국에서 봉기가 일어났다. 이것이 3차 혁명이다.

　　이런 상황에서 원세개가 사망했음에도 사태는 각 지역에 할거하기 시작한 군벌들 간의 항쟁 시대로 변했다. 손문은 상해에서 1916년『민권 초보』를 쓰고 1917년 7월 호법을 내걸고 비상국회를 소집했다. 손문이 선언한 호법 전쟁도 왕정위(段祺瑞)의 북경 정부와 남북 화의가 시작돼 아무 성과 없이 끝났다. 상해에 다시 온 손문은 필생의 임무라고 생각한 건국 방략을 완성했다. 건국 방략은『손문 학설』,『민권 초보』,『실업 계획』의 3부로 구성돼 있다. 이렇듯 중국도 각지에 할거하고 있는 군벌의 실질적인 무력을 극복할 방안을 찾지 못하고 있었다.[30]

　　반면 조선 말부터 끊임없는 남하정책과 부동항 확보 문제로 일본과 각축을 벌여 왔던 러시아는 1904년 러일전쟁으로 패퇴한 데 이어 독일과의 제1차 세계대전에 전력을 소모하고 1917년 볼셰비키 혁명으로 붕괴했다. 그리하여 인류사상 최초의 노동자 정권이 들어섰다. 하지만 시베리아 지방을 포함한 각 지역은 내전의 대혼란에 휩싸였다. 그러다 1919년 이후 적군에 의해 대부분 내란이 진압되었고 공산당 정권의 새로운 실험이 시작되고 있었다. 소비에트 러시아의 출현으로 미국·영

30) 堀川哲男, 왕재렬 편역,『손문과 중국혁명』, 99~126쪽.

국·프랑스 등 제국주의 열강은 공산혁명의 팽창을 저지하기 위해 새로운 협력 분위기를 조성하고 있었다.

식민지 해방 논의 본격화

이런 국내외 조건에서 해외 동포 조직을 기반으로 한 임시정부 조직은 사상누각에 지나지 않는다고 생각하는 것이 상식적이었을 것이다. 그래서 1917년 상해 동포 단체를 중심으로 한 대동단결선언에도 국민회 중앙총회는 참여하지 않았다.

도산은 1918년 흥사단 동지들에게 이런 편지를 썼다.

자기의 일을 자기가 스스로 아니하고 가만히 앉았다가 말 몇 마디 글 몇 줄로써 독립을 찾겠다는 것이 어느 이치에 허락하리오.

먼저 생각할 것은 일본이 어느 나라가 권고한다고 '예' 하고 조선을 쉽게 내어 놓겠는가 하면 응당 그렇지 아니할 터이라고 대답할지라. 그러면 우리가 윌슨 대통령에게 교섭함으로 미국이 박애의 덕으로 아무 다른 이유가 없이 대한의 독립을 위하여 미일전쟁을 일으키겠는가. 대한 사람을 귀엽고 가엾이 보아서 전국의 재정을 기울이고 수백만의 목숨을 희생하여 싸워 줄 이치가 있을 듯하지 않도다.

폐일언하고 조선이 독립하려면 조선 민족이 정신상 독립과 생활상 독립부터 먼저 되도록 또는 대동단결이 이루어지도록 준비에 노력을 더하고 더함이 가하다 하노라.

그러나 오늘에 당장 구체적으로 해외 한인의 대동단결을 이루겠느냐 하면 아직은 몽상뿐이오 실로는 못 될 일이로다. 대동단결을 이루려면 몇 가지 먼저 요구하는 것이 있나니, 첫째, 다수 동포가 대동집합할 만한 상식이 있어야 할 것이오, 둘째, 큰 단체를 옹호할 만한 중추력이 있어야 할 것이오, 셋째, 중추의 중심으로 단체 전부를 통어할 만한 인물이 있어야 하겠거늘 지금에 요구하는 이 셋이 다 있는가. 더러 있는가. 나는 살피건대 장차는 있겠지마는 오늘에는 이 셋 중에 하나도 없다 히노리.

독립의 운동과 대동단결의 주선이 다 아직은 그 시기가 아니라 하면 이것 외에 이 전쟁 후에 우리의 믿음직한 소망이 무엇이며 할 것이 무엇인가. 우리의 받들 것은 잎과 꽃이 아니요 뿌리며, 난간과 지붕이 아니고 기초로다. 우리의 할 것은 이것을 정성스럽게 받고 이것을 견고케 함이로다.

이 전쟁 후에 우리 가운데 몇 만 원 자본이 뭉칠 터이니 이는 실업 발전의 기초요, 많은 수학자(修學者)가 일어날 터이니 이는 수학 발전의 기초요, 많은 영업자가 생길 터이니 이는 생활독립의 기초요, 우리 기관 안에 적립이 증가할 터이니 이는 우리 단의 실무가 점차 진흥할 기초로다. 이것이 요행이나 쳐다보고 빈 생각과 빈 말이나 하는 우활한 사람에게는 매우 적은 것이라고 시들하게 볼는지 모르나 견고한 기초 위에 좋은 건설이 있고 튼튼한 뿌리 위에 좋은 꽃과 열매가 있음을 아는 우리는 매우 크고 중한 줄로 알고 기초와 뿌리가 생길 만한 싹도 잘 보이지 아니하므로 우리는 이것을 받을 수만 있으면 행여나 놓칠까 두려워하여 받는 데 정성을 다하고 보전함에 노력을 다하리로다.[31]

31) 주요한 편, 『안도산전서』, 611~613쪽.

제1차 세계대전이 종전 국면으로 전환되면서 피압박민족의 식민지에 대한 해방 논의가 벌어지는 등 상황은 급변하기 시작했다. 1917년에는 상해를 중심으로 대동단결선언에 참여할 것을 권유받았으나 국민회는 참여하지 않았다. 그러나 1918년 제1차 세계대전이 종결되면서 1919년 1월 4일 임시특별대표원회를 소집하여 종전과 식민지 해방 문제를 논의하였다. 이때 도산은 국민회 관계자들이 곧 독립이 올 것처럼 기대하는 것은 환상이라는 점을 지적하고 1월 20일 이승만과 회동, 대응책을 논의했다. 그림에도 불구하고 도산은 독립전쟁과 독립승인 모두 현실성이 없다는 냉철한 판단을 내렸다. 독일을 상대로 일본과 함께 싸운 미국이 일본과 싸우면서까지 조선의 독립을 추진할 리가 없다고 분석한 것이다. 그러나 윌슨의 민족자결주의는 제국주의의 학정에 신음하던 피억압민족들에게 희망의 메시지로 받아들여졌고, 조선의 민족운동 세력들은 이 기회를 이용해 대대적인 독립만세운동을 계획했다. 동학농민봉기 실패 이래 숨죽이면서 실력을 길러 온 동학과 선교사를 통한 세력 확대에 성공한 개신교 세력이 중심이 되고, 제1차 세계대전 이전까지 전국 각지에서 전개됐던 애국계몽과 실력양성운동의 씨앗들이 자라서 전국적 시위로 불타올랐던 것이다.

　　1919년 3월 9일 300만의 천도교 · 기독교인들이 만세시위운동을 일으켰다는 현순의 전보를 통해 3 · 1운동 소식을 들은 도산은 사실 당황했다. 또 갑갑했다. 그러면서도 말할 수 없이 화가 났다. 도대체 아무 대책도 없이 적 앞에 맨손의 동포들을 앞장세우면 어떻게 하란 말인가? 어쨌든 국내 사정에 너무 어두웠던 것은 커다란 문제였다. 하지만 아무런 준비 없이 터진 폭발이 가져올 엄청난 피해를 헛되이 해서는 안 된다, 고귀한 값진 희생을 거름삼아 결실을 만들어야 한다고 생각했다.

이제 뒷감당을 어떻게 해 나갈 것인지를 걱정하지 않을 수 없었다.

도산은 3월 13일 대한인국민회 중앙총회를 소집해 "독립선언의 대사건이 발생하기 전에는 내지 동포의 내정을 잘 몰라 앞뒤를 돌아보며 주저했지만 재주와 힘을 다하여 생명을 희생하여 죽기까지 용감하게 나아가자"고 연설을 하고 대표자들의 토의를 거쳐서 결의문을 채택했다. 이어서 총회장 명의의 포고령도 발표했다. 그런데 중앙총회의 결의문에는 임시정부 추진에 대처하는 것으로 나와 있는데 포고령에는 이 부분이 빠져 있다. 이는 여전히 도산이 임시정부 형태보다 혁명당이라는 당적인 지도기관이 필요하다고 판단했기 때문인 것으로 보인다.[32] 3·1운동의 고조된 여건에서 독립운동의 지도자들을 통일·단합시켜 독립전쟁에 대처해 나가자는 구상이었다. 이때까지도 도산은 국내에서 벌어진 3·1운동의 자세한 내용을 정확히 파악하고 있었던 것은 아니었다.

도산은 1919년 4월 5일 북미 지방총회장으로서 특파원 자격으로 학생이었던 황진남과 정인과를 대동하고 샌프란시스코를 출발했다. 도산도 어느덧 불혹을 갓 넘긴 41세의 장년이었다.

---

32) 주요한 편, 『안도산전서』, 223~226쪽.

7막

통합 임시정부의 틀을 세우다

통합 임시정부, 절반의 성공

상해, 노령, 미주 등 복잡한 대립

도산이 필리핀을 거쳐 홍콩에 도착한 것은 1919년 5월 중순이었다. 한 달이 넘는 항해 동안 도산은 '독립전쟁의 준비가 덜 된 상태에서 맨주먹으로 독립선언을 해 버렸으니 동포들의 희생과 일제의 무자비한 탄압은 극에 달할 것이다. 결국 3·1만세운동이 지속적으로 전개되거나 독립전쟁으로 나갈 상황이 되지 못할 것이다. 하지만 피를 흘리고 싸웠고 독립을 선언했으니 이제 다른 길은 없다. 3·1운동의 피로써 맺어진 열매가 상해 회의인 만큼 통일단결하여 독립과 혁명의 중심을 세우고 체계적인 독립항쟁을 전개해 나가자'고 생각했다.

그런데 필리핀에 들렀을 때 상해의 대한민국 임시정부, 노령의 국민의회, 한양의 임시정부가 선포되었다는 소식을 들었다. 도산은 이 문제를 제대로 수습하지 못하면 독립운동은 상당한 타격을 입게 될 것임을 직감했다. 세 군데서 각기 다른 임시정부가 들어선 것은 각기 고립된 운동을 해 온 그동안의 정황으로 보아 어쩔 수 없었다 하더라도 이제부터는 하나로 통합해야만 했다. '제1차 세계대전의 시기에 국내외 조직의 통합이나 혁명대당의 조직이 있어야 했는데 너무나 유감스럽지만 이제 와서 어쩌겠는가? 자칫 이 현상을 방치하면 분열과 파쟁은 고질병이 될지 모른다.' 안창호는 우선 임시정부부터 통일하여 확고한 지도기관으로 만드는 일을 급선무라고 파악했다.

홍콩에서 들은 임시정부 소식은 몇 군데가 더 있었다.[1] 이때 조직된 정부 각료로 빠짐없이 등장하는 인사는 이승만과 도산 두 사람이었다. 8개의 임시정부 가운데 내각을 발표한 곳은 6곳인데, 그곳에서 모두 각료로 발표된 사람이 이승만과 도산이었던 것이다. 도산은 대한민국 임시정부 내각에 학무경, 조선민국 임시정부 조직에 학무경, 상해임시정부의 내무총장, 한성 정부 노동국총판, 조선공화국 가정부 포고에 내상, 신한국민국 정부의 노동부장 등으로 발표되었던 것이다.

도산은 일단 신민회 시절의 동지였던 조성환을 만나 그동안의 경과를 듣고자 했으나 그는 뜻밖에도 오지 않았다. 그가 어려웠을 때 재정적 지원은 물론이고 서신 교류도 꾸준히 했었는데 홍콩 면담을 거절하는 그의 태도를 이해할 수 없었다. 대신 LA에 전보를 쳐 상해로 도산을 초청한 현순이 왔다. 조성환이 도산의 전보를 받고서도 가지 않아서 대신 현순이 달려온 것이었다. 상해 사정은 매우 복잡했다. 상해에 만주로부터 이동녕과 이시영이 이미 도착해 있었는데, 이동녕은 임시정부의 의정원 의장, 이시영은 법무총장을 맡았다. 그런데 신민회 시절의 동지인 이시영, 이동녕, 신규식 등이 도산이 온다는 소식을 듣고 환영은커녕 항주(杭州)와 북경으로 모두 피해 버렸다. 참으로 어처구니 없는 일이었다.

여기에는 몇 가지 사정이 작용하고 있었다. 도산이 홍콩에 도착하여 연락했을 때는 이미 임시정부가 출범해 가동되고 있는 상황이었다. 그때 상해의 임시정부에는 노령의 국민의회와 통합문제로 이견이 발생

---

1) 3·1운동 직후 발표된 임시정부는 8개였다.

했다. 노령의 국민의회는 상해의 임시정부를 일단 승인했지만 양쪽 임시정부의 통합을 주장했다. 그래서 원세훈을 통해 상해와 노령의 임시정부가 통합하되 정부의 위치를 노령에 둘 것을 제의하면서 양측이 공식적인 통합 논의를 시작했던 것이다. 이때 양쪽 정부의 각료로 선임된 문창범(교통총장), 이동휘(군무총장), 최재형(재무총장)은 해삼위에 머무르고 있었다. 노령과 간도에서 온 인사들은 내각 전체, 또는 교통부와 외교부를 제외한 부서를 노령이나 간도로 이전해야 한다고 주장했고, 다수의 사람들은 이를 반대했다.

상황이 혼란스러워지자 의정원 의장을 맡고 있었던 이동녕과 법무총장 이시영이 연이어 사임했다. 상해의 임시의정원은 5월 13일 임시정부의 위치 문제에 대하여 상해로 할 것을 결정하고 국민의회와 임시의정원을 통합하여 의원(議院)으로 조직하기로 했다. 다만 노령에서 의원을 두기로 고집할 때는 노령 측 의원을 6명 이내로 하여 허용하자는 방안을 놓고 의정원에서 공방을 벌이고 있었던 것이다. 또한 이승만의 위임통치 문제도 큰 논란거리였다.

이런 속사정 때문에 홍콩에 도착한 도산이 전보와 편지를 보내도 선뜻 면담에 응하지 않았던 것이었다. 현순으로부터 자세한 사정을 들은 도산은 한 치 앞도 내다볼 수 없는 정치판에 들어왔다는 것을 실감했다. 그래도 도산은 맨주먹으로 피 흘리며 독립만세를 외친 동포의 간절한 기대를 헛되이 해서는 안 되며, 동지들을 설득하고 통일시켜 통일적인 지도기관을 조직하는 일이 시급하다고 생각했다. 도산은 현재 실정으로 보면 정부를 꾸려 갈 인재도 재정도 핵심 세력도 없기 때문에 혁명대당의 조직 형태가 적합하다고 보았지만, 이미 임시정부가 선포됐으니 다른 방도가 없다고 생각했다.

5월 25일 상해에 도산 일행이 들어오자 임시정부의 젊은 동지들과 교민은 대대적으로 환영하고 크게 기대했다. 왜냐하면 그때 임시정부는 매우 곤란한 상태에 빠져 있었기 때문이었다. 국내도 일제의 무자비한 탄압으로 만세운동이 5월 이후 잦아들고 있었고 임시정부를 선언했지만 사실상 젊은 청년들뿐이었다. 국무총리 이승만과 6부 총장으로 구성된 임시정부 각료 가운데 그나마 있었던 법무총장 이시영도 사임한 채 상해를 떠났고 의정원 의장도 마찬가지였다. 한심하게도 정부청사는커녕 회의비나 식사비조차 마련할 수 없었다. 정부 조직이 최소한 존립할 수 있는 조건을 갖추지 못한 상태였다. 이참에 신민회 시절 뛰어난 조직력과 지도력을 발휘했던 도산의 등장은 일부 간부들의 회피에도 불구하고 새로운 희망을 주었다.

영광스런 임시정부를 만들자

도산은 상해에 도착한 바로 다음 날인 5월 26일 국제 조계 구역 안에 있는 중국인 교회에서 교민친목회가 주최한 환영회에 참석하여 "대한 사람은 대한을 위하여 일해야 하고, 통일단결과 영광스런 임시정부를 만들자"고 호소하여 깊은 감동을 주었다. 상해에는 3·1운동 이전부터 100여 명의 동포들이 살고 있었는데, 3·1운동 직후 약 500여 명으로 늘어나 있었다. 도산은 상해에 도착한 뒤 장기간의 항해로 몸이 불편하여 홍십자병원에 입원하여 치료를 받았다. 28일에는 청년단 주최의 환영식에서 "속이지 말고 놀지 말자"고 하면서 "태산 같은 큰일을 준비하자. 낙심 말고 겁내지 말고 쉬지 말고 용감하고 담대하게 나가자"고 격려했다.

6월 4일 중국인 교회에서 두 번째 연설을 하면서 도산은 독립전쟁에 대한 구체적인 계획을 강조했다.

여러분이 나의 시정방침을 듣기 원한다 하나, 금일 우리 방침은 독립운동에 대한 방침이외다. 우리가 독립을 다한 후에 경성에 가서 할 시정방침을 찾지 마시오. 한국인이 요구하는 것은 ①한국민이 모두 통일하여 승인 전에 스스로 국가를 건설코저 하는 요구, ②정의와 인도기 각국에 이해되이 우리 사정을 공평하게 판단하게 하는 요구, ③우리의 문제를 무력으로 해결하는 요구인데 일본은 반대로 ①한국민의 통일치 못하게 하여 자멸케 하는 요구, ②공평한 판단이 나서지 못하게 하는 요구, ③한국이 강한 무력을 못 갖게 하는 요구요. 따라서 일본이 봉천 안동현에 밀정을 보내 이간책을 쓰려 하므로 우리가 통일을 이루지 못하면 하나도 성취하지 못할 것이요. … 외교를 전혀 무시할 수 없으니 … 무력에 대하여 질서 있게 계획하여 나아가야겠소.[2]

이 연설에서 주최측이 시정방침을 들려줄 것을 요청한 듯 보이나 도산은 시정방침은 독립된 이후에나 할 일이라면서 지금은 독립운동 방침이라고 말했다. 도산의 임시정부 참여를 기정사실화하고 구체적인 방안 제시를 기대하고 있는 정황이 나타나고 있다.

도산은 6월 6일에는 애국부인회 환영회에 참석하여 "조선 여자의 절조가 세계에 으뜸으로 존경받을 만하지만 남편의 부속물로 여겨 여자도 떳떳한 권리를 가진 것을 모르고 스스로 낮추는 태도를 갖고 있었

2) 안창호, 「독립운동방침」, 『도산 안창호 전집 6』, 70~71쪽.

는데, 새로운 정신이 일어나서 이번 독립운동에서도 사나이들보다 여성들이 먼저 시작하고 피를 흘렸다"는 점을 칭찬하면서, "여성들이 독자적으로 독립사업을 진행해 나가 달라"고 당부했다.[3]

도산은 이렇게 여러 상해 동포를 상대로 강연하는 한편 각계의 인사들과 면담을 하여 의견을 끝까지 듣고 토론을 했다. 상해에는 국치 이후 망명한 신규식, 홍명희, 성인보, 여운형, 김규식, 신채호, 조소앙, 문일평 등이 있었고, 신규식의 동지사와 여운형의 신한청년단 등의 단체가 활동하고 있었다.

이들 중 특히 신한청년단은 왕성한 활동을 벌여 제1차 세계대전이 종전되자 김철을 본국에 보내 천도교 측으로부터 자금을 지원받아 김규식을 파리강화회의에 파견하고 여운형을 러시아로, 장덕수와 선우혁을 국내로 보내 독립운동을 일으키자는 활동을 벌였다. 이광수와 장덕수가 상해로 오자 신한청년단은 프랑스 조계에 사무실을 내고 조직 명칭도 신한청년당으로 바꿔 본격적인 각지 연락과 선전활동으로 신익희, 조완구, 이춘숙, 윤현진 등이 상해로 모여들었다. 신한청년당은 임시의정원과 임시정부의 조직이 갖춰지자 자진하여 해산했다.

상해에 망명인사들이 집결한 이유는 상해 국제 조계 가운데 영국과 일본 조계는 일본 경찰력의 힘이 미치는 데 반해서 프랑스 조계는 비교적 신변의 안전이 보장됐기 때문이었다. 이 프랑스 조계에는 조선의 망명객은 물론이고 손문, 천치메이를 비롯한 중국의 지사, 인도 · 베트남의 혁명가들의 거처가 있었다.

이미 정부의 차장으로 임명된 청년 차장들이 도산에게 하루빨리

----

3) 안창호, 「한국 여자의 장래」, 『도산 안창호 전집 6』, 73쪽.

내무총장에 취임하여 상해임시정부를 가동하자고 재촉했다. 도산은 각지에 난립한 임시정부 문제를 잘 수습해 통일시키지 못하면 3·1운동의 피 흘린 희생이 무의미해지고 독립운동의 지속적인 투쟁보다 해외 동포 간에 분열·대립의 골만 깊어질 것을 우려하지 않을 수 없었다.

상해에 도착해 연설과 면담을 하면서 도산은 만주에 해외 동포들이 가장 많이 거주하고 있으므로 그곳에 근거지를 세워 동포들을 교육하고 훈련시켜 독립전쟁에 대비하자는 방안을 내놓았으나 상해 청년층의 강력한 반발을 받았다. 이에 도산은 일단 선포된 임시정부를 통일시켜 지도기관으로 세우는 수밖에 없다고 판단했다. 그래서 도산은 임시정부 내무총장 취임 조건으로 각지에 있는 영수들을 상해로 모을 것과 자신의 자리를 다른 사람을 추대할 것을 제시하여 동의를 얻고 비로소 임시정부에 취임하기로 결정했다.

물론 청년들이 이 제안을 선뜻 수용했던 것은 아니었다. 명망가들이 이미 몇 차례 초청하는 데도 오지 않는 것은 다른 마음이 있기 때문이니 시간낭비를 하지 말고 도산이 책임자가 되고 각부 차장들이 총장 직무를 대신하여 임시정부를 운영하자고 주장했다. 하지만 도산은 청년 차장들에게 그렇게 할 경우 첫째, 선배·동지들에 대한 예의가 아니며, 둘째, 분열과 갈등이 심화돼 독립운동은 사실상 불가능해질 수 있으며, 셋째, 여러 개의 임시정부로는 대외적인 신뢰가 생기지 않아 독립운동이 어렵다는 점 등을 지적했다. 도산의 지적은 대국적 관점에서 봤을 때 정말 타당한 것이었다. 청년 차장들의 말대로 통일단결의 길을 모색하지 않고 그대로 임시정부를 가동했다면 독립운동은 분열과 대립으로 국제적인 망신을 자초했을 것이다. 하지만 도산은 자신이 제안한 절충적 방안에 발목이 붙잡혀 엄청난 시간과 정력을 낭비하게 되었다.

임시정부 3두 정치론

도산의 통일방안은 '노령, 중국, 미주 등지에서 각기 대표를 뽑아 3인으로 공동대표를 맡게 한다. 그 셋이 7명의 차장을 뽑아 실무를 담당하게 하자. 의정원 구성도 정식 대의사를 선출하되 이미 있는 대의사와 노령, 만주, 미주 각지에서 정식으로 투표한 대의사로 다시 구성한다. 여기에서 3인의 공동대표를 정해 워싱턴의 외교도 군사행동도 통일적으로 지휘하게 하자'는 것이었다. 도산은 이런 선거 과정은 2~3개월이면 가능하고 그래야 명실상부한 임시정부로서 정통성과 합법성을 부여받아 독립운동을 강력하게 추진할 수 있다고 보았다.[4] 도산의 이 구상은 사실 시기와 조건, 상태로 볼 때 가장 합리적이고 구체적인 제안이었다. 그리고 무엇보다 정통성과 대표성을 확보할 수 있는 방안이었다.

그러나 도산은 이 방안을 구체화하지 못했다. 상해의 임시정부와 노령의 국민의회가 형식적인 통합에 그쳐 버림으로써 통합임시정부의 정통성과 대표성이 약해지고 말았다. 왜 도산은 최소한의 조건이었던 대표성과 정통성의 근거 확보를 포기했을까? 일부 세력들이 한성 정부가 국민대표대회를 거쳐 성립된 것이므로 정통성과 대표성을 갖고 있다고 주장했기 때문에 이를 그대로 수용해 한성 정부 내각안을 받는 대신 대표성의 문제를 절충하려 한 것일까?

하지만 국내의 한성 정부는 사실 각계 대표들에 의해 선출된 것은 아니었다. 기독교계의 일부, 그것도 YMCA를 중심으로 한 친이승만계 일부, 천도교의 일부, 유림의 일부가 모인 그룹에 지나지 않았다. 더욱

....

4) 이명화, 『도산의 독립운동과 통일노선』, 경인문화사, 2004, 59~60쪽.

이 그들은 국민대표대회를 제대로 진행하지도 못했다.[5] 따라서 대표성을 갖고 있다고 할 수 없었는데, 3·1운동 이후 이들 세력에서 상해로 건너온 이규갑, 장붕, 현순 등이 대표성을 강력하게 주장했던 것이다. 3·1운동 전 과정에 대한 정확한 정보가 없었던 도산이 국내에서 나왔다는 일부 대표의 얘기를 지나치게 존중했던 것으로 보인다.

도산은 청년 차장들의 동의를 받은 뒤 6월 25일 독립운동 방침에 대한 연설을 했다. 교민단 주최의 연설에서 "3·1운동 당시 만세 부르던 순진한 애국심을 잊지 말자"고 호소했다. 도산은 지방열에 대한 우려에 대해 미국의 예를 들면서 "돈을 더 많이 내고 피를 더 많이 흘리기 위해 경쟁하자"면서 "진정한 애국심을 가지고 나를 다 잊고 나라만을 생각하자"고 말했다. 이승만의 위임통치 청원서에 대한 비난 여론에 대해서 "이미 국무총리로 선임한 이상 그를 배척하는 것은 손해"라며 이승만을 국무총리로 수용하자고 설득했다.

이날 독립 방침 연설에서 도산이 밝힌 4대 방침은 첫째, 통일, 둘째 외교, 셋째 군사행동, 넷째 재정이었다. 첫째의 통일 방침은, 교통이 불편하고 의사소통이 제대로 안되어 여러 임시정부가 생겼으니 이를 다 통일해야 한다는 것이었다. 둘째의 외교 방침은, 정책이나 수단으로 하는 외교가 아니라 정의와 인도로 하는 외교임을 강조하고 국제연맹 10월 회의 이전 각국에 조선의 사정과 일제의 학정에 대한 고발과 조사를 추진해야 하며, 개인 행동이 아니라 임시정부의 통일적 방침에 따라서 하자고 주장했다. 셋째의 군사행동 방침에 대해 도산은 군인이나 무장

....

5) 한성 정부에 대한 연구 결과가 나오고 있지만 33인 대표에 의해 정식으로 추진된 정부가 아닌 것은 분명하다. 3·1운동에 참여한 일부 기독교 계통의 인사들이 주도권을 장악할 의도에서 추진한 국민대회였지만, 그마저 제대로 개최되지 못했다.

이 일본과 비교할 바 없지만 이를 따질 필요가 없으니, 일본이 피로 우리나라를 빼앗았으니 우리도 피로 회복할 것만 생각하고 피를 흘리되 통일적으로 싸우자고 했다. 넷째의 재정 방침에 대해서 '누구나 제 힘껏 내게 하자. 부자만 돈을 내는 것이 아니라 상해에 있는 모든 사람이 힘닿는 대로 내자' 면서 통일, 외교, 전쟁 이 세 가지를 잘 해 나가자고 역설했다.

이 연설에서 주목되는 것은 도산의 독립전쟁 준비와 실력양성이 일본의 군대와 실력에 비교해서 그만한 수준의 준비와 실력을 의미하는 것이 아니라 우리의 투쟁 방식에 합당한 것을 말한다는 점을 명백히 했다는 것이다.

도산은 6월 28일 상해에 도착한 지 한 달 만에 드디어 임시정부에 들어가 내무총장으로서 취임하면서 주권 찾기 운동과 더불어 독립투쟁의 목표를 모범적인 공화국을 세우는 데 있다는 점을 강조했다.

우리가 주권을 잃고 사는 것은 죽은 것만 못하기 때문에 최후의 핏방울까지 흘려 찾아야 하며, 우리 운동은 주권만 찾는 것이 아니라 한반도 위에 모범적인 공화국을 세워 이천만이 천연의 복락을 누리게 하는 것이다.[6]

도산은 거듭 3인 대표를 선출하여 통합 임시정부의 기틀을 새로 세우자고 말하면서, 3인이 상해에 모여 합의하여 내각을 구성하고 의정원의 승인을 받아 내각을 지휘·감독하게 하자고 했다. 그러나 3인의 지

....
6) 안창호, 「내무총장에 취임하면서」(1919. 6. 28), 『도산 안창호 전집 6』, 80~81쪽.

대한민국 임시정부 신년축하회.(1920. 1. 1)

도자가 구체적으로 누구를 지칭하는지는 알 수 없다. 당시 상해의 분위기는 하와이의 이승만과 노령의 이동휘, 미주의 도산, 이 세 사람을 지칭하는 것으로 받아들여졌다. 도산은 임시정부에 들어가면서 미주에서 가져온 2만 5,000달러로 임시정부 청사를 마련하고 조례를 실시해 애국가 합창으로 업무를 시작했다.

통합 임시정부의 계륵, 이승만

임시정부에 참여하여 활동을 시작했지만, 도산의 합리적인 임시정부 통합안은 가장 말썽 많은 방식으로 변질되고 말았다. 노령과 상해의 인사들이 상호 견제하는 데 신경을 쓴 나머지 명분상 국민대회를 거쳤다는 이유로 한성 정부안을 수용하고 이승만이 이미 집정관 총재 호칭을 대통령으로 사용하고 있으므로 이를 그대로 추인하고 말았던 것이다. 도산은 이승만이 대통령 명칭을 사용하고 있고 국민대회를 거쳐 한성 정부가 성립된 것이므로 한성 정부안을 그대로 받아야 하며 자신을 노동총판으로 한 한성 정부안을 절대로 고쳐서는 안 된다는 태도를 견지했다. 도산의 섬기는 자세, 즉 추호도 자리에 욕심이 없는 태도가 그대로 드러난 것이다. 결국 의정원의 논의는 한성 정부를 개조하고 이승만을 대통령으로 하는 길을 통해 통합 임시정부를 만들자는 쪽으로 끝나게 되었다.

이런 결론에 따라 8월 28일 임시의정원에 회부하여 9월 6일 원안대로 통과되었다. 9월 11일에는 개정된 58개조의 대한민국 임시헌법이 정식으로 공포되었다. 만약 상해의 임시정부가 이승만을 대통령으로 하는 통합 임시정부안을 추진하지 않으면 이승만은 한성 정부안을 고수할 것이 분명했기 때문에 임시정부를 통합하려면 이승만을 대통령으로 할 수밖에 없다는 현실론도 설득력이 있었다.

그러나 이런 임시정부의 통합은 더 큰 문제를 독립운동 과정에서 남기게 되었다. 첫째는 노령 측이 동시해산으로 알았던 상해의 의정원이 해산되지 않자 다시 국민의회를 구성하고 독자적인 활동을 시작했고, 둘째는 위임청원의 외교론자인 이승만을 임시대통령에 추대함으로써 지리한 내분과 신채호 등의 격렬한 반발로 임시정부 불신의 조건을 자초했다. 그리고 무엇보다 각 해외 동포들의 참여에 의한 대의제 조직을 만들어 내지 못하면서 명분 없는 파벌투쟁과 일제의 분열공작에 휩쓸리게 되었다. 이렇게 대표성과 정통성을 확보하지 못했던 점이 통합 임시정부가 1년도 되지 않아 사실상 와해 상태에 빠지게 된 요인으로 크게 작용했다.

그렇다면 도산은 왜 통일을 위해 자신을 희생한다는 원칙에 충실해서 이승만의 오만과 독선을 견제할 장치를 스스로 버렸는가? 왜 차장들의 주장대로 구미위원부의 활동을 외무부 산하에 두고 재정권을 통합 임시정부에 두는 방안을 추진하지 않은 채 이승만의 독주를 그대로 방치했는가? 미주의 애국금을 결국 이승만이 독차지하게 되면서 임시정부는 집세도 내지 못하는 위기에 빠졌다.

도산은 외교론자인 이승만에 대한 지지로 원세훈, 신채호, 이동휘 같은 즉각적인 독립전쟁론자와 대립하게 되고 이들의 공격으로 상당한 정치적 타격을 입었다. 또한 이승만을 지지했던 이동녕, 이시영, 신규식, 신익희 등은 도산을 엄호하기는커녕 도리어 지방열(地方熱)이 있다느니 하는 비난을 하고 다녀 그를 더욱 어렵게 만들었다. 안창호가 이런 파벌적인 역관계라는 현실적 조건을 너무 과소평가했던 것은 아닐까? 물론 도산은 자신을 피해 항주로 가 버린 이동녕과 이시영 등 기호파와 관계를 복원할 필요가 있었다. 그러기 위해서는 '도산식대로 한다'는 우려를 벗어나기 위해 자신의 구상을 적극적으로 추진할 수 없었던 요인도 작용했다. 또 그 시기에 전체 독립운동의 지도자는 시골 출신이 아닌 기호인이어야 하며 양반이 적합하다는 생각을 도산이 갖고 있었기 때문에 이러한 조건에 적합한 이승만이 지역갈등을 풀 수 있는 인물이라고 여겼을 것이다.[7] 그리고 무엇보다 상해임시정부가 이승만을 대통령으로 인정하지 않을 경우 이승만은 한성 정부안을 고수하여 상해임시정부를 무시할 가능성이 높았기 때문이었다.

....
7) 주요한 편, 『안도산전서』, 316~317쪽.

그렇다면 그 시기에 도산이 취할 수 있었던 최선의 방안은 무엇이었을까? 각 세력 관계를 고려하고 이승만의 이탈을 막으면서 통합 임시정부를 힘 있게 꾸려갈 방도는 없었던 것일까? 도산에게 한성 정부에 대표성이 있는 것처럼 강변해 한성 정부안을 밀어붙인 친이승만 세력의 의도는 처음부터 분명했다. 하지만 그들은 상해임시정부에서 소수파에 지나지 않았다. 도산이 주도적으로 정통성과 대표성을 반영하여 각파 연합의 구도를 짰다면 그 방안은 확실한 다수의 지지를 끌어낼 수 있었다. 결국 도산은 겸양의 미덕을 내세워 모든 가능성을 버린 셈이 되었다. 그 대가는 냉혹했다.

도산은 이런 여러 사정이 겹치면서 노령 측으로부터 자신들을 속였다는 비난까지 듣게 되자 책임을 지고 사임하고자 했다. 그러나 도산의 사직서는 반려되었다. 할 수 없이 도산은 확정된 통합 임시정부가 출범함에 따라 실제 각료들을 취임시켜야 했는데 임시대통령에 선출된 이승만은 상해에 오지도 않고 워싱턴에서 외교 활동을 통한 독립운동 노선을 추구하며 미주 지역의 애국금과 공채자금을 자신이 관리할 수 있도록 공작을 벌이고 있었다. 한편 국무총리 이동휘는 이승만 밑에서 일할 수 없다고 취임을 거부했다. 이동휘와 기호파 세력을 가까스로 설득해 11월 4일에 이르러서야 국무총리 이동휘, 내무총장 이동녕, 재무총장 이시영, 법무총장 신규식이 취임했다.

이 취임식에서 노동총판으로 내려앉은 도산은 "나의 희열은 극에 달하여 미칠 듯 싶도다"고 소감을 밝혔다.[8] 홀로 임시정부의 제반 사무를 챙겨 온 그로서는 겨우 임시정부의 체계를 갖게 되었으니 그런 소감

8) 주요한 편, 『안도산전서』, 316~317쪽.

을 가질 만도 했다.

그러나 11명의 지도부 가운데 겨우 5명이 모여서 무엇을 할 수 있 겠는가? 또한 이승만의 '나 홀로 외교'는 계속 말썽만 일으키고 노령 측의 반발도 여전했다. 통합 임시정부에 쏟은 도산의 노력에 비해 그 성과는 크지 못했다. 절반의 성공을 거둔 것이었다. 물론 도산이 자신 을 죽이고 이승만을 섬기는 노력으로 이루어진 이 같은 통합 임시정부 조차 없었다면 3·1운동에 뛰어들어 맨주먹으로 외치며 피 흘린 수백 만 동포의 함성은 헛되이 끝났을지 모른다. 그 점에서 통합 임시정부의 의의를 높이 평가하지 않을 수 없다.

그러면 도산이 임시정부를 통해 성취하려고 했던 목표는 무엇이었 을까? 통합 임시정부의 지도부를 구축하는 것이었을까? 지도 체계의 확립 없이 독립운동의 통일적 전개는 불가능하다. 그러나 그보다 더 중 요한 것은 독립운동의 방략과 방법, 즉 노선에 대한 합의였을 것이다. 십인십색으로 떠드는 독립운동이 아니라 공식적인 합의를 바탕으로 항 일 독립운동 역량이 역할을 나누고 힘을 합쳐 실천해 나가야 독립국가 의 건설이 가능했던 것이다. 도산은 임시정부의 지도부 구성의 중요성 을 중요시했지만, 그에 못지 않게 실제적인 독립운동의 통일적 방침 수 립에 전력을 기울여 나갔다.

독립운동 6대 방략

1920년 '독립전쟁의 해' 선언

도산은 1919년 11월 4일 통합 임시정부 체제가 가동되자 「대한민국임시정부 시정방침」 수립에 열성을 쏟았다. 이 방침은 국무회의에서 보고되고 1920년 3월 초 의정원을 통해 확정 발표되었다. 임시정부의 공식적인 독립운동 노선이 결정되기까지는 독립운동자들의 투쟁론이 반영되었고 다양한 논의도 있었다. 그러나 주로 도산의 '독립전쟁 준비론'이 중심을 이루고 있다. 다른 독립지사들이 도산처럼 종합적이면서 구체적인 방안을 내놓지 못했기 때문이었다.[9]

임시정부가 공식적으로 승인한 시정방침은 도산이 평소 주장해 왔던 내정, 군사, 외교, 재정, 교육, 사법의 6부문으로 돼 있고 그 자세한 내용도 도산의 논지와 다르지 않았다. 내정 부문은 통일집중과 대적(對敵), 교육과 교통으로 세분되었다. 내외국민의 통일연락과 민족역량의 집중을 위한 연통제와 민단제 실시, 교육과 교통 대책 등이 구체적으로 계획되었다.

군사 부문도 마찬가지였다. 평소 지론인 독립운동의 최후 수단인

---

9) 기호파 인사들은 도산의 상해 도착 이후에도 그의 역량을 인정하지 않았다. 평안도 출신에 전통적인 유학(儒學) 배경이나 이승만 같은 박사 자격증을 갖고 있지 않은 도산을 과소평가했던 것이다. 그러나 도산의 치밀한 독립 방안이 제출되면서 능력 논란은 수그러들었다.

전쟁을 전면적으로 추진하고 규율적으로 진행하여 최후의 승리를 쟁취하기 위해서는 다음과 같은 준비 방법을 실행하자고 했다. 즉, 만주와 연해주를 대상으로 군사 적재(適材) 소집, 의용병 모집과 훈련, 군사경력 조사, 사관학교 설립, 작탄대·비행기대 편성을 과제로 제시했다. 외교 부문에서도 대외선전과 교섭의 항목으로 나눠 국제연맹에 조선 독립을 요구하고 국제적 협력을 끌어내면서 동시에 독립전쟁을 벌일 때 각국의 지지 여론을 확보하고 군사적 지원을 획득하자는 것이었다.

도산은 1월 3일 동포 신년 축하회에서 1920년을 독립전쟁의 해로 선언했다.

> 우리가 오래 기다리던 독립전쟁의 시기는 금년인가 하오. 나는 독립
> 전쟁의 해가 이르는 것을 기뻐하오. 우리 국민은 일치하여 전쟁의 준
> 비에 전력하기를 바라오. 외국의 동정을 요할지언정 외국에 의뢰하지
> 는 마시오.
> 우리 국민은 대대적으로 일어나 독립전쟁다운 전쟁은 할지언정, 신성
> 한 우리 국민에게 비도(匪徒)나 폭도라는 악명을 씌우지 마시오. 대
> 규모로 준비 있게 통일 있게 일어나면 독립전쟁이지마는, 대부분 소
> 부분 통일 없이 일어나면 비도라 하오. 독립전쟁을 토의하고 전 세계
> 에 선전하기를 무도(務圖)하는 우리 국민은 이것을 공상에 두지 아니
> 하고 기어이 실천하기를 결심한 줄 믿고 바라오.[10]

이를 위해 임시정부가 추진해야 될 6대 방략—군사, 외교, 교육, 사

---

10) 안창호, 「1920년 신년사」, 『도산 안창호 전집 6』, 654쪽.

법, 재정, 통일 등의 대의─을 발표했다.[11]

상해임시정부가 1920년 3월에 공식 발표한 시정방침은 사실 도산이 제안하여 1월 국무회의에서 만장일치로 가결된 바 있는데, 이때의 시정방침은 임시정부 유지 방법, 국내에 대한 운동 방법, 재외동포에 대한 운동 방법, 국제 선전의 방법, 건국 방략의 다섯 항목이었다.

그러나 이러한 임시정부의 공식적인 입장 정리에도 불구하고 임시정부 안팎의 움직임은 다른 양상을 나타내고 있었다. 대통령 이승만의 독자적인 대미외교 독립운동이 그 하나였고, 또 하나는 3·1운동 이후 일제 탄압으로 국내 활동이 불가능해지자 만주와 연해주에 집결한 무장 독립운동 세력들이 일제와의 즉각적인 독립전쟁을 수행하려는 움직임이었다.

이승만의 '나 홀로 외교'와 불신임 문제

이승만과 갈등이 발생하게 된 것은 정부 수반의 호칭을 어떻게 할 것인가. 그리고 구미위원부 문제와 애국금, 공채 발행 문제였다. 1919년 12월 12일 정례 국무회의에서 최종 확정된 결정안은 첫째, 이승만이 통합 임시정부의 대통령으로서 권한을 가지나 상해에 와서 취임하기까지는 상해의 각원들이 주권을 행사할 것, 둘째 이승만은 구미 외교만을 책임지며 구미위원부는 이승만의 외교활동 보좌기관이므로 정부 권한을 가질 수 없고 공채권 발행을 중지할 것, 셋째 상해임시정부의 재정은 독립공채로 통일할 것이며 구미의 재정 역시 임시정부 파견의 재무

11) 안창호, 「6대사」, 『독립신문』, 1920. 1. 22: 『도산 안창호 전집 6』, 230쪽.

관이 주관할 것이라는 내용이었다. 이 결정안은 사실상 이승만의 구미위원부의 권한과 기능을 약화시키는 것이었다.

이런 전보에 대해 이승만은 1920년 2월 하순에 임시정부와 도산에게 보낸 전보에서 임시정부의 호칭 문제에 대한 결정을 수용하겠다는 뜻을 피력했다. 하지만 이런 입장 표명은 지극히 이승만의 전술적인 태도였다. 이승만은 재무부 훈령으로 애국금 제도를 공식적으로 폐지하고 서재필을 미주의 재무관으로 임명하는 조치를 취해 임시정부의 불만을 수용하는 듯하면서도 통합 임시정부의 이동녕, 이시영, 신규식 등 기호파를 이용해 구미위원부가 미주 지역 재무부서의 기능을 위임받아 국무회의에서 아예 공채는 미주위원부에 위탁하기로 결정했다. 당시 재무총장은 이시영이었다. 기호파 세력은 도산의 이승만 옹호를 발판으로 이승만과 연락 관계를 가지면서 내정과 재정 책임자의 권한을 이용하여 이승만 지원책을 제도적으로 뒷받침해 버린 것이었다.

이로써 임시정부의 중요한 재정적 지원이 사실상 끊어지게 됐고, 도산도 정치적으로 심대한 타격을 입게 되었다. 상황이 이렇게 미묘하게 전개된 것은 1919년 11월 중반 여운형의 도일 문제에 대해 이동휘가 규탄문을 내자 이광수가 『독립신문』에 공개적으로 이동휘의 태도를 비판하고 나섰기 때문이었다. 이런 도산과 이동휘의 불화는 1920년 1월 22일 소비에트 특사 파견 문제에 합의함으로써 일시적으로 완화됐으나 3월 이후 이동휘가 이승만 축출과 임시정부 개혁을 주장하면서 다시 대립 관계로 발전하게 되었다. 이에 대해 도산은 이동휘의 제안에 대해 융화책을 강구할 것을 촉구하면서 이승만 축출을 반대했다. 그런데 이승만 축출 문제가 다시 구체화된 것은 이동녕 · 이시영 등이 이승만을 옹호하여 구미위원부에 국민회 중앙총회에서 모금한 애국금을 전담하도록 하면서 집세를 몇 달째 내지 못하고 사무실도 줄여야 할 정도로 심각한 재정난에 빠졌기 때문이었다.

　임시정부 차장들은 이동휘의 이승만 불신임에 찬성하고 사직의 압력을 가했다. 이에 대해 도산은 애초 자신의 구상이었던 중간단체조직, 혁명단체대조직 등으로 관심을 돌리려 애를 썼으나 효과가 없었다. 1920년 5월 이승만 불신임 운동이 이승만의 사임을 요구하는 집단행동으로 변했다. 도산은 젊은 차장들을 적극적으로 설득하여 일부의 동의를 얻었으나 차장단의 집단사직서가 제출되고 말았다.

　이렇게 되자 도산은 거꾸로 자신이 상해를 떠나 미주로 가겠다는 태도를 밝혔다. 도산의 사직 카드가 제시되자 임시정부 직원들이 나서서 차장들이 사직서를 철회하지 않으면 자신들이 사직하겠다는 압력을 가하는 바람에 이동휘와 차장들의 이승만 불신임 운동은 실패했다. 이 과정에서 도산은 이승만을 끝까지 옹호함으로써 통합 임시정부의 깃발을 유지할 수 있었으나 이승만과 같은 외교파라는 비판을 자초하게 되었다. 안창호는 또한 이동휘가 추진했던 집행위원식 정부 개조를 저지할 수는 있었다. 그러나 이동휘의 탈퇴로 즉각 독립전쟁에 들어가자는 세력과 대립각을 세운 반면, 이승만파로부터 끊임없이 공격을 받는 곤란한 상황에 빠지게 되었다.

　그때 임시정부에서 이승만에게 상해임시정부의 내부 사정을 보고했던 사람은 장붕이었다. 그는 '상해임시정부의 70퍼센트 사람이 도산 안창호의 영향력 하에 있다'고 보고했다.

　상해 세력의 3분의 2 이상은 인수나 재정이나 지식이나 다 안 군의
　세력 하에 재하외다. … 상해의 재한 정부는 다 안 군의 심복과 평안

도인의 중장물이 될 것이오. 최후의 결전한 것은 오직 각하뿐이온즉 각하의 응전책이 어떠하신지요.[12]

상해정부의 형편을 말하오면 이동휘 군이 거한 후에 국무회의의 회장은 이동녕 씨가 했으나 실권인즉 다 안 군이 있고, 안 군도 취할 점은 다(多)하고, 상해의 재한 인중(人中)에는 안 군을 대항할 인물이 무(無)하오이다.[13]

이 제의안은 함경도, 평안도 양 지방 의원 17명이 연명한 것이라고 하면서, 이 수단은 대통령을 상해로 오시게 한 후 안 씨는 미두로 가서 포화급(及) 미주를 자기 수중에 넛고자 함인바…[14]

상황이 이렇게 돌아가고 있었기 때문에 도산은 전력을 기울여 최소한 파국을 초래할 이승만 불신임안을 부결시키되 차장들이 주장한 통합 임시정부의 재정줄인 국민회 중앙총회의 지원금을 상해임시정부가 확보하도록 하고, 구미위원부를 정식 구미외교위원부로 설치하는 방안을 추진했어야 했다. 그러나 도산은 이 갈등을 풀어갈 수 있는 해법을 찾지 못한 채 이승만과 기호파의 '이동휘 배척, 이승만 옹호'라는 기존 정치적 태도에서 벗어나지 못했다. 상해임시정부의 절대 다수 세력을 장악하고 있으면서 이런 결과로 끝난 것은 도산이 지나치게 원칙론과 명분론에 집착하는 것을 이승만과 기호파, 이동휘 세력이 적절하

12) 「장붕이 이승만에게 보낸 편지」(1920. 7. 2), 『우남문서 동문편 18』, 동문사, 1998, 10쪽.

13) 「장붕이 이승만에게 보낸 편지」(1920. 7. 23), 『우남문서 동문편 18』, 24쪽.

14) 「안현경이 이승만에게 보낸 편지」(1920. 3. 26), 『우남문서 동문편 17』, 308쪽.

게 이용했기 때문이었다. 이승만은 임시정부에 부임하지 않은 채 미주에서 대통령 칭호와 도산이 조직한 국민회의 재정을 이용해 자기 기반을 넓혀 가는 데 주력하고 있었다. 결국 도산이 그토록 옹호하려고 했던 이승만 문제는 이동휘의 임시정부 탈퇴로 끝나고 임시정부는 재정난으로 아무 활동도 할 수 없게 되었다. 마침내 도산마저 임시정부에서 물러나 새로운 모색을 할 수밖에 없는 사태에 직면했다.

무장 독립운동 세력과 즉각응징론

한편 이미 일부 무장 독립운동 세력은 1919년 후반부터 국내 침투작전을 전개하고 있었다. 이런 크고 작은 기습작전은 일본을 자극해 대대적 보복공격을 가져와 만주 지역의 독립운동 근거지조차 위태롭게 되었다. 이에 따라 1920년 4월 일제의 간도 침탈이 있자 이에 맞서 독립군 부대의 작전도 활발해져 6월에는 홍범도가 이끄는 대한독립군이 봉오동 전투에서 왜병 400명을 살상하는 승리를 거뒀고, 10월에는 홍범도와 김좌진, 이청천의 독립군 부대가 청산리에서 왜병 1,200명을 사살하는 대승을 거뒀다.

하지만 1920년 4월의 간도 참변과 청산리대첩 이후 일본군의 연해주 보복 공격으로 연해주와 만주 지역에서 1만여 명의 동포가 무참히 살해당했고 수천 가구가 파괴돼 수십 년 동안의 근거지 구축이 잿더미로 변했다. 이로써 만주와 연해주 지역 독립운동단체의 통합과 협력 강화의 노력이 수포로 돌아갔다. 민심은 일본의 무차별적 만행에 대해 임시정부가 동포를 보호하지 못했다는 비판으로 흘렀다. 상해임시정부에 참여하지 않았던 북경, 노령, 상해의 세력들은 이를 기화로 통합 임시정부를 강도 높게 비판했다. 간도 사변 이후 일제에 대한 대응책을 둘러싸고 독립운동 방략에 관한 새로운 논란도 야기됐다.

이동휘는 1920년 11월 말 일본에 대한 선전포고를 논의하기 위한 의정원 회의에 이어 각 단체대표, 유력인사를 초청한 자리에서 일제에 대한 응징을 주장했다. 이동휘의 즉각응징론은 다수파의 동조를 얻고 있었다. 이에 도산은 11월 27일 상해 교민단 연설에서 독립전쟁에 필요한 준비가 너무 없다는 현실 조건을 지적하고 부분적인 테러 활동이 현실적인 수단이라고 주장했다. 그러나 상해와 독립운동 전체 진영의 분위기는 일제와의 전면전을 벌여야 한다는 감정적 대응이 주조를 이루고 있었다.

물론 도산은 이미 7월에 신의주와 가까운 안둥에 광복군 군영을 설치하기 위해 광복군 사령부 조직안을 국무원에 제출한 바 있었다. 이 안은 국무원에서 통과됐으나 실무 작업을 담당할 광복군주비원 설치가 기호파 등의 반대로 부결됨에 따라 실제 작업을 추진하지 못했다. 만약 도산이 기호파인 이동녕, 이시영, 신규식 등과 김립, 김철, 윤현진, 이규홍 등 차장급의 완강한 반대에 부딪쳐 좌절되지 않았다면 통합 임시정부 내에서 도산의 독립전쟁 방략은 구체적인 설득력을 가질 수 있었을 것이다. 실제 도산은 그 당시 전면전을 전개할 군사와 무기 등이 부족하고 지휘체계조차 없는 상태이니 소수 병력을 훈련시켜 통일적인 방침 하에 국내 진공작전으로 일제의 통치기관을 타격하여 독립의지를 대내외에 과시하고 식민지 폭압에 신음하는 동포에게 희망을 주는 작전을 구상하고 있었다.

이 계획은 도산을 견제하고 막대한 재정 투입을 꺼려한 그룹의 반대로 광복군사령부주비안이 유보되면서 현실화되지 못하고 말았다.

국내 연결고리 '연통제'

그런데 도산이 통합 임시정부에 들어가 독립운동 노선을 정립시키고 구체화해 나가기 위해서는 임시정부의 실제적인 활동을 어떻게 조직해 나가느냐가 중요한 문제였다. 그 첫 작업이 국내와의 연결고리를 확보하는 일이었다. 임시정부가 해외에 존재하는 조직이라는 한계 때문에 국내의 항일운동을 어떻게 조직하고 지지기반을 확대할 것인가는 매우 중요한 핵심 사업일 수밖에 없었다. 이를 위해 도산은 임시정부 초기부터 연통제, 교통국, 선전부라는 3개의 조직을 만들었다. 이 조직을 무기로 국내의 정보수집과 독립운동자금 모집, 항일 시위 조직, 일제 통치기구 교란 등과 같은 임무를 수행하고자 했던 것이다.

도산은 연통제, 교통국, 선전부 조직을 기반으로 특파원, 통신원, 선전원 등 여러 방식으로 국내에 연결고리를 확보하기 위해 노력했고, 일정한 성과도 거뒀다. 이런 작업을 추진할 수 있었던 것은 도산이 내무총장 겸 국무총리 대리라는 임시정부의 사실상 최고책임자였고 신뢰할 수 있는 흥사단우들의 헌신이 뒷받침됐기 때문이었다.

임시정부의 대표적인 사업으로 알려진 연통제는 임시정부가 비밀리에 조선 내의 각지에 행정기구를 설치, 실질적인 주권기관이 되게 하기 위한 기구였다. 이 기구는 도산이 취임한 직후인 1919년 7월 10일 '대통령 이승만과 내무총장 안창호'의 이름으로 임시정부 국무원령 제1호 임시연통제가 공포되면서 시작되었다. 임시정부는 곧바로 7월 16일부터 국내 특파원을 파견했다. 특파원들은 국내의 연통제를 조직하고 항일독립운동 선전 및 시위운동, 종교사회단체 및 유력자와의 연락15)을 주요 임무로 하고 있는데, 7월에만 10여 차례나 특파되었다. 이 특파원들의 활동은 8월 25일부터 시위운동과 실행으로 바뀌고, 9월에는 제2차 독립운동 대조직, 제2차 독립운동의 준비와 실행으로 되었다. 10월에는 천도교와 광복사업에 관한 제반 사항을 협의하는 것으로 바뀐다. 이런 활동목표가 의미하는 것은 10월 31일 일본 왕의 생일날에 대대적인 만세 시위운동을 임시정부 지도부가 조직했다는 것을 말한다. 이 2차 시위운동은 원래 천진의 불변단에서 조직되었던 것으로 도산과 국내의 조만식이 집목되면서 임시정부 사업으로 빌진되었다. 불변단원들이 상해임시정부의 특파원으로 선발되어 국내에 투입됐다.

　도산이 11월 노동국 총판으로 물러났지만, 연통제는 그대로 운용이 되었다. 그러나 국내에 파송된 연통제 조직 임무를 띤 특파원들이 체포되거나 감독(도), 총감(군), 사감(면) 단위의 조직이 발각되어 구속되거나 활동 정지상태에 빠지는 등 많은 문제점이 드러났다. 이에 따라 새로운 개정령을 만들어 12월 1일 제2호 임시지방연통제를 시행했다. 2호 연통제는 지방 조직의 단위를 도, 부, 군, 면으로 통일하고 각 도의 명칭을 독판부, 부는 부서, 군은 군청, 면은 면소로 통일시켰고 임시정부는 전국을 13도 12부 215군으로 편제했다. 평안도 지역의 경우 연통제 평북독판부 독판에 조병준을 임명했고, 대한독립단의 총단장 신우현이 내무사장에, 윤창수 지단장이 외교참사에 임명되어 만주에 근거지를 두면서 평안북도 지역을 관장하도록 했다.

　임시정부가 중점을 두었던 연통제 조직은 도산이 직접 관여했던 시기나 간접적으로 관여했던 시기를 합하여 총 9개 도, 1개 부, 45개 군

15) 『우남문서 동문편 7』, 10~11쪽.

에 기반을 만들었다. 주로 평안도와 함경도 등 일부 지방에 집중되었다. 평안도에는 연통제 조직이 잘 갖춰졌는데 이는 도산의 신민회 시절의 조직 기반이 일정하게 작용한 것으로 연통제 조직체계 자체가 신민회의 조직구조와 유사하다는 점에서도 확인할 수 있다. 경남·북 지역은 임시정부의 재무차장 윤현진이 국내 비밀조직인 대동청년당의 조직 기반을 이용해 임시정부에 대한 선전과 자금 모집 등을 담당했다. 흥사단우이기도 했던 윤현진은 안희제와 함께 백산상회를 운영했고 거금 30만 원을 모금하기도 했다. 충남이나 전남·북의 경우 독판 등만을 임명하고 하부 조직을 갖지 못했는데, 충북의 경우는 예외적으로 충주, 청주, 단양, 제천, 괴산, 보은 등지에 연통제가 조직돼 활발한 활동을 벌였다.

비밀 정보기관, 흥사단우 중심 운영

도산은 국무원령 2호로 발표된 임시지방교통사무국장정을 통해 연통제를 뒷받침하고 국내외의 정보교류와 연락을 위해 교통국의 조직화에 착수했다.[16] 그러나 교통국은 연통제와 마찬가지로 평안남·북도, 황해도를 중심으로 활동했다. 교통국 활동에 핵심적인 역할을 했던 선우혁, 양준명, 장덕노, 임득산, 김재덕은 흥사단 원동위원부 소속 단우였다. 교통국은 임시정부의 교통차장이었던 선우혁이 안동에 파견되어 영국인 쇼(G. C. Show)[17]가 경영하는 이륭양행을 통해 진행됐다. 도산

----

16) 『도산 안창호 전집 6』, 117쪽.
17) 「안창호 일기」(1920. 2), 『도산 안창호 전집 6』, 27~28쪽.

은 쇼를 직접 만나 한국의 독립운동에 대해 장시간 토론하고 그의 협력을 약속받았다. 이런 관계가 있었기 때문에 임시정부와의 연락은 이 회사의 선박을 주로 이용했다.

안둥의 교통국 거점은 당시 그 지역에서 활동하던 대한독립청년단 조직의 총재 안병찬, 간사 박영우 등에 의해 지원됐는데, 대한독립청년단에는 주로 신식 교육을 받은 학생들이 많았다. 대한독립청년단은 안둥현 임시의사회와 통합하여 대한청년단 연합회로 확대 발전하면서 임시정부의 연통제 · 교통국 · 선전부, 그리고 도산의 만주 지역 무장활동을 지원하고 재정지원도 담당했다. 대한청년단 연합회는 총재, 총무, 교제, 편집 등의 부서를 갖고 있었는데, 그 책임자들인 차경신, 이탁, 김두만, 박춘근 등도 흥사단 원동위원부 소속이었다.

안둥의 교통국은 일제의 두 번에 걸친 기습공격으로 커다란 타격을 입었다. 1920년 1월 안둥 교통국장 홍성익이 체포되어 신의주로 압송돼 고문을 받아 순국했고 교통국 직원들도 체포돼 조직 전체가 마비되었다. 5월 일제가 다시 습격하여 안병찬 등 핵심 간부들이 검거되었다. 그러나 1월에 파견된 흥사단 단우 양준명과 장덕노의 활동이 계속되어 임득산, 김재덕, 고준순이 범선으로 평남과 황해도를 오가며 국내 각지와 연락을 취했고 임시정부의 공채도 모집했다.

도산이 1919년 9월 내무총장 직속의 선전위원회를 설치하고, 1920년 1월 19일 위원장으로 선출돼 평안도와 황해도 지역을 담당하는 지방선전대를 조직하여 파견했다. 그러나 기호파와 이승만파로부터 노동국 총판이 임시정부의 일을 독차지한다는 비난과 대통령이 될 야심과 권력을 탐한다는 모략이 일어나 1920년 2월 중순 사퇴하고자 했으나 이동녕이 이를 맡을 사람이 없다고 만류하여 선전부 사업을 계속 추진했다. 선전부 사업은 사실상 도산이 주로 흥사단우들을 배치하여 임시정부 출범 초기부터 비밀리에 추진됐던 사업이었다. 흥사단우였던 정인과가 주임으로 임명되었고 손두환이 실무를 맡아 진행했다.[18] 이 조직의 일부가 김석황이 주도한 의용단이 되었다. 그들은 두 달에 걸쳐 관련 규정을 만들고 대원을 모집해 국내로 보내는 작업을 계속했다. 노동국 총판은 이름만 있었고, 실제 주된 사업은 국내에 보낼 선전부원을 선발하고 침투시켜 정보를 취합하는 일이었다. 선전부는 특히 국내에 선전원을 침투시켜 임시정부를 선전하고 정보를 수집하는 비밀기관이었다. 일종의 정보기관이었던 셈이다. 또 재정난에 빠진 임시정부의 자금모금도 중요한 임무였다.

하지만 연통제, 교통국, 선전부는 임시정부의 국내 통치기반을 만들고 임시정부의 정책과 활동을 국내에 선전하여 독립운동의 참여를 이끌어내면서 애국금과 공채 등을 통해 재정적 후원을 도모하고자 했지만 초기부터 일제의 거미줄 같은 통치망에 걸려 큰 성과를 낼 수 없었다. 특히 이들 기관을 지휘·감독해야 하는 내무총장이 몇 개월이 안되어 교체되고 도산이 간접적으로 관여하게 되면서 많은 문제점이 드러날 수밖에 없었다. 관리상의 문제뿐만 아니라 취약한 임시정부가 군사력과 정보망을 철저하게 관리·통제하는 일제에 대항하기 위해서는 보다 철저한 비밀 공작기구를 운영했어야 함에도 불구하고 임시정부의 주요 사업으로 공개되면서 일제의 마수에 노출되는 한계를 보였다.

도산은 또 연통제와 함께 7월 8일 임시의정원에서 인구조사와 재정확보 및 활동방안, 한일관계사의 조사와 편찬을 주요 사업으로 추진

....
18) 「안창호 일기」(1920. 1. 27, 2. 10), 『도산 안창호 전집 6』, 27~28쪽.

하겠다는 방침을 발표하고 50여 일 만에 자료집을 출간했다. 『독립신문』 창간도 신속히 추진해 이광수를 책임자로 하는 선전 체계를 갖추고 발간하기 시작했다. 주요한도 참여했는데, 핵심 간부들이 흥사단우들이었다. 『독립신문』은 1920년 6월 프랑스 조계당국이 발행을 금지할 때까지 임시정부의 선전 임무를 충실하게 수행했다. 1920년에는 군사, 외교, 교육, 사업, 재정, 통일의 6대 사업을 임시정부의 구체적인 방안으로 설정해 추진하고자 했다.

군사 조직 '광복군 사령부' 와 의용단 조직

도산이 주력했던 또 하나의 사업은 임시정부의 군사 조직과 군사 방침이었다. 이 중대한 사업은 임시정부 통합 문제, 이승만과의 갈등, 재정난 등이 겹쳐 기본 방향과 원칙을 정하고 준비 작업을 시작한 상태였다. 도산은 신민회 동지들과 서신 교류 등을 통해 서북간도 일대의 무장 독립운동 세력과 교류하면서 군사 문제를 외교, 교육, 사법, 재정, 통일보다 가장 우선하는 사업으로 규정하고 군사 이외의 과제는 독립전쟁을 위한 준비라고 강조했다. 도산은 준비 없이 개전하면 적에게 죽기 전에 기아로 죽을 것이라고 경고하면서 국민개병주의로 무장하고 군무부장을 겸임한 총리 이동휘의 명령에 절대 복종하자는 군사 정책을 밝혔다.

도산의 독립전쟁론은 첫 단계에서 일제 통치 전면 거부, 둘째단계 전투 준비, 셋째로 전국적 봉기와 전쟁 수행, 외교 교섭으로 열강의 협조를 받아 독립을 달성하자는 것이다. 이런 전략을 갖고 있었기 때문에 개별적 테러보다 일제의 밀정을 제거하여 국내 기반을 강화하고 폭탄

제조와 특수군인을 양성해 전면적인 독립전쟁에 대비하자는 것이다. 또 일제 통치 거부를 위해 소형 비행기 구입에 노력을 기울였다. 소형 비행기로 임시정부의 선전문을 조선 각지에 공중 살포하자는 것이었다. 그리고 국내에 잠입할 사람들을 의용단으로 조직해 국내에 침투시켜 대비하고자 했다. 이 의용단은 흥사단우였던 손정도를 중심으로 하고, 손두환, 윤현진, 김석황이 핵심적으로 활동했다. 도산은 의용단의 취지서와 통용장정의 교정도 보고 명칭도 청년단에서 의용단으로 바꿨다.[19] 이 의용단은 임시정부 선전부의 지시를 받아 국내에서 선전 활동을 전담하는 국내 비밀조직이었다. 국내에는 이런 자발적인 비밀결사 조직이 1919년에 37개, 1920년이 되면 100여 개 활동하고 있었다.[20]

도산으로부터 100원의 자금을 받아 국내에 잠입한 김석황은 평양과 경성을 중심으로 사리원, 의주에 지단을 설치하고 전국으로 확대해 나갔다. 김석황은 5월 말 상해로 복귀했고 1,000여 명의 단원을 조직하는 성과를 올렸다.

그럼에도 불구하고 군사 정책의 구체화가 늦게 진행된 것은 통합 임시정부 등 지도체계 정비에 시간이 걸렸고, 재정 문제가 해결되지 않았기 때문이었다. 도산은 1920년 임시정부 신년 축하회에서 조선인이 단정코 실행해야 할 6대사를 주제로 연설했다. 여기서 군사 문제에 관한 현실적 문제로 재원 문제를 거론했다. 군사 1명에 하루 20전이 들기 때문에 1만 명을 먹이려면 한 달에 6만 원이 필요[21]한데 그런 재정이 없었다.

....

19) 「안창호 일기」(1920년 1월 24일), 『안도산전서』, 790쪽.

20) 장석흥, 「1920년대 초기 국내 비밀결사의 성격」, 『한국독립운동사 연구 제7집』, 246쪽.

21) 『도산 안창호 전집 6』, 230쪽.

도산은 상해에 도착한 이후 만주의 무장 세력과 끊임없는 서신교환과 동지들을 파견하여 통일을 위한 노력을 기울였다. 1920년 초부터 활발해진 상해임시정부의 군사 정책은 1919년 11월 15일 제12호로 임시정부 관제를 공포하고 독립전쟁의 지휘부로 대본영, 참의부, 군사참의회를 설치하기로 했다. 이에 따라 무관학교 조례 등이 제정됐고 1919년 말 사관학교를 개교했다. 김희선이 교장을, 도인권이 학도대장을 맡았다. 상해임시정부는 군무부의 만주 이전을 포함하여 국민군의 편성과 훈련, 국민개병주의에 입각하여 서·북간도 노령 일대에서 국지적으로 활약하는 독립군을 임시정부 산하의 군구로 편제하여 병력을 배치하고 군사훈련에 들어가기로 했다. 1920년 3월 20일 국민군 편성식과 군사훈련을 위한 개학식도 거행했다.

이 시기에 만주와 연해주에 무장단체가 50여 개 있었다. 이를 통합하기 위해 특파원들을 파견하여 임시정부 방침을 구체화하려고 했으나 성과가 난 곳은 서간도와 북간도 일대였다. 신민회 시절부터 독립 근거지 건설을 위해 활동한 바 있는 대성학교 제자 이탁과 박태열을 보내 서간도 지역 독립군 부대의 통합을 추진하여 1919년 12월 평북 독판부 대표 조병준, 김승만, 대한청년단 연합회 대표 안병찬, 김찬성, 대한독립단 대표 김승학 5인이 회의를 열고 단체통합에 원칙적으로 합의했다. 이 조직은 1920년 5월 광복군 총영으로 발전했고 1922년 11월 통군부로 개편되면서 도산을 총장으로 선출했다.

안중근의 동생 안정근과 왕삼덕도 1920년 5월 북간도와 노령 특파원으로 선발되어 민간 업무는 거류민단으로 군사는 군사령부로 통일시

22) 『도산 안창호 전집 4』, 2000, 도산안창호기념사업회, 900쪽.

키는[22] 임무를 추진했다. 당시 북간도 최대 독립운동단체인 기독교 계통의 대한국민회와 대종교 계통의 대한군정서(북로군정서)가 주도권 문제로 다툼이 있었으나 안정근의 설득과 호소로 국민회, 의민단, 신민단, 한민회 등 4개 단체가 통합될 수 있었다. 대한독립군단이 출범한 것이다. 이 통합 부대가 대한국민회 사령관인 홍범도 장군의 지휘로 청산리 전투에서 대승을 거뒀던 것이다. 대한독립군단은 청산리 전투 이후 일제의 추격을 피해 러시아 영내로 넘어갔다.

한편 신민회의 일부 인사들이 독립전쟁 근거지 마련을 위해 이주한 서로군정서는 경학사와 신흥무관학교에서 출발한 단체였기 때문에 1919년 임시정부가 성립되자 도산과 서신을 통해 강력한 무장투쟁을 주장하면서 무장독립투쟁을 전개했으나 위임통치를 주장한 이승만 문제로 임시정부와 멀어져 있었다. 서간도 지역의 이런 상태를 임시정부에 보고하고 공식 명칭을 받기 위해 이탁이 1920년 4월 15일에, 김승학·안병찬이 각각 6월 15일과 29일 상해의 도산을 방문했다. 임시정부는 이탁의 보고를 기초로 1920년 5월 7일 군무부에서 논의를 시작해 7월 초 광복군제 초안이 작성되었다. 7월 16일 임시정부 국무회의에서 광복군 사령부로 명칭이 결정되었다.[23]

이 논의 과정은 도산, 군무차장 김희선, 서간도 대표 이탁이 중심이었다. 광복군 사령부의 주요 간부들은 사령장 조맹선, 부관, 여순근, 군정국장 김승학, 제3영장 홍식, 군령국장 박이열, 군수 유응하, 제10영장 변장근, 정보국장은 양기하였다. 이탁은 참모장으로 임명되었다. 흥사단 단우였던 이탁은 이 시기에 임시정부의 모든 국내 무장활동을

23) 「안창호 일기」(1920년 7월 10, 13, 15, 16일), 『안도산전서』.

총괄하는 역할을 맡고 있었다.[24] 정보국장이었던 양기하는 구한말 공주 군수였고, 제1영장 겸 군법국장이었던 변창근은 유인석 의병부대 출신이고, 김승학·홍식·박이열은 조병준의 문하였으며, 여순근은 무관학교 출신 등으로 다양했지만 주로 평안도 사람들이 많았다.

또 임시정부는 서간도 지역에 광복군 사령부를 설치하고 동시에 지역 동포들을 관리할 광복군 참리부를 설치했다. 참리부는 조병준을 최고책임자로 임명하고, 행정적인 지원을 통해 광복군 사령부를 엄호하고자 했다. 참리부에는 의주에서 증곡재를 운영하여 많은 인재를 배출한 조병준의 문인들이 대거 참여하고 평안도 지역의 인맥과 결합되었다.

그러나 광복군 사령부가 구성되던 시기는 일제의 이른바 토벌작전이 진행되던 과정이었고 광복군 사령부가 실질적인 지휘 역할을 하지 못하면서 만주 무장단체의 임시정부 무용론의 근거가 되기도 했다. 상해임시정부를 통합하는 데 몇 개월이 소비되었고 이승만과 이동휘의 갈등, 각종 사건 사고가 빈발하면서 보다 중요한 과제였던 군사 통일의 시기가 늦어지고 일제의 만주 토벌에 대처하지 못하게 되었던 것이다.

물론 이 같은 결과는 도산이 우려했던 바처럼 독립군 부대들이 산발적인 국내 진공작전으로 일제에 타격을 가할 경우 대대적인 보복을 초래해 수십 년 건설해 온 만주와 연해주 동포들의 생활 근거지를 상실할 수 있다는 경고가 사실로 나타난 측면도 있었다.

군사 부문의 통일적인 지휘체계 확립과 더불어 도산이 임시정부 초기에 주력했던 투쟁은 게릴라전이었다. 이를 위해 정위단과 의용단

24) 「안창호 일기」(1920년 7월 4일), 『안도산전서』.

을 조직하고 훈련과 침투, 테러 활동 등에 관한 전반적인 사업을 지도해 나갔다. 다만 도산은 연통제의 파견원과 선전원을 국내에 침투시키고 있는 조건에서 테러 활동이 자칫 국내 공작을 어렵게 할 수 있다는 점을 우려했다. 그리고 중국의 배일 군벌과 러시아의 협조를 받아 러시아 영내에 군사기관을 설치하여 소비에트 러시아와 군사협력을 통한 독립전쟁을 추진하고 있었기 때문에 이 사업에 차질이 오지 않도록 개별적 테러 활동보다 중앙의 계획적인 군사작전을 하도록 지도하고 있었다. 광복단 결사대 한걸이 1920년 3월 사이토 마코토(齋藤實) 총독 암살을 위해 입국했을 때 도산 등과 협의해 권총 40정, 탄환 3,000발, 폭탄 10개를 제공받았다.[25] 또 도산은 의열단 활동을 지원하기 위해 폭탄 제조기를 김원봉에게 제공했다.[26] 당시 임시정부는 테러 대상을 7가살(可殺), 즉 ①적괴: 일본인 헌병, 경찰, ②매국적, ③장괴(帳鬼): 고등경찰, 형사, 밀고자 등, ④친일 부역자, ⑤적의 관리, ⑥불량비, ⑦모반자 등으로 구체적으로 적시했다.[27] 도산은 개별적 테러보다 중앙에 의해 계획적인 테러를 강조하면서 모험단 대표인 김태연에게 그 이유를 이렇게 설명하고 있다.

11개 작탄으로 적인을 구축 섬멸을 도(圖)하자 함은 아니오, 단 인심을 격발시키자는 본의인데, 현시에 불가(不可)라 함은 광(光)히 국내에 연통기관을 비밀히 설치하고 모험 선전대를 각지에 분파하야 주의

25) 김상옥, 『나석주 열사 항일 실록』, 김상옥, 나석주 열사 기념사업회, 삼경당, 1986, 69쪽.
26) 송상도, 『기려수필』, 탐구당, 1971, 281쪽.
27) 『독립신문』, 1920. 12. 5, 1면.

를 선전하고, 또 교통, 공채권 발매, 재정운송 등 기관을 확고히 성립한 후에 사용하야 인심을 격발시키면 그 시기를 이용하야 인심의 통일과 재정의 수습됨이 편의하겠거니와 목하는 연통부도 아직 각 도에다 설치가 못 되었고 교통 선전, 재정 수합, 운송 등 기관은 설치되지 못하야 경영 중에 재(在)한지라.[28]

일제는 3·1운동 이후 출범한 상해임시정부에 대해 어떤 정책을 취했는가? 현재까지 드러난 바로는 조선총독부의 경무국과 헌병대, 외무성의 상해 총영사관 등 3개 기관에서 임시정부의 동태를 탐지하고 와해와 분열을 획책한 것으로 보인다. 상해 거주 독립지사들의 동태는 물론이고 임시정부 각료회의의 의결사항까지 일제가 즉시 파악할 수 있었던 것은 임시정부의 간부층에까지 일제의 마수가 뻗쳐 있었다는 것을 보여 준다. 김구는 1920년 1월 30일 장두철을 밀정 혐의로 취조한 사항을 도산에게 보고했다.[29]

일제는 상해임시정부가 출범한 직후 청년회 간부에 자신의 밀정을 심고 적극적인 활동으로 내부 정보를 취합할 수 있도록 공작을 벌였다. 임시정부 산하의 자치경찰을 이용해 각종 정보 수집 활동을 하도록 했다. 이런 활동이 주효해지면서 임시정부 지도부에 대한 불신과 분열, 대립을 구조화하기 위해 지방색을 부채질하고 각종의 모략과 매수, 각 단체에 침투하여 상호 대립을 조장했다. 임시정부에서 6개월이 되지 않아 함북파, 서북파, 기호파, 무단파, 문치파 같은 분열적 용어들이 횡행

28) 「안창호 일기」(1920. 2. 10), 『안도산전서』, 807쪽.
29) 「안창호 일기」(1920년 1월 30일), 『안도산전서』, 797쪽.

안창호 주도로 만들어진 임시사료편찬위원들.

하고 근거 없는 유언비어와 흑색선전이 난무하게 된 것은 일제의 밀정 조직의 역할이 컸기 때문이었다.

일제는 러시아 혁명조직의 지하활동을 조사한 바 있었던 아카시 모토지로 같은 정보 전문가를 조선총독부 경무총감으로 임명하면서 조선 천지에 거미줄 같은 정보망을 구축했기 때문에 상해임시정부에 밀정들을 침투시키거나 만주와 연해주 일대에 밀정들이 준동할 수 있었다. 일제는 도산이 도착하기 전인 임시정부 초기부터 황옥(黃鈺)과 한경순(韓敬順)을 임시정부에 침투시켜 간부직을 맡게 하고 호구조사를 통해 항일운동가의 실태를 파악하는 등 매우 조직적으로 움직였다.[30] 「도

....
30) 「정보」(1919. 4. 29), 『도산 안창호 전집 6』, 65쪽.

산 일기」에는 이종욱 스님이 방문하여 김가진의 생활 곤란을 말하면서 김의 처소에 일제의 밀정 정병조와 선우전이 드나들고 있다는 사실을 전하는 것으로 볼 때 임시정부 측도 일제 밀정들의 신분을 어느 정도 파악하고 있었던 것으로 보인다.[31]

이들의 정보수집 내용을 현재 알려 주는 것으로『고경(高警)』과『조시보(朝時報)』가 있는데『고경』은 총독부 경무국이 고등경찰을 통해 확보한 독립운동 관련 정보이고,『조시보』는 조선군사령부가 헌병을 통해 얻었거나 총영사 등 현지 외교부서를 통해 작성한 정보다. 이 두 자료에는 도산의 상해 도착부터 만나는 주요 인사들, 대화내용까지 자세하게 취합되고 있었다는 사실을 확인할 수 있다. 신민회 시절 독립협회 간부였고 서북학회장까지 지낸 정운복이 일제의 밀정으로 전락했다는 것을 눈치 챘고, 하얼빈행 기차에서도 재빠르게 체포를 모면한 것으로 볼 때 도산이 일제의 움직임에 촉각을 곤두세웠을 텐데 이를 알려 주는 자료가 몇 건 있을 뿐이다.

....
31) 「안창호 일기」(1920년 1월 29일),『안도산전서』, 795~796쪽.

국민대표회의로 항일 역량 결집

3·1운동 이후 달라진 국내외 정세

독립운동을 촉발시켰던 국내외의 정세는 3·1운동 이후 크게 변화하고 있었다. 첫째, 일본은 그동안 폭력적 지배로 악명을 떨쳤던 무단통치가 조선인의 격렬한 저항을 불러오고 국제 여론을 악화시켰다는 점을 의식해 이른바 문화정책을 표방하기 시작했다. 식민통치 체제 안에 독립운동 세력의 일부를 포섭하기 위해 약간의 활동공간을 열어 놓았다. 이를 계기로 『조선일보』와 『동아일보』 같은 민족언론, 『신생활』과 『조선지광(朝鮮之光)』 같은 잡지 등이 탄생했고, 물산장려운동 같은 합법적인 경제운동이 허용됐으며, 노동·학생·청년 단체가 만들어지고 각종 강연회와 강습회가 허용됐다. 반면에 일본은 적극적인 독립운동 세력을 탄압하고 고립시켜 국제 여론의 악화를 방지하고자 했다.

둘째, 제1차 세계대전의 동맹국이었던 러·미·영·일 동맹체제가 러시아에 볼셰비키 정권이 들어서면서 깨진데 이어 중국으로 진출하려는 일본에 대해 미국이 경계하기 시작했다. 조선의 독립운동 세력은 러일전쟁 이후 다시 러·일 간에 전쟁이 재개될 경우 독립을 쟁취할 기회가 올 것을 기대했다. 그러나 제1차 세계대전에서 러시아와 일본이 동맹을 맺고 한인 독립운동 세력을 탄압하자 독립운동 진영은 굉장한 어려움을 겪었다. 이후 러시아에서 볼셰비키 혁명이 성공해 조선 독립에 우호적인 태도를 보임으로써 다시 기대가 높아졌다. 그러나 러시아 당국은 내전을 수습하고 소비에트 체제를 안정화시키기 위해 시베리아에 대한 일본의 교란과 개입을 방지할 필요가 있었다.

셋째, 3·1운동 이전 독립전쟁인가, 독립전쟁 준비인가, 외교인가로 나뉘어졌던 독립운동 진영에 러시아 혁명의 영향으로 새로운 사회주의혁명 노선이 대두하기 시작하여 날이 갈수록 그 세력이 급속하게 증대됐다. 이들은 젊은층을 중심으로 신속하게 세력을 확대해 독립운동세력 내에서 세력 재편이 추진되고 있었다.

1919년 6월 말 파리강화회의에서 조선 문제가 아무런 결과도 없이 끝나자 해외 독립운동 진영의 좌절과 동요는 커져 갔다. 이런 상황에서 상해의 통합 임시정부에 참여하고 있던 이동휘의 상해파 공산당은 러시아로부터 지원된 자금으로 적극적인 선전활동과 조직원 확대에 나서면서 독자적인 전략전술을 둘러싸고 치열한 내부투쟁을 전개하고 있었다. 통합 임시정부도 형식적으로 모여 있을 뿐 심각한 주도권 다툼으로 쉴 날이 없었다. 만주, 연해주, 북경, 일본 모든 곳에서 이런 분열과 갈등 양상은 정도를 더해 갔다.

3·1운동의 열기가 사그라지고 독립의 가능성이 구체적으로 보이지 않게 되자 임시정부는 몇 개월의 집세조차 내지 못하는 상태에 빠지게 되었다. 거기에 생활난에 허덕이는 망명객들은 하루하루가 고통이었다. 이동녕, 이시영, 김구 같은 지사들이 동포 가정을 방문해 한 끼를 해결하는가 하면 미주 동지의 지원으로 다른 동지들에 비해 그런대로 나았던 도산도 구멍 난 중국 신발을 신고 다닐 정도였다.

미국 의원단과의 면담

도산은 1920년 7월 27일 어수선한 상해를 떠나 미국 의원단을 만나기 위해 홍콩과 광동에 갔다. 그러나 폭우로 미국 의원단이 북경으로 직행했으므로 도산 일행은 그들을 만나지 못하고 다시 상해로 돌아와 8월 11일 남경으로 출발했다. 그런데 남경에서 샌프란시스코 시절부터 도산을 감시하던 일본의 밀정 맨더선을 만나게 됐다.[32] 국민회 시절에 도산을 담당하던 미국인 일본 밀정이 중국까지 파견 나와 도산을 집중적으로 감시했고, 도산도 이를 알고 있었다는 것을 알 수 있다. 도산은 남경을 거쳐 그대로 북경으로 갔다. 미국 의원단과의 면담을 위해서였다. 이때 도산을 수행한 사람은 황진남과 백영엽이었다.

미국은 제1차 세계대전 때 미 · 영 · 일 · 러 동맹으로 전승국이 되면서 일본의 조선 침략과 식민 지배를 묵인하면서 조선의 독립 문제에 별다른 관심을 갖지 않았다. 하지만 3 · 1운동 이후 미국 기독교연합회가 조선 사정 보고서를 제출하여 상원의원 메코막의 제의로 상원 회의록에 수록되었으며, 1920년 3월 상원의원 노리스 · 쉴스 2인의 명의로 "일본은 조선의 독립을, 영국은 아일랜드의 독립을 승인케 하고 조선과 아일랜드를 국제연맹에 회원으로 가입시키기를 희망한다"는 결의안이 상정됐다. 4월에는 상원의원 토마스가 강화조약 비준안에 "일본이 조선의 독립을 승인케 하고 조선을 국제연맹에 가입케 한다"는 수정안을 냈으나 54:22로 부결되었다.[33]

....

32) 「안창호 일기」(1920년 8월 12일), 『안도산전서』, 977쪽.
33) 주요한편, 『안도산전서』, 325쪽.

이런 사정을 알고 있었던 도산은 상하 양원의 의원 9명이 부부 동반으로 동양 지역을 방문한다는 소식을 듣고 임시정부가 이들에 대한 접촉을 요청하자 공식적인 입장에서 책임을 맡았다. 도산은 미국 의원들에게 조선의 사정을 정확히 설명하는 것이 국제적인 협력, 특히 미국의 협력을 얻어 내는 데 중요하다고 판단했다. 그래서 비공식적인 외교 활동을 하고자 했다. 임시정부는 미 의원단 접촉을 위한 준비위원회를 조직하고 도산을 위원장으로 선임했다. 도산은 태극기를 제작해 전달하고 선전문서를 정인과 · 이광수 · 주요한 · 황진남 등에게 번역시키는 동시에 미리 현지의 미국 대사관과 영사관에 조선 사정과 독립운동의 경위, 일본의 잔악한 식민통치의 실상을 인쇄하여 보냈다. 도산 일행은 의원단이 필리핀과 홍콩을 들르지 않고 상해로 직행하여 북경으로 간다고 하여 기차 편으로 남경을 거쳐 북경으로 출발했다. 도산은 8월 13일 천진에 들러 난카이(南開) 대학 총장 장바이링(張伯笭)을 만나 한 · 중 간 공동전선 구축과 한 · 중 학생 교육에 관해 토의했다.

8월 14일 북경에 도착한 도산은 16일 여운형, 동아일보 기자 장덕준, 황진남을 대동하고 포터(S. G. Porter) 상원의원을 방문해 조선 독립운동의 실정과 독립에 대한 조선민의 결의, 미 국민에 대한 감사 등에 대해 말했다. 17일에는 단장인 스몰(J. H. Small)을, 18일에는 하원의원 베어(W. S. Vare)와 디어(I.C. Dyer) 등을 만나 조선 독립의 필요성을 역설하고 미국 의회와 정부의 노력 및 지원을 호소했다. 특히 도산은 주 중 미 대사를 지냈던 폴 라인쉬(P. Reinch)가 조선의 자치를 주장하자 이를 반박하고, 자치나 위임통치가 아니라 조선의 완전독립을 강조했다. 이 와중에 도산은 북경 대학 총장 차이위안페이(蔡元培)를 만나 환담했다. 미 의원단은 귀국길에 조선에 들렀다. 그러나 일제의 방해로

YMCA에서 개최된 환영회에 대표로 해리스 의원 한 사람만 참석했다.

반임시정부 세력의 확대와 새로운 돌파구의 필요성

도산은 미 의원단과의 외교 활동이 끝난 뒤 북경에 거주하는 독립운동 지사들을 만났다. 당시 북경에는 통합 임시정부에 참여하지 않고 있던 박용만, 문창범, 신채호 등이 결집하여 독립전쟁을 추진하고자 했다. 이 반임시정부 세력에는 이동휘의 상해파와 다른 계보인 이르쿠츠크파 공산당이 참여하고 있었다. 도산은 1920년 4월 연해주 일대에서 최재형을 비롯한 많은 독립운동가들을 살해한 일본의 대학살극 이후 고조된 반일과 반임시정부 분위기에서 북경의 독립운동 지사들과 인내심 있는 논의를 계속했다. 하지만 이들의 태도는 완강했다. 위임통치를 청원하고 미국에 의존하여 독립운동을 하려는 이승만을 도저히 인정할 수 없고 그가 대통령으로 있는 임시정부를 인정할 수 없다는 것이었다.

도산은 공인과 자연인을 구분해야 하며 개인에 대한 비난이 정부에 대한 비난이 돼서는 안 된다며 통일단결을 호소했다. 그러나 북경의 인사들은 면담을 아예 기피하거나 냉소적이었다. 한편 여러 소문이 나기도 했던 김달하 · 박정래 등도 만나고, 의대생이었던 이용설이 찾아오자 흥사단에 관해 설명하고 입단시켰다.[34] 도산은 1920년 9월 초에 상해로 돌아왔다. 도산의 설득에도 불구하고 북경에 있었던 9월에 박용만, 신숙, 신채호 등이 군사통일촉성회를 결성했다. 임시정부는 다시 도산을 파견해 반임시정부파에 대한 설득을 맡겼다. 도산은 다시 북경

----

34) 『도산 안창호 전집 11』, 227쪽.

으로 가서 군사통일촉성회 관련 인사들과도 접촉하고 의견을 나눴다. 그러나 점차 상황은 분명해지고 있었다.

임시정부로는 전체 항일 독립운동의 역량을 결집시킬 수 없기 때문에 새로운 돌파구를 모색하지 않으면 안된다는 것이다. 적이 무자비한 탄압만 가할 때는 한 덩어리로 뭉쳐 싸우기가 쉽지만 일제의 식민 통치가 점차 간교해지면 조선인 내부는 분열될 터인데, 이미 통합 임시정부와 반임시정부로 갈라져 있는 상황에서 어떤 방도가 있어야 하는가?

도산이 북경에 있으면서 근거지 확보 작업을 벌였는지를 알려 주는 구체적인 자료가 없다. 북경에 거주하는 독립 지사들을 만나 보고 서·북간도 지역에서 활동하는 신민회 시절의 동지들, 국내에서 넘어온 인사들과 교류했을 것으로 짐작할 뿐이다. 도산은 상해로 돌아가면서 한커우(漢口)를 거쳐 가는 노선을 선택했다. 중국 내부를 둘러보고 독립운동 근거지를 물색해 보기 위해서였을 것이다.

그러나 상해의 정국은 더 꼬여 가고 있었다. 이승만이 드디어 1920년 12월 8일 상해에 도착했다. 그러나 이승만은 당시 임시정부가 직면하고 있던 분열과 갈등·대립에 관한 구체적 방안을 내놓지 않고 임시정부 유지와 체제정비 방안만 내놓았다. 도산은 11월 27일 민단사무실에서 전도 방침에 대해 연설하면서 임시정부를 중심으로 한 대독립당 건설을 촉구했다.

금일 나의 연설은 정부 직원의 자격으로 공표함이 아니오. 개인의 사견을 발표함이니 그 책임은 자기가 자부하오. 목하 내지와 서북간도에서 온갖 고초를 당하는 동포에게 충심의 동정을 표하는 동시에 당지에 재류하는 동포에게도 무한한 동정을 표합니다. …

정부유지 책임은 국민 전반에 유(有)하니 자기가 먼저 그 책임을 다하고, 타인에 권하야 …

이러한 험하고 원(遠)한 길을 진행하는 자의 요(要)할 바는 오직 인내력이오. 또한 우리의 전도는 절로 성취될 바 아니오. 오직 스스로 행하여서만 될지니, 전쟁과 외교를 같이 논하는 자 잇스니 요행을 기대하는 외교와 피와 땀으로 치룰 전쟁을 같이 논하는 것은 불가하다.

(중략)

또 전쟁이라 함은 공론으로 하는 것이 아니오. 전쟁을 가능케 해야 될지니 작년부터 전쟁을 주창하나 금일까지 전쟁을 개시치 못함은 이 무슨 연고요. 이것이 곳 구설(口舌)로만 전쟁을 말하고 전쟁을 준비 못한 연고이오.…

국제연맹이나 미국만 의지하는 것은 스스로 독립할 자격이 없슴을 자백함이니 자격을 갖고 몬져 자립적, 조직적 국가를 성립한 후에야 자격이 있고 외원(外援)이 있는 법이오. 나는 차관이나 청병(請兵)이 절대 불가하다 함이 아니오.…

대한 사람은 남자나 여자나 한사람도 빠지지 말고 우리나라의 독립을 위하야 ①달마다 얼마씩 돈을 내시오 ②돈을 내기 위하여 반다시 한 가지 직업을 가지고 부지런히 돈을 버시오. ③날마다 한사람씩 당신과 같이 돈을 낼 사람을 얻으시오. ④나라를 위하여 몸을 받친 이를 돕고 그의 가족을 도우시오. ⑤당신이 청년이거든 곧 학교에 들어가시오. ⑥당신이 애국자이거든 대독립당을 세우기 위하여 힘쓰시오. 머리로 말고 손으로 돈으로!…

사상이 유치한 자는 매사의 속성을 깃버하고 완성을 슬허하나니 우리

의 전도는 근이(近易)하지 않고 실로 험난하고 장원하외다.[35]

　　이동휘는 이미 1920년 3월 2일에 8개항의 임시정부 개혁안을 추진하면서 도산을 설득하고자 했다. 그러나 도산은 이승만 옹호의 입장을 굽히지 않았다. 임시정부 개혁을 추진하면 이승만은 한성 정부를 내세워 대통령 행세를 계속할 게 분명했기 때문이었다. 그렇게 되면 두 개의 임시정부 병립을 우려하지 않을 수 없었다. 도산과의 연합을 포기한 이동휘는 5월 임시정부를 탈퇴하고 상해를 떠났는데, 이로써 상해임시정부가 러시아 정부의 지원을 받아 추진하려고 했던 일제에 대한 군사행동계획은 구체화될 수 없었다.

　　하지만 그 이후 이승만과 그를 지지하던 기호파는 도산의 지원에 힘입어 자신들의 입장을 고수할 뿐 도산의 정부기구 축소를 골자로 한 연합사무제 방안까지 거부하기에 이른다. 차장들의 총리 추대에 대해 도산은 단호하게 거절했다. 도산의 임시정부 탈퇴가 임박하자 기호파는 그를 총리 추대로 설득하려 하지만 도산은 이를 거부했다. 이승만이 이동녕을 총리로 앉히려 한다는 것을 알았고 반임시정부파의 세력이 확대되는 상황에서 임시정부의 간부직은 오히려 통일운동에 장애가 된다고 생각했기 때문이었다.

　　여가 래한 지 우금 2년간이라. 처음 상해에 도착할 시에 여가 지방열이니 야심가이니 하는 비난이 극도에 달했도다. 다행히 그 오해를 풀어 인심이 다소의 수습이 되었도다. 그후 군(이동녕, 이시영, 신익희)

35) 안창호, 「전도방침에 대하야」, 『독립신문』(1920. 12. 25); 『도산 안창호 전집 6』, 302~303쪽.

등이 상해에 래한 후로 여의 경우는 해내, 해외를 물론하고 지방열로 세력을 쟁투한다는 악선전이 보급하야 외위의 인심을 수습할 여지가 무한 차시라. 군 등이 래호 후에 성재(이동휘)를 내보내고 여가 총리 해야 함이 우금껏 계속 했도다. 일편으로는 총리되라 권하고, 일편으로는 악선전을 했도다. 연고로 금에도 불신하겠노라.[36]

무엇보다 임시정부가 처한 무기력한 상태를 극복할 방안이 필요했다. 한 치의 양보도 없는 양측의 극단적 대립과 임시정부의 무기력을 극복하기 위해서 어떤 방안이 있어야 할까? 도산은 각 지역 대표의 의지를 모아 공론으로 임시정부와 독립투쟁의 방향을 결정하는 수밖에 없다고 생각했다. 독립투쟁을 실제적으로 추진하려면 무엇보다 국내외 동포들의 전폭적인 지지가 있어야 하고 이를 바탕으로 2천만 동포를 대표할 수 있어야 힘 있는 투쟁이 가능한데 현재의 임시정부는 그 어느 것도 없었던 것이다.

마침 상해에서 1921년 2월에 김창숙, 원세훈, 왕삼덕 등 14명이 통일적인 정부조직과 군사방침, 군력을 종합하여 독립운동의 최량 방침을 수립하기 위해 국민대표회의를 소집하자는 성명을 발표했다. 상해 임시정부로는 안 된다는 입장이 공개적으로 표출된 것이다.

이런 움직임에 대항하여 상해임시정부의 소수파였던 이승만파 45명은 "임시정부를 절대적으로 유지하고 현 대통령 이하 각 국무원을 신임하여 현 시국을 파괴할 행동을 방지하자"는 선언서를 발표했다. 이어서 이승만 중심의 임시정부 체제를 고수하고자 이들은 3월 중순 협성회

....

36) 「안창호 일기」(1921년 2월 17일), 『안도산전서』, 998쪽.

를 조직했다.

　이 무렵 도산은 "상해임시정부는 아무 기초가 없어서 이를 부지할 도리가 없다"면서 "지금이라도 극소수의 정치적 결사체를 만들어 보자"는 의견을 흥사단 동지들에게 묻는다.

이종 군(君)이 내방한지라 여(余) 왈 여가 상해 초도시(初到時)에 군 등이 신민회를 부흥시켜 정치적 단결을 속속(屬屬)히 언(言)할 시에, 여는 대동일치하는 데 방해가 되겠다고 거절하야 왔는데, 금일에 와서 본즉 그것이 또한 유감이라, 여차히 아무 토대가 없고서는 일을 부거(扶去)할 도리가 전무하도다. 지금이라도 극소수의 정치적 결사를 성립하야 환난상제(患難相齊)함이 여하할까 하는 생각뿐이오. 결정은 없으니 군이 차에 대하야 생각하야 보라 한즉, 군 왈 지금 여차한 것을 직치 아니하면 불평분자가 일로 증가하야 장래는 더욱 곤란 중에 지(至)할까 염려하노라. 여 왈 여가 결정적이 아니라 한 것은 차역(此亦) 진행이 잘 될는지 의문이라 하다.[37]

　대독립당 구상을 현실화할 것인지, 우선 제기된 국민대표회의 소집작업에 주력할 것인지를 고민했다. 도산은 대독립당 구상을 일단 접고 임시정부 불신임과 개조 요구를 적극적으로 수용하여 차제에 임시정부의 대표성과 정통성을 확고히 하여 통일적인 지도기관을 구성하는 작업이 급선무라고 판단했다.

....

37) 「안창호 일기」(1921년 2월 9일), 『도산 안창호 전집 4』, 979쪽.

이승만 퇴거 요구와 국민대표회의 결성

3월 1일 정안사로 올림픽극장에서 독립 축하식에 참석하여 국민대표회의 소집을 요구하는 연설을 하고, 15일 도산, 박은식, 이탁, 김철 등이 국민대표회의 준비촉진회를 조직했다.

현 임시정부는 박약하여 국민의 신용을 해치고 있으므로 도저히 국민 대업의 목적을 이룰 수 없으므로 속히 이를 개조하는 동시에 정부 명칭을 폐지하고 위원 제도로 조직을 변경할 것, 임시정부 측과 지역 대표로 미령, 노령, 북만주, 간도, 상해 공산당에서 각 4명씩으로 국민 대표를 정하자.

국민대표회의 준비촉진회 조직은 이동휘가 제안한 바 있었던 임시정부의 혁명적 집행위원제의 개혁안을 어느 정도 수용하고 이동휘와 천도교 계열의 참여를 보장하는 내용을 구체화하고 있었다.

이 구상은 기존의 임시정부 고수 입장에서 한 걸음 물러나 정부 명칭의 폐지와 위원 제도까지 염두에 둔 것으로 획기적인 방안이었다. 도산이 대독립당 구상 대신에 일단 국민대표회의 소집에 적극 나선 것은 임시정부와 국내외 상황 전개에 대처한 측면도 있지만, 임시정부 고수만으로는 어떤 독립사업도 할 수 없고 다양한 정치세력을 포용하기 위해서는 그들이 참여할 조건을 만드는 것이 필요했기 때문이었다.

그런데 1921년 4월 17일 북경에서 남 · 북 만주와 시베리아, 하와이 및 국내 10개 단체 대표들이 참가한 군사통일회의가 3일간 열렸다. 무장독립을 주장하는 인사들이 독자적인 세력화와 임시정부 불신을 구체화하고 국민대표회의 주도권 장악을 겨냥했다. 이들은 독립전쟁의 지휘권을 임시정부 군무부에서 총괄하느냐 아니면 별도의 군사통일기구를 설치하느냐 하는 대책을 토의하고 위임통치안을 거론한 이승만과 도산을 공격하는 성토문을 발표했다. 도산이 상해임시정부에서 이승만 대통령 옹호론을 펴는 태도를 이승만과 같은 위임통치 청원자로 매도한 것이었다. 군사통일회의는 만장일치로 임시정부와 임시의정원을 불신임하고 한성 임시정부의 봉대와 한성 정부의 계통을 계승하되 사람과 제도를 새로 조직한다고 선언하고 나섰다. 이를 실행하기 위해 국민대표회의 준비를 위한 주비위원을 선출했다.

독립운동 진영에서 이제 국민대표회의 소집은 대세가 되었다. 서로군정서와 한족회도 정부 개조와 이승만 퇴거를 요구하는 5개항의 결의서를 임시의정원에 제출했다. 김동삼, 이진산, 여준, 곽문이 중심이었다.

도산의 임시정부 퇴진

기호파에 속하는 여운형과 노령의 원세훈 등 각 진영에 속하는 인물들과 접촉하여 드디어 1921년 5월 10일 국민대표회의 준비위원회를 정식 발족하고 대회 소집을 공식적으로 선언했다. 도산은 이를 추진하기 위해 5월 11일 임시정부에서 공식적으로 사임했다. 그리고 5월 12일과 19일 '독립운동의 진행책과 시국문제의 해결방침'이라는 연설회를 개최하고 조속한 시일 내에 국민대표회의를 소집할 것을 호소했다. 이 연설회에서 도산은 군사, 외교, 재정, 문화, 식산, 통일의 6대 사업이 통일적으로 동시에 수행되어야 하는데 한 가지 방침에만 집착하여 다른 노선을 배척하는 태도를 극복하고 함께 동시에 추진돼야 한다는 점을 역설했다.

과거의 운동은 독립을 선언하고 만세를 부름이 맛소. 옥에 갓치고 창검에 찔리우고 생명을 희생하며 한 모든 것이 만세운동을 행함이었고. 그 후로는 압록강 연안으로 시삭하야 삭탄, 난총 등의 시위운동이 잇섯고 두만강 연안에서 다소의 전투적 운동이 잇섯고 구주와 미주에 선전운동이 잇섯소. 이 과거운동의 결과가 무엇인가 하면 그 만세소래로 적이 쫓겨 가기를 바람도 아니오. 다소의 작탄과 국부적 전투로 적을 능히 구축하리라 함도 아니오. …
우리 독립운동의 요령을 말하면 ① 군사운동 ② 외교운동 ③ 재정운동 ④ 문화운동 ⑤ 식산운동 ⑥ 통일운동이 큰 것입니다. 독립운동이란 이 여섯 가지를 종합한 명사입니다. 이 여섯 가지 운동을 바로 진행하면 독립을 성공하겟고 이 여섯 가지 중 하나라도 결하면 다른 다섯 가지가 진행되지 못하야 독립을 성공하기 불능하겟습니다. …
다만 멧 십명, 멧 백명씩이라도 나가서 싸와야 된다고 말하고, 말뿐 아니라 그러한 사실도 잇섯소. 만은 금후의 군사운동은 그와 같이 하여서는 안되겟소. …
금후 우리의 군사운동은 적을 구축하야 항복받기를 표준하고 운동할 것입니다. 그러면 첫째, 군사를 모집할 것이니 먼저 지원병 3만 이상 5만명 이하만 모집하야…
독립운동의 방법은 단지 폭탄을 던지고 총검을 사용하여 적을 살해하는 것으로써 능사라 하여 만족함은 조계(早計)이다. 모름지기 군사, 외교, 재무, 교육, 식산, 통일의 6항에 착안하지 않으면 안 된다. 그리

고 이 군사에 대해서는 모름지기 개병주의로 함은 물론이나 가장 긴
요한 것은 통일이다. …

통일은 불가불하여야 되겠는데 그 통일은 어떠한 방법으로 할고? 통
일하는 방법 중에 가장 큰 것이 두 가지이니, 첫째, 전 민족적 통일기
관을 설치하고 그 중앙최고기관에 전 민족의 정신과 마음, 힘을 집중
하여 중앙의 세력을 확대하게 할 것, 둘째, 사회의 공론을 세우고 큰
사람이나 작은 사람이나 다 그 공론에 복종케 하며 통일의 원칙은 각
지방과 각 단체의 대표자들이 모인 국민대표회의에서 해결해야 한
다.[38]

　도산은 이 연설에서 임시정부는 국내외 국민들이 인정하는 바이므
로 국민대표회의를 통하여 의정원과 정부를 더욱 충실하게 하고 공고
하게 하여 민족적 통일기관이 되게 할 것이라고 말했다.

　두 번에 걸쳐 진행된 연설회에 참여한 300여 명으로 국민대표회의
기성회를 결성하기로 하고 원세훈·여운형 등 20여 명의 준비위원을
선임했다. 이에 따라 북경, 천진, 하와이, 남경 등지에서도 국민대표회
의 기성회가 조직되었다.

　그런데 3월 촉진회에서 도산이 임시정부 개조와 정부 명칭 폐지,
위원제로의 전환을 선언한 입장과 5월 연설에서 강조한 국민대표회의
를 통한 임시정부 개조 방안은 약간의 차이가 있었다. 이는 상해임시정
부 측의 격렬한 반발과 상해임시정부 세력의 참여를 설득하는 과정에

38) 「도산 연설, 독립운동의 진행책과 시국문제의 해결방침」, 『독립신문』, 1921. 5. 21; 『도산 안창호
전집 6』, 540~546쪽.

서 대표회의를 통한 임시정부 개조로 타협할 수밖에 없었기 때문인 것 같다. 상해 국민대표회의 기성회가 구성되면서 도산은 서·북간도, 북경, 천진, 도쿄, 조선 각지, 러시아, 미국에 특파원을 보내 국민대표회의 개최를 통보하고 전력을 기울여 세력 규합에 노력했다. 5월 23일 상해를 떠나 북경, 천진 등지를 순방하며 대표성 있는 통일적 지도조직의 필요성을 강조했다. 또 공론을 보으기 위해 시사책진회를 조직했나. 시사책진회는 각 독립운동 세력의 입장을 취합하고 공론을 세우기 위한 협의기구였다. 이런 노력의 결과 6월 6일 기성회 1차 총회가 개최되어 규약 제정과 위원 선정, 대표자격 및 대표선출 구역을 정하고, 11월 국민대표회의를 개최하기로 결정했다.

이 회의에서 도산은 임시수석으로 선출되었다. 6월 17일 북경으로 가서 박용만·김규식과 회합을 가졌다. 상해의 임시 기성회 대표 자격으로 북경에 가서 군사통일회 측과 협의를 진행한 김규식은 북경의 군사통일회와 국민대표회의 소집 문제를 협의했다. 그 이후 김규식은 갑자기 입장을 바꿔 군사통일회 측 간부로 활동했다. 이런 혼란에도 불구하고 6월 17일 양측 대표가 북경과 상해에서 만나 상호간의 입장의 조율에 성공했다. 다시 북경에서 천진으로 간 도산은 천진 대한교민단의 박용해, 오인석과 함께 했다. 천진 교민단은 박일라, 주현칙 등 홍사단우들이 중심을 이루고 있었다. 이들 대표들도 북경으로 가서 회의 소집을 논의했다.

1921년 8월 상해 기성회 위원 30인, 북경 교민회 선출 15인, 북경 군사통일회 선출위원 5인, 천진 교민회 5인 등으로 구성된 국민대표회의 주비회가 공식 발족했다.

이승만의 국민대표회의 저지운동

이렇게 국민대표회의 기성회를 비롯한 국민대표회의 소집 여론이 비등하자 이승만은 갑자기 5월 29일 상해를 떠나 하와이에서 대한인동지회를 발족시켰다. 임시정부를 옹호하고 대동단결을 꾀한다는 목적으로 조직하여 적극적인 임시정부 옹호와 국민대표회의의 반대에 나섰다. 하지만 국민대표회의 소집 여론이 대세를 형성하면서 궁지에 빠진 이승만은 하와이에서 박용만계와 충돌했다. 10월 23일 이승만 세력의 집요한 반대에도 불구하고 하와이에서도 대조선국민대표 기성회가 조직되었다. 미주에서는 이미 대한인국민회를 통해 6월 25일에 국민대표회 북미 기성회가 활동을 시작했다.

그러나 국민대표회의 소집 문제는 재정문제 해결책이 쉽게 나오지 않았고, 태평양회의에 대한 대책의 시급성 때문에 뒤로 미뤄졌다. 도산은 국민대표회의 소집에 필요한 재정문제를 해결하기 위해 직접 도미할 계획을 세우고 9월14일 미국 비자를 신청했으나 거부당했다.

이 시기에 독립운동 인사들의 관심을 끌었던 두 개의 국제회의가 있었다. 하나는 워싱턴에서 1921년 11월 11일 개최된 태평양군축회의이고, 또 다른 하나는 모스크바에서 1922년 1월 21일에 열린 극동인민대표회의였다.

도산은 9월 3일 태평양회의 후원 연설회를 주최하고 외교 후원회를 조직하는 등 국제 정세와 제국주의 국가 간의 이해관계를 활용하여 독립의지를 세계에 선전하기 위한 지원 활동을 전개했다. 그러나 태평양군축회의는 임시정부와 독립운동 진영의 기대와는 달리 조선 문제를 거론조차 하지 않고 폐막되었다. 태평양회의에 크게 기대를 걸었던 임시정부와 이승만에 대한 신뢰는 크게 손상되었다. 거꾸로 모스크바에서 개최되는 극동인민대표회의는 약소민족의 민족해방운동에 적극적인 지지를 표명하고 범민족통일전선을 촉구하고 임시정부의 개조를 지지했다.

이런 과정을 거쳐 1922년 2월 북경에서 도산, 이동휘, 박용만, 노백린 등이 만나 해외 독립운동세력이 총망라된 '한민족국민대회'를 상해에서 개최하기로 합의했다. 상황이 이렇게 돌아가자 임시정부 세력도 국민대표회의 주비회를 승인하고 4월 14일에는 인민청원안을 가결하는 등 국민대표회의에 참여할 준비를 마쳤다.

한족회의 김동삼도 상해로 와서 북경의 군사통일회가 별도의 정부를 구성해서도 안 되지만 임시정부에서도 위임통치 청원자를 퇴거시키라고 요구하고 임시정부가 이를 거부하자 국민대표회의에서 해결할 것을 강조했다. 상해파 공산당도 1922년 5월 민족해방이 사회혁명의 전제라면서 민족해방을 전제로 한 통일전선 노선을 당면 과제로 설정하고 국민대표회의에 적극 참여했다. 특히 상해 공산당은 11월 8일 이동휘, 홍도, 박진순 등이 레닌과 만나 당면 혁명의 성격을 민족민주혁명으로 규정하고 이의 실현을 위해 노력해야 한다는 합의를 함에 따라 상해임시정부를 포함하는 통일전선 노선을 확정했다.

두 개의 공산당 혼선

하지만 자유시 참변[39] 이후 상해파와 이르쿠츠크파 공산당이 극심

....
39) 자유시 참변은 무장 독립운동 과정에서 발생한 비극적인 사건의 하나다. 청산리 전투에 승리한 독

한 대립을 계속하자 코민테른 집행위원회가 조선인 공산당의 통일을 선결 과제로 결정하면서 전 민족적 통일전선의 과제보다 공산당 조직의 통일이 급선무가 됐다. 상해파 공산당은 1922년 1월에 개최된 극동인민대회에서 이르쿠츠크 공산당이 모든 민족단체를 통일시키기 위한 최고 조직을 만들 것에 반대하고 통일된 공산당이 성립된 이후에 민족대회를 소집해야 한다는 방침을 정하는 바람에 혼란에 빠졌다. 공산당의 두 파는 10월에 가서야 베르흐네우진스크 고려공산당 통일대회를 통해 통일공산당이 조직된 것으로 확정하고 국민대표회의 개최운동에 적극 참여하기로 결정했다. 이 대회에서 이동휘와 윤자영을 모스크바에 파견하고 김철수를 상해로 보내 도산, 김동삼 임시정부 측과 접촉하여 국민대표회의에 참여하기로 방침을 정했다. 상해파 공산당은 국민대표회의에서 주도권을 장악하기 위해 김정하, 현정건, 왕삼덕을 내세워 자신들이 분류한 양남파(경상·전라) 및 양서파(평안·황해) 세력과 연합했다.

2월 중에 도산은 다시 북경, 천진, 남경을 순방하여 기성회 결성 노력에 혼신을 다했다. 3월 15일 극동인민대회 참가자들이 상해로 돌아오면서 국민대표회의는 거스를 수 없는 대세로 굳어졌다. 도산은 이들을 환영하면서 국민대표회의 준비위원을 선거하고 시급히 회의를 개최할 것을 촉구했다. 아울러 도산은 대표회의의 공론을 통해 임시정부를 개조하고 위원제로 조직을 변경하자는 방침을 거듭 확인했다.

....

립군 부대들은 일제의 추격을 피해 1920년대의 봄 밀산에 집결하여 대한독립군단으로 재편하고, 러시아 연해주 지역인 자유시(알렉세예프스크)에 주둔했다. 여기에서 군 관할권을 둘러싸고 상해파와 이르쿠츠크파가 충돌하여 자유대가 적군의 무장해제에 저항하다 500명의 독립군이 학살당했고 800여 명이 포로가 되었다.

반면에 임시정부는 2월 하순 내각 총사퇴를 결의했으며, 국민대표
회의 개최를 요구하는 102인 인민청원안이 4월 3일 의정원에 정식 안
건으로 상정되자 심의를 진행했다. 도산은 4월 6일 연설에서 힘과 재정
을 한 곳으로 집중하고 조직적 단결로 독립운동을 전개하자고 호소했
다. 도산은 지도력을 상실한 임시정부를 죽이려는 것이 아니라 다시 살
리기 위해 국민대표회의를 소집하는 것이라는 점을 거듭 강조하면서
국민대표회의의 강령과 상호간의 맹약을 제시하며 국민대표회의 개최
를 구체화해 나갔다. 노백린 군무총장은 4월 7일 국무원 총사퇴를 발표
하고 의회의 결정을 따르겠다는 견해를 밝혔고, 인민청원안도 10:3으
로 통과되어 임시의정원은 국민대회 개최건을 정식으로 승인했다.

이렇게 여건이 조성되자 4월 20일 개최된 대표회의 주비회 총회는
각지에 기성회 성립 상황을 게시하고 대표를 선거할 구역과 단체, 대표
인원수를 다시 규정했다. 5월 10일 국민대표회의 주비위원회 선언이
발표되고 이를 각 지방에 발송해 실제 대표 선임 작업에 들어갔다. 도
산은 5월 중순경 서간도 지역을 순방했다.[40] 서간도 지역에서는 신민회
시절의 동지였던 양기탁이 활동하고 있었다. 그 결과 환인현에서 국민
대표회의 남만 촉성회가 발기되었다.

남만주에 들러 국민대표회의 참가를 촉구한 도산은 6월 5일 다시
북경의 기독청년회 강당에서 연설하면서 애국심을 고취하고 국민대표
회의 소집 필요성과 지역감정 제거를 역설했다. 도산은 천진에서도 국
민대표회의 결성을 촉구했다. 도산의 이런 활동—일제의 정보 문서의
표현대로 침식을 잊은 활동—덕분에 북경의 반임시정부 세력들도 도산

....
40) 국회도서관, 「상해 국민대표회 개최준비와 기타의 건(1922. 6. 19)」, 『중국 편』, 294쪽.

과 협의 후에 대표자 파견에 관한 협의를 시작했다.

한편 임시의정원은 1922년 6월 17일 대통령과 국무원에 대한 불신임안을 12:4로 통과시켰다. 정원 16명 가운데 이승만파인 장붕, 조완구, 윤기섭, 홍진이 퇴장하고 다수가 이승만과 국무원에 대한 불신임에 찬성했던 것이다. 그러나 이승만은 한성 정부의 정통성만을 주장하며 의정원의 결의를 무시했다.

국민대표회의 여론은 이승만파를 제외한 전체의 요구로 발전했다. 그런데 문제는 대회 소집에 필요한 자금이었다. 개최 일정이 여러 번 잡혔지만 자금 확보가 여의치 못했다. 이러던 차에 한형권과 윤해가 1922년 11월 모스크바에서 26만 루블을 조달하면서 국민대표회의는 속도를 내게 되었다. 12월 19일 주비위원들이 상해에 도착한 대표들과 의견을 교환했고, 27일 예비회의를 열어 회의 진행을 위한 규칙을 정한 뒤, 드디어 1923년 1월 3일 정식 회의를 개최했다. 2년 만의 일이었다.

국민대표회의 개최

이런 복잡한 과정을 거쳐 국민대표회의가 1923년 1월 3일부터 6월 7일까지 개최됐다. 국민대표회의는 임시회의를 통해 회의 규정, 정식 간부 선출, 대표자격 심사 등을 정했고, 정식회의에서 주비회의 경과 보고, 각 지방단체의 경과 보고, 시국문제 토론, 군사 · 재정 · 외교 · 교육 · 생계 · 노동 문제 등 6분과 안이 토의되고 결정되었다. 1월 3일 첫 회의에 참가한 대표는 62명이었다.

이때 자격심사에서 공식적으로 인정받은 대표가 대폭 증원되어 125명이 되었다. 3차 회의에서 임시의장을 맡고 있던 도산에 대한 창조

국민대표회의의 개회를 알리는 『독립신문』 기사.
(1923. 1. 10)

파의 공격으로 자격 시비가 일어났으나 표결 결과 대표자격이 인정되
었다. 임원 선거에서 의장 김동삼, 부의장 도산 안창호, 비서장 배천택,
비서 김철수 등을 선출하여 개조파가 다수를 장악했다. 도산은 일부에
서 위임통치 문제와 연관되어 자격 시비로 공격—이승만의 위임청원은
국민회 중앙총회에서 파견하여 발생한 일이므로 중앙총회장인 도산도
위임청원자로, 그 대표자격을 인정할 수 없다는 창조파의 공세—을 받
았지만 부의장에 선출되었다.

개조파는 결집된 힘을 바탕으로 공식적인 결의로 임시정부 개조를
관철하기 위해 2월 26일 오영선을 중개자로 임시정부파의 장붕·조소
앙·이시영·노백린, 대표회의 측의 김동삼·왕삼덕·이진산·김갑·
김철 등이 참석하여 타협안을 만들었다. 그들은 임시의정원의 이유
필·조상섭·오영선을 정부 대표로 국민대표회의에 참여시키고 임시
정부 계승을 전제로 하되 임시정부와 임시의정원을 해산하고 이를 국
민대표회의에 위임하는 방안을 추진하기로 결정했다.

그러나 국민대표회의에서 창조파는 개조파의 세력이 증가하는 것으로 판단하여 임시정부 측과의 타협안을 거부했다. 3월 5일부터 8일까지 시국 문제에 관한 토론이 진행되면서 다시 임시정부 문제로 첨예하게 부딪쳤다. 당시 토론에는 임시정부 개조안, 신조직 건설안, 국시확립안, 신독립당 조직안이 공식 상정되었다. 개조파는 윤자영 등 19명이 대표하여 임시정부 개조안을 제안했다.

개조안은 세계 피압박민족의 해방운동과 동일한 전선을 만들고 독립운동을 혈전에 중심을 두고 조직적으로 진행하며 대한민국임시정부의 조직 헌법, 제도 기타 일체를 실제 운동에 적합하도록 개조하는 것이었다. 개조안을 둘러싸고 창조파와 개조파의 입장 차이가 좁혀지지 않자 도산은 다시 4월 6일 개조파 간부회의에서 국민대표회의에 임시정부를 참여시키고 김철수가 개조안을 철회시키는 방안을 제안했다. 이 방안을 결정하면서 임시정부와 의정원이 노동문제 토론을 종료하기 전에 무조건 국민대표회의에 들어오게 하고 국민대표회의는 새로 제정되는 헌법에 의해 중앙기관을 선출하기로 합의했다.

도산의 제안은 개조파와 창조파의 대결 국면을 통일의 국면으로 전환시키고 임시정부를 참여시킨 조건에서 공결의 방식으로 새로운 중앙기관을 조직하자는 것이다. 이 방안은 임시정부의 계통을 이으면서도 환골탈태해야 한다는 고민 끝에 나온 결론이었다. 그러나 개조파의 제안에 대해 임시정부 고수파는 임시정부를 존치하고 국민대표회의에서 결정되는 임시정부 개조 등의 모든 사안은 의정원에서 통과되어야 효력을 갖는다고 결정함으로써 사실상 거부했다. 임시정부를 환골탈태시킬 의지가 없었던 것이다.

3자 회의 중재 노력

국민대표회의를 통한 전 민족적인 통일기관 조직의 꿈은 무너지고 있었다. 타협이 불가능해지자 의장 김동삼, 비서장 배천택 등은 소속 단체로부터 소환을 받고 사임한 후 만주로 돌아갔다. 이들이 불참하게 되자 창조파가 갑자기 수적 우위를 차지하게 되었다. 창조파는 이런 조건을 이용해 수뇌부를 장악했다. 창조파는 북경의 군사통일회와 노령의 국민의회가 중심이었다. 핵심 인사로는 신숙, 김규식, 윤해, 이청천, 윤덕보 등이었다.

창조파는 완고한 임시정부 고수파의 입장을 구실로 6월 2일 일방적으로 정부 조직을 발표했다. 창조파만의 정부가 탄생한 것이다. 개조파 57인은 바로 다음 날인 6월 3일 성명을 발표하고 다수 의견인 헌법 제도 개선 제의를 무시하는 것은 국민대표회의의 정신을 위반한 것이라고 성토했다. 개조파 성명에 도산의 이름이 들어가 있으나 도산은 이를 부인했다. 6월 4일 도산은 각 파의 이해 때문에 통일적인 지도기관의 성립이 불가능해서는 안 된다며 김동삼과 함께 개조파 · 창조파 · 고수파의 3자 회의를 주선했다.

임시정부 고수파에서는 노백린 · 조소앙 · 홍진, 개조파에서는 손정도 · 정신 · 왕삼덕, 창조파에서는 신숙 · 윤해가 3자 회의에 참석했다. 개조파는 창조파와 고수파 간에 타협이 이뤄지면 무조건 따르겠다며 양측의 타협을 촉구했다. 고수파는 임시정부의 존립을 부정하는 국호 · 연호 등을 취소하고 대표회의에 헌법 개정 권한을 부여하되 대표회의에서 이를 개정하면 의정원에 회부하여 통과되면 공표한다는 조건을 제시했다. 고수파 안은 의정원이 입법권을 고수하면서 필요에 따라 어떤 의안이든 맘에 들지 않으면 무효화할 수 있는 방안이었다. 이 고수파 안에 대해 창조파는 물론 개조파도 거부했다.

이렇게 되자 도산은 마지막으로 의정원 의원과 대표회의 회원이 합동으로 헌법을 제정하고 기관을 조직한 뒤 종전의 헌법과 기관을 폐지하는 것이 어떠냐는 방안을 내놓았다. 어떻게 해서든 분열을 막고 통일된 지도기관이 출범해야 한다는 일념에서였다. 이러한 도산 안에 대해 개조와 창조파가 찬성했으나 고수파는 반대했다. 다시 개조파에서 의결권을 갖는 헌법회의를 조직할 것을 제안했지만 이마저도 고수파는 즉답을 피하다가 찬성할 수 없다는 태도를 고집함으로써 마지막 노력마저 수포로 돌아갔다.

상황은 파국으로 치달았다. 창조파는 6월 5일 헌법 초안을 상정했고 국민위원회 전형위원을 선출한 후 6월 6일 헌법 초안 수정안을 통과시켰으며, 6월 7일 39인이 참석하여 국민위원회에 토대를 둔 위원제정부를 조직하고 임시 헌법을 제정·반포하고 각원을 발표했다. 국무위원으로 33인을, 고문으로 박은식 등 31인, 내무에 신숙, 외교에 김규식, 재무에 윤덕보 등이었다. 이에 맞서 고수파도 6월 7일 내무부령으로 국민대표회의 해산을 명령했다.

이번 모혔던 국민대표회의가 맞춤내 파열된 데 대하여는 통애(痛哀)함을 엇더타고 말할 수 업습니다. 우리는 대회가 파열된 이후 일부의 집회로써 결의한 모든 일에 대하야는 일절 책임을 지지 아니하고 따라서 그 집회에서 산출된 소위 국민위원회와는 아모 관계가 업습니다. 그러나 이번 모험이 실패됨에 대하야 우리 자신의 불선무능(不善無能)함을 자책하고 우리의 책임을 이행치 못한 것을 동포 압혜 사과

할 뿐이오. 타방에 대하야는 시(是)와 비(非)를 말코져 아니함니다. 그럼으로 6월 3일 김철 등 오십여 인의 연서(連署)로 발한 성명서에 우리의 성명이 기입되여스나 이것도 우리들의 본래 원한 것이 아니외다. 이번에 이와 갓흔 큰 실패를 당하엿스나 결코 이것으로써 우리 전도(前途)의 영원한 실패를 짓지 안코 동포의 편달 하에서 스스로 책려(策勵)하야 상래를 위하야 여하한 방법으로던시 너욱 노력하려 함니다.[41]

도산의 망식분주(忘食奔走)

이때 도산의 노력에 대한 상해과 공산당 간부로서 국민대표회의 집행부 임원이었던 김철수는 "수적으로는 2/3 이상이 개조파였지만 남·북 만주의 테러 대장들이 각기 피스톨과 폭탄까지 가지고 다니며 발악을 했고, 그때 나는 비로소 안창호의 성의를 인정케 되었다. 그는 토혈을 하면서도 주야 없이 그야말로 망식분주(忘食奔走)하는 것이었다"라고 증언했다.[42]

도산이 이토록 정성을 쏟았던 국민대표회의가 아무런 열매를 맺지 못한 채 끝나고 말았다. 도산이 의도했던 각 지역과 단체의 대표들이 모여 공론을 통해 당면한 대표성과 정통성의 위기를 극복해 통일적인 지도기관을 만들자는 목표는 달성되지 못했다. 도산은 개조파로 규정되고 위임청원파라는 흑색선전을 받는 상처도 입었다. 각지의 대표를

41) 「대표회의 의장이던 양씨(兩氏)의 담(談)」, 『독립신문』, 1923. 6. 13, 4면.
42) 「김철수 회고록」, 『역사비평』, 1989년 여름호, 358쪽.

선출하여 공론을 모으고 민주적으로 결론을 내면 그에 복종한다는 민주주의의 원칙은 하나의 꿈에 지나지 않았던 것이다. 이승만을 비롯한 임시정부 고수파는 빈껍데기뿐인 임시정부라도 기득권을 내놓을 생각이 없었고 북경의 군사통일회와 이르쿠츠크 공산당은 자신들이 주도하는 정권을 만드는 것이 목표였다. 자파의 이익과 주도권의 장악을 위해 이리 떼처럼 싸우는 망명객들의 추태는 당시 독립운동의 일면을 보여주는 것이었다.

하지만 국민대표회의를 통해서 뚜렷이 드러난 성과도 있었다. 첫째, 각 세력이 지향하는 독립운동의 목표와 실천방안들이 드러났다. 둘째, 개조파든 창조파든 임시정부 고수파든 분열된 상태로는 항일 독립운동과 혁명운동을 지속시킬 수 없으며 각 세력의 입장을 망라한 통일적인 지도기관이 절실하게 필요하다는 공감대와 요구가 생겨났다. 셋째, 임시정부 내의 이승만 지지세력이었던 이동녕, 이시영, 조완구, 조소앙, 윤기섭, 장붕 등이 고립되어 끝내 이승만 탄핵을 막지 못했다. 넷째, 이르쿠츠크 공산당과 북경 군사통일회 중심의 창조파는 김규식을 끌어들여 국민위원회를 구성했지만 분열주의자라는 불명예를 안게 되었다. 그들이 무장투쟁을 내세운 선명한 깃발 밑에는 주도권 장악이라는 더러운 욕망이 감추어져 있었다. 다섯째, 임시정부 고수파는 창조파의 제안조차 거부함으로써 창조파가 신헌법을 통과시키고 국민위원회를 발족시킬 명분을 만들어 주었다.

창조파의 헛발질

한편 창조파의 이런 분열적 행동 뒤에는 코민테른의 과오와 일관

창조파를 주도한 윤해.

성을 갖지 못한 지도력도 문제였다. 상해파와 이르쿠츠크파가 개조파와 창조파로 분열됐고, 이르쿠츠크파를 사실상 지원했던 코민테른 현지 지도부는 6월 10일 창조파 정부의 대표단의 러시아 입국을 허가했다. 창조파의 50명은 상해에서 1923년 8월 20일 노르웨이 상선을 타고 30일 블라디보스토크에 도착해 신한촌에 머물렀다. 9월 10일부터 민족운동의 통일적 조직인 한국독립당 안을 만들고, 김규식, 신숙, 원세훈, 이청천, 윤해의 5명 대표가 코민테른과 회담에 들어갔다. 꼬르뷰로 대표인 파인베르그, 이동휘, 김만겸 등과 협의하여 한국독립당 안을 코민테른에 보고하기로 합의했다.

그러나 코민테른은 1924년 1월 창조파 국무위원들을 축출했다. 코민테른 회의 결과 창조파 정부는 파벌 대립의 산물이라고 보았던 것이다. 물론 여기에는 다른 배경도 작용하고 있었다. 레닌이 갑작스럽게 사망하고 소비에트 러시아 체제가 흔들리자 자국의 안정을 위해 일단 반소 국가들과 국교 정상화 작업을 우선하기로 한 것이다. 극동에서는 당연히 일본과의 국교 정상화를 위해 양국 간 협상이 1923년 9월부터

시작되었다. 창조파가 국외 축출을 당했던 1924년 1월은 러일 국교 교섭이 본격화한 시점이었다.[43)]

이런 사정도 모르고 소비에트 러시아의 지원을 얻어 주도권을 잡을 목적으로 좌우 통합의 유일한 기회였던 국민대표회의를 깨고 나간 창조파의 행동을 어떻게 볼 것인가? 또 유명무실한 자리보전만을 위해 임시정부 고수만을 주장한 몇몇 인물들을 어떻게 평가할 것인가? 독립운동 세력들은 국민대표회의를 통해 통일적 지도기관을 만들어 내지 못함으로써 독립운동 세력이 처했던 지리멸렬한 현상을 일제가 망할 때까지 극복하지 못했다. 만약 국민대표회의에서 도산이 제안한 대로 양파가 타협하여 통일적 지도기관을 출범시켜 그 깃발 아래에서 투쟁했다면 1920~1930년대의 독립운동의 양상은 달라졌을 것이고, 제2차 세계대전에 당당한 주체로 힘 있게 참전했을지도 모를 일이다. 그랬다면 연합국이 일방적으로 남북을 가르지도 않았을 것이고, 국토분열과 동족상잔의 비극을 막을 수 있었을 것이다. 오호, 통재라!

각혈을 하는 극심한 육체적 고통 속에서 오직 독립운동의 통일단결을 위해 분투한 도산의 몇 년간 노력은 허사가 되고 말았다. '어찌 이럴 수 있단 말인가! 힘 하나 없는 자리를 둘러싼 싸움과 선명한 깃발을 내세운 주도권 다툼으로 독립운동이 망하게 생겼으니 어쩌면 좋은가?'

도산은 독립운동의 대의를 내세워 파벌 싸움을 일삼고 파벌 두목의 자리 욕심에 쉴 날이 없는 현실을 두 눈으로 똑똑히 보았다. 하지만 절망하기에는 식민지 조국과 동포의 참상이 너무나 끔찍했다. 3·1운동과 독립투사의 고귀한 희생을 헛되이 할 수 없었다. 도산은 그들을

<hr>

43) 강만길·심지연, 『우사 김규식 생애와 사상』, 한울, 2000, 90~93쪽.

다시 껴안았다. '일본과 싸워 이기려면 미우나 고우나 뭉치는 길밖에 없다. 나의 감정은 중요하지 않다. 저 손발이 묶여 있는 조국과 유리걸식하는 동포들의 참상을 보라!' 도산은 조선 독립의 희망을 붙잡고 다시 독립운동의 큰 길을 찾아 나섰다.

도산은 국민대표회의가 성과 없이 끝났지만 일단 독립운동의 구심역할을 해야 될 지도기관은 유지돼야 했으므로 1923년 7월 2일 윤사영·서영환·김철, 임시정부의 홍진·손정도 등과 함께 임시헌법기초위원회를 조직하고, 임시정부 각원의 개선과 임시헌법 개정을 추진하고자 했다.

한편 국민대표회의 결렬 이후에도 도산은 반임시정부 세력과 협의를 계속해 북경, 북만주, 서간도, 천진 등의 세력과 통일운동을 전개했다. 북경에서 1924년 1월 초순 만주의 대한통의부로 이동해 서·북간도 지역의 독립운동단체 대표들과 회합하고 2월 중순 상해로 돌아왔다. 상해에서 도산은 대동통일 취지서를 발표하고 통일운동에 각 단체대표들이 참여할 것을 호소했다. 이에 1924년 5월 독립군 대표들이 도산의 취지에 호응하여 성명서를 발표했다. 국민대표회의가 좌절되자 많은 독립지사들이 실의에 빠져 각처로 돌아갔지만 거꾸로 도산은 민족운동의 좌우파가 처한 현실을 절실하게 인식하게 되었다.

'이들을 하나의 깃발 아래 뭉치게 할 수 있는 방안은 정말 없을까? 없는 것은 아닌데….' 그 방안은 임시정부 초반에 구상했던 정당 조직이었다. '민족유일당인 대독립당을 조직하자! 그리고 무엇보다 대독립당 조직은 튼튼한 물질적·인적 기반, 즉 근거지 없이는 사상누각에 지나지 않을 것이므로 근거지 구축작업이 병행돼야 한다. 그렇게 하려면 자금이 있어야 한다. 다시 미국에 건너가 동지들에게 호소해 보자.'

8막

흥사단 원동위원부와 독립운동 근거지 건설 사업

흥사단 원동위원부, 전선으로 가다

흥사단의 상해 활동 추진

상해에서 통합 임시정부를 발족시키고 노동국 총판으로 물러났지만 도산은 여전히 임시정부의 중심에 있었다. 선전부 위원장이라는 비밀정보기관의 책임도 맡고 있어서 국내와 서북만주, 연해주 등 각지에 특파원 선전대, 의용단 등을 파견하고 임시정부 체제의 안정화에 주력했다.

그러나 임시정부 자체가 안고 있는 대표성의 취약과 인적 · 물적 기반의 허약성은 정부라는 조직 형태를 유지할 수 없게 만들고 있었다. 이런 현실을 잘 알고 있었기에 도산은 정부가 필요하다는 민의(民意), 정부를 이끌어 갈 핵심 세력이 없으면 정부 형태는 무실과 거리가 있으므로 독립운동 세력을 규합하는 독립대당, 혁명본당이 필요하다고 생각했던 것이다. 3 · 1운동 발발 소식을 듣고 독립대당의 조직을 염두에 두고 상해에 왔지만, 이미 임시정부가 발족되고 내각까지 내외에 선포했기 때문에 할 수 없이 통합 임시정부 수립에 몰두했던 것이다.

그러나 이 과정에서 느꼈던 인재 부족은 심각했다. 젊은 혈기로 독립운동에 뛰어드는 청년은 많지만, 대부분이 허장성세와 공리공론에 빠져 버리고 말아 끝까지 신의를 지킬 수 있는 용감한 청년들이 부족했다. 그리고 무엇보다 지역에 따른 편 가르기와 일제의 분열 공작에 대처하기 위해서는 흥사단주의로 무장된 인재들이 더욱 필요했다.

도산은 임시정부 안팎의 오해를 무릅쓰고 1920년 1월 미주 본부에 있는 박선재와 김항주를 비밀리에 상해로 불렀다. 박선재는 사무를, 김항주는 조직 담당으로 역할을 나누었다. 첫 단소는 영국 조계 모이명로(Moulmein Road) 빈흥리 301호에 셋집으로 자리를 잡았다. 뜰이 크지 않은 중국식 농가 주택이었다. 방이 아래 위층에 일곱 개여서 응접실 겸 사무실, 집회실, 오락실 및 사무원 숙박실로 구분하여 사용하기로 했다. 도산이 단우들과 매일 새벽에 명상을 한 곳은 1층의 사무실 겸 응접실이었다. 1924년 3월 남경으로 단소를 옮기기 전까지 모이명로에 있는 단소에서 매주 금요일 주례 모임이 있었다.[1]

첫 입단자는 당시 『독립신문』을 책임지고 있던 이광수였다. 「도산일기」를 보면, 이 시기에 도산은 각 부 차장과 면담을 하며 임시정부 내 분규를 가라앉히기 위해 애쓰면서 틈틈이 유망한 청년들과 인격 수양, 동맹 수련, 당면 독립운동 방략에 관해 토론을 하고 입단 문답을 진행하고 있었다. 입단자들이 늘어나자 2월 하순 본부에 건의하여 박선재를 임시반장으로 동맹저축 지부를 상해에 둘 것을 요청하여 원동위원부 설치 준비작업을 시작했다. 1920년 도산이 정력적으로 활동하여 신한청년 당원들과 대한야소교 진정회 회원들이 주로 입단했다. 이때 입단한 사람은 안정근, 손정도, 이광수, 이유필, 송병조, 선우혁, 조상섭, 양헌, 이규서 등이었고 김구는 특별 단우로 입단했다. 김구는 자신이 가입한 단체가 있어서 주저했으나 도산의 권유로 입단했다.[2]

....

1) 「제7회 원동대회 경과, 1920. 12. 29~30」, 『도산 안창호 전집 8』, 31~64쪽.
2) 「제8회 원동대회 경과 상황」, 『도산 안창호 전집 8』, 73, 439쪽.

3월 첫 상해 지방회 모임이 개최되었다. 2월에는 김항주를 일본에 파견하여 유학생 가운데 귀국하여 홍사단 국내 활동을 할 단우들을 모집했다. 김항주에 의해 김도연, 김준연, 유억겸, 백관수 등이 입단했으나, 이들은 귀국한 이후 홍사단 운동에 참여하지 않았다. 도산은 군사 문제에 대해 실무적인 책임을 지고 있는 손두환을 높이 평가하여 몇 차례나 입단을 권유했지만, 공산주의를 내세워 끝내 입단을 하지 않았다.[3] 유억겸은 유길준의 아들로 이승만의 동지회를 국내에서 주도적으로 조직한 신흥우 그룹과 어울렸다. 그래서 도산은 이광수에게 유억겸을 몇 번이고 찾아가 만나 오해를 풀라고 권유했지만, 이광수가 제대로 하지 않았다. 유억겸은 이광수가 본처를 버리고 허영숙과 재혼한 사실을 못마땅하게 보았다.

1920년 9월 홍사단 원동임시위원부가 발족되고 12월 29일 홍사단 7회 대회를 상해에서 개최하면서 홍사단 상해 활동은 공개 활동으로 되었다. 홍사단 원동위원부 시절부터 홍사단 운동은 평범한 수양단체가 아니라 독립운동을 목표로 한다는 점을 분명히 했다. 단우들은 도산과 함께 독립운동의 핵심 간부로 활동했다. 통합 임시정부 유지, 국민대표회의 소집, 독립운동근거지 건설, 민족유일당 운동 등을 위해 최전선에서 활동하면서 도산은 1929년 2월 홍사단우들에게 홍사단은 조선의 국권을 회복하기 위한 혁명단체이며 혁명을 위한 투사의 훈련기관임을 분명히 했다.

문: 홍사단의 주의와 목적은 어떠한가?

....
3) 「안창호 일기」(1920년 1월 29, 30, 31일), 『안도산전서』, 796쪽.

답: 홍사단은 약 27~28년 전 내가 미국에서 조직했던 것이며, 수양
단체로서 결성했던 것입니다. 다시 말하면 수양을 해서 민족을
개선하려고 한 것입니다. 그러나 단순한 민족 개선이 아니고 그
내용은 조선 민족의 인구 증산, 부력 증진, 지위 향상, 조선 독립,
기타 일체의 행복과 번영 등 다섯 가지 목적으로 조직했습니다만
1919년경부터는 단체의 목적이 조선 독립을 최고 유일의 것으로
삼았던 것입니다. 그 후 단군연호 4262(1929년) 2월 모든 홍사단
원에 대하여 홍사단이 조선의 국권을 회복하기 위한 혁명단체임
을 선언했기에 홍사단은 조선 독립을 목적으로 한 혁명단체로 된
것입니다.

문: 이 선포문을 발표하기 이전에도 홍사단원에 대하여 홍사단이 조
선 독립의 기초 공작을 목적으로 한다는 것을 인식시킨 일은 없
는가?

답: 방금 선포문을 읽어 주기에 기억이 납니다. 그 선포문에 기재한
대로 홍사단은 수양단체가 아니라 조선 독립을 목적으로 한 단체
였으므로 입단 문답을 할 때 반드시 조선 독립을 목적으로 한 혁
명투사 양성의 단체임을 인식시켰던 것입니다.

문: 약법에는 조선 독립의 단체임을 명기하지 않고 있지 않은가?

답: 약법은 추상적이기 때문에 입단 문서 또는 전술한 바와 같은 선
포문을 발표하여 혁명단체임을 인식시키고 있었습니다.[4]

그런데 공개 활동이나 비공개 활동 때도 상해에서는 이미 도산의

....
4) 「일제 동우회 사건 증인 심문 조서, 1937. 6. 27」, 『안도산전서』, 1063~1064쪽.

홍사단 조직에 대한 의구심과 비판 여론이 확산되고 있었다. '사당을 만든다', '평안도 당을 만들어 대통령이 되려 하는 야심가'라는 비난이 높아졌다. 그러나 도산은 개의하지 않았다. 독립운동의 기초 작업이기 때문이었다. 이듬해 12월 6일 반장회에서 임시원동위원회 규정안과 임시원동국 편집국 규정안을 만들어 조직 체계를 만들어 나갔다.

이렇게 시작된 홍사단 원동위원부는 1949년 위원부 활동이 정지될 때까지 190여 명이 입단했고, 대부분의 단우는 여러 단체와 정당에 소속돼 직접 독립운동에 헌신하거나 후원과 지원 활동을 전개했다. 모든 단우들은 정기적인 활동 보고와 동맹독서 · 동맹저축 등 약법에 규정된 의무 활동을 하고 매월 월례회에서 정기적인 강론회와 토론, 활동보고를 하면서 신성단결의 훈련을 해 나갔다. 북경, 천진, 남경, 광저우, 길림 등에는 지부가 설치돼 있었다. 북경 지역은 도산이 미주 의원단 면담을 위해 왔을 때 이용설을 입단시킨 이래 상해 입단 단우가 북경으로 가 참여하는 등 활발하게 활동했다. 그리하여 도산은 북경에 원동위원회를 설치할 계획을 갖고 있었다.[5]

북경 지부의 군인 양성과 암살단 조직 활동

북경 홍사단 지부는 미주 홍사단이나 상해 지역의 홍사단과는 질적으로 다른 홍사단 운동을 전개했다. 북경 지부는 1922년 국민대표회의 개최를 위한 유세 활동 중에 설립되어 김위택이 지부장, 주현칙이 총무 겸 재무, 박일라가 간사로서 활동했으며, 아나키스트 이론가로 널

---

5) 「단우에게 올리는 글, 1921. 7. 18」, 『도산 안창호 전집 7』, 129쪽.

리 알려진 유기석은 북경의 무정부주의자와 함께 무정부 운동을 전개하면서도 흥사단 북경 지부에서 활동했다. 북경 지부는 본업 역행, 군인 양성, 실업 장려, 교육 진흥, 암살단 조직이라는 5대 사업을 추진했다.

본업 역행이나 실업 장려, 교육 진흥은 미주 흥사단 활동과 큰 차이가 없지만, 군인 양성과 암살단 조직, 특히 암살단 조직은 매우 달랐다. 군인 양성의 경우 상해 흥사단 단우들이 노병회를 조직해 군비와 군인 양성을 위해 노력했고, 미주 조직도 비행학교 등을 설립해 군인 양성에 앞장선 바 있기 때문에 특이한 것은 아니다. 그러나 암살단 조직은 사업의 성격이 확실히 다른 것이다. 그렇다면 이 북경 지부의 사업은 도산이나 원동위원부의 승인을 받은 것인가? 이 점에 관한 확실한 자료는 없지만, 북경 지부 활동과 관련해서 시사해 볼 수 있는 증언은 남아 있다. 이용설과 도산의 대화 내용이다.

나는 독립운동의 방략에 대하여 물었다. 북경에 있던 지도자급 인물에게서 아무런 계획과 방안을 들을 수 없었던 실정이라 도산에게서까지 그럴듯한 책략이 발견되지 않는다면, 독립운동은 방법 없는 무모한 운동이니 그만두는 것이 결론이라 하여 이것을 물은 것이다. 선생의 장시간 설명을 듣고 새로운 희망이 생겨 나도 선생의 운동에 참가하기를 청했다. 선생은 기꺼이 승낙하시고 그 후 약 1주일 동안 저녁마다 흥사단 운동에 대해 설명을 해 주셨다. 나는 선생을 따라 상해로 가고 싶은 마음이 간절했으나, 선생은 이미 과학을 전공할 기회를 가졌으니 그것을 이용하여 최고 학술을 배우도록 힘쓰는 것이 바로 애국 심정이라고 훈계했다.

도산이 북경을 떠나기 전 유격전술에 관한 것을 말했다. 그 내용은 정식 전쟁보다도 비밀 파괴단을 조직하여 유격전을 하되, 만주와 기타 지방에서 폭탄 제조 및 사용법, 변장, 피신하는 법을 가르치고, 2~3인씩 국내에 들어가 일본 관공서를 파괴함으로써 ①일인의 행정을 교란하고, ②동포들에게 신념과 협조심을 갖게 하고, ③세계에 선전하자는 것이었다. 그리고 세계 대

무정부주의자로 유명했던 유기석은
흥사단 단우로도 충실하게 생활했다.

전쟁이 다시 한 번 나는 때에 일본에 선전포고함으로써 독립의 기회를 얻을 수 있다고 했다.…

도산은 허둥지둥하던 청년의 심정에 한 줄기 밝은 빛을 주었다. 참 훌륭하신 지도자이시다. 스스로 감탄하기를 마지않았으며 기쁨을 금할 길이 없었다.[6]

이렇게 도산이 이용설에게 매우 구체적인 게릴라 전술방침에 대해 얘기한 것은 당시 간도 참변에 대한 분노가 충천해 있던 상황이었고, 북경은 남·북만주와 직접 연결되고 있었기 때문에 독립전쟁론이 강했으며, 전면적인 독립전쟁은 현실적으로 불가능하므로 통일적인 게릴라전으로 대처해야 한다는 생각이 깔려 있었기 때문일 것이다. 이런 내용은 도산의 6대 방략에 이미 구체적으로 언급되어 있고, 대다수 흥사단원이 참여한 정위단(正衛團)과 의용단 활동은 비정규전에 대처하기 위

<hr />

6) 주요한 편, 『안도산전서』, 330~331쪽.

한 게릴라 의열투쟁의 성격을 띠고 있었다. 의열단의 김원봉도 도산과 활동내용을 상의했으며, 활동비도 지원 받았다.[7]

이러한 북경 지부 활동은 중국의 조건에서 현실적 필요성에 따라 조직된 활동으로 인격수련과 신성단결, 동맹저축, 동맹독서 등 기초 작업에만 주력하던 미주 흥사단의 활동과 비교하여 항일 독립전쟁에 흥사단 지부가 직접 참가하고 있다는 점에서 주목된다. 이 암살단 조직은 친일파 박춘금이 북경에 온다는 소식을 듣고 그를 처단하고자 했지만 북풍회의 신일용으로 밝혀져 중지했다는 전주한 단우의 증언으로 볼 때 구체적으로 운용되었던 것 같다.[8] 북경 지부에 소속된 단우들은 안정근, 유기석, 전주한, 김현택, 김환, 조영, 조세훈, 황용수, 정석해, 심용해, 유상돈 등이었다.

임시정부의 주춧돌이 된 단우들

상해에서 초기에 입단한 흥사단 단우들은 『독립신문』 발간 등의 선전 분야에서 활동하기도 했지만, 도산이 내무총장으로 근무하면서 심혈을 기울였던 연통제와 교통국, 그 이후에는 지방선전부와 의열투쟁의 사업 분야에서 맹활약을 했다. 연통제와 교통국의 국내 연락거점이었던 안둥현에서는 대한청년단 연합회가 조직력을 결합해 활동했는데, 그들은 군자금 모금과 무기 구입 등 독립전쟁 준비 사업에 노력했고 청년단 연합회 간부들은 특파원과 파견원, 선전원으로서 임시정부의 임

----

7) 「안창호 일기」(1920년 5월 9일), 『안도산전서』, 883쪽.
8) 전주한, 「흥사단 북경 지부의 활동」, 『기러기』, 1979년 10월호, 26쪽.

무를 맡아 국내와 각지에 파송되기도 했다. 이 대한청년단 연합회 핵심 간부가 흥사단 단우들이었다. 이탁이 교육부장, 장덕노는 편집부장, 김두만은 교재부장, 박춘구는 노동부장 및 편집부장이었는데 그들은 각종의 선전문과 국내 정보를 수집하고 취합하여 임시정부에 보고했다.

장덕환.

임시정부에서 물러나 국민대표회의 운동에 들어가면서 도산은 흥사단 본부의 조직을 정비하고 원동위원부의 발전책을 설명하기 위해 미국 입국을 시도했으나 미국 정부의 거부로 미주로 건너가지 못했다. 이즈음 미주, 멕시코, 하와이에 있는 단우들에게 보낸 편지에서 도산은 흥사단 운동에 대한 신념과 정세 인식, 흥사단 운동의 당면 과제를 명확히 하고 있다.

그러므로 우리의 급선무는 중견의 힘을 짓기 위해 더욱이 앞으로 원동에 우리의 주의를 발전하여 동지자를 모집하며, 교육과 실업을 장려하여 앞날의 큰일을 감당할 만한 확고한 토대를 세움에 있습니다. 우리는 우리가 일찍 세워 놓은 원동 발전책이 착착 실현되기 위하여 더욱 시간과 정력을 다할 것이외다. 또한 이리하려면 우리는 우선 미주에 있는 흥사단 본부의 힘의 기초를 더욱 견고케 하지 아니하면 아니될 것이외다.

사랑하는 동지 여러분이여, 이때가 어름어름할 때가 아니외다. 독심을 품고, 기어이 불쌍한 대한 사람을 건지기 위해서 비상한 노력을 다할 때외다. 나는 이제부터 전날보다 더욱 의지의 힘을 강고하게 하여 세상이야 비웃든지 칭찬하든지, 돕든지 해하든지, 고마워하든지 미워하든지, 믿든지 의심하든지 다 불고하고, 우리 민족을 건지는 데 합당한 길이라고 깨달으면 그것을 붙들고 끝까지 나아가려 합니다.[9]

　도산은 정부 직책 없이 독립운동 진영의 통일을 도모하는 사업에 뛰어들면서 그 기초되는 기반을 만들지 않으면 안 되었다. 그런데 미주 흥사단은 일정한 재정적 기초를 다져 가던 과정에서 1920년 가을의 벼농사 실패로 큰 타격을 받았다. 이때의 타격으로 북미실업주식회사도 재기불능의 상태가 되었다. 1920년 흥사단 본부는 연간 5,340달러 규모의 살림을 하고 있었다. 독립운동의 통일단결을 이루고 독립전쟁으로 나가려면 그 기반 되는 토대를 구축해야 했다.

　그런데 미국 정부는 도산의 입국을 거절했다. 일본에 대항해 싸우는 임시정부의 각료였던 그의 신분이 문제였다. 미국은 일본을 의식해 도산의 미국행을 가로막았던 것이었다. 5~6개월을 기다렸던 미국행이 좌절되면서 도산은 중국에서 재정 등 난제를 해결할 수밖에 없는 상황에 처하게 되었다. 그래서 시동을 건 국민대표회의 소집 운동에 박차를 가하고 단우들의 확보 작업에도 열성을 기울였다. 도산의 미국행을 통한 자금 확보는 3년 뒤인 1924년 연말에 가서야 이뤄졌다.

　도산이 국민대표대회 소집을 선언하고 그 준비에 들어가자 원동 단우들은 국내외 조직으로 파견되어 국민대표대회 소집 필요성을 선전하고 연락 업무와 회의 개최에 필요한 재정 확보 작업에 노력을 기울였

....
9) 「미주 동지들에게 보낸 편지, 1921. 7. 7」: 주요한 편, 『안도산전서』, 1019쪽.

왼쪽부터 손정도, 이유필, 조상섭.

다. 특히 국민대표회의가 창조파와 임시정부 고수파로 분열되자 손정
도, 이유필, 조상섭, 송병조 등 흥사단 단우들은 극단적 충돌을 융화시
키기 위해 각 지역대표 또는 임시의정원 의원으로서 중재 노력에 전력
을 기울였다. 독립운동의 일선에 나서서 민족독립운동 세력의 통일단
결을 위해 충심을 다했던 것이다. 상해 독립운동 및 중국 지역의 민족
운동 과정에서 원동 단우들은 주요한 역할을 수행했다. 임시정부의 차
리석, 김붕준, 양명진, 송병조, 문일민, 한국독립당의 유정우, 조선혁명
당의 임득산, 최석순, 김홍서, 서상석 등과 광복군의 핵심 간부인 고영
선, 안원생이 그들이다.[10]

　　직접 독립운동에 뛰어들지 않고 경제 활동을 통해 독립운동자금을
조달하고 지원하는 이들도 많았다. 또 흥사단 자체가 동맹저축을 강조
했기 때문에 원동위원부의 동맹저축금이 있었고 태평양회의에 참가할
자금 마련이나 도산의 활동비도 대개 단우들이 지원했다. 스스로 병원
을 운영하며 직접 병인의용대를 조직하여 폭탄 테러를 실천했던 나창헌

....
10) 「차리석이 홍언, 김병오에게 보낸 편지」, 흥사단 원동특별반 조직표.

같은 단우가 대표적이다. 상업 활동을 하면서 무장투쟁을 위해 군인 양성과 전비 조성을 목적으로 조직된 한국노병회는 대부분 홍사단 단우들로 구성되어 있었다. 16명의 발기인 가운데 9명이 홍사단 단우였다.

정좌회(靜坐會)와 독서

도산은 상해에 도착하자마자 홍십자병원에 입원하여 치료를 받았다. 이때 어떤 병명으로 장기간 입원했는지는 자료가 남아 있지 않지만 긴 항해에 따른 피로 누적과 어린 시절부터 고질병이었던 위장병이 도졌던 것으로 보인다. 1920년 1월 16일 일기를 보면, 소화불량에 따른 위통을 겪고 있었음을 알 수 있다.

그러면 언제부터 도산은 명상을 하루 일과로 삼기 시작했을까? 국내에 있을 때 시작한 것 같지는 않다. 미주에 와서 공립협회를 조직하고 공립관이 확보됐을 때부터 자기 수양에 큰 관심을 기울였을 듯한데 그에 관한 증언이 없다. 그렇다면 홍사단 창단 때 세 명의 동지들과 모임을 가지면서 시작했을까? 조직의 지도자로서 자기 수양의 모범을 보이고 심신의 건강을 증진할 목적에서 명상을 시작했을 가능성이 높다. 세 동지와 동맹수련을 하면서 초창기 인격 수련 카드와 같은 방법이 사용됐을 것이다. 하지만 어떤 증언도 남아 있지 않다. 그렇기 때문에 현재 시점에서는 「도산 일기」에 처음 정좌회라는 기록이 있고 정좌법에 관한 책을 구독한 것으로 되어 있는 상해 시절부터 정좌법을 사용한 것으로 보인다. 도산은 홍사단소에서 이광수, 주요한, 박현환 등 상해의 단우들과 함께 한 시간 정도 명상 시간을 가졌다. 또 명상에 들어가기 전에 냉수욕과 체조를 매일 아침 빠짐없이 했다.

그러면 도산이 했던 냉수욕과 체조, 한 시간 정좌하여 명상하는 방식의 내용은 무엇이었을까? 이런 수련 과정에서도 홍십자병원에 다니거나 왕진 온 김창세 박사에게 한 시간 정도의 수(水) 치료를 계속 받았던 이유는 무엇일까?

우선 도산이 청년 시절부터 소화불량으로 고생하여 밥 강정을 먹었다는 증언,[11] 1920년 초의 일기, 일 년 넘게 계속된 수 치료 등으로 볼 때 위장병이 심했음을 짐작할 수 있다. 아마 도산의 위장병은 가난 때문에 제때 식사하는 경우가 드물어 불규칙적인 식생활에서 얻은 병일 가능성이 높다. 이런 건강 상태였던 도산은 많은 독립 지사들과 면담하고 토론할 뿐만 아니라 종종 장시간의 사자후도 토했기 때문에 성대를 상하기도 했고 극심한 정신적 긴장 상태에 있기도 했을 것이다.

도산의 정좌법은 무념(無念) 상태에서 심호흡을 하는 방식이었고 수 치료는 큰 수건에 뜨거운 물을 적셔 온몸에 둘렀다가 다시 찬물로 적셔 덮는 일종의 냉온욕 마사지법이었다고 한다.[12]

도산은 1920년 1월 18일 구입할 책으로 『강간식 심신단련법(江間式心身鍛鍊法)』, 『등전식 심신조화법(藤田式心身調和法)』, 『정좌 3년(靜坐三年)』, 『강덕인심능력론(康德人心能力論)』, 『인시자정좌법(因是子靜坐法)』을 정하고 당일 날 이 책을 구입했다.[13] 그리고 바로 다음 날 아침에 다섯 권의 개요를 파악하고 『정좌 3년』이라는 책을 먼저 읽기 시작했는데, 1월 21, 23일에도 『정좌 3년』을 계속 숙독하고 있었다. 도산은 월말까지 피곤해서 휴식을 취하기도 했는데, 2월 초 휴양을 위해 김창세 의

....

11) 이강, 「도산 언행습유」, 157쪽.

12) 주요한 편, 『안도산전서』, 257쪽.

13) 「안창호 일기(1920. 1. 18)」, 『안도산전서』, 780쪽.

사가 입원을 권유하기도 했다. 2월 4일 드디어 도산은 정좌법을 시험 삼아 시작하기로 계획을 세웠지만 이를 실행하지 못했다. 이틀이 지난 2월 6일부터 냉수욕과 정좌법을 비로소 실행했다. 정좌법이라는 용어와 『정좌 3년』이라는 책자를 그동안 숙독한 것으로 볼 때 도산이 시도한 정좌법은 『정좌 3년』에 소개된 방식이었을 것이다.

하지만 그 이후의 일기에 정좌 기록이 없는 것으로 봐서 바쁜 일정 때문에 미뤄진 것으로 보인다. 3월 2일 다시 홍십자병원에 입원했고 수 치료를 계속해서 받았다. 3월 27일에는 금연을 위해 입원까지 하게 되었다.

도산은 개인적으로 실천해서는 눈코 뜰 새 없이 바쁜 임시정부 활동으로 정좌를 지속하기 어렵다고 보고 흥사단 원동위원부에서 단우들과 조직적으로 시작하기로 방침을 정한 것 같다. 1920년 4월 11일 처음 단소에서 정좌회에 참석했다는 기록으로 볼 때 여러 단우들과 함께 정좌 운동을 시작한 것으로 보인다. 이후에는 단소의 정좌회에 자주 참석하면서 생활화하고 있다.

정좌의 효과가 어느 정도인지는 알 수 없다. 일부 증언에는 부양 현상이 나타났다는 얘기도 있다. 직접 목격한 것이므로 의미가 있지만 의문은 남는다. 주요한은 "도산이 명상하는 상태에 있다가 돌연 몸을 후루루 떨기도 하고, 전신이 방석 위에서 뛰어오르기도 했다"고 증언했다. 무심코 그렇게 된다고 도산이 말했다는 것이다. 이 기록으로 보면 틀림없는 부양 현상인데, 조금 불안정한 상태로 보인다.[14] 만약 완전 부양 수준의 내공을 쌓았다면 위장이나 피부, 간, 폐 등의 기능이 매우 튼

....

14) 주요한 편, 『안도산전서』, 257쪽.

틑해졌을 텐데 도산은 고질병인 위장병으로 순국 이전까지 계속 고생했다. 이런 육체적 조건으로 볼 때 도산은 정좌법을 통해 심신의 안정과 건강 유지에 도움을 받았던 것으로 판단된다. 도산은 이후 냉수욕과 정좌 명상을 생활화하기 위해 노력했다.

현재 남아 있는 일기 가운데 1월에 기록된 두 번의 서적 구입계획은 16일과 18일인데, 18일은 이미 소개한 심신 단련에 관한 5권의 목록이다. 16일에는 17권의 책이 나열되어 있다. 『서전식 요병체조(瑞典式療病體操)』, 『체조상 생리(體操上生理)』, 『체육상지논리급실제(體育上之論理及實際)』, 『사범학교 신교과서 논리학』, 『신체논리학 강의』, 『사범학교 교과서 심리학』, 『심리학(揚保恒 著)』, 『교육학 강의』, 『국민성지훈련』, 『인격수양법』, 『의지수양법』, 『구미헌정진상』, 『만국비교정부의원지권한』, 『정법명사표』, 『보통교육생리위생학』, 『인종개량학』, 『덕국부강지유래』 등이다.[15] 주로 심신 수양에 관한 것과 당시에 간행된 논리학이나 각국의 헌정 체제에 관한 서적들이다. 특이한 책으로는 『인종개량학』이 눈에 띈다.

도산은 독립운동의 최전선에 있으면서도 끊임없이 자기 수련에 노력하고 움직이는 세계 정세를 정확히 판단하고자 독립운동에 도움이 되는 지식이라면 무엇이든지 구해서 읽었던 일종의 백과전서식 독서를 했던 것 같다. 1922년에는 혁명이론비교연구회 모임에도 나갔기 때문에 공산주의·사회주의 등 다양한 혁명이론에 대해서도 독서를 계속했을 것이다.

도산은 수양과 독서에 힘썼을 뿐 아니라 정의돈수에도 남다른 노

---

15) 「안창호 일기」, 『안도산전서』, 776쪽.

력을 기울였다. 항상 거처를 깨끗이 하고 생일날 등에는 꽃을 선물하고
동지들이 모여 축하해 주도록 권장했다. 새로 입단한 젊은이들과 함께
생활하며 토스트와 찌개 등을 손수 만들어 먹었고 상해 조계 내에 있는
모리스 공원에서 산보를 하거나 창가와 흑인영가 등을 합창하기도 했
다. 도산의 찌개 솜씨가 수준급이어서 젊은 동지들이 감탄하곤 했다.

남경의 동명학원 설립 등 교육 사업

도산은 청년들을 입단시키면서 중국으로 유학 오는 청년이나 일경
의 체포를 피해 중국으로 건너온 청년학생들을 어떻게 체계적으로 교
육시켜 인재로 키우느냐 하는 문제를 시급한 과제로 여겼다. 원래 도산
은 북경에 원동위원부를 두고 독립운동 세력을 통합하는 작업을 추진
하고자 했으나 단우 확보 등이 여의치 않자 남경에서 교육 사업을 시작
하기로 했다. 이때까지 흥사단의 전체 단우는 251명이었다. 예비 단우
80명, 보통 단우 143명, 특별 단우 38명으로, 14개 반은 미주에, 5개 반
은 원동위원부에 소속되어 활동했다.[16] 이렇게 늘어난 단우 숫자는 도
산이 상해의 임시정부에 참여하고 원동위원부를 조직하면서 1920년,
21년, 22년, 23년에 젊은 청년들이 대거 입단했기 때문이었다. 4년 동
안 130여 명이 입단했다.

도산은 미주 흥사단에서 보내온 자금 820원으로 남경에 1,500평을
땅을 구입하여 1924년 3월 3일 동명학원을 세웠다. 도산은 남경에 주
로 거처를 정해 활동하면서 흥사단 원동위원부 단소도 남경으로 이전

....

16) 「흥사단 1924년 성적표」, 『도산 안창호 전집 7』, 522쪽.

했다. 당시 조선 청년들에게 고등교육의 기회가 차단되어 있었기 때문에 그들은 구미나 중국으로 유학을 가기도 했는데, 중국에서는 상해, 북경, 남경 등지로 몰려왔다. 유학지망생에게는 어학이 가장 큰 문제였다. 그래서 조선의 청년 학생들이 구미의 각 학교에 입학하여 전공을 배울 수 있도록 영어와 중국어에 대한 보충교육의 필요성이 절실했다. 동명학원은 어학강습소로 설립되어 영어와 중국어를 교수하고 군사학과 병식체조를 교련하면서 해외 각 대학에 입학할 수 있도록 대학 예비 과정을 강습했다. 특히 동명학원은 식산흥업을 위해서는 공과대학이 중요하므로 공과대학을 우선 설치하고자 했다. 3년 과정의 영어과와 중국어과, 1년 과정의 대학 예비과가 있었으며, 방학 중에는 하기 강습회가 개설되었다. 하기 강습회에서는 영어, 중국, 국어, 역사 등을 강습했는데, 40~80명이 청강했다.[17]

동명학원의 원장은 도산이었고, 명예원장은 남부기독교청년회 총무였던 질레트(P. I. Gillet)였다. 그리고 소설가 주요섭과 국어학자로 유명한 김두봉 등이 교사로 있었다. 동명학원은 1926년 화재로 전소되었다가 1927년 4월 신학기부터 수업이 재개됐다. 하지만 흥사단 원동위원부가 상해로 이전하면서 폐쇄됐다.

동명학원 시절에 도산을 사모하는 최영숙이라는 여성 동지가 있었다. 남경의 여학교에 재학하면서 독립운동에 뛰어든 여성으로 흥사단에 입단하기도 했다. 이 여성이 도산의 침실에 들어와 구애를 했으나 도산이 타일러 보낸 사건도 일어났다. 도산의 수양이 범인들의 차원과

---

17) 「흥사단 제11회 원동대회 경과 보고, 차리석이 홍언, 한승곤에 보낸 편지, 1924. 4. 15, 6. 11」, 『도산 안창호 전집 8』.

동명학원 설립 기념.(1924. 3. 3)

확실히 달랐다는 구체적인 예이다. 도산은 여성 문제뿐만 아니라 돈 문
제에 대해서도 터럭만큼의 오해를 받지 않는 태도를 견지했다. 그랬기
때문에 동지들이 땀 흘려 번 돈을 기꺼이 내놓았던 것이다.

『동광』잡지 발간

흥사단 원동위원부가 단의 공식 사업으로 추진한 또 하나의 사업
이 『동광』잡지 발간이었다. 처음 원동위원부는 원동편집국을 만들고
잡지 발간 계획을 구체화했다. 그러나 상해에서 잡지를 발간하려는 계
획은 이광수의 갑작스런 귀국으로 연기되었다. 몇 년 뒤 수양동우회에

서 잡지를 창간하자는 의견이 제시돼서 『동광』을 발간하기로 결정했다. 도산은 이 잡지 발간이 무리라고 보았지만 그대로 추진됐다. 이 결정은 제11회 원동대회가 열린 1925년 1월에 최종 확정됐다.

그러나 미주 흥사단에서 7,000원의 후원을 받아 1926년 5월 창간호를 낸 『동광』은 7년이 채 되지 않은 1933년 1월 40호를 끝으로 종간되었다. 『동광』은 일제의 출판법에 의해 정치성 기사를 게재할 수 없었는데, 3호가 이를 위반했다 하여 원고 전량이 압수되었고 1927년 8월호를 내고 휴간했다. 1931년 1월에 속간되었으나 만주 침략이 본격화되는 상황에서 검열이 강화되고 또 경영난을 이기지 못해 1933년 1월 종간할 수밖에 없었다.

도산은 『동광』에 '산옹(山翁)'이라는 필명으로 기고했으며, 『동광』은 육체와 정신 개조에 관한 기사, 조선 역사에 관한 연구 논문 등을 많이 실었다. 그리고 외국의 문화와 과학을 소개하여 기초 교양의 함양에 노력했다. 하지만 『동광』은 발간과 유지를 위해 사용한 비용에 비해 성과를 크게 내지 못했다. 오히려 국내파 단우들이 식민지 조건에서 신음하고 있던 동포들의 현실을 변화시키려는 구체적 실천 활동을 하지 않았기 때문에 개량주의·준비주의라는 비난을 받는 등 나쁜 영향을 주기도 했는데, 이는 주로 이광수의 처신과 정치적 입장 때문에 증폭된 것이었다.

공평사와 소비조합 운동

원동위원부 초기에 임시정부 활동, 국민대표회의 소집, 동명학원, 유일당 운동, 기지 개척 사업 등에 경제적 지원을 해 왔던 단우들은

1928년 이후 밀어닥친 세계대공황의 여파로 극도의 재정난에 처하게 되었다. 일반 동포의 생활난과 참상은 이루 말할 수 없었다.

도산은 이런 상황을 타개하고 동포 사회를 안정시킬 수 있는 경제 운동을 모색하면서 그 방안으로 소비조합 운동을 시작했다. 홍사단 원동위원부는 단우들의 동맹저축과 회비납부 운동을 전개해 재정적 기초를 쌓아 왔기 때문에 상해 동포들이 참여하는 소비조합 운동을 전개하여 경제난을 함께 풀어 가기로 한 것이다. 내부 논의를 거쳐서 1930년 1월의 제16차 원동대회에서 단우들과 상해 동포들이 참여하는 소비합작사를 설립하는 결의안을 통과시켰다. 경제적 지위 향상을 위해 소비에서 협동하고, 점차 생산·신용 방면에서 합작 운동을 보급하자는 것이었다. 1월 26일 도산과 18인의 단우가 소비조합 결성 준비에 들어가 12월 '동인호조사(同人互助社)'라는 협동조합의 설립 계획안을 발표했다.

이어서 1931년 1월 제17차 원동대회에서 동인호조사 규약 초안을 결정하고 구체적인 사업에 착수했다. 당시 상해에는 애국부인회에서도 이와 같은 협동조합을 조직하려고 했기 때문에 양 단체가 합동하여 공평사로 개칭하기로 하고 3월 25일 창립총회를 열었다. 곧이어 상해 시내에 상점을 개설하고 총 71~73명의 사원이 참여하는 협동조합 운동을 벌였다. 홍사단 조직이 직접 국민의 생활 속에 파고드는 경제 사업을 전개한 것이었다. 그러나 공평사는 애초에 계획했던 소비조합에서 신용합작과 생산합작 사업까지 발전하지 못했다. 일제의 상해 침략과 도산의 체포가 이어졌기 때문이다.

원동위원부의 투사 양성기관

흥사단의 변화

초기의 원동위원부 조직에서는 인격수련과 신성단결을 통해 항일 독립운동에 참여하는 것이 큰 문제가 되거나 갈등으로 드러나지 않았다. 단우 전부가 임시정부와 의정원, 연통제, 교통국, 선전대 등 직접 독립운동의 일선에서 뛰고 있었기 때문이었다. 그런데 국민대표회의 소집 운동이나 민족유일당 운동 과정에서 흥사단의 정체성을 둘러싸고 다른 단체와 인사들로부터 많은 시비가 있었고 특히 국내의 수양동우회에 대한 세론의 비판이 극심해져 일부 단우들의 문제 제기가 나오기 시작했다. 또한 미주 단우, 중국원동위원부 단우, 국내 단우의 흥사단에 대한 소속감과 활동목적, 실제 생활의 편차도 커져 가고 있었다.

그리고 무엇보다도 신채호나 좌익의 준비론자 규정, 개량주의 공세로 신규 단우 가입이 저조하고 활동력이 위축되면서 논란이 심화되었다. 도산은 이 당시의 상황을 이렇게 보고했다.

원동에서 본단이 일어난 후 수 3년 간에 우수한 청년 중심이 서진고로 내부가 견고하고 대외하며 발전하는 형세가 불행히 이광수 군이 귀국함으로 본단에 불리한 영향이 적지 않은 동시에…[18]

주요섭은 당시 문명을 떨치기 시작한 원동위원부 소속 단우로서 수양동우회가 수양단체이기 때문에 청년 투사를 얻기가 곤란하므로 실력양성주의를 청산하고 정치적 훈련투쟁을 거쳐 직접적 혁명운동을 단행하자고 주장했다. 국내 단우였던 주요한과 조병옥도 수양동우회를 개혁하여 민족주의 거두를 망라한 큰 조직으로 만들고 규약을 개정하여 비혁명적 문구를 삭제하여 직접적인 정치투쟁을 전개하자는 의견을 내놓았다.[19]

　　이런 혼란을 극복하기 위해 도산은 만주 지역으로 떠나기 직전 국내에 들어가 있던 주요한을 1927년 9월 16일 상해로 불러 25일까지 열흘간 차리석·조상섭을 참여시켜 논의를 진행했다. 논의 결과 식민지 조선의 조건에서 국내의 수양동우회를 혁명단체로 변화시키는 것은 조직 자체를 와해시킬 수 있고, 흥사단 운동은 독립달성 때까지 계속되어야 하므로 별도의 혁명대당을 조직하고, 흥사단은 그 본부의 한 지대로서 활동한다는 선에서 정리되었다. 이때 1926년 5월에 창간한 『동광』의 경영 계획, 독립운동 근거지에 투자할 사람과 살 사람 모집, 대독립당의 비밀당원 모집 등도 논의되었다.[20] 이 회의에서 중요 사업으로 제기된 국내 조직에서 대독립당의 비밀당원 모집 사업은 별다른 진전이 있었던 것 같지 않다. 도산의 지시를 받은 주요한이 김성수 등 주요 인사들에게 도산의 뜻과 구상을 전달했지만, 이들은 『동아일보』를 운영하고 있었기 때문에 비밀결사 운동에 가담하기 어려웠다. 독립대당의 조직화를 통해 좌우 세력을 망라한 통일 조직을 만든다는 구상이 식민지

18) 안창호, 「원동 본단 정형 보고의 건, 1929. 9. 13」, 『도산 안창호전집 8』.
19) 이명화, 『도산 안창호의 독립운동과 통일노선』, 344쪽.
20) 주요한 편, 『안도산전서』, 433쪽.

현실의 엄혹한 조건에 막혀 구체적인 조직 사업으로 발전하지 못하고 있는 사이에 신간회 운동이 대두했다.

수양동우회에 대한 논란

이 과정에서 국내 흥사단은 개량주의 운동단체, 자치론자 등으로 좌우파로부터 맹렬한 비판을 받았다. 그래서 국내의 수양동우회를 식민 통치 하의 합법단체로 묶어 두는 한 과연 국내 조직이 어떤 역할을 할 수 있느냐 하는 문제가 계속 제기될 수밖에 없었다. 실제 국내의 수양동우회는 진생활(眞生活)과 『동광』 발간, 몇 번의 강습회, 그리고 개인적인 인격수련을 하고 있을 뿐이었다.

도산이 중국에서 혼신을 다해 기울이는 전 민족적 통일전선인 독립대당, 유일당 운동이나 그 반향으로 국내에서 추진되고 있었던 좌우파 항일운동인 신간회 활동에서 정작 국내 흥사단은 사실상 배제되고 있었다. 국내 흥사단 조직을 기피했던 배경에는 신간회 상층부를 차지한 이승만의 국내 조직의 책임자였던 신흥우 등 YMCA 중심의 기독교 세력과 좌익이 주도권을 잡으려는 요인도 있었다. 이승만은 임시정부에서 탄핵당하게 되면서 조소앙을 중심으로 상해에 자파 조직인 동지회를 결성한 데 이어 도산의 흥사단이 국내 문화 · 예술계를 장악한 것에 대처하기 위해 국내 조직 작업을 서둘렀다.[21]

이 작업에 앞장선 사람이 신흥우였다. 그는 당시 YMCA 총무로서

....

21) 「상해 동지회 통신」, 『태평양 잡지』, 1925, 8월호(제7권 5호), 33~36쪽; 「조소앙이 이승만에게 보낸 편지, 1925. 5. 16」, 『우남 이승만 문서, 동문편』, 18권, 218~220쪽.

해외 여행이 자유로운 것을 이용해 하와이에서 이승만을 만나 국내 조직 작업을 약속했고, 국내 동지회 조직을 만들었다. 이승만이 신흥우에게 했다는 말을 일제 문서는 다음과 같이 기록하고 있다.

안창호는 로스앤젤레스를 중심으로 흥사단을 조직하고 이미 국내에 서북파를 중심으로 수양동우회라는 단체를 결성하여 각종 문화단체에 그 세력을 부식하고 있으므로 당신도 귀국하거든 국내 동지와 상의하여 비밀리에 우리 동지회와 동일한 주의 목적을 갖는 연장 단체를 조직하여 기독교계 및 각종 문화단체 안에 있는 흥사단을 제압하고 그 지도권을 획득하여 시기를 보아 내외가 호응하여 조국 광복의 목적을 달성하는 데 노력해 주시오.[22]

신흥우는 동지회 정강 등을 이승만으로부터 직접 받았으나 암송한 뒤 파기했다. 귀국 후 구자옥, 유억겸, 이갑성, 박동완, 안재홍 등을 만나 이승만의 뜻을 전했고, 이들이 공감하여 몇 차례 회의를 열어 친목 실업단체로 위장하기로 하고 조직기초위원으로 신흥우(위원장), 구자옥, 유억겸을 선정했다. 1925년 3월 흥업구락부의 창립총회에 윤치호, 이상재, 유성준, 장두현, 오화영, 이갑성, 유억겸, 구자옥, 박동완, 신흥우 등 10명이 참석하고 안재홍과 홍종숙은 참석하지 못했으나 창립총회원이 되었다. 이들은 대부분 이승만이 주도하는 태평양문제연구회 조선 지회의 회원들이었다. 이들의 중심축은 YMCA를 중심으로 한 감

22) 朝鮮總督府 警務局,「興業俱樂部事件の 檢擧 狀況」,『最近 朝鮮治安狀況』, 昭和13年; 1966, 任南堂書店, 380~381頁.

리교단과 미국에 유학한 기호 지방 출신의 학자와 언론인이었다.

이승만의 국내 조직 활동은 도산과 흥사단에 대해 평안도파, 지방색의 화신, 준비론, 개량주의자라는 모략이 광범위하게 유포되는 계기가 되었다. 도산이 1932년 체포되어 국내에 압송되어 취조 도중 윤치호를 만났을 때 그가 도산에게 "어째서 지방색을 가진 인사가 되었느냐"는 질문을 할 정도였으니 국내 흥사단의 상황은 매우 곤란한 상태였다. 그렇지만 이광수 · 주요한 등 수양동우회 인사들의 문명(文名)이 일반 대중 사이에 워낙 높고 호응도 뜨거웠기 때문에 이런 조건을 적극적으로 활용한다면 그 성과도 적지 않을 것이었다. 중국의 루쉰(魯迅)은 자신의 문명을 충분히 활용해 촌철살인의 필법으로 중국 대중들에게 항일 투쟁을 호소하고 있었다.

하지만 이광수는 초기의 기초 단계에서 강조했던 인격수양론에서 조금도 움직이려 하지 않았다. 약법 개정과 관련된 준비위원도 신병을 이유로 사퇴했다. 이광수의 이런 태도는 이미 총독부 당국과의 거래가 있었기 때문이었다. 국내 흥사단 조직에 대한 비판여론 때문에 조병옥 · 주요한 등 일부 단우들은 신간회 운동을 주도하지 못하고 개인 자격으로 참여하게 됐다. 반면에 원동위원부에서 귀국한 단우들과 대성학교 졸업생, 신민회, 청년학우회 관계자들이 중심인 평양의 동지들은 적극적으로 좌우파 합작 사업에 참여했다. 하지만 도산과 원동위원부 소속 단우들이 민족유일당 운동에 앞장서 있었던 것과 비교하면 국내의 수양동우회의 움직임은 기대 이하였다.

물론 조병옥과 주요한이 정치단체 주장을 제출해 생산적인 결론을 이끌어냈다면 상황은 달라졌을지 모른다. 약법 개정으로 실천사업을 강조했지만 별도의 대독립당 지하조직이나 적극적인 항일투쟁이 전개되지 못했던 것은 국내 활동에 대한 도산의 구상이 구체적으로 진전되지 못했던 요인도 작용했다.

이때까지 도산이 이광수의 처신에 대해 어떤 의구심을 가졌는지는 분명하지 않다. 다만 도산은 그의 1921년 귀국을 적극 만류했고 단우 자격을 무기한 정권시키기까지 했다. 무기 정권 이유를 내부 보고서에는 이렇게 기록했다.

> 알리지 않고 가 버려 단우의 신의를 위배했고, 또한 독립운동의 주요한 인물로서 처연히 입국하야 우리 독립운동에 적지 않은 악영향을 줬으므로 그의 처벌에 대한 각 반장의 의견을 들어본 결과 무기 정권에 처함이 가하다는 의견에 일치했다.[23]

무기 정권까지 받은 이광수는 귀국 직후인 1922년 2월에 수양동맹회를 조직했다. 반면에 평양에서 이광수에 비판적인 홍사단 단우들이 별도의 둥우구락부를 1923년 1월에 조직하자 1924년 4월 북경에 와서 면담을 요청했다. 도산은 북경에 가서 이광수의 국내 조직을 허락하는 모순된 행동을 나타냈다. 도산의 이광수에 대한 이런 태도는 이광수의 뛰어난 문재(文才)와 명성을 아껴 너무 그를 껴안고 가려한 데서 생겨난 것이기도 했다. 이광수는 1917년 『매일신보』에 이미 「무정」이라는 소설을 발표해 전국적인 문명을 떨치고 있었다.

이광수에 대한 도산의 생각은 『독립신문』 등과 같은 직접적인 항일 선전활동에 참여하면 좋지만, 이왕 국내에 들어가 활동하고 있다면 그

....
23) 「원동발 제6호」, 1922. 7. 11.

조건에서 각자의 특성에 맞게 활동하는 것이 좋지 않은가 하는 수준이었다. 총독부의 엄혹한 조건에 대처하기 위해서는 다양한 활동 조건을 인정해도 항일의 뜻에는 변함이 없을 것으로 믿었던 것이다.

그런데 이광수의 이런 국내 활동이 총독부와 협의하여 진행됐다는 사실을 도산은 전혀 몰랐던 것 같다. 도산이 이광수에게 속았다며 분개했다는 얘기도 전해오지만 확실한 기록은 없다. 오히려 동우회 사건으로 체포될 때 이광수에게 시계 등을 남겨 주는 것을 보면 '동지를 믿고 속는다'는 자세를 견지했을 가능성이 높다. 이광수도 도산에 대해서는 지극한 정성을 다했다. 하지만 결과적으로 흥사단 국내 조직은 『동광』을 발간한 것 이상의 활동이 없었던 조직이었다는 점에서, 도산이 왜 국내외 활동 과정에서 조성된 숱한 비난과 매도의 씨앗을 뿌렸는지 알 수 없다.

독립운동 과정에서 국내의 기반은 반드시 필요했고 그 작업을 추진해야 했다면 적어도 수양동우회 같은 합법 조직, 신간회와 같은 반합법 사회단체, 그리고 혁명대당 또는 유일당의 지하조직어어야 하지 않았을까? 합법조직이라 할지라도 각지에 다른 명칭의 단체를 만들 수도 있었다. 그런 다양한 조직을 가동하면서 표면적으로 친목단체나 정치결사체 등을 만들어 합법적 활동을 만들어 갔으면 비난받을 아무런 이유가 없었을 것이 아닌가? 그런 면에서 도산은 조병옥과 주요한의 적극적인 실천의지를 살려 갈 수 있는 방안을 모색했어야 했다.

약법 개정으로 돌파

물론 국내외 조직의 논란 과정에서 도산의 국내 조직 개조지시가 그대로 관철된 것은 아니다. 오히려 조병옥과 주요한의 정치운동단체 움직임이 1928년 한층 구체화되고 있었다. 조병옥이 1928년 이 정치단체안을 갖고 상해를 방문하여 방향 전환을 주장했다. 그러나 조병옥은 별도의 독립대당을 조직하고 수양동우회는 대공주의와 민족운동의 거두를 포함하는 조직으로 발전시키라는 지시를 받았다. 이런 국내 조직과 국외 조직 간의 입장 차이를 해소하기 위한 방안으로 도산은 중론을 모아 약법 개정 작업을 추진했다. 1920년대 말 흥사단 운동이 처한 상태와 그 해법 마련이 담긴 다음의 서한은 매우 중요한 자료다.

　첫째 이유로 '근본적으로는 미국에서 성립한 단체로서 동지를 선택하는데 다수를 포섭하는 일이 사실상 불가능했고, 원동에 있어서는 산만한 청년 중에서 동지로서의 자격을 찾는 일이 매우 어려웠으며 본국에서는 갖가지 유언비어와 중상 때문에 청년들을 이해시키기가 곤란' 했다. 둘째 이유로는 흥사단원들이 주로 고학생들인 청년들이 많아 경제력이 부족했기 때문이다. 셋째 이유는 3 · 1운동이 조직체로 일어나지 못해 운동의 계통이 없어져 일반 민중은 모일 곳, 지향할 곳을 찾지 못해 방황하여 혼란해졌다. 따라서 각파 각층이 제멋대로 행동하면서 서로 의심하고 시기하게 되고 각파가 서로 유언비어로 상대방과 대항함으로 인하여 우리 사회는 극도로 문란해져 무엇이 옳고 무엇이 옳지 못한가를 판별하기가 어렵게 되었다. 넷째는 혼란해진 환경으로 동요된 자들과 흥사단에 대해 역량 이상의 것을 바라고 있다가 그 기대에 미치지 못하자 방황하고 퇴락하는 단원들이 나오게 되었다. …
　우리 흥사단은 건전한 인격과 신성한 단결을 육성하는 데 목표를 세우고 각 동지들이 맹약하여 이루어진 것이다. 왜 우리들이 그 같은 목표 아래 굳게 맹약하여 모였을까? 오로지 우리 조선 혁명의 원기를 튼튼히 하여 그 역량을 증진시키기 위함이다. 그러기에 우리 흥사단을 평범한 수양주의로 이루어진 수양단체가 아니라 조선 혁명을 중심으로 투사의 자격을 양성코자 하는 혁명훈련단체이다. 우리 흥사단은 혁명을 중심으로 하여 투사의 인격을 훈련하고 혁명투사의 결합을 위해 이룩한 단체라고 말하지 않으면 안 될 것이다. 그래서 흥사단의 명칭을 신흥동우회로 개명하고 단의 목적을 전민족의 행복을 위해 헌신할 신의 있는 청년을 규합, 단결하여 신체훈련, 민중교양 및 경제협동운동을 역행하고 신흥역량을 증진할 것으로 하자. 전민족의 행복을 위해 헌신한다는 글귀의 속뜻은 조선 혁명에 헌신하자는 뜻이다. 이것은 본단에 표출된 단체로서는 노골적으로 표현하는 것이 불가능하기 때문에 그 내용의 참뜻을 구실로 삼지 못할 글귀로 표시한 것이며, 신흥 역량의 속뜻은 혁명 역량을 말한다. 이것도 이상과 같은 이유에서 변형한 것이다. 그래서 국내에서는 이상과 같은 표현방식을 취하고 국외에서는 혁명이라는 두 글자를 노골적으로 표현하자고 말한 사람도 있으나 만약 국외에서 그렇게 하면 국내에서 설사 그런 글자를 사용하지 않더라도 영향은 동일하게 받게 될 것이므로 국외에서도 사용하지 않는 편이 나을 것 같아서 다만 동지를 모집할 때 내용의 참뜻을 이해시키는 것으로 하자고 말한 것이다.[24]

도산의 이런 분석과 대응은 당시 흥사단 안팎의 상황을 정확하게

24) 안창호, 「미주 단우들에게 보내는 편지, 1929. 2. 9」, 국회도서관, 『중국 편』, 250쪽.

인식한 것이었다. 곤경에 빠져 있는 것은 비단 흥사단뿐이 아니었다. 1931년부터 일제의 만주 침략이 본격화하고 중일전선이 상해까지 미치게 되면서 독립운동 세력들은 활동 근거지조차 상실할 위기에 빠졌고 일제에 투항하거나 변절하는 자들이 늘어나고 있었다.

1929년 도산은 신언준·차리석이 중심이 되어 세 지역의 흥사단 이념과 노선을 일치하기 위한 검토와 협의 끝에 1929년 11월23일 "국내의 수양동우회는 오해를 사고 있는 수양이라는 단어를 빼고 명칭을 동우회로 하고 조선신문화운동이라는 강령을 신조선건설운동으로 하면서 혁명대당의 일지대로 한다"는 조항을 삽입하기로 결정했다. 그러나 신조선건설운동이나 혁명대당의 일지대라는 표현 대신에 '신문화운동을 증진한다'로 완화하고 혁명의 두 글자를 삽입해야 하지만 국내 단우의 검거를 우려해 단일한 합법 약법을 사용하되 입단 문답 시 혁명의 목적을 철저히 주입시키는 것으로 절충했다. 그리고 개정 약법에 사회 대공주의를 삽입하고 훈련원칙을 사회 전반의 이익을 제일의로 하고 희생 노력하는 대공생활의 실천을 내걸었다. 이 규약 개정에 또 하나의 변화는 대공의 정신으로 민중교양과 협작운동(협동조합과 모범촌 건설)할 것을 강조하고 부단히 수련하여 투사의 자격을 양성한다고 규정한 것이다.

그러나 이 결정조차도 국내에서 구체화된 것은 도산이 국내로 압송된 이후인 1933년이었다. 국내단우들의 이견이 심각했다는 증거이다. 우여곡절 끝에 변화된 국내 흥사단 조직의 개정 약법의 또 하나의 특징은 자체 수양과 민중교양 외에 경제협동을 추가했다는 점이다. 원동위원부의 실천 경험을 통해서 동맹저축이라는 기초 준비 단계를 넘어서서 빈곤과 실업의 상태에 떨어져 있는 식민지 현실을 극복하기 위해 경제 문제의 실제적인 방법으로 협동조합과 같은 활동을 기본사업으로 정한 것이다. 민중교육도 그동안 동맹독서와 지식의 함양을 주요하게 강조해 왔는데 개정 약법에는 직업교육, 야학강습소 등 적극적인 민중교육 활동을 기본사업으로 명확히 했다.[25] 그러나 국내의 동우회 조직은 도산의 체포라는 비상사태로 사실상 적극적인 사회공작 사업을 추진하지 못했다.

단우에게 혁명 공작 착수를 호소하다

원동위원부의 1932년 개정 약법은 혁명의 헌신과 혁명 역량의 증진을 달성하기 위해 굳은 단결, 신체훈련, 민중교육, 경제협동의 4대 강령과 대중투쟁, 민중해방, 사회공작, 협동운동, 농촌건설의 사업을 훈련, 교육, 경제협동의 원칙하게 실천할 것을 요구했다. 단우에게 '혁명을 위해서 단연코 희생할 것을 결심하고 혁명 공작에 착수하자. 혁명대당을 조직하기 위해 노력하자'고 호소했다.

이 시기, 즉 약법 개정이 논의되던 1930년을 전후한 시기의 원동위원부는 예비 단우 13명, 통상 단우 38명, 특별 단우 6명으로 총 57명의 단우만 있을 뿐이었다. 초기 입단 단우들 가운데 국내에 입국한 사람이 많아진 탓도 있지만 1924년 이후 입단자가 줄었기 때문이었다. 1931년에는 계춘건, 김봉덕, 피천득 단 세 사람만 입단했다. 심각한 위기의식을 가질 수밖에 없었다.[26]

25) 「흥사단 약법, 1933」, 『도산 안창호 전집 7』, 78~82쪽.
26) 「흥사단 17회 원동대회 보고」, 『도산 안창호 전집 8』, 518쪽.

특히 이 원동위원부의 1932년 약법 개정에는 흥사단우들에게 혁명 활동에 임하는 자세로 혁명을 위해 성심으로 토론할지라도 감정적 싸움을 하지 말자, 동족끼리는 어떤 개인·단체를 불문하고 절대로 감정적 싸움, 반항적 행동, 무례한 대우 등은 하지 말고 오로지 겸손, 사랑, 동정, 유화로써 사대하자고 촉구한 것은 분열·갈등이 심화된 조선 혁명운동의 현실에서 민족유일낭촉성회를 조식해 노력하던 도산의 절규가 담겨 있었다.

도산이 강조한 10개 항의 내용은 다음과 같다.

① 우리 한국의 혁명을 위해서 단연코 희생이 될 것을 결심하고 혁명 공작을 착수합시다.

② 혁명대당을 조직하기 위해 다 같이 노력합시다.

③ 본단은 혁명전선의 유력한 한 지엽대(支葉隊)로서 부문운동에 전력을 다하여 혁명을 적극적으로 힘써 도웁시다.

④ 혁명을 위해 각각 성심으로서 의견을 토론할지라도 감정적 싸움은 하지 말도록 노력합시다.

⑤ 본단의 개혁과 사업 진행 방침 등의 토론 중 한때의 의견불일치로 인하여 탈퇴하거나 단체 생활에 부적당한 태도는 버리기로 합시다.

⑥ 단에 대한 의무도 종전보다 더 절실하게 이행합시다. 이것이 우리 단을 부흥하게 하는 최대 조건입니다.

⑦ 의무 이행의 게으름을 바로잡고, 단에서는 아무것도 하는 일이 없다고 말하며 냉평(冷評)만을 일삼는 버릇을 바로 잡읍시다.

⑧ 동지와 동지의 사이에 서로 사랑하는 정의를 전보다 더욱 두텁게 합시다.

⑨ 본단 기관을 급작스럽게 확장하려 하지 말고 각자 힘을 다하여 현 상태를 유지해 나갑시다. 한 사람의 사무원으로 사무를 맡아 보게 하는 것이 충분치 못하다는 것은 사실이지만, 이것을 잘 유지하지 않고서는 앞으로의 확장은 할 수 없습니다.

⑩ 어떤 단체, 어떤 개인을 불문하고 우리 동족끼리는 절대로 감정적 싸움, 반항적 행동, 무례한 대우 등은 하지 말고 오로지 겸손, 사랑, 동정, 유화로써 상대하는 데 절실히 노력합시다.[27]

이런 약법 개정은 도산에게 어떤 의미를 갖고 있을까? 중국의 혁명운동의 최전선에서 동분서주하던 도산에게 기존의 5단계 독립운동 방략은 어떻게 적용되고 있는가? 이것은 창단 초기의 기초 단계에서 독립군 양성과 독립 근거지 건설, 민족유일당 조직이라는 준비와 진행 공작 단계로 넘어간 흐름을 구체화한 것이자 중국 혁명운동의 현실을 반영한 것이기도 했다. 도산의 독립운동 방략이 전면화·본격화하고 있었던 것이다. 개인이 인격수양과 단결이라는 준비 단계의 테두리를 넘어 전사회적 활동과 결합해 온몸과 온 마음으로 혁명운동에 뛰어들어야 한다는 메시지다. 대공황과 소비에트 러시아 체제의 발전, 중국 내전 과정에서 보여 준 장개석 군대의 부패와 무능은 좌익 세력의 활동을 강화시켜 농민운동과 노동운동, 협동조합운동을 강화시켰다. 그것이 도산이 매일 대하고 있었던 중국 혁명운동의 현실이었다. 그리고 무엇보다 활발했던 만주 근거지의 상실이 현실화되던 상황의 산물이기도 했다.

1932년 1월에 열린 제18차 흥사단 원동대회에서 도산은 일본의 중

27) 『도산 안창호 자료집 1』, 254~255쪽.

국 침략은 '자살지책'이라고 평가하고 누차에 걸쳐 분석했던 것처럼 중일전쟁은 조선 독립의 기회가 될 수 있다고 강조하며 단우들에게 특별공작과 평상공작을 수행할 것을 지시했다. 도산은 특별공작으로 통일적 조직운동, 파괴운동, 민중운동, 동방약소민족연합의 4가지 방침을 제시했고 평상공작으로는 공평사를 지지할 것, 학생 지도를 잘 할 것, 흥사단의 조직을 확대시킬 것, 단우의 경제생활을 향상시키고 인재를 양성할 것을 얘기하면서, 사회주의자들에 대해서 적대시하지 말고 독립운동의 조건을 만들어 가는 데 전력을 기울여 민족해방을 중심에 두는 민족통합을 강조했다.[28] 약법 개정 후에 도산은 흥사단 본부를 미주에서 원동으로 이동하여 흥사단 운동을 조직적으로 지휘하고자 했다. 이 18차 대회는 일본이 10만의 병력을 동원해 상해 포위작전을 시작하고 있었던 긴박한 상황에서 개최됐다.

몇 년이 지난 뒤 1938년 국제연맹의 리튼 조사단이 상해를 방문하고 일경의 활동이 약간 완화되자 3월 25일 비밀회합을 갖고 단 중심의 활동에서 일반 동포와의 합작사업, 증가하고 있는 학생들을 지도할 수 있는 기관을 만들고 동맹저금도 실시하여 산업합작자금을 만들자는 안도 결의했다.

하지만 임시정부의 주요 간부들이 남경, 항주로 임시정부를 따라 피신했고, 생업 때문에 이동하지 못한 단우들에 대한 일제의 탄압과 회유도 거세졌다. 흥사단 단우들 가운데 장사를 하면서 독립운동을 지원하던 국민개업(國民皆業)에 충실했던 단우들의 처지가 매우 어려워졌다. 이런 상황에서 입단 이후 의무를 이행하지 않아 출단된 이용노·이

28) 「원동 흥사단의 당면 공작」, 『흥사단보』, 18-5, 1932. 5.

태서가 1935년에 밀정 혐의로 사살되었다.

1933년 3월 정비된 임시정부와 의정원을 사실상 흥사단 원동위원부가 지탱했다. 차이석 비서장, 송병조 재무장, 의정원 의장, 김붕준, 홍재형, 최석순, 임득산, 선우혁 등 흥사단 단우들이 국무위원과 의정원 의원으로 임시정부의 법통을 지켰던 것이다. 1935년 흥사단 원동지방위원회는 활동이 불분명한 단우들을 제명하고 조직을 새로 짰다. 구익균 등 일부 단우들은 혁명 활동기관으로 전환하자는 의견을 제기하기도 했다. 하지만 상해 흥사단은 프랑스 조계 당국으로부터 조계 밖으로 이전하라는 요구를 받게 되면서 사실상 상해에서의 활동이 불가능해졌고 1937년 상해의 독립운동자들에 대한 대대적인 검거 작전을 피해 주요 단우들은 남경, 충칭, 만주 등지로 떠났다. 게다가 도산마저 1938년 3월 10일 서거하자 흥사단 원동위원회는 중대한 기로에 섰다. 충칭으로 이전한 임시정부 간부들과 조선혁명당, 한독당, 한국광복군의 간부직에 있던 흥사단 단우들은 1940년 3월 10일 원동특별반을 구성해 차이석을 단장으로 위원회를 지속시켰다.

그러나 상해에 잔류해 있던 단우들은 일제의 해산명령에 따라 상해 단우 42명과 이미 상해를 떠난 단우들까지 포함시켜 총 53명의 이름으로 해소성명을 1940년 7월 16일자로 발표했다. 그러나 상해를 떠난 단우들을 중심으로 일제가 강요한 이 해소성명을 부인하고 흥사단 원동위원부가 건재하다는 사실을 밝혔고 항일운동의 최전선에서 끝까지 임시정부와 한독당, 조선혁명당의 주요 간부로서 활동했다. 또한 최용건, 손두환, 김산[29)]처럼 흥사단에 입단하지 않았지만 도산과 함께 상해에서 생활하며 도산의 인격에 감화된 혁명적 민족주의자와 공산주의자들도 적지 않았다.

한편 홍사단 미주본부에서는 1936년에 동우회사건에서 전향서를 발표한 단우들과 친일단체에 가담한 자들에 대한 기강 숙정 운동을 벌여 김여식, 유영기, 이명혁, 이묘묵, 현제명을 제명시키고 정영도, 김여제, 한경덕, 차상달, 전영택, 홍난파, 갈홍기, 박태화를 출단시켰다.[30]

29) 최용건은 만주로 건너가서 항일무장투쟁을 전개했고, 8·15 이후 북한 정권의 국방상으로 재직했다. 김산은 『아리랑』의 실제 주인공이다.

30) 본단의 기강숙정과 단우의 의무와 복무, 『홍사단보』 1939, 25권-7, 8, 9, 10, 11, 12호 합부.

독립운동의 근거지를 만들자

만주의 황무지에 마을을 건설하다

도산은 신민회 시절에 이미 국내와 만주에 모범촌과 독립운동 근거지를 만들기 위해 노력했다. 망명 초기에는 밀산 지역에 이상적인 근거지를 구축해 지속적인 독립전쟁을 수행하기를 꿈꿨다. 아예 미주에 있었던 가족까지 데려올 생각을 했다. 상해에 와서 홍사단 원동위원부가 조직되자 만주나 북경 근처에 모범촌을 만들어 임시정부나 홍사단 본부의 근거지를 세워서 생활난에 빠진 동포도 구하고 학교를 설립하여 인재를 육성하면서 국민개병과 국민개납을 통해 독립전쟁을 추진해 나가려 했다.[31]

도대체 무엇이 도산으로 하여금 독립운동의 근거지, 모범촌 건설 운동을 끊임없이 수행하게 했는가? 1920년대의 낭만주의 때문이라는 주장도 있고, 망명객의 부평초 같은 생활조건 때문에 언제나 꿈꿀 수밖에 없었다는 존재방식을 들기도 한다. 그런 요소가 전혀 없었다고 말할 수는 없다. 20세기 전후한 역사적 상황에서 유럽과 신대륙, 아시아 각국 어디를 막론하고 자유와 평등이라는 이상을 실현하고자 하는 크고 작은 공동체 운동이 있었다. 독립운동가들 가운데 이승만도 1925년 동

---

31) 「단우에게 올리는 글, 1921. 7. 18」, 『도산 안창호 전집 7』, 129쪽.

지촌을 만들기도 한다. 망명객의 고단한 생활에서 튼튼한 근거지는 절실한 소망이기도 했을 것이다. 그런데 모범촌, 독립운동 근거지 건설운동은 이상주의자의 특정한 이념을 실현하기 위한 방편으로 추진된 것인가? 이상촌이라고도 불렀기 때문에 이런 착각을 하기 쉽다.

그러나 도산의 독립운동 근거지 건설 계획은 기본적으로 한반도가 일제에 의해 완전한 식민지로 전락하자 지속적인 항일운동을 수행할 수 있는 인적·물적·지리적 조건을 만들어야 하는 절박한 문제의식에서 나온 산물이었다. 도산은 일찍이 교육과 식산흥업, 생활향상을 구체화할 수 있는 민력(民力) 증강의 시범 사업으로 국내의 모범촌을 구상했었다. 국치 이후로는 주로 독립전쟁과 비참한 해외 동포들의 생활안정, 그리고 인적·물질적 기반 구축의 필요성 때문에 끊임없이 이 사업에 대한 모색과 실천을 계속했다. 해외 한인 동포들이 중국인 지주나 군벌, 마적 떼들 때문에 소작농이나 일시적인 품팔이 등으로 연명하는 경우가 많았고 독립운동 세력들도 해외 활동이 장기화되면서 자금 고갈이 심각해서 동포로부터 지원을 얻어 내는 것이 사실상 불가능했다. 이런 여러 필요가 결합되어 많은 독립운동 세력들이 남북만주와 연해주, 내몽골, 중국 내륙, 필리핀, 인도네시아 등지에 독립운동의 기지를 건설하려 했던 것이다.

도산은 상해에서 항일 역량의 통일단결을 위해 동분서주하고 침식을 잊고 동지들을 만나 설득하는 노력을 아끼지 않으면서 틈나는 대로 근거지 건설을 위해 애를 썼다. 만약 그런 기지가 있다면 그곳이 바로 해외 동포와 독립운동가들이 꿈꾸는 공화국이자 이상촌이었으므로 이상촌이라고도 부르게 되었던 것이다. 또한 당시 독립운동 근거지를 모범촌이라고 불렀던 것은 일제나 중국 관헌의 견제와 감시를 피하고 사업의 성격상 장기적인 생활기반을 만들어 가는 사업이었기 때문에 비정치적인 명칭을 썼던 것으로 보인다.

모범촌 건설은 흥사단 공식 사업

밀산 기지 개척 사업이 공식적인 신민회 비밀조직 사업이었던 것과 마찬가지로 중국의 모범촌 건설 사업은 원동위원부의 공식 사업이었다. 왜냐하면 기지 개척에 들어가는 막대한 자금을 도산이 개인적으로 조달할 수 없었기 때문이다. 흥사단 동지들의 출자에 의존해야 했기 때문에 미주 본부의 주식회사 설립운동처럼 조직적으로 진행될 수밖에 없었던 것이다. 1920년 7회 원동대회에서 기지 건설 계획이 중점 사업으로 검토되었다.[32) 도산은 당시 7,000원의 재정이 있지만, 불원간 2만 원이 될 터이니 1만 원으로 토지를 사고 1만 원으로 150가구를 건설할 수 있다고 보았다.

도산은 상해에 와서 임시정부의 기반이 취약하고 지속적인 활동이 매우 어려운 조건이며 앞으로 좀처럼 극복되기 힘든 상태이기 때문에 만주 지역에 독립전쟁 수행에 필요한 국민개업과 국민개병, 국민개납 체제를 갖출 수 있는 근거지를 두 곳에 건설해 보고자 했다. 한 마을에 100~200가구가 입주하여 만주의 황무지를 매입하여 경영하자는 것이었다. 우선 소요자금은 미주에서 쌀농사로 돈을 번 동포들이 출자하도록 할 계획이었다. 돈 있는 사람은 돈을 출자하고 가난한 동포들에게

---

32) 高等法院檢事局思想部, 「島山 安昌浩 審問調書」, 『朝鮮思想運動調査資料 2』;「上海假政府 李裕弼 事件」, 高等法院檢事局, 『思想月報』, 157頁.

땅을 고르게 나눠 줘 경작하면서 수확물의 10퍼센트를 적립하여 토지와 가옥대금을 갚아 나간다는 구상이었다. 이렇게 해서 농민생활이 안정되면 신식 교육과 군사훈련을 실시하여 독립전쟁에 대비한다는 것이었다.

그런데 1920년 미주 한인사회에도 태풍이 불어 농사에 종사하던 동포들이 곤경에 처하게 되었고, 미주 흥사단우들이 참여했던 북미실업주식회사도 곤란한 상태에 놓였다. 이때 안중근의 동생 안정근이 길림 무링현 소왕령에서 벼농사에 성공해 5만 루블을 러시아 은행에 예치해 놓고 도산과 상의했다. 소왕령 지역에서 벼농사의 가능성이 있다는 실증이었다. 도산은 이를 토대로 단우이자 재정적 후원자였던 박영순에게 후원금 1만 달러를 받아 소왕령에 대규모 기지 개척 사업을 추진하고자 했다. 그런데 이때 소비에트 러시아 정부가 화폐개혁을 단행하는 바람에 안정근의 5만 루블이 휴지조각으로 돼 버렸다. 그리고 미주에서 보낸 1만 달러도 상해에서 발생한 폭탄 폭발사고를 수습하는 과정에서 보상비로 쓸 수밖에 없었다.

이런 사정으로 소왕령에 근거지를 확보하려던 원동위원부의 계획은 수포로 돌아갔다. 하지만 도산은 1921년과 1922년 국민대표회의 개최에 몰두하던 시점에서도 흥사단의 근거지도 겸하고 재정도 조달할 수 있는 지역을 찾아다녔다. 1922년 단우 천세헌과 함께 직예(直隸), 산동, 안휘(安徽), 강소(江蘇) 등 중국 각지를 탐사하여 근거지를 확보하고자 했으나 지리적 조건이나 중국 내부 사정 등이 겹쳐 구체화되지 못했다.

임시정부 초기에 가졌던 도산의 근거지 건설 계획을 흥사단 차원에서 보면, 흥사단 본부가 위치하여 각자 생업에 종사하며 사범 강습소를 만들어 각급 교사를 기르며 그들이 각지에 나가 교사로서 일하게 하고, 인쇄시설을 만들어 각종의 서적과 잡지를 제작 배포하여 독립운동의 준비에 들어가고 국민군의 병사를 양성해 독립전쟁에 대처한다는 것이었다. 임시정부 차원에서 보면 근거지 건설은 재정난과 인물난에 빠진 임시정부의 현실을 돌파할 수 있는 길이자 중국 당국과 교섭하여 자치 지역을 확보할 수 있는 방안이기도 했던 것이다.

국민대표회의가 결렬되고 독립운동의 침체가 계속되자 도산은 다시 근거지를 확보하기 위해 노력하게 되었다. 1923년 북경에 머물면서 근교에 있는 외곽의 서산(西山)에 거주하고 있던 신민회 시절의 동지 이탁도 만나고, 해정(海淀)에 있던 김승만도 찾아가 만났다. 이때 도산은 북경에 영환공우라는 임대가옥에 살며 하루 25전의 비용을 내고 있었다. 1924년 초에는 박일병과 함께 산해관(山海關), 금주(錦州), 호로도(胡盧島) 등지를 다녀왔다.[33] 이때 서간도에서 기지 개척 사업을 추진했던 양기탁을 만나 기지 건설 사업과 만주 지역 독립단체들의 통일단결에 대해 논의했다. 양기탁은 일제에 귀순을 위장하여 25만 원의 자금을 끌어내 한인 동포의 생활난을 구제하기 위해 수전영농을 계획했으나 일제가 의구심을 가져 무산된 적도 있었다.[34]

이때 도산이 근거지로 적합한 곳으로 꼽은 곳이 남경과 진강(鎭江) 사이에 있는 하촉(下蜀) 일대였다. 하촉은 멀리 양자강이 내려다보이는 나지막한 야산으로 계곡에는 기름진 전답이 있었다. 이곳에는 이미 독

33) 「안창호가 이혜련 여사에게 보내는 편지, 1924. 1. 13」.

34) 길림 총영사 대리가 외무대신에게 보고한 정보에 의하면 양기탁의 부하 동림과 일경이 접촉한바, 한인 생계를 위해 25만 원의 지급을 요구하고 수용되면 귀순하겠다는 의사를 나타낸 것으로 보고되고 있다.

일계 선교사가 신앙공동체를 운영하고 있었는데, 수도와 자가 전기시설까지 갖출 정도로 규모가 컸다.

근거지 없이 통일 없다

그 낭시 도산이 근거지 건설에 매달렸던 것은 독립운동 방침과 밀접한 연관이 있었기 때문이었다. 안전지대를 확보해 각지의 독립운동 단체의 통일단결을 이뤄 통일적인 지도기관을 설치하여 각지의 세력을 규합하지 않고서는 분산·고립된 형태의 독립운동은 동포들의 생활상 곤궁 때문에 한계에 도달할 수밖에 없었다. 동포들이 직접 농사짓고 군사훈련을 하면서 독립전쟁에 나설 수 있는 독립전쟁의 사령부, 근거지, 본부가 절대적으로 필요했던 것이다. 근거지만 구축된다면 통일대단결도 힘을 받을 수 있고 점차 확대하여 해외에 존재하는 독립공화국도 만들 수 있다. 본부나 근거지도 없는 공허한 통일과 유일당 사업은 성공을 거둘 수 없으므로 구체적이고 가시적인 일정한 규모의 기반이 시급히 조성돼야 했다. 일차적인 자금은 흥사단 원동위원부와 미주 흥사단, 각지 재산가들이 참여하는 주식회사 형태로 조달할 수 있다고 보았다.

또한 도산은 1924년 1월 31일 남양과 광동 지역을 답사했고, 필리핀, 보르네오, 싱가포르까지 돌아보도록 단우 임득산을 파견했다. 임득산은 인도네시아의 자바를 답사하고 이곳을 개발하여 독립운동의 해외기지로 만들려고 했다. 도산은 북쪽의 내몽고 지역도 기지 건설의 대상으로 삼고 단우들을 파견했다. 내몽고의 포두진은 이미 1923년 신우현외 4명의 한인이 3,000원의 자금으로 토지를 구입하여 수백 명의 한인을 이주시키려는 계획을 추진한 적이 있는 곳이었다. 포두진은 7,000가구에 3만여 명 인구가 집결할 정도로 토지가 비옥하고 수운이 발달해 있었다. 이곳으로 실제 한인들의 이주가 진행됐고 배달학교를 운영하는 등 활발한 활동이 전개되었다.

도산이 적극적으로 검토했던 산해관 지역의 근거지 건설 작업은 직예(直隸)파 군벌과 봉천(奉天) 군벌 간의 전쟁, 마적 떼의 출몰로 실제 작업을 추진하지 못했다. 이런 여러 지역의 사정과 조건, 그리고 한계를 돌파하기 위해서는 획기적인 방안이 나와야 했다. 좌우를 망라한 항일 역량의 통일단결과 이를 아우를 수 있는 노선이 필요하며 임시정부를 뒷받침할 수 있는 근거지를 구축해 실제적인 기반이 돼야 국내외 세력을 결집시킬 수 있다고 본 것이다.

도산은 이런 자신의 구상을 미주 국민회와 흥사단 동지들에게 설명하고 지지를 얻어야 한다고 판단했다. 단순한 인재 양성론을 넘어서 유일당과 모범촌 건설 운동을 흥사단의 기본 활동 방침으로 결정해 미주 단우들의 참여를 이끌어 내고자 했던 것이다. 도산은 도미하기 전 이탁에게 모범촌 후보지를 계속 물색하도록 지시하고 만주 지역 독립운동단체를 임시정부 산하로 통일시키는 사업을 단우인 이유필 및 조상섭(당시 임시정부 국무위원)과 논의했다. 이때 도산은 민족유일당 결성을 찬성하는 좌우세력 규합 노력도 지속해야 한다는 점을 분명히 했다.[35]

35) 「이규홍이 안창호에게 보낸 편지, 1925. 4. 17」, 『도산 안창호 전집 2』, 495쪽.

다시 미주 동포 곁으로

마침내 도산은 1924년 10월 30일에 남경에서 개최된 제10회 원동대회를 마치고 11월 22일 상해를 떠나 12월 6일 요코하마를 거쳐 호놀룰루를 경유해 12월 16일 샌프란시스코에 도착했다. 4년 8개월 만이었다. 호놀룰루에는 사흘 동안 머물렀다. 도산의 비자는 3년 동안 미국 입국이 거부됐기 때문에 중국인 안창호(晏彰昊)로서였다. 미국의 도산 입국 거부에는 배경이 있었다. 이승만 측에서 도산이 공산당이라고 음해했던 것이다.[36]

12월 21일 개최된 환영 연설에서 중국의 동부 지역에 모범촌을 만들어 인재를 양성하고 실업기관을 조직하여 독립전쟁에 대처할 것이라면서 당면 독립운동의 과제는 첫째, 일본과의 일체 관계 단절, 납세 거부, 상거래 거부 명령 불복종, 일본 지도층 제거, 둘째 철도, 교량, 선창, 무기창, 관청, 병영 등 일제 시설의 파괴 공작을 수행이라고 강조했다.

도산은 이제까지 임시정부가 제대로 되지 못한 이유는 첫째, 임시정부가 최고기관이 될 만한 세력을 갖지 못했고, 둘째, 해외의 독립운동 역량이 통일되지 못했으며, 셋째, 재정 부족이었다고 주장하면서 최후 방략을 실현하기 위해 인재와 재력을 확보하기 위해 모범촌을 건설하겠다는 방안을 제시했다. 이를 위해 도산은 솔트레이크시티를 방문해 주거지 전체의 건설 계획과 도로, 주택, 건축재료까지 자세히 파악했다. 모르몬교의 신앙방식에 따라 신앙공동체를 구축해 외부 세계와 단절된 채 독자적인 생활을 하고 있는 이 마을에 큰 관심을 기울였다.

....
36) 곽림대, 「안도산전」, 140~142쪽.

이처럼 실제로는 지극히 현실적
인 필요성에서 제기된 이상촌, 모범
촌, 독립운동 근거지 건설론이었다.
특히 독립운동의 통일적인 지도기
관이 존립하기 위해서는 인적·물
적 기반을 갖고 지속적인 생산이 가
능한 모범촌이 필요했다. 이 모범촌
건설 작업에 참고하기 위해 1925년
장리욱을 대동하고 솔트레이드시티
를 방문하여 참고자료를 수집했다.

안창호와 서재필. 로스앤젤레스. (1925)

도산은 13개월 동안 미주의 각
지를 돌며 동포들을 만나 연설·담
화·답방을 계속하고, 서재필을 샌프란시스코에서 만나 독립운동방략
에 관해 토론했다. 각지 순방 중에 이승만과의 불화 문제에 대한 질문을
많이 받았다. 도산은 그때마다 저간의 사정을 설명하고 주변에서 불필
요한 억측과 모함이 난무하는 현실을 개탄했다.

도산은 4월~7월까지 시카고, 뉴욕 등 동부 지역을 순회하고 8월
~10월에 서부 지역을 방문하여 흐트러졌던 미주 흥사단의 분위기를
다시 바로잡았다. 그리고 당면한 독립운동의 기본 목표, 즉 흥사단 이
외의 독립대당을 조직하여 전 민족적인 항일 역량을 결집시키며 이를
위한 근거지, 모범촌을 건설하여 인재와 재정, 재중 동포들의 생활안정
을 도모해 장기전에 대비하자고 호소했다. 도산의 이런 연설과 호소로
그동안 이승만의 외교론에 경도돼 있던 미주의 분위기가 많이 변화되
어 반성하는 기운이 퍼졌다. 중국과 러시아의 한인사회에 독립군 근거

지를 만들어 독립군을 양성하고 독립전쟁에 대비해야 한다는 분위기가 조성되었다는 것이다.[37] 구미외교위원부가 독식하던 인두세를 직접 임시정부에 보내자는 운동과 하와이 교민단 내에 대한인국민회를 복설하자는 운동도 일어났다. 임시정부 지원을 위한 자금 모금과 모범촌 건립과 독립대당 건설을 위한 활동 자금도 일부 마련되었다. 이 미주 방문 기간 도산은 3남 필영(必英)을 얻었다.

도산이 미주에서 활발한 활동을 계속하는 동안 일제는 만주 지역을 장악해 대륙에 진출하려는 계획을 하나하나 구체화하고 있었다. 조선총독부는 만주에 할거하고 있는 독립운동 세력을 탄압하고 회유하고 분열시키기 위해 대규모 밀정 조직을 체계화하고 친일파들을 부식시키고 있었다. 그런 한편으로 봉천 군벌에 대한 지원과 매수를 통해 만주 지역에서 일제 권력의 집행력을 강화하고 있었다.

도산이 S.S.소노마호를 타고 상해로 돌아온 1926년 5월 16일 이후인 7월 이른바 미쓰야(三矢) 협약이 체결됐다. 총독부 경무국장 미쓰야 미야마쓰(三矢宮松)와 봉천 군벌의 경무처장인 우진(于珍)이 협정을 맺고 '조선인 제한 강제 실행법'을 만들어 조선인의 독립운동을 제제할 수 있도록 한 것이었다. 이에 따라 만주 지역의 독립 활동은 위축될 수밖에 없었다.

농민호조사 사업

도산은 상해에 도착해 수개월간 상해임시정부의 유지를 위해 노력

....
37) 『신한민보』, 1925. 4. 9.

한 뒤 길림 지역의 동경성(東京城)과 경박호(鏡泊湖) 일대를 답사하면서 풍토, 식수, 토질 등을 세밀히 조사하여 기지 건설 사업의 기본 자료로 삼고자 했다. 이를 토대로 1927년 4월 19일 길림시에서 협동조합적 성격을 갖는 농민호조사를 조직했다. 1925년 설립된 농업공사가 일본 영사관과 봉천 군벌의 간섭으로 제 역할을 하지 못하자 아예 각 사원의 출자금과 저축금을 기금 삼아 토지를 매수하여 생산을 하며 출자액에 근거하여 성과금을 분배하는 회사를 설립했던 것이다. 이 사업에는 신민회 시절부터 이 지역에서 활동해 온 최명식이 주도적으로 활동했다. 농민호조사는 기본적으로 150원씩 출자하도록 하되 이 금액을 출자할 수 없는 사원은 토지매수 저축금으로 5년간 매년 30원씩 출자케 하고 저축금을 합하여 토지 매수가 가능할 때는 토지를 우선 매수하도록 했다. 30원 이상 저축이 불가능한 사원은 호조사에서 토지 조차를 주선한 후 소요 금액을 각각 분담하여 출자하는 방법을 택했다.

농민호조사 사업은 토비의 습격과 봉천 군벌의 방해, 흉년, 추방과 같은 200만 재만 동포의 절박한 생존권적 요구를 해결하기 위한 사업이었다. 농민호조사 사업에는 논란이 된 경박호를 이용한 전력화 사업이 있었는데, 대규모의 수력발전을 의미한 것이 아니라 강 유역의 독일 선교사들이 사용하고 있던 소규모 수력시설을 말하는 것이었다. 물론 이를 토대로 한 북만 일대의 대규모 수력 사업 구상도 있었다. 이때 도산은 길림 지역의 농민호조사 사업만 구상하고 있었던 것은 아니다. 송화강 연안 일대를 후보지로 정하고 그 지역도 답사했다.[38]

그러나 1927년 가을 일본 경찰에 김동삼, 김승학, 박창식 등의 지

38) 高等法院 檢事局思想部, 「安昌浩 審問調書」, 1933; 『朝鮮思想運動調査資料 2』.

도자가 체포되고 1928년 김좌진, 정신, 김동진 등 군사 지도자들이 잇따라 암살되면서 만주의 사정은 급속히 악화돼 대규모 근거지 건설 사업은 어려워졌다.

도산은 1929년 2월 9일 필리핀 한인들의 초청으로 흥사단우인 김창세와 함께 필리핀을 2개월간 돌아보고 3월 30일에 상해로 돌아왔다. 그러나 도산의 근거지 건설은 끝내 열매를 맺지 못했다. 설사 일부 지역에서 거점을 확보했다 하더라도 독립운동 세력의 해방구로 구축되기에는 시간이 너무 촉박했다. 일제의 만주 침략이 시작됐던 것이다. 하지만 정말 아쉬운 것은 도산의 구상대로 1910년대나 임시정부 초기에 독립운동 근거지가 마련되어 인적·물적 기초가 있었다면, 이 독립 역량은 제2차 세계대전과 더불어 가장 강력한 항일세력이 되었을 것이고 항일전에 참전하여 주권국가의 발언권을 확보할 수 있었을 것이라는 점이다.

도산의 구상은 비현실적이었을까?

도산의 근거지 건설 구상이 비현실적이라는 비판을 검토해 보자. 도산의 독립운동 근거지 건설 사업은 결국 구체화되지 못했던 것으로 봐서 비현실적이라는 비판은 타당하다는 견해를 가질 수 있다. 하지만 결과와 구상의 현실성 문제는 차원이 분명 다른 것이다. 밀산 지역 독립군 근거지 사업은 이종호의 출자 거부, 소왕령 사업은 수류탄 폭발이라는 불의의 사고로 실패하게 되는데, 이 모두 재정에 관련된 것이었다. 사전준비와 구체적 계획을 세워 추진하는 도산의 방식으로 볼 때 그 구상이 비현실적이라고 비판할 것은 아니었다.

문제는 정치적 환경이 아니었을까? 밀산 지역은 소만 국경지대이고 중국령이면서도 러시아와 국경을 접하고 있었기 때문에 1910년대 중국의 취약한 치안을 뚫고 해방구 건설이 가능한 곳이었다. 문제가 있다면 만주 지역의 정치적 불안정과 일제의 맹렬한 만주 침략을 위한 군사공작, 러일 관계의 발전이었을 것이다. 보다 신속하게 신민회 세력이 역량을 결집하여 밀산 일대에 근거지를 구축했다면 그 이후의 독립운동 양상은 엄청나게 달라지지 않았을까? 만주 지역은 청국이 붕괴하고 군벌이 일부 지역을 장악하는 수준을 벗어나지 못할 정도로 사실상 무주공산이었기 때문에 항일 근거지를 구축할 절호의 기회였다.

　　오히려 이광수의 「흙」이나 그리고 있는 이상촌에 대한 비판은 일정한 타당성이 있다. 식민지 조선 체제를 용인한 이상촌은 비현실적일 수밖에 없었다는 점에서 일제가 추진한 농촌진흥정책을 합리화시켜 주는 측면이 있었다. 그러나 도산의 모범촌은 독립운동의 근거지, 동포들의 생활안정, 재정 확보, 군사훈련의 목적을 달성하기 위한 종합적인 방안이었다. 이런 성격이 빠진 채 단순한 유토피아를 그리는 이광수의 이상촌은 항일운동을 오도할 수도 있었다. 그러나 「흙」에서 그리는 농촌운동은 합법적인 문학작품이라는 한계 속에서 발표된 것이므로 그 나름의 의미도 갖고 있었다.

9막

민족유일당, 좌우 통일운동

대혁명당 깃발 아래 뭉치자

이승만 탄핵과 국무령 취임 사양

1924년 1월 서간도의 한족회와 서로군정서, 대한독립단이 통합한 대한통의부를 방문하고 서·북간도 대표들과 의견을 나눈 뒤 상해로 돌아온 도산은 「대동통일 취지서」를 발표하고 독립운동 진영의 통일을 호소했다. 이후 10여개월 동안 중국 각지와 남·북만주를 다니며 독립운동의 근거지를 건설할 준비 작업을 하는 동시에 각 지역의 지도자들과 회합하여 거듭 통일단결하지 않고서는 대한의 독립이 어렵다는 호소와 설득을 계속했다. 근거지 건설에 들어갈 재정과 통일적인 지도기관이 될 조직을 건설하기 위해서는 미주 동지들의 지원이 절대적으로 필요했다.

도산은 샌프란시스코의 12월 21일 환영회에서 동족간의 단합과 통일을 이루고 계획적이고 조직적인 독립운동의 실천이 중요하다는 점을 강조하고 구미위원부로 애국금이 넘어가서 임시정부의 재정이 어려우므로 1인당 1원씩 납부해 달라고 호소했다. 도산이 미국에 체류하는 동안인 1925년 3월 23일 임시의정원은 마침내 이승만을 탄핵하여 물러나게 했다.

이 탄핵안을 주도한 이들은 나창헌, 최석순, 임득산 등 흥사단 단우들이었다. 이 때문에 도산이 미국에 가기 전 이승만을 임시정부에서 퇴진시키기로 단우들과 합의한 것이 아니냐는 친이승만파의 공격이 있었다. 임시의정원은 도산과 함께 국민대표회의 운동에 나섰던 박은식을 대통령에 선출했다. 이승만은 탄핵이 기정사실화되자 초기에는 탄핵의 무효성을 들어 거부했다. 이승만 지지자들, 즉 이시영, 조소앙, 조완구 등도 맹렬히 반발했다. 이때 조소앙은 장붕이 미주로 돌아간 뒤 그의 역할을 이어받아 이승만을 위해 맹렬한 활동을 벌였다. 이들은 이승만 탄핵의 주동자로 최창식, 조상섭, 여운형, 이유필을 지목하여 규탄했다.

이승만은 한때 임시의정원의 해산도 검토했다. 그러나 이승만은 자신의 저항이 상해임시정부의 분위기를 바꿀 수 없다는 것을 알았다. 그래서 자파 세력인 조소앙의 주동으로 동지회 상해 지부를 결성했다. 1925년 3월 하순이었다.[1] 조소앙은 이승만에게 편지를 보내 박은식 내각을 힘으로 타도하자는 제안까지 했다.[2] 한편 이승만은 탄핵 당하기 직전에 하와이에 동지회라는 사조직을 만들고 동지주식회사를 설립해 하와이에 954에이커의 땅을 매입해 동지촌 건설 사업에 들어갔다. 그러나 이승만이 정치생명을 걸고 시작한 동지촌 사업은 1만 달러밖에 모금되지 않아 개간 사업에 어려움이 많았다. 1926년 동지촌에 입주한 사람들은 21가구에 성인 남녀 40명과 아동 13명에 지나지 않았다.[3]

박은식은 대통령 중심제를 국무위원 합의제로 바꿔야 한다는 입장이었기 때문에 1925년 4월 7일 대통령제에서 국무령제로 헌법 개정이 이뤄졌다. 이 개정에 따라 서간도 지역에 흥사단우인 이유필이 정부 특

....

1) 「상해 동지회 통신」, 33~44쪽.

2) 「조소앙이 이승만에게 보낸 편지」, 『우남 이승만 문서, 동문선 18권』, 218~220쪽.

3) 朝鮮總督府警務局, 朝鮮の治安狀況昭和二年版, 612~613頁.

사로 파견되어 정의부 간부인 흥사단우 이탁과 지역 원로인 김동삼, 대성학교의 도산 제자인 오동진 등에게 임시정부의 헌법 개정 취지를 설명하고 통합 문제를 협의했다. 이유필은 또한 만주 무장단체 간부들의 임시정부 입각을 요청하고 참의부를 방문한 뒤 상해로 돌아왔다.[4]

정의부의 이상룡은 1925년 9월 19일 상해에 도착해 27일 국무령에 취임했고, 10월 10일 이상룡 내각이 구성돼 서간도의 간부들인 이탁, 김동삼, 오동진, 윤세용, 현천묵, 김좌진 등이 대거 국무위원으로 입각하게 되었다. 이상룡 내각은 서간도 독립군 부대와 흥사단 간부의 연합 내각이었다. 하지만 이상룡 내각은 정의부에서 내분이 발생해 이를 수습하고자 만주로 돌아가면서 지속되지 못했다.

도산은 미주 순방을 통해 흥사단 미주 본부의 분위기를 어느 정도 수습하면서 독립운동 근거지 건설과 민족유일당 작업에 대해 설명하며 동지들의 협조를 구했고, 미주 동포들에게 당면한 독립전쟁 준비에 참여해 줄 것을 호소했다. 1926년 3월 초 미주를 떠나 3월 하와이에 6시간 내렸다가 25일 호주에 내려 동포들을 만나고 그때 새로 착수한 시드니 도시 건설 작업을 둘러보았다. 4월 14일 호주를 출발했다. 도산은 1926년 5월 16일 상해로 돌아왔다. 상해임시정부는 이미 도산을 국무령으로 내정해 놓고 있었다. 그러나 도산은 국무령 취임을 사양했다. 내각의 책임자로 있게 되면 독립운동의 각 세력을 통합하는 데 지장이 된다는 이유에서였다.

아우는 상해에 5월 17일경에 도착하여 당시 상해 형편을 본즉, 그간

---

4) 「上海假政府 李裕弼 事件」, 高等法院檢事局, 『思想月報』, 3~11. 15頁.

서로 공격하는 속사물은 분분히 날았고 권투, 봉투에 총질까지 수차 발생되어 인심의 악화가 심했고 사회는 사분오열에 극히 혼란하여졌으니 옛날에 보던 상해와는 딴판이 되었읍데다. 동시에 임시정부는 명의의 존속도 어려운 문제가 되었는데 의정원에서는 최후 방침으로 아우를 국무령으로 선거했더이다. 아우는 이미 정한 주지대로 국무령의 일을 사질했고, 정국이 그와 같이 된 것을 차마 도외시할 수 없으므로 각 방으로 접합하여 상해 일부라도 공동협의로 내각을 서로 조성하여 정부를 존속케 하려고 어디든지 통신 한 장을 못하고 수개월 간 이에만 전문 노력했으나 이동녕 씨 파가 끝까지 불응하고 기타 인사들은 어지러운 국면을 기피하므로 여의치 못했고 매우 곤란에 처했다가 홍진 씨를 국무령으로 선거하여 몇몇 사람을 모와 겨우 내각을 조직했으니, 정부 명의는 존속케 되었읍니다. 이것이 불원만하나마 현지 처지로서는 도리어 다행하겠읍니다.

일찍 아우가 미주에 있을 때에 누구이 말씀드렸거니와 우리가 혁명시대에 처하여 혁명운동을 불가불해야 되겠고 혁명운동을 하려면 수양기관 이외에 특별한 혁명기관이 있어야 되겠읍니다. 그러므로 우리는 장차 전 민족으로 더불어 통일적 운동을 진행할 대독립당을 건설하자는 것이 우리의 목표이온데 이것을 달하려 하여도 먼저 기초적 결합체가 있어야 할 것이라. 그러므로 위선 국내나 원동이나 미주를 물론하고 우리와 의지를 소통하기에 가능한 사람은 있는 대로 다 모아서 한 대동단결을 이루고 그 단체의 주동으로 일보를 더 나아가 통일적 대독립당을 건설하여야 하겠읍니다. 아우가 이번 만주 여행에도 이것을 위함이오니 이것이 원동에서 실현될 때에는 미주에서도 다수

의 당원을 모집하여야 하겠습니다.[5]

　도산의 확고한 좌우파 통일 독립운동은 이승만 세력으로부터 사회주의자라는 비난을 받게 되는 빌미가 되었다. 그리고 일본과의 독립전쟁을 위한 전면적인 테러전을 최후 방책으로 삼을 수밖에 없다는 주장도 과격파·위험분자라는 모략의 근거가 되어 다시 기승을 부렸다.

　도산은 5월 22일 상해 삼일당 환영 연설회에서 "주의를 초월해 전민족이 역할 분담을 하여 혁명을 진행시키자"고 말한데 이어 7월 8일의 삼일당 연설에서 "대혁명적 조직체로 합치자"고 호소했다. 본격적인 대혁명당 조직에 나선 것이다.

　… 그러면 오늘의 우리 혁명은 무엇을 하랴 하는 것인고, 정치혁명인가? 아니오. 우리에게는 혁명할 만한 정치가 업소. 군주정치도 민주정치도 업소. 그러면 경제혁명인가? 쏘한 아니오. 그러면 오늘의 우리 혁명은 정치·경제·종교혁명과 같은 부문 혁명이 아닌 민족혁명이며, 민족혁명은 일본의 압박 하에 있는 현상을 바꾸어 세우기 위한 것이므로 독립 이후에 세울 국체·정체 문제로 공산주의, 민주주의, 무정부주의, 복벽주의 등과 같은 주의와 노선을 달리해 분열하지 말고 민족혁명이라는 공통분모로 대혁명적 조직체로 합치자.[6]

....
5) 「도산이 한승곤, 장리욱에게 보낸 편지, 1926. 8. 24」, 『도산 안창호 전집 12』, 872~873, 875~876쪽.
6) 「도산 안창호 연설, 1926. 7. 8」, 신한민보(1926. 10-14, 21, 28/11.4), 「대혁명당을 조직하자」, 『도산 안창호 전집 6』, 793쪽.

주의와 노선을 초월해 전 민족이 하나로!

도산이 대혁명당을 조직하자고 주창한 것은 반임시정부 세력의 참여를 염두에 둔 것이고, 임시정부를 유지해 가자는 논리를 전제한 것은 임시정부 유지파를 고려한 발언이었다. 이렇게 되면 양측이 반대할 이유가 적어진다. 또 무엇보다 근거지를 확실하게 만들어 국민개병제에 의한 군사력 및 농업·실업 등을 통한 경제력이 만들어지면 독립전쟁의 추진이 가능해져 독립운동의 각 세력들을 통합하기가 수월하다고 본 것이다.

도산의 이런 판단은 국내에서 6·10 만세운동이 다시 재개되어 그동안 일제의 문화통치로 일정하게 침체돼 있던 독립운동의 분위기가 다시 살아나고 합법 공간의 역량이 성장하면서 일정한 출구를 모색할 수밖에 없는 정세도 고려한 것이었다. 국내에서는 반(半)합법적인 대중조직을 만들고 국외에서는 대혁명당으로 좌우세력을 통일시켜 일제와의 독립투쟁을 전개할 필요가 있다고 판단한 것이었다. 물론 도산은 국민대표회의 운동 경험을 통해서 독립운동 진영의 통일단결이 쉽지는 않지만, 아주 불가능한 것도 아니라고 보았다.

도산은 대혁명당 조직을 추진하면서 그 근거지의 구축을 미주에서 가져온 자금으로 구체화하고자 했다. 그리고 이 사업이 성공하려면 대독립당이 조직되어 통일적 지도가 추진돼야 한다고 생각했다. 1926년 8월 북경으로 가서 반임시정부 세력의 원로 인사인 원세훈을 만나 대혁명당 문제를 논의했다. 그 결과 10월 16일 한국독립유일당 북경 촉성회를 결성하고 선언서를 배포했다. 도산과 원세훈은 "러시아 혁명이 공산당의 깃발로 아래 전개되었고, 중국에서는 국민당이, 아일랜드에서는 신페인당이 중심이 돼서 민족해방운동을 전개하는 것처럼 이제 조선의 혁명도 대혁명당의 깃발 아래 뭉쳐야 한다"고 주장했다.

그러면 도산과 흥사단 원동위원부 단우들이 총동원되어 맹렬하게 전개했던 대혁명당 또는 유일당 운동의 정치노선과 이념은 과연 무엇인가? 미국에서 러시아의 볼셰비즘을 선전하여 미국 법을 위반한 것이 아니냐는 논란이 대한인국민회에서 일어날 정도였고, '안창호는 주의자'라는 투서 사건이 일어나 모략을 받기도 했는데 도산은 당시 유행하던 공산주의를 수용한 것인가?

이 문제에 대해서 도산은 삼일당 연설에서 분명한 입장을 밝히고 있다.

나는 미주에 가서 공산주의자라는 지목을 받았습니다. 만일 러시아에 가게 되면 반공주의, 즉 자본주의자라는 지목을 받을 것이외다.…나의 가진 주의가 무엇인지 나도 무엇이라고 이름질 수 없습니다. 나는 대생산기구를 국가 공유로 하자 함에 동감하는 자요, 나도 무산자의 하나이므로 다수의 빈자를 위하여 부자와 자본의 권리를 타파하여야 될 것을 아오. 그러나 지금 오늘날은 부자니 빈자니 유산자니 무산자니를 막론하고 다 같이 합동단결하여 오직 하나 일본을 적으로 삼고 민족혁명을 해야만 쓰겠다 생각하는 사람이오. 이런 주의를 가진 사람이니 이를 무엇이라고 할지 지을 대로 지으시고, 다만 일만 같이 합시다. 대한의 백성이면 누구나 다 같이 전체적으로 민족혁명에 합할 수 있는 것이오.[7]

7) 안창호, 「독립운동을 계속하자고」, 『도산 안창호 전집 6』, 467~469쪽.

사실 이 발언은 고도로 계산된 정치 발언일 수도 있다. 하지만 도산의 이러한 생각은 오랜 고심과 연구 끝에 나왔고 정략적인 발언은 아니었다고 생각된다. 좌우를 망라한 통일적인 대혁명당을 조직하기 위해서는 좌우를 아우르는 통합적인 노선이 필요했던 것이다.

도산의 이런 노선은 제국주의 반대 투쟁 과정에서 전 세계 민족해방운동의 최종적 결론이기도 했다. 도산의 신지하고 주의·삼성보다 무실역행하는 사고방식과 실천 경험에서 묻어난 자연스런 귀결이다.

물론 원세훈과 합의한 독립유일당 체제는 중앙집행위원회를 최고 기관으로 하고, 중앙집행위원회에서 상임이사회와 인민위원을 선출하도록 하는 방안이었다. 이런 방식은 이동휘가 임시정부의 대통령제를 폐지하고 중앙혁명위원회를 개혁하자는 방안과 유사한 측면이 있었다. 하지만 도산은 임시정부를 위원제로 바꿔 유지하되 별도의 대혁명당이 조직된 이후에 검토하자고 주장했다. 이 대혁명당에서 혁명 사업은 주의와 노선의 차이를 인정하되 동일한 방향의 민족혁명 사업을 추진함으로써 항일 에너지를 항일 독립전쟁에 쏟아 붓자는 것이었다.

자치와 참정은 밥풀로 배를 채우려는 짓

항일 전 역량 결집 노선은 당시 일제의 개량주의 포섭 전략을 무력화시킬 수 있는 방안이기도 했다. 도산은 삼일당연설에서 대혁명당 조직 필요성을 강조하면서 자치 운동과 참정 운동에 대해 분명한 입장을 밝히고 어리석은 자들의 망동으로 규정했다.

자치와 참정 문제에 대해 자기의 사욕을 채우기 위해 일본 놈들에게 아첨을 하며 떨어지는 밥풀로 배를 채우려 합니다. 그래서 지금 우리 현상은 일본의 현상을 당할 수 없고 우리의 힘을 다 합한다 해도 일본의 일부분을 당할 수 없은즉 순서적으로 먼저 자치를 얻고 후에 독립을 하자 합니다. 우리 민족은 혁명적으로 가능성이 없으니 자치나 참정 운동을 하여야 한다는 것은 그의 어리석은 까닭이외다. 나는 자치나 참정이 악하다는 것이 아니라 그 생각이 어리석음을 말함이외다.

그럼에도 좌파와 이승만파가 이광수가 자치 운동체인 연정회를 조직해 활동하려 한다는 의혹을 도산과 연결 짓고 흥사단 운동을 견제하려는 모략은 계속됐다. 도산은 대혁명당을 조직하자는 연설을 하고 난 뒤 임시정부 유지를 위한 후원회를 결성하고 그 후원회장을 맡았다. 도산의 귀국 직후 이런 신속한 움직임과 임시정부의 변화는 그 중심축을 이루고 있었던 흥사단 단우들과의 긴밀한 협의 하에 추진되고 있다는 것을 의미하는 것이다.

그리고 도산의 연설 당일 홍진 내각은 '비타협적 자주독립 운동을 촉진할 일, 전 민족을 망라한 견고한 당체(黨體)를 조직할 일, 전 세계 피압박민족과 연대하여 협동전선을 조직할 일'을 주요 정강으로 발표했다. 당시 홍진 내각에서 흥사단 단우들은 다수를 차지하고 있었다. 임시의정원 의장 송병조와 부의장 최석순, 재무총장 이유필, 법무총장 조상섭이 흥사단우였다. 임시정부가 대혁명당 조직을 공개적으로 천명하고 도산이 대혁명당 조직 사업을 공론화하면서 해외 독립운동 진영은 이의 성사 여부에 관심을 쏟았다.

한국유일독립당 촉성회 결성

도산은 9월 7일 반임시정부 세력의 아성인 북경에서 유일당 운동을 시작했다. 반임시정부 세력의 좌장격인 원세훈을 만나 "민족운동 세력이 총집결하는 대혁명당이 조직되면 그 당이 실질적으로 임시정부를 지도해 간다. 그렇게 되면 임시정부냐 아니냐는 별 의미를 갖지 못한다. 그러니 대혁명당이 결성되기 전까지 임시정부 논란을 그만두자"고 제안했다.[8] 원세훈을 비롯한 반임시정부 세력들은 도산의 제안을 토론에 부친 결과 창조파의 일부가 반발했으나 민족유일당 운동을 함께 시작하기로 결정했다.

반임시정부 세력의 이런 태도 변화는 1924년 손문의 국공합작 정책이 현실화돼 반일전선이 강화되고 있는 중국 현지, 특히 북경 사회의 분위기에서도 영향을 받았다. 직예 군벌과 봉천 군벌의 2차 싸움을 진압하기 위해 국민당군이 북경을 점령하고 북벌을 선언했다. 손문은 국민회의 소집을 주장하며 북경으로 왔지만 1925년 3월 서거했다. 이렇게 되자 중국 각지에서 장작림(張作霖) 군벌의 내분을 빌미로 일본군이 만주 침략을 하는 것이 아니냐는 위기감이 고조되었다. 6월 상해 총파업과 북벌군의 무한 점령이 진행되는 격변 속에서 반임시정부 세력들은 도산의 민족대독립당 구성 제안을 반대할 이유와 명분이 없었던 것이다.

드디어 10월 16일 한국유일독립당 북경 촉성회를 성립시키고 '이당치국(以黨治國)의 논리로 임시정부를 비롯한 당면한 분열 요인들을

---

8) 이명화, 『도산 안창호의 독립운동과 통일노선』, 277쪽.

용해시켜 전민족의 항일 역량을 결집'하고자 했다. 조선공산당 만주총국에서도 1926년 12월 「조선민족해방운동의 근본 문제」라는 문건으로 민족혁명당 결성을 지지했다. 홍진에 이어 국무령으로 취임한 김구도 1927년 2월 임시 약헌 개정에 착수해 3월 5일 이당치국 체제로 헌법 개정을 마쳤다. 준비가 전부 끝난 것이다.

도산은 1927년 1월 흥사단 북경 지부 단우이자 유명한 무정부주의자인 유기석과 함께 단우인 손정도가 기반을 만들었던 길림 지역으로 가서 유일당 건설을 위한 강연회와 동경성과 경박호 일대에서 근거지 건설 후보지역을 조사했다. 이 과정에서 이른바 길림 사건이 터져 1월 27일에 도산은 20여일 체포되기도 했지만, 만주 일대와 천진, 북경, 상해를 포괄하는 민족유일독립당 결성의 분위기는 무르익어 가고 있었다. 상해 한인청년회도 가세했다. 2월부터 만주 각 지역을 순회하며 대동단결과 대독립당 조직을 호소했다.

만주 지역은 1927년 4월 1일 길림 사건이 일어났던 대동공사에서 만주 농민호조사를 발족시킨 뒤 4월 15일 길림 신안둔의 이탁의 집에서 독립운동대표자회의, 일명 신안둔 회의가 열렸다. 이 자리에는 도산, 정의부의 중앙위원인 김동삼, 오동진, 이광민, 김원식, 고활신, 현정경, 이웅 등 12명, 남만청년총동맹의 박병희와 10여 명, 한족노동당 김응섭 등이 참여했다.[9] 이날 회의에서 독립운동 방법론보다 만주 현지 실정을 반영하여 토지 분배를 어떻게 할 것인지에 대한 논쟁이 있었고, '무릇 일본제국주의 통치를 반대하는 일절의 역량은 모두 참여하는 당 조직의 강령과 정책'을 결정했고, 각 방면의 주장을 수용하고 합의

....
9) 이명화, 『도산 안창호의 독립운동과 통일노선』, 279쪽.

하기 위한 시사연구회를 조직했다. 이 시사연구회는 만주 지역 좌우의 모든 독립운동단체를 참가시켜 한국유일독립당 촉성회를 조직하고 유일당 결성 사업을 준비해 나갔다. 이 과정에서 만주 지역에서 신망이 높았던 흥사단우인 이탁과 손정도의 역할이 매우 컸다.

도산은 이 지역 유일당 조직 사업과 근거지 건설을 위한 농민호조사, 토지 개간 사업 등을 지역 단우들에게 맡기고 7월에는 하얼빈에서 송화강 일대의 동포들과 면담하고 강연을 계속했다. 8월 16일 상해로 돌아왔다.

장개석의 쿠데타, 국공 분열

하지만 1927년 국내외 상황은 이상하게 돌아가고 있었다. 일본의 만주 야욕에 대한 미·영·러의 견제보다 거꾸로 중국의 공산화를 우려하는 미·영의 관심 변화가 눈에 띄게 나타나고 있었다. 또한 중국의 국공합작 정세도 파국으로 치닫고 있었다. 장개석의 북벌군이 쿠데타를 일으켜 국민당과 함께 북벌에 참여하고 있던 공산주의자들을 대량으로 학살하는 등 국공 분열이 현실화되었다. 또 북경에 있던 왕정위 정부가 장작림의 봉천 군벌에 의해 점령되면서 국민혁명은 침체되었다. 왕정위와 풍옥상(馮玉祥) 치하에서 활동의 자유를 누렸던 북경의 분위기는 장작림이 '공산주의자는 사형에 처한다'는 포고문을 발표한 이후 장작림 반대 세력은 무조건 총살되었다.

이런 사태의 급변은 장개석이 쿠데타를 일으키는 계기가 되었다. 호남(湖南) 지역의 농민군이 무장군으로 발전하고 상해 총파업을 주도해 상해를 장악한 공산당에 위기감을 느낀 국민당의 장개석 군이 쿠데타를 일으켜 대학살극을 벌였던 것이다. 이로써 국민당과 공산당, 장작림 군벌과 공산당, 공산당과 국민당의 불신과 증오가 심각해졌다. 국공합작으로 민족대혁명당 사업을 촉진시켰던 중국 내 사정이 역풍을 맞게 된 것이다. 거기에 미·영의 견제가 없어진 일본은 사실상 만주 지역에 독립운동 단체 간부들을 납치·살해하고 친일 조직을 확대하고 있었다.

이런 중국 현지의 영향으로 가뜩이나 중심이 취약했던 독립운동 진영도 좌우간의 견제와 대립으로 다시 갈등이 고조되었다. 1927년 8월의 남창(南昌) 봉기, 12월의 광주 봉기에 참여했던 한인 공산주의자들이 학살을 피해 상해의 프랑스 조계로 몰려들었다.

그러나 이런 역풍에도 불구하고 광동, 무한, 남경에서도 유일당 촉성회가 성립돼 5개 촉성회 대표들이 11월 9일에서 22일까지 상해에서 모여 한국독립당 관내 촉성회연합회를 결성하고 주비회 성립에 전력을 기울이기로 결정했다. 이 촉성회연합회는 대표 2명을 만주로 파견하여 만주 지역의 독립운동세력과 유일당 결성을 협의하기로 했다. 1928년 2월 3일 정의부, 신민부, 참의부 간부들이 영고탑에 모여 회의를 갖고 4월 중 삼부 연합회를 개최키로 했다. 그러나 신민부와 참의부가 참석하지 않았고, 1928년 5월 12일부터 5월 26일까지 개최된 화전(樺甸) 반석현 회의에서 조직방법론을 둘러싼 이견으로 합의하지 못했다. 단체본위 조직론, 개인본위 조직론, 단체중심 조직론으로 갈라져 한국유일독립당 촉성회는 성과를 내지 못한 채 촉성회 지지파와 협의회파로 결렬되고 말았다.

1927년의 국내 정세

　그러면 도산이 좌우를 망라한 민족유일당, 대혁명당 결성을 호소
했을 때 국내의 상황은 어떻게 돌아가고 있었는가? 일제는 겉으로는 문
화정치를 내세워 항일 독립의 에너지를 식민제도 내에서 흡수하기 위
해 언론·출판·회사 등의 활동을 허용하면서도 신경찰제도를 확대하
여 식민 체제를 강화했다. 특히 1920년대 중반 이후에는 일본에서의 쌀
소동을 비롯한 경기 침체 및 국내 정치의 불안, 중국 시장에 대한 영·
미의 공세 등과 맞물려 일본 지배층은 조선의 식민 지배를 안정화시키
고 조선 반도를 거점으로 만주 를 점령해 활로를 열어야 한다고 생각했
다. 그래야 소비에트 러시아의 남하에 대처할 수 있다는 사고방식이 일
본 지배층 내에 자리 잡았던 것이다. 일제는 이런 목적을 달성하려면
민족독립운동 세력 내부를 분열시키고 계급운동을 조장해 끊임없는 내
분 상태에 떨어뜨려야 한다고 믿었다. 그래서 온건파를 흡수해 식민 체
제를 안정화시켜 조선 민중을 황민화해 가려고 했다. 일본 총독부는 동
시에 적극적인 독립운동에 대한 철저한 탄압과 사전예방을 위해 1927
년에는 2,736개소로 경찰기관을 늘렸고, 감옥도 6개의 형무소와 10개
의 형무분소로 확대해 놓았다. 거미줄 같은 정보망과 일제의 식민 통치
를 위해 뛰어다니는 흰옷 입은 조선인 헌병과 순사들이 늘어난 것이다.
공립보통학교와 고등보통학교, 여자고등보통학교를 설립해 황민화 교
육에도 적극 나섰다.
　독립의식을 고취하던 지사들이 설립한 사립 학교들을 철저하게 탄
압하면서 황민화의 주요 수단이 교육에 있다는 점을 제도적으로 뒷받
침하기 위해 일본어를 상용화하는 공립 학교들을 대폭적으로 확대하여

조선의 젊은 세대를 황국 신민으로 만들고자 한 것이다.

하지만 일제의 교묘해진 식민 통치도 사실은 3 · 1운동에서 흘린 피의 대가였다. 무조건 탄압하면 역효과가 나기 때문에 일정한 제도적인 출구를 만들어 준 것이다. 비록 검열과 동화교육의 바람 속에서도 조선 사람의 항일 독립의지를 순화시킬 수는 없었다. 언론출판과 학교에 진출한 조선인들은 일제의 감시망을 뚫고 합법의 방법을 이용해 적극적인 독립운동의 방법들을 모색했다.

1922년에서 1927년까지 구속된 사건은 13만 8,539건에서 20만 6,588건으로 증가했고, 구속된 인원도 17만 4,885명에서 24만 9,991명으로 격증했다.[10] 물론 이런 수치 증가는 일본 식민 권력의 그물망이 그만큼 촘촘하게 한반도를 얽어매고 있던 현실을 반영하는 것이기도 했다. 이런 상황에 놓여 있던 국내의 독립운동계는 해외의 유일당 결성 호소에 부응하여 국내의 좌우파가 망라된 협동전선을 조직해야 한다는 공감대가 형성되었다.

국내에는 이미 3 · 1운동 직후 노동공제회가 조직되었고, 1922년에는 조선노동연맹이, 1924년에는 조선노동총동맹이 결성되어 60개의 단체와 4,000~5,000명의 회원을 갖고 있었다. 이런 진보적인 대중단체의 활동기반 강화는 1925년 조선공산당과 조선청년총동맹의 출범을 가져왔다. 이 조직도 1925년 11월 일제의 일망타진에 걸려 100여 명이 구속되기에 이르렀고, 그 이후로도 대형 사건이 계속해서 일어났다. 그런데 민족운동 진영이 물산장려회를 만들어 식산흥업과 외제품 불매운동을 전개하고 일제의 각종 합법적 기구에 진출해 대중적 영역을 넓혀

....
10) 渡部學 편, 김성환 역, 『한국근대사』, 1984, 동녘, 145쪽.

가면서 다양한 활동을 모색하는 한편으로 식민 체제에 순응하는 세력이 생기기 시작했다. 따라서 국내의 좌우파들은 간교한 식민 정책과 그에 따른 내부 변화로 인하여 복잡해지고 있는 식민지 상황을 돌파할 수 있는 방안을 모색하지 않으면 안 되었다.

1926년의 6 · 10 만세운동은 전민족적인 만세 시위운동을 요구했는데, 좌우파의 분산된 행동으로는 효과를 거둘 수 없다는 것도 분명히 알려 주었다. 특히 6 · 10 만세운동 과정에서 보여 준 민족독립에 대한 열망은 좌파 사회주의자들에게 민족 독립운동의 중요성을 일깨웠다. 신간회는 조선일보계의 신석우, 천도교 구파의 권동진, 사회주의계, 비타협적인 민족주의단체인 민흥회, 종교계인사들로 구성되었다. 흥사단 단우로는 조병옥과 평양 지역 단우들이 개인 자격으로 참여했다.

신간회 운동은 1930년에는 회원 수가 4만 명에 이르고 군 단위까지 지회가 조직되어 비타협적 항일투쟁을 주도했다. 신간회 시기의 대표적인 항일 대중운동은 1929년의 광주학생운동과 원산 총파업을 들 수 있다.

그런데 민족유일당 운동을 전개하면서 도산은 중국과의 항일공동전선을 구축해 공동으로 대처해 나가는 방안도 모색했다. 임시정부 초기부터 대중국과의 외교를 중시해 중한호조사(中韓互助社)를 만들어 교류해 왔거니와 중국과의 연대를 통한 항일투쟁의 중요성을 강조했다. 1928년 5월 중국 신문인 『세계신문』과 『중앙일보』에 「중국 혁명 동지에게」라는 논설로 한 · 중 양 민족의 합작을 강력히 제의했고, 필리핀 방문 때도 중국계 신문에 같은 논지를 편 바 있었다.

코민테른 대회와 한인 공산당의 맹종

　모든 노력에도 불구하고 1928년 7월의 코민테른 6차대회에서 「식민지 · 반식민지 제국의 혁명 운동에 관한 테제」와 「조선 농민 및 노동자의 임무에 관한 테제」가 채택되면서 좌파의 태도가 표변하기 시작했다.[11] 「조선 농민 및 노동자 임무…」라는 결성문은 당면 혁명의 성격과 임무를 분석하면서 프롤레타리아계급이 중심이 된 반제투쟁에 나서야 한다고 주장하고 조선공산당의 재건과 민족주의자들과의 협동전선을 떠나 혁명적 대중단체의 헤게모니를 장악하라는 것이었다. 좌파 중심의 협동전선체를 조직하고 헤게모니를 장악해 반제민족해방투쟁을 전개해야 한다는 코민테른의 이른바 '12월 테제'는 즉각 조선의 좌파 사회주의자들에게 영향을 끼치기 시작했다. 당시 코민테른 지도부는 러시아 혁명의 경험을 그대로 식민지 국가들에 적용하는 잘못을 저지르고 일반적으로는 '계급 대 계급'이라는 전술방침이 결정되면서 좌익모험주의가 두드러졌다.

　6차 대회의 좌익모험주의는 프랑스와 영국의 선거전술에서 비롯되었는데 위로부터의 통일전선을 배제하고 아래로부터의 통일전술을 의무적으로 적용했다. 물론 이 결정의 배경에는 세계대공황이 도래하는 위기적 상황에서 노동운동이 혁명적으로 고양되고 있다는 판단이 전제돼 있었다.[12]

　코민테른의 결정이 어떻게 나왔든 한인 공산당이 자신들이 처해

---

11) 김준엽 · 김창순, 『한국공산주의 운동사』, 청계연구소, 1986, 327~349쪽.
12) 「식민지, 반식민지 국가의 혁명운동에 대하여」, 『코민테른 자료선집 3』, 동녘, 1989, 270~327쪽.

있는 객관적 조건과 주체적 역량에 대한 판단, 당면한 항일투쟁에서 어떻게 힘을 결집시킬 것인가를 고민하지 않고 무비판적으로 코민테른에 맹종함으로써 항일 독립운동은 심대한 타격을 입었다. 이 시기 한인 공산당이 저지른 과오는 어떤 일제의 분열공작보다 더 효과적으로 항일 독립운동을 무력화시키는 결과로 귀결되었다. 한국유일독립당 상해 촉성회는 1929년 10월 26일 해체되었고, 각 촉성회 조직도 무너졌다. 도산이 전력을 기울인 좌우파 통일작업이었던 대독립당 조직작업이 파국에 빠진 것이다. 이로써 우파도 좌파도 항일전선에 힘을 모으지 못한 채 일제의 만주 침략에 직면하게 되었다.

도산은 흥사단 이사부에 보낸 1929년 9월 보고서에서 민족유일당 운동을 계속하기 어려운 이유를 다음과 같이 말했다.

중국 지역의 한인 공산당은 중국 공산당에 예속해 운동 중이고, 만주 지역은 유일독립당촉성회와 혁명당 조직동맹 양파로 분리되어 내부 투쟁을 벌이고 있어 형세가 험악하야 수습하기 심히 곤란한 상황이며, 촉성파 내에서 공산주의자와 민족운동자가 분립하여 암투하는 중이어서 민족유일당 운동을 계속하기 어렵다.[13]

유일당 운동 좌절 이후

유일당에서 이탈한 상해의 좌파들은 구연흠, 김형선, 조봉암, 홍남

....
13) 안창호, 「원동분단정형보고의 건, 원동발 제211호, 1929. 9. 13」, 『도산 안창호 전집 8』, 452~476쪽.

표 등을 중심으로 좌익만의 아래로부터의 통일전술 지침에 따라 코민테른의 유호한국독립자동맹이라는 조직을 출범시켰다. 하지만, 그들만의 조직이었고 아무런 영향력을 가질 수 없었다.[14] 남경의 유일당촉성회도 해체되었다. 좌파들이 통일전선조직을 파괴하기 시작한 것이다.

유럽의 사회민주당 지도부와 노동조합 지도부가 파시즘과 연대를 형성했고 장개석의 국민당이 파시즘적 독재로 전환했기 때문에 조선에서도 민족유일당 운동은 우파의 헤게모니만 보장할 뿐이라는 판단은 얼마나 어리석고 바보 같은 생각인가? 해외에 있거나 국내에 있거나 조선은 일제의 완전한 식민 통치 하에 있고 그들의 무자비한 탄압 때문에 좌파도 우파도 최소한의 활동 근거조차 확보될 수 없는 위기 국면에 놓여 있지 않은가? 그런데 파시즘이 무슨 파시즘이란 말인가? 도무지 상식이 통하지 않는 한심한 사태가 벌어진 것이다.

특히 일본 군국주의가 만주 침략을 본격적으로 준비하고 있었던 시기에 좌우파의 분열은 한·중 간 연합전선의 기반을 약화시키고 교섭력을 떨어뜨리고 말았다. 더욱이 코민테른의 일국일당주의에 따라 중국에서 활동하는 공산주의자들이 중국 당에 소속되면서 조선독립을 위한 항일 역량은 한층 취약해졌다.

한국독립당 창당과 대공주의

1929년 11월 광주학생운동을 시작으로 전국에서 항일 학생운동이 전개되자 도산은 다시 민족독립운동계에 민족대단결과 통일운동의 필

14) 김규식, 『항일독립투쟁과 좌우합작』, 97쪽.

요성을 호소했다. 도산은 평양 지역의 단우들과 연락을 취하고 사태 전개를 주시했다.[15]

하지만 미주의 국민회와 흥사단은 매우 곤란한 상태에 빠져 있었다. 운동을 지도할 인물이 도산 이외에는 나오지 않았고, 자금만 모집해 갈 뿐 구체적인 희망을 동지들에게 주지 못하면서 구심력이 약화되고 있었던 것이다. "일시적인 연설을 흥분제로 사용해선 안 되며 본단에서 금전만 강취하고 하등의 흥미와 이익을 베풀지 못했기 때문에 정신과 사상이 해이해져 있으므로 고식적인 대책이 아닌 비전을 제시"[16] 해 주길 요청할 정도였다. 그러나 도산은 새로운 전기가 도래할 것으로 믿었다.

더 이상 좌파의 참여를 기다릴 수 없었다. 그래서 상해, 천진, 북경 등지의 독립운동 단체를 규합해 1930년 1월 한국독립당을 창당했다. 이 한국독립당 창당은 좌파 중심의 협동전선론에 대응하면서 좌우를 망라하는 독립대당을 선언하여 전체 항일 역량의 결집을 시도한 것이지만, 일단 우파 세력만이라도 결집시키지 않으면 안 되었다.

한국독립당 창당에 참여한 인사들은 도산, 이동녕, 이시영, 이탁, 차리석, 김구, 조소앙, 김철, 장덕노, 조완구, 안공근, 이유필, 김홍서, 최석순, 백기준, 김붕준, 윤기섭, 옥성빈, 송병조, 정태희, 안태근, 박창세, 김갑, 박찬익 등으로 당시 우파 진영에서 만주 지역 인사들을 제외하고 대다수가 참가했다. 한국독립당의 핵심도 흥사단 단우들이었다. 또한 단우가 아니라 할지라도 도산과 밀접한 관계를 맺고 있었던 인사

....
15) 「안창호 일파의 한국국민당 조직과 기후의 행동에 관한 건」, 국사편찬위원회 편, 『자료 3』, 445쪽.
16) 곽림대, 1929년 8월 6일 도산에 보낸 편지.

들이 한국독립당 창당에 참여했다. 한국독립당의 창당 인사 가운데 흥사단 단우는 도산을 비롯해 이탁, 안공근, 송병조, 선우혁, 조상섭, 이유필, 김홍서, 차리석, 박창세, 최석순, 장덕노, 김붕준, 백기준, 한진교 등이었다.

한국독립당은 "종래의 지방적 파벌투쟁을 청산하여 민족주의운동 전선을 통일하고 임시정부의 기초적 정당으로 조직된 것이다. 한국독립당은 진정한 좌우 통합의 대독립당이 결성되면 한국독립당은 자진 해산할 것을 약속" 했다. 이 선언은 한국독립당이 좌우 통합의 대독립당을 결성하기 위한 과도적 정당임을 분명히 한 것이다. 이런 취지에 따라 한국독립당은 좌우 세력이 통일할 수 있는 정강과 정책을 만들었고, 창당 직후 각지에 특사를 보내 한국독립당의 창당 취지를 설명하며 전 민족적 통일운동에 참여할 것을 호소했다.

한국독립당의 당의(黨意)와 당강(黨綱)은 도산이 좌우를 망라할 수 있는 노선으로 정립한 대공주의(大公主義) 노선을 명백히 했다. 도산은 1927년 무렵부터 대공주의를 주창하기 시작했다. 1928년에는 흥사단 원동위원부 단우들과 주변 인사들에게 대공주의를 설명하고 약법 개정에 반영하도록 했다. 그 어떤 사상이나 이념보다 민족독립을 위해 헌신·희생하는 다짐을 우선시하여 분파 대립과 일제의 분열 공작에 대처하려는 것이었다. 대공주의는 개인보다 공공을, 사익보다 공익을 우선시하고, 당면 혁명인 민족혁명이 최우선 과제이며 민족평등, 정치평등, 경제평등, 교육평등을 실현해 가자는 것이었다. 4대 평등론은 기간산업 국유화론처럼 당시 독립운동자들의 일반적인 사고방식이었다. 한국독립당의 강령도 이런 문제의식을 반영하고 있었다.

한 · 중 간 항일 동맹군 결성과 대일 연합전선 구축 제안

도산은 좌우를 망라한 민족유일당 결성이 어려워졌지만, 일본이 중국과 싸움을 시작할 것이고 그 결과는 일본의 패배로 끝날 것이며, 그때 독립의 기회가 올 것이라고 믿었다. 따라서 일단 유일당 결성 추진 작업을 뒤로 미루고 중국과의 항일 공농전선을 구축할 필요를 느꼈다. 도산은 이미 1929년 3월 국민당 3차 전국대표대회가 남경에서 개최되자 한국 대표단으로 참석해 양국이 항일 동맹군을 조직할 것을 제안했다.[17] 일본의 만주 침략이 구체화되는 가운데 도산은 상해의 각 단체연합회를 1930년 2월 초에 조직하고 중국과의 교섭단체로 하려고 했으나 임시정부 측의 반대로 무산되고 말았다.

좌우파가 통일된 민족대독립당을 조직하기 위해 도산은 3월 말에 천진으로 가서 남 · 북만주와 미주, 노령에 산재한 독립 및 사상단체 대표들의 각파 대표회의를 4월 5일에 개최하자는 장문의 선언서를 배포하고 이를 성사시키기 위해 특사를 파견했다. 천진의 박용태와 회합하여 독립운동 전선의 통일방침에 관해 합의하고 '대한대독립당주비회'를 발족시키기로 했다. 이때의 활동자금 가운데 중국 국민당 정부와의 외교 활동에 의해 8만 원을 지원받았다는 일본 측 정보가 있으나 확인되지 않았다.[18] 그런데 천진 대표자회의는 중국 당국의 불허로 대회를 개최할 수 없었고, 장소가 길림으로 변경되었는데 회의 내용은 알려진 바 없다.

....

17) 朝鮮總督府警務局, 1930. 1. 在滿鮮人と支那官軍, 36頁.
18) 국사편찬위원회 편, 『자료 3』, 442~445쪽.

1930년 초 길림성에 거주하는 동포들의 수가 60만 명에 이르렀다. 그러나 중국인의 반일감정이 고조되면서 한인들에 대한 적개심도 높아 갔다. 일제에 의한 친일단체들이 조직되어 만주 사회를 들쑤시고 다녔던 것이다. 일진회와 한인 밀정의 책동과 한·중 간의 이간을 방지하기 위해서는 공동의 항일 연합전선을 형성해야 한다는 도산의 주장은 설득력을 얻었다. 만보산 사건의 진상을 밝히는 노력도 경주하여 중국인의 대한 감정도 완화되었다. 도산은 일제의 사주에 의해 벌어진 만보산 사건에 대해 냉철하고 현명하게 사건을 직시할 것을 호소하는 긴급 성명서를 7월 10일 발표했다.

　　임시정부 측과 긴급회의를 소집한 결과 남경 정부에 대표사절로 파견하여 국민당 정부와 항일 공동전선 구축을 위한 교섭에 들어가도록 했다. 도산은 중국 당국과 본격적인 교섭을 위해 임시정부의 반대로 무산되었던 단체연합회를 7월 18일 재출발시켰다. 이 단체들은 대부분 흥사단 단우들이 주도하고 있는 것들이었다.

　　하지만 만주 상황은 악화돼 가고 있었다. 1931년 9월 18일 일본군이 심양(瀋陽)을 점령했다. 이때 주차군으로 조선인 부대가 출동한 것으로 중국 신문이 보도하면서 대다수 중국인이 조선인이 일본군의 앞잡이로 만주 침략에 동원되었다는 오해를 하게 됐고, 만주 60만 동포들에 대한 추방 운동도 일어났다. 일본군은 만주 전역을 전광석화처럼 장악했다. 장개석의 국민당은 국제연맹에 항의했으나 국제연맹은 이를 해결할 능력이 없었고 미국과 영국은 러시아의 남하를 저지하기 위해서라면 일본군이 중국 본토로 가지 않는다면 사실상 묵인할 속셈으로 일본의 민주 침략을 방관했다.

대일전선 통일동맹 구축

도산은 9월 25일 임시정부 주관으로 개최된 한교 전체 대회에서 한·중 연대의 실현 및 동맹군 조직을 호소하고, 10월 25일 중국인 신문 기자들과의 인터뷰에서 한·중 연합의 필요성을 역설하고 순회 강연에도 나섰다.

도산의 이런 대중국 연합전선 구축 움직임에는 두 가지 목표가 있었다. 하나는 60만 만주 거주 동포의 생존권을 확보하기 위해서는 중국 정부의 지원이 절대적으로 필요했고, 또 하나는 민족유일당 조직을 만들려면 중국과의 연합전선이 구체화되어야 좌파세력이 참여할 것으로 보았기 때문이었다. 당시 장개석의 남경 국민 정부와 대립하고 있었던 반장개석 동맹의 왕정위(汪精衛)가 광동 정부를 구성하고 있었는데, 이 광동 정부는 호한민파, 개조파, 서산파, 광동파 등이 주요 그룹이었다. 광동 정부는 대일본 문제와 만주 문제에 관한 관심이 높았다. 그러나 9·18만주사변이 발발하면서 장개석과 왕정위는 1932년 1월 회담하여 통일정부 조직과 군정개혁을 결의한 후 통일 정부를 출범시켰다.

도산은 중국과의 항일 연합전선을 결성하려면 우선 조선의 좌우파를 망라한 민족유일당의 건설이 전제돼야 한다고 믿어서 지속적으로 추진했다. 하지만 좌파가 이탈한 조건을 계속해서 기다릴 수는 없었다. 오히려 한·중 연합전선을 구축하면 좌파의 참여가 촉진될 수도 있었다. 그래서 일단 이동녕과 만주의 조선혁명당에서 온 최동오, 북경의 조성환, 조선의열단 대표 한일래, 박건웅 등이 참석해 통일된 대독립당으로 중국 측과 연합전선을 만들기로 합의했다. 이를 위해 새로운 단체를 조직하기로 결정하고 대일전선 통일동맹으로 하기로 결정했다.

이 대일전선 통일동맹 조직 사업은 만주 사변이 곧바로 중일전쟁으로 확대되면서 시급한 현안 문제가 되었다. 일제가 만주를 석권한 여세를 몰아 1932년 1월에는 상해 공격을 개시할 정도로 신속하게 점령 지역을 넓혀 나갔다. 이에 따라 한·중 연합전선을 신속하게 추진해야 했다.

이에 도산은 유일당 조직이 어렵다면 좌우익 단체의 연합전선 구축을 목표로 했다. 상해가 완전 포위된 상황에서 개최된 1932년 1월 흥사단 18차 원동대회에서 도산은 "우리의 적은 일본 제국주의임을 명심하고, 동족인 사회주의 단체와 개인에 대해 절대 적대시하지 말라"고 당부했다.

조선은 자본주의가 발달 못한 나라라, 자본가를 타도하는 데도 일본 자본주의를 타도하야 하겠다. 우리는 계급혁명을 반대하지 말자. 우리도 그것을 하면서 반대할 리유는 조금도 업다. 만일 해되는 덤이 있으면 반대하자. 우리는 사회주의에 반대하는 태도를 가지지 말자. 우리는 엇던 단톄를 물론하고 친션을 취하자. 단톄에게만 붙지 말고 실제덕 도건을 작성하야 로력하기 바랍니다.[19]

이 항일 한·중 연합전선을 구체화하기 위한 방안은 중국과 협력해 한중 합동군사작전이 실행될 수 있도록 좌우익 모두 대일전선에 참여하는 것이다. 도산은 상해에서 윤봉길 의거로 체포되기 전까지 일주일에 한 번씩 대일전선 통일 동맹회의를 열어 강령, 정책, 조직에 관한

19) 『흥사단보』, 제19년 창립기념호, 제19권, 1932. 5.

사항을 토의하고 결정했다.

　그러나 침식을 잊은 채 불철주야 노력한 전민족을 망라한 좌우의 통일독립 유일당을 조직하는 사업과 한·중 간 대일 연합전선을 구축해 내는 사업은 도산이 1932년 4월 29일 일본 영사관 헌병과 프랑스 조계 당국에 체포됨으로써 끝나고 말았다. 이 뜻밖의 두 사건, 즉 홍구 공원에서 상해 섬령을 축하하는 일제에 목숨을 걸고 폭탄을 던져 백천 내장을 비롯한 수뇌부를 폭살시킨 윤봉길 의거와 당시 좌우를 망라할 수 있는 유일한 지도자였던 도산의 체포 소식은 경탄과 충격 그 자체였다. 윤 의사의 의열 투쟁은 일제의 상해 점령 이후 위축되었던 중국의 분위기를 반전시키고 조선 독립운동과의 연대를 적극화하는 계기가 된 반면 그 중요한 역할을 해야 할 도산이 불의에 일제의 마수에 떨어진 것이다.

윤봉길 거사와 안창호의 전술

　도산의 청천벽력 같은 체포 소식은 상해 『시사신보』와 『대만보(大晩報)』에 4월 30일에 실렸고, 국내에서는 『동아일보』가 5월 1일, 『조선일보』는 5월 7일 알렸다. 5월 10일에는 상해 주재 미국 영사가 도산의 아들 필립에게 구속 사실을 전보로 통지했다. 미주의 교포들은 원동사변임시위원회를 설치하고 벽보 형식으로 구원 활동을 전개하고 미 국무부에 석방탄원서를 국민회 명의로 제출했다. 상해가 일본군에 점령된 상황에서 조계 구역에 모여 있다가 일경의 체포를 면한 흥사단 단우들은 기금을 모아 미국인 변호사 올만(Allmon)을 선임했다. 올만은 도산의 국적이 중국 국적이므로 일본이 체포할 자격이 없다고 주장했으나 일제가 응할 리 없었다.
체포된 지 10여 일 만인 9일
선교사 부인들이 도산을
면회했다. 도산은 체포된
초기에 묵비권과 사흘간
단식으로 체포의 부당성을
주장한 바 있었기 때문에
건강 여부를 물었더니 괜
찮다고 답변했다.[20]

안창호의 체포 사실을 알리는 전보.(1932)

그러면 도산은 윤봉길 의사와 무슨 관련이 있기에 체포되었는가.
또 상해 독립운동 진영의 사정에 밝았던 일제는 왜 윤봉길 거사가 일어
나자마자 도산 안창호 체포를 서둘렀는가? 이제까지 공식적인 안창호
의 법정 진술, 백범일지, 이광수의 『안도산전』이 나온 이후 도산은 윤
봉길 거사를 사전에 몰랐다는 것이 정설이었다.

하지만 이게 진실일까? 이광수 식의 인격론에서는 도산의 소년과
의 약속을 지키기 위해 체포위험을 무릅쓰고 나갔다가 체포되었다는
것으로 어떤 경우에도 신의를 지키는 인물이라는 점을 강조해왔다.

4월 24일 일왕칙어 50주년 기념식에서 1차 거사 계획

상해임시정부와 흥사단 원동위원부, 일본 측 자료, 윤봉길 의사와 10
여 개월 함께 생활한 김광(가명)[21] 의 윤봉길 전 등 문서자료들이 발굴되

----

20) 大晚報, 韓革命領袖 安昌浩 絶息. 三天, 19322. 5. 2, 『도산안창호자료집 6』, 862, 903쪽.

면서 이 정설은 수정되지 않으면 안 되게 되었다. 왜냐하면 이 자료들에 의하면 윤 의사는 4월15일 이유필을 만나 4월24일 일왕칙유선언 50주년 기념식[22]에서 폭탄을 던지기로 했으나 폭탄이 준비되지 않아 시도하지 못한 것으로 나타났기 때문이다. 윤봉길 의사의 상해경로, 접촉인사와 기거한 숙소, 도산체포 직후 상해 임정 일부 인사들의 처신, 도산의 측근인 물로 알려신 이유필과 관련된 기록[23] 등을 종합해보면 독사적인 1차 거사시도는 사실로 판명된다. 윤봉길 의사의 상해의거는 4월24일 1차 시도가 실패하고 2차 거사에 성공해 일제 침략전쟁에 대한 조선인의 분노와 저항을 공론화시킬 수 있었던 것이다.

이 과정에 대해 그동안 백범의 성명과 백범 일지 등 제한된 정보에 따라 한인 애국청년단의 단독거사이고 자신 외에 아무도 거사 사실을 몰랐다는 주장[24]을 그대로 따랐다. 하지만 거사 전후의 상해 사정, 즉 일본군의 상해진주와 조차 지역인 공동조계 지역의 변화, 장개석 남경 정부와 왕정위의 광동정부, 중국 공산당 정부의 대응, 그리고 무엇보다 항일독립운동진영의 분열과 갈등 양상과 같은 객관적 조건을 살펴볼

·····························

21) 김광은 항일운동 시기의 가명으로, 홍사단우 명부에 본명이 고영선(高榮善)이다. 황해도 해주 출신으로 해주고등보통학교를 나와 상해로 와서 양애삼 단우의 추천으로 1931년 1월에 입단한 젊은 단우로 윤봉길 의거 당시에는 기차공사의 감독으로 근무하고 있었다. 의거 이후 1937년 광동으로 피신하여 『윤봉길전』이라는 윤 의사에 관한 최초의 자서전을 집필했다. 광복군 정훈처 선전부 주임 역임. 이 책의 서문은 임정의 의정원 의장을 지낸 홍사단우 김붕준이 썼다.

22) 32년 5월3일 상해총영사 촌정(村井)가 외무대신에 보낸 보고서. 윤봉길 취조문서.

23) 춘산 이유필 연구, 이현희, 동방도서. 이유필(李裕弼)은 평북 신의주 출신으로 1886년생이다. 105인 사건 때 진도에 유배됐다가 상해로 망명. 거류민단장과 교포학교였던 인성학교장, 노병회장 등을 역임했다. 상해동포 사회의 지도자였다. 홍사단에 1924년에 입단했고, 임정의 국무위원 등을 지냈다. 이유필은 1933년경에 일제에 체포됐으나 석방돼 변절의혹이 일어났지만, 취조와 재판기록으로 볼 때 일제의 반간계였던 것으로 보인다. 3년 복역 후 해방 후 평북인민위원장 등을 지냈고 1950년 사망.

24) 『백범일지』, 389쪽. 돌베개.

위 일제의 윤봉길 취조 문서
오른쪽 김광의 『윤봉길전』 표지

필요가 있다.

그리고 윤봉길 의사의 상해생활과 거사준비의 재구성, 헌병대의 심문조서와 재판 기록 분석, 대일연합 전선구축을 위해 한중군사협력에 고심하던 도산의 노력, 그리고 일본군의 상해침략이 있기 전인 1932년 1월의 흥사단 대회에서 도산은 일본의 중국 침략은 자살행위로 보고, 단우들에게 특별공작과 평상공작을 수행할 것을 호소하였고, 현 시국에서 특별공작에 우선하자면서 통일적 조직운동, 파괴운동, 민중운동, 약소민족 연합운동을 제시한 점[25], 왕정위의 광동정부와 가까웠던 상해독립지사들의 분위기, 일제에 의열투쟁을 계획했던 몇 그룹의 거사 계획, 백범과 장개석 정부와의 관계, 임정 내 다른 독립지사들과의 관계, 임정 및 일제

---

25) 1932. 5. 원동 흥사단의 당면공작, 흥사단보.

의 자료 등을 자세히 분석해 봐야 한다. 그리고 백범의 단독 거사설을 주장한 배경과 그동안 배제됐던 도산의 특별공작, 즉 테러전술도 검토할 필요성이 생겼다.

우선 가장 중요한 사실은 윤봉길 의사의 상해행과 상해거주지 및 접촉인사가 누구였는가 하는 것이다. 윤봉길 의사의 상해의거가 가진 항일독립운동사의 의의에 비하여 의외로 윤봉길 의사에 대한 집중적인 연구가 이뤄지지 못한 것이 학계의 현실이다. 예산에서 청년기에 전개한 야학운동과 안식일 교회의 이흑룡[26]과의 접촉, 선천 유치장 구류생활과 독립 인사들과의 교류, 만주 유랑과 청도와 상해생활에 대한 연구도 부족하다.

김광의 『윤봉길전』, 노동자 파업 주도

최근에 밝혀진 김광의 『윤봉길전』에 의하면 상해에 들어와 각종 노동자생활을 하면서 유명무실한 상해임정의 현실에 좌절을 느껴 미국유학을 결심하고, 영어공부를 했으나 한인노동자들의 어려운 현실에 분노하여 파업을 주동하였다. 이 파업은 상해교민사회에 큰 화제가 되었고, 공산당계 인사들과의 접촉도 있었다. 이 파업은 도산과 이유필의 중재로 마무리된다.

이때 상해의 상황은 만주사변이 벌어지고 일본의 도발이 계속되면

....
26) 이흑룡은 안식일교회에서 발행되던 시조사의 기자로 알려졌으나 가명일 가능성이 높다. 그의 신분은 외견상 교회기관지 시조사의 기자이고, 문서 전도자인데, 안식일 교회 내의 임기반, 임준기 등으로 이어진 독립운동 인물로 보인다. 임준기는 도산과 밀접했던 임기반의 아들로 알려졌다. 임기반은 안식일 교회 초기 지도자이다. 임준기는 안식일 교회 내의 김창세 의사 등 독립운동 인사의 중심적인 인물이었다.

서 어수선해지고 있었다. 일본군은 1932년 1월 26일에 상해를 공격하기 시작했으나 장개석 군의 완강한 저항에 부딪쳤다. 그러자 일제는 상해 교두보를 시급히 확보하기 위해 2월 28일 백천대장의 10만 병력이 상해지원군으로 투입됐다. 또 100여대의 비행기와 함대 등 육, 해, 공에 걸쳐 전면 공격을 퍼부어 한 달 만에 상해를 점령했다. 그리하여 3, 4월에는 일본군의 크고 작은 상해 점령 축하행사가 잇따르고 있었다. 일제는 4월 24일에 칙어반포 50주년 기념식과 4월 29일에 일본왕의 생일을 기념하고 상해점령을 축하하기 위해 대대적인 상해사변 전승축하행사를 계획했다. 당시 상해 공동조계 지역은 일본군의 지배를 받지 않았으나 일본 밀정과 일본군의 감시망이 삼엄하게 펼쳐지고 있어서 많은 독립지사들이 이미 상해를 탈출해 남경, 항주로 피신한 상태였다.

도산은 여전히 상해에 머물러 한·중 연합을 모색했다. 조선혁명당, 북경의 무장운동파, 조선의열단, 임시정부 등의 최동오, 한일래, 박건웅, 조성환, 김두봉, 이동녕 등이 태평촌의 흥사단 원동위원부 사무실에 참석해 대일전선 통일동맹을 결성하여 한·중 합동군사작전 등 강령, 정책을 만들었다. 상해가 포위된 상황에서 도산은 중국 측에 조선인의 저항의지를 구체적으로 보여주고 군사작전을 추진하기 위한 방안, 즉 테러와 같은 특별공작이 필요했다.

이때 임시정부는 유명무실해져 있었다. 이승만을 사퇴시키고 이상룡, 한면희 선생 등이 국무령으로 취임했으나 조각조차 할 수 없었다. 의정원 의장이었던 이동녕 선생이 할 수 없이 백범에게 국무령으로 취임할 것을 권하여 국무령이 됐으나 임정 구성은 여전히 난제였다. 그래서 의정원은 국무령제를 고쳐 국무위원제로 하여 윤번재로 주석을 맡기로 하였으나 집세 30원, 직원 월급 20원을 내지 못할 정도로 곤궁한 처지였다.

자연 독립운동의 중심역할은 도산이 추진한 대일전선 통일동맹과 각 정파의 정치조직들이 담당할 수밖에 없었다. 하지만 조계 밖에서 치열한 전투가 계속되고 있는 상황에서 상해의 독립지사들은 조선인의 혁명의지를 보여주기 위해 크고 작은 의혈투쟁을 계획했다. 임시정부 차원에서도 한인애국단을 조직해 백범에게 일을 맡겼다.

윤봉길의 상해 생활

이런 상해의 독립운동상황에서 충남 예산 출신의 윤봉길이라는 청년이 나타났다. 윤봉길은 안식일 교회의 이흑룡을 만나 본격적인 독립운동을 하기 위해 경의선을 탔다. 그러나 차량 내 검문에 걸려 평안북도 선천 유치장에서 보름 정도 지낸 뒤 선천지역 독립운동인사들과 친교를 나눈다. 선천지역은 항일 독립운동이 활발해 상해임정의 연통제와 통신원까지 조직돼있었다. 그리고 1920년 후반 흥사단 국내조직인 동우회 선천지회가 조직돼 활동할 정도로 항일운동이 치열했다. 특히 선천지역의 선우집안은 105인 사건의 선우혁과 선우훈을 비롯한 항일운동가를 많이 배출했다. 윤봉길은 이곳에서 선우옥씨를 만나 중국내 독립운동의 구체적 정황을 파악하게 되었다. 이후 만주로 건너가 독립군 부대와 접촉하였으나 일제의 만주사변이 진행되면서 체계적인 무장독립운동이 어려워지자 청도를 거쳐 그래도 독립지사들이 많이 모여 있는 상해를 찾아온 것이다. 이때 상해에는 윤봉길 의사뿐 아니라 중국 각지의 독립운동가들도 천여 명이 모여들어 울분을 삼키고 있었다.

그러나 상해에서 1년여 동안 부두노동이나 말총으로 모자 등을 만드는 공장노동자, 채소장수로 밑바닥 생활을 하면서 파악한 독립운동의 현실은 암담하기 이를 데 없었다. 윤봉길 의사가 상해에서 접촉한 인사들이 누구누구였는지는 정확히 기록된 바가 없다. 신변의 안위와 보안 때문에 지극히 제한적인 범위에서만 노출될 수밖에 없었을 것이다. 일제 문서나 백범일지에 언급되고 있는 이들이 있기 때문에 그나마 그동안 상해체류 1년의 흔적을 찾아볼 수 있었다.

> 도산과 흥사단우 거주지 태평촌에서 흥사단우 김광과 10여 개월 생활
> 노동자 파업주도, 이유필과 도산의 중재로 마무리
> 흥사단 월례회도 참석

그러나 최근 발굴된 자료들[27]에는 백범일지에는 전혀 기록돼 있지 않은 인물들과의 관계도 나온다. 현재까지 밝혀진 것은 윤 의사의 상해 거처는 일곱 곳이었다. 상해도착 직후에 거처했던 곳은 안명진의 집으로 일주일 정도 머물렀고, 그 다음에는 계춘건[28]의 집이었다. 계춘건은 흥사단 단우였고, 상해에서 영미기차공사 검표원으로 생활하던 독립운동가였다. 그 이후에 윤봉길은 도산이 거주했던 태평촌에 가장 긴 10여 개월을 흥사단 단우였던 황해도 출신의 김광과 한방을 썼다. 흥사단 원동위원부도 이곳에 있었다. 태평촌에는 도산과 김광 이외에도 윗층에 폭탄투척 활동 등을 전개했던 흥사단우 임득산 가족이 살았고, 도산의 처남이었던 이두섭, 안태국의 사위 홍재형, 구익균 등 흥사단 인물들이

---

27) 김광이 쓴 『윤봉길전』이 대표적이다. 함께 거주하여 윤 의사로부터 육성증언을 듣지 않고서는 알수 없는 내용들이 많다.

28) 계춘건(桂春建)은 평북 선천 출신으로 도산이 세운 남경의 동명학원과 상해의 청심학원을 졸업했다. 청심학원은 해외 유학을 준비하는 학생이 많았다.

주로 거주했다. 자연, 흥사단 월례회도 몇 차례 참석했다. 또 거사 결심 이후에는 신변을 정리하고 합숙소 비슷한 동방공우에도 머물렀다.

이 사실에서 알 수 있는 점은 상해에 연고자가 없었던 윤봉길 의사가 상해에 도착해 안명진의 거처에 머물다가 상해 사정을 파악하면서 당시 상해의 흥사단 인물들, 예를 들면 교민단장 김구, 이유필과 총무를 장기간 맡고 있었던 최석순[29], 임득산[30], 계춘건, 안공근 그리고 김광 등과 함께 생활했다는 점이다. 이 과정에서 흥사단우들은 도산에게 윤봉길 의사의 존재를 당연히 보고했을 것이다. 그러면 왜 흥사단우들은 청년 윤봉길을 위험을 무릅쓰고 도산에 추천했고, 도산은 윤봉길을 자신의 거처에 가까운 김광의 방에 기거하게 했을까? 당시 도산은 당면한 최우선 과제로 특별공작에 주력할 것을 호소하면서 파괴활동을 강조하고 있었다. 이런 상황에서 윤봉길을 주목하여 같은 건물에 거주하면서 평가해보는 것은 당연한 수순이었다. 그래서 노동자파업을 중재하여 마무리하거나 태평촌에서 함께 생활하며 자세히 살펴볼 수 있었다.

이런 과정에서 청년 윤봉길의 짧지만, 분명한 태도가 믿음을 주었다. 얼마나 많은 청년들이 하룻밤 비분강개했다가 돌아섰던가. 윤봉길은 충의용감했다. 또 자신의 야학운동과 월진회 조직, 선천 경찰서 유치장 경험, 특히 안식일 교회의 초창기 지도자였던 임기반의 교회인맥

....

29) 최석순은 임득산과 마찬가지로 도산이 조직한 임정 안동 요원으로 활동 평북 삭주 출신. 대한 광복군 총영 한국노병회, 경무국장, 교민단 총무. 의정원 부의장. 1935년 이후에 민족 혁명당 활동.

30) 임득산은 1896년생으로 3.1운동에 가담. 1920년 흥사단 입단. 안창호가 조직한 임정의 교통국 통신원으로 안동에서 국내 침투활동. 선천 폭탄투척 등 적극적 항일운동. 1930년 전후에서는 태평촌에 거주. 한독당 활동 이후 유정우, 최석순, 김홍서, 서상석 등 단우들이 조선혁명당 핵심으로 활동.

인 이흑룡과의 만남, 선천에서 선우옥, 만주의 양세봉 장군, 청도에서의 야간 강연활동, 상해독립운동 상황에 대한 소감 등에 대해 독립운동의 영수에게 솔직히 이야기하고, 일제의 상해 공격에 맞서 조선인의 동양평화 의지를 전 세계에 보여주기 위해서는 직접적인 일제공격이 필요하다는 판단을 했을 것이다. 또 자신을 희생시켜 대일 전선에 복무하겠다는 각오도 피력했다. 윤봉길 의사는 흥사단 월례회에 참석해 분위기도 알고 있었다.

윤 의사는 상해 점령을 끝낸 일본군의 기세를 꺾고 조선인의 독립의지를 내외에 드러낼 의열투쟁에 나서기로 결심했다. 상해 생활을 통해 시국에 관해 의견을 나눴던 여러 사람과 의열투쟁에 관해 토론을 진행했다.[31] 4월15일 이유필을 상해다관에서 만난 윤 의사는 폭탄준비를 부탁한다. 이유필은 바로 도산에게 이 사실을 보고했다. 그래서 도산도 적극적으로 검토해보라고 권유한다. 이유필은 폭탄확보작업에 착수했다. 이렇게 해서 윤 의사의 독자적인 4월24일 1차 계획이 세워졌다.

그러나 4월24일 독자적인 윤봉길 1차 거사계획은 이유필이 폭탄을 확보하지 못하면서 수포로 돌아갔다. 이 1차 거사의 계획과 타격 목표는 분명했다. 상해에 진주한 일본군과 일인교민 간부들이었다. 이유필이 폭탄확보에 실패한 데는 당시 중국측의 복잡한 사정이 작용하고 있었다. 즉 장개석의 남경정부와 광동의 왕정위 정부가 대립하고 있었는데, 왕정위는 남방전선을 강화하기 위해 상해도 방문하였다. 이에 따라 도산은 광동정부와 한중합작에 노력했으나 남경정부와 광동정부가 1932년 초에 통합선언을 하였지만, 장개석에 대한 퇴진요구가 계속되는 등 중국정부

....
31) 김광, 『윤봉길전』, 44쪽, 매헌 윤봉길의사자료집, 매헌 윤봉길의사기념사업회

의 입장도 통일되지 못하였던 것이다. 따라서 광동정부와 가까웠던 이유 필이 상해에 주둔하고 있고 장개석 군이 아닌 다른 곳에서 폭탄을 확보 하는 것은 사실상 어려웠던 것이다. 그렇다고 일제의 침략이 대륙으로 확대되는 상황에서 더 이상 시간을 미룰 수도 없었다.

백범, 임정에 거사 계획 보고

그때 백범은 좌우파가 함께 하는 도산의 민족유일당 운동을 반대하 는 등 장개석의 남경정권과 가까워져 있었으나 한국독립당 창당사업을 도산과 같이 하는 등 복잡한 관계가 지속되고 있었다. 어쨌든 백범이 임 시정부의 직접 행동조직인 한인애국단을 책임지고 있지 않은가. 4월26일 백범을 만나 의열투쟁을 상의한 윤 의사는 한인애국단에 가입한다. 거사 3일 전이었다. 백범은 장개석 군의 장교로 있는 김홍일을 통해 폭탄을 구 했다. 도산은 안공근, 이유필 등으로부터 4월29일 천장절 기념식장에서 거사하기로 했다는 사실을 보고 받았다. 또 26일 임정 국무회의에서 백범 은 윤봉길 거사 건을 보고했다. 그래서 대부분의 임정요인들은 홍구공원 거사사건을 사전에 알고 있었던 것이다. 보고내용이 요일과 장소, 시간까 지 보고됐는지는 알 수 없다. 백범이 자신 이외에 아무도 몰랐다고 기록 한 것은 엄혹한 정세 하에 다른 동지들의 피해를 우려한 것이었다. 당일 도산은 거사의 성공여부가 궁금하여 조상섭 상점에 들러 상황을 알아보 고, 뒷문으로 나와 같은 골목에 있었던 이유필의 집에 가서 그의 아들이 었던 이만영 군과 약속한대로 보이스카우트 후원금을 전달하고 나오려 고 하는 찰나에 프랑스 조계당국을 앞세운 일본 헌병대에 체포되고 만 것이다.

백범 김구는 백범일지에 '조상섭의 상점에 들어가 편지 한통을 써서 점원 김영린에게 주어 급히 안창호 형에게 보냈다, "오늘 오전 10시경부터 댁에 계시지 마시오. 무슨 대사건이 발생될 듯합니다"' 라고 했다는 것이다. 그날 조상섭 상점에서 점원으로 일했던 사람은 배준철로 편지를 받아 전달하러 갔으나 도산은 이미 이유필의 집에 있었다.

그렇다면 논란이 되고 있는 문제를 따져보자. 먼저 윤봉길 의거를 도산이 사전에 몰랐는가의 문제는 이제 무의미해졌다. 윤봉길 의사와 이유필, 김광, 임득산, 최석산, 계춘건 등 흥사단 인물들과의 깊숙한 관계가 드러났기 때문이다. 도산은 백범으로부터 직접 보고를 받지 않았던 것은 분명하다. 조상섭 가게와 이유필의 집에 들러 의거소식을 기다렸다는 구익균[32]의 증언으로 볼 때, 사전에 의거사실을 알고 있었다는 점은 분명하다. 그 전달자는 이유필이거나 안공근, 김광 등일 수밖에 없다. 이제까지 윤봉길 의거와 관련된 가장 중요한 근거가 백범일지의 기록이었기 때문에 윤 의사의 상해생활과 그 당시 정황에 관해 구체적인 규명이 부족하였다. 그래서 백범이 도산에게는 편지로 알리고 같은 정치적 입장이었던 이동녕 선생에게는 집으로 가서 직접 보고하고 함께 식사하면서 소식을 기다렸다는 사실만을 그대로 받아들여 백범의 책임하에 진행된 의열투쟁으로만 알려졌던 것이다.

그러나 상해기지를 잃게 될 위기에 처한 상해의 독립운동가들은 한중연합에 의한 군사작전을 모색할 필요에 직면해 있었다. 젊은 청년 독립지사들은 상해일본군에 타격을 가하기 위해 크고 작은 테러활동을 전개해 4월 하순에도 수차례 일어났다. 윤봉길 의사의 4월29일 의열투쟁도

32) 구익균, 『도산을 회고한다』 「도산사상연구 4집」 도산사상연구회, 1997, 329쪽.

4월24일의 독자적인 거사 시도에 이후 누구의 권유에 의해서가 아니라 윤 의사의 자발적인 정세판단과 실천의지에 따른 의열투쟁이었던 것이다. 도산과 이유필, 백범 등은 윤 의사의 의열투쟁을 돕는 사람들이었다.

윤봉길 의거를 둘러싼 모략에 책임추궁
김구의 측근 엄항섭과 이승만 파 조소앙, 사과와 사퇴

도산이 이유필의 집에서 소식을 기다리다가 갑자기 체포되면서 사태는 이상하게 흘러갔다. 도산이 단식을 하면서까지 중국국적 소지자에 대한 체포 부당성을 주장하고, 중국조야가 흥사단에 격려와 지원이 밀려들자 중국의 「시사신보」에 '홍구폭탄 사건은 안창호가 지시한 것이 아니다'라는 제목의 기사가 실리고, 도산은 이미 혁명을 포기한 자이고, 흥사단에는 친일주구배가 섞여 있었고, 그랬기 때문에 당일에도 이 의거를 모르고 배회하다 체포된 것이라는 내용이었다. 백범은 자신의 주도 하에 진행된 사업이라는 점을 분명히 한 기자회견문을 언론기관에 배포하였다.

상황이 이렇게 꼬여가자 흥사단 원동위원부는 진상규명위원회를 조직해 안공근, 박창식, 김동우, 문일민 등을 항주로 보내 임공 판공처에서 김철, 조소앙, 김석 세 사람을 조사하여 진상을 파악할 수 있었다. 이 진상조사위원에 안공근이 참여하고 있는 점을 눈여겨 볼 필요가 있다. 안공근은 안중근 의사의 동생으로 도산과 오랫동안 친밀한 관계를 갖고 있었고, 백범과도 밀접했다. 안공근은 윤봉길의 상해 의거의 시말을 자세히 알고 있는 사람이었다. 이 비열한 책동전에 대해 백범이 알았던 것 같지는 않다.

어쨌든 이승만의 상해동지회 조직을 맡고 있었던 조소앙이 김철 등을 움직여 그 조카인 김석을 시켜 모략문건을 작성해 「시사신보」에 투서케 했던 것이다. 이 음모에 책임을 지고 백범의 측근인 엄항섭과 이승만파의 조소앙이 임시정부 각원을 사퇴하겠다는 약속을 했다는 성명서[33]가 진상조사위원회 명의로 발표되었다. 엄항섭과 조소앙이 모략 사실을 인정할 수밖에 없었던 것은 윤봉길 의거에 깊숙이 관련돼있던 안공근이 진상위원으로 참여하고 있었기 때문이었다.

그런데 도산으로서는 체포와 재판과정에서 윤봉길 의거와 관련된 사실을 일관되게 부인했다. 일제당국이 전혀 모르고 백범이 자신의 주도 하에 진행된 사업이라는 점을 분명히 했기 때문에 의열투쟁이나 한 중연합을 위한 군사작전 의도를 일부러 노출시킬 필요가 없었던 것이다.

이와 같은 상해의 복잡했던 사정을 알지 못했던 이광수나 백범 발표만을 무조건 믿었던 사람들은 윤봉길 의거의 진행과정을 자세하게 규명해보지 않은 채 겉으로 드러난 자료만 가지고 주관적으로 해석하고 만 것이다. 특히 이광수는 여러 곳에서 일제 공작에 이용당하고 있었다. 예를 들면 청도회담에서 문치파와 무단파가 대립했다는 식으로 말했지만, 이동휘는 그 당시 청도회담에 참석조차 하지 못했고, 청도에서 봉밀산에 독립운동 근거지 건설에 합의해 무단파로 알려진 인물들도 함께 블라디보스토크에 간 사실을 왜곡해 의견 차이를 무단파와 문치파의 분열로 과장했다. 또 도산이 흥사단을 혁명기관이라고 선언하고 투사의 양성기관이라고 규정한 사실과 약법 개정을 통해 흥사단 운

....
33) 「조소앙, 김철 등 무치한 행동을 징계하고서」 1932. 6. 3

동의 방향전환을 분명히 했음에도 자기식의 수양단체 논리를 끝까지 고수하여 일제 말 친일행위를 합리화했다.

그런 차원에서 이광수의 입장에서 볼 때 도산의 윤봉길 의거와의 관련 사실은 있어서는 안 될 일이었고, 감추고 싶었던 사실이었기에 진실규명작업을 하지 않았던 것이다. 그 대신 이광수는 거짓말하지 말라는 도산의 신조를 강조하는 사례로 이만영 어린이와의 약속을 지키기 위해 이유필의 집에 갔었다고 기술하여 오히려 당시 독립운동 진영의 최고 지도자였던 도산을 욕보이게 된 것이다.

또 하나 우리가 염두에 두어야 할 사실은 상해의거가 있기 전까지 프랑스 조계당국은 일제의 체포명단을 조선인 독립운동자들에게 사전에 알려주고 도피할 수 있도록 도와줬다는 점이다. 그러나 이때만큼은 프랑스 조계당국이 일본군의 상해점령이 이미 끝난 상황이어서 예전과 같은 협조관계가 잘 이뤄지지 않았다. 그리고 윤봉길 의사가 체포당시 누구와 협의했느냐는 일제의 추궁에 민단장과 했다는 진술에 이어 그 민단장이 이유필이냐고 추궁해 그냥 그렇다고 진술했다. 그때 거사 당시 민단장은 이유필로 그는 1932년 초에 다시 민단장을 맡았고, 그 전에는 백범이 민단장이었다. 일제는 민단장 집을 급습하여 뜻밖에 항일운동의 거두를 수중에 넣었다. 불행하게도 도산은 민단장인 이유필의 집에 잠시 들렀다가 체포됨으로써 중국 대륙을 무대로 펼치던 도산의 항일애국운동은 막을 내리고 캄캄한 조선천지로 강제로 송환됐다. 6월3일 오전 안경환 편으로 상해를 출항해 인천으로 호송돼 4일 만인 6월7일에 인천항에 도착했다.

10막

낙심 마오!

22년 만에 밟은 고국 땅

압송

6월 7일 도산이 인천항으로 압송된다는 소문을 들은 친지와 국내 흥사단 단우들은 부두에 나와 도산을 맞았다. 쉰네 살의 독립운동의 영수는 중절모에 검은 양복을 입고 포승을 하지 않은 채 배에서 내렸다. '아름다운 한반도여! 포로 신세가 되어 너의 앞에 서는 나의 마음을 아는가?' 간단한 목례로 마중 나온 이들과 인사를 나눴으나 22년 만에 꿈에 그리던 조국 땅을 밟는 도산의 마음은 말할 수 없이 무겁고 착잡했을 것이다. 이 중요한 고비에 일제의 손아귀에 떨어지다니!

도산을 담당한 자는 특고로 악명을 떨치고 있던 삼륜(三輪) 경부였다. 일단 재판을 받아 보아야 하겠지만, 군법으로 처단한다는 소리도 있어서 한 치 앞도 내다볼 수 없는 형편이었다. 윤봉길 의사가 체포되자 김구의 지시를 받은 독자 의거라고 주장했고, 민단장 집에서 모의했다고 했으나 흥사단우인 그가 잡히지 않은 것도 분명하니 어떤 구실로 도산을 얽어매려 할지 상황이 돌아가는 것을 지켜봐야만 했다.

문제도 있었다. 도산이 상해에 거주하던 집에 한때 윤봉길이 함께 살다가 의거를 감행했던 것이다. 도산이 태평촌이라고 이름 지은 이 건물에는 위층에 흥사단우인 임득산 가족이 살았고, 아래층에 도산과 도산의 처남이었던 이두섭, 안태국의 사위가 되는 홍재형, 윤봉길, 고영선, 구익균이 살고 있었던 것이다.[1] 이런 사실을 저들이 안다면 윤봉길 의거와 관련이 없다는 이제까지의 진술이 무의미해질지도 모른다.

일제는 총독부 이래 최고의 독립운동 영수를 체포한 만큼 환호작약했다. 그들은 도산이 윤봉길 사건과 직접 관련이 있다는 증거를 잡지는 못했지만 그동안의 반일 행동에 대해 엄정하게 처리하되 일단 조선 민중과 격리시키기로 했다.

일제는 민단장의 집에서 모의했다는 윤봉길의 진술과 도산이 체포된 곳도 민단장인 이유필의 집이었으므로 이유필을 체포하는 데 혈안이 되었다. 그러나 일제는 더 이상 파고 들어오지 못했다.

40여 일 동안의 경찰 취조와 15일 동안의 검사 심문

도산이 구금된 곳은 지금은 공원이 된 광화문 정문 앞, 현재 문광부 건물 옆에 있었던 경기도 유치장이었다. 삼륜의 취조가 시작되었다. 총독부 측은 도산이 차지하고 있는 독립운동 과정의 역할에 비추어 볼 때 독립운동의 전모를 이번 기회에 철저히 파헤치려고 했다. 첫 취조 대상은 1910년의 망명 경위였다. 그 이전과 이후의 독립운동의 목적과 활동내용, 현재 상황에 대해 묻고 대답하는 취조가 계속됐다. 총독부 측이 확보하고 있는 정확한 정보는 짐작은 하고 있었지만 놀라울 정도로 많았다. 도산은 자신의 말 한마디가 숱한 동지들에게 폐해가 될 수 있기 때문에 신중하게 답변해 가면서도 독립운동의 대의와 목적을 분명히 밝히고 자신이 책임질 일은 확실한 태도를 보였다. 도산에 대한

....
1) 구익균, 「도산을 회고한다」, 329쪽.

취조는 그야말로 한국 독립운동사의 생생한 기록이자 핵심 내용을 담고 있는 증언이기도 했기 때문에 총독부 측도 도산의 입에 신경을 곤두세웠다.

당시 『동아일보』, 『조선일보』, 『중앙일보』 같은 일간지들은 매일매일의 취조 내용을 보도했다.[2] 취조 14일째가 되는 6월 12일에는 한약을 차입하여 치료하면서 17일까지 진행되었다. 이 취조 과정에서 군자금 모집 사건과 각종 폭탄 투척 사건과의 관련 여부도 취조됐지만, 잘 모르겠다고 답변한 것으로 보인다.

도산은 처음에 변호인의 변호와 사식 차입을 거절했다. 취조가 끝나면서 도산의 여동생 신호와 맥결, 성결이 면회를 처음으로 허가받았다. 면회를 하고 나온 가족들은 도산의 건강상태에 대해 기침도 조금 낫고 원기도 그다지 손상된 것 같지는 않다고 전했다. 그런데 도산이 공판에 변호사를 대지 말고 재판정에 오지 말되 오고 싶으면 가족 대표로 한 사람쯤 오고, 경찰서 유치장이나 감옥에서도 사식을 차입하지 말라는 당부를 했다.[3] 가족들에게 부담을 주지 않으려는 태도였다. 취조받는 과정에서 6월 말부터 함석태 치과의사가 유치장에 가서 상해에서 해 넣은 틀니가 망가져 여섯 개 남았던 아랫니를 전부 빼내고 틀니를 해 넣었다. 틀니를 새로 해 넣지 않으면 음식물을 씹을 수 없어서 죽만 먹게 돼 건강을 유지할 수 없었기 때문에 당국에서 허가한 것이었다. 원래 경기도 경찰부 유치장은 감방이 10여 개가 있었는데 보안유지를

2) 「동아일보, 안창호 취조 1일, 1932. 6. 10, 11, 12, 14일」, 『도산 안창호 전집 9』 2000, 도산안창호기념사업회.

3) 「동아일보 안창호 송국은 금월 말일에, 1932. 6. 21」, 『도산 안창호 전집 9』, 2000, 도산안창호기념사업회.

위해 이들을 전부 다른 곳으로 보내고 도산만 단독으로 수용했다.

윤치호와의 면담

다른 독립지사들에게 악독하기로 소문난 삼륜 경부가 도산에게는 매우 깍듯한 예우를 하고 정중히 대했다는 일화들을 어떻게 해석해야 할까? 특고 간부들은 조선 독립운동의 최고 영수에 대한 예의를 고려할 만한 인간들이 아니었다. 흉악무도한 고문으로 숱한 독립지사들을 죽음으로 내몬 그들이 인간의 예의를 가질 리 없었다. 도산의 인격에 감화됐다는 얘기도 사리에 맞지 않는다. 철권 통치를 위해 수단방법을 가리지 않는 특고 간부들이 박멸시켜야 될 독립운동자의 인격을 염두에 둘 필요가 없었다. 그렇다면 자신들이 우러러 받드는 이등박문이 높이 평가했다는 인물이자 총독이 관심을 갖고 있는 인물이기 때문에 불의의 사고도 예방하고 도산의 마음을 풀어 놓기 위해 짐짓 감화된 척 존중하는 척하는 태도를 취했을 것이다. 물론 일본인 특유의 영웅과 지사를 숭모하는 전통에서 그런 태도가 나왔는지도 모른다. 어쨌든 삼륜 경부가 도산에 대해서만큼은 정중한 태도를 가졌던 것은 사실이었다.

경성형무소로 넘어가기 전날 삼륜 경부는 도산을 차에 태워 남산으로 드라이브를 했다. 도산은 22년 만에 경성의 밤 경치를 대할 수 있었다. 그동안 경성은 많이 변해 있었다. 일제가 식민 통치를 위해 세운 건물인 조선총독부와 경성부 건물, 부민관이 경성을 짓누르고 있었다. 남산의 늠름한 소나무는 그대로인데, 그 기상도 그대로일까? '너희가 아무리 대한을 짓밟아도 대한은 저 소나무처럼 여전히 변함이 없을 것이다.' 캄캄한 어둠 속에 숨죽이고 있는 조선 백성들의 숨소리가 도산의 귓가에 들리는 듯했다.

뜻밖에도 삼륜 경부는 견지동에 있는 윤치호의 집으로 도산을 데리고 가 차 한 잔을 마실 수 있도록 했다. 여기에는 고도의 정치적 계산이 깔려 있었다. 대성학교 시절 도산은 윤치호를 교장으로 모셨고, 청년학우회 조직도 윤치호를 회장으로 할 정도로 극진히 대했다. 독립협회의 대표적 인물이자 독립운동의 선배를 지극한 섬기는 도산의 자세에서 나온 것이다. 이런 도산의 마음을 잘 알고 있던 일제가 당연 윤치호를 만날 수 있도록 배려한 것이다. 그러면서 당시 윤치호의 변화된 친일 협력 태도를 배우라는 뜻도 포함되어 있었다.

1911년 신민회 사건의 수괴로서 도산 대신에 혹독한 고문을 받고 3년의 옥고를 치른 윤치호는 3·1운동 전후의 시기에 이미 독립불능론에 빠져 외교와 무장운동의 무용론을 주장하고 있었다. 2000년이나 돼야 독립국가의 능력을 갖게 된다는 깊은 패배주의에 빠져 있었다. 일본은 축출되지 않는 한 조선을 토해 내지 않을 것이고, 비무장저항운동을 두려워하지 않을 집단이며, 200만 명의 만세시위자보다 2만 명의 무장운동자를 더 쉽게 진압할 것이라고 생각했다. 따라서 현 단계에서 가능한 운동은 현실적으로 유해만 주는 독립운동이 아니라 지적·경제적 상태의 향상을 통한 민족적 차별을 철폐하는 운동, 즉 실력양성론, 민족개량주의 운동이 필요하다고 인식했던 것이다.[4] 이런 비관적 태도를 3·1운동 전후에 갖고 있었기 때문에 10여 년이 지난 1932년의 윤치호는 이미 독립의지를 철저히 상실한 친일의 상징이 되어 있었다.

이렇게 일선융화론자로 황인종주의자로 친일에 진심으로 앞장서

....
4) 「윤치호 일기」, 1919. 1. 19~10. 17.

고 있는 윤치호를 만나게 한 것은 그를 본받으라는 무언의 압력이었던 것이다.[5] 이때 윤치호는 환갑을 넘긴 67세의 고령이었다. 어느새 54세가 된 도산은 총독부의 의도가 무엇이든 이 뜻밖의 상면이 말할 수 없이 반가웠다. 수십 년 만의 상견례는 차 한 잔으로 만족해야 했다. 기력이 쇠잔한 윤치호를 보며 도산은 젊은 시절의 총기 발랄한 청년지도자는 사라지고 희망을 잃고 살아가는 한 노인을 느끼지 않을 수 없었다.

경기도 경찰부 유치장에 39일 동안 취조 받은 도산은 7월 15일 오전 6시 40분 검사국으로 송치되었다. 이날 도산은 누르스름한 양복에 흰 셔츠, 검은 넥타이, 셀룰로이드 안경을 쓰고 모자를 벗은 모습이었다. 최근 일주일간 장염으로 고생했고 학질기운도 있어서 쇠약해진 상태이지만, 치과 치료 후 조금 차도가 있었고 14일에는 처음으로 단단한 토스트를 먹을 수 있었다.

서대문 형무소에

경찰 심문이 끝난 뒤에는 친지들의 면회가 허락됐다. 1929년 상해에서 체포돼 평양 감옥에서 복역한 뒤 출소한 이강이 국내에 체류하고 있어서 면회를 자주 왔다. 이강은 아예 서대문 형무소 근처에 방을 얻어 아내와 딸을 데려와 생활하면서 옥바라지를 했다. 서대문 형무소에 수감된 도산을 검사가 7월 19일부터 출장 취조를 했으며, 25일 치안유지법 위반으로 기소되어 예심에 회부되었다. 이때 상해에서 체포되었던 장현근과 김덕근은 기소유예로 석방되었다. 검사는 사사키(佐佐木),

---

5) 「윤치호 일기」, 1931. 10. 17.

재판장은 마스카무라(增村文雄)였다. 변호인단은 김병로, 이인 등 쟁쟁한 민족운동진영의 대표 변호사들로 구성되었다. 김병로 변호사가 서대문 형무소에 면회 갔을 때 도산은 신경통과 소화불량으로 잠을 제대로 자지 못해 신체가 매우 쇠약해져 있었다고 말했다.[6] 변호사가 제출한 보석신청은 8월 8일자로 기각되었다. 예심 기간인 8월 17일 도산은 다음과 같은 편지를 친지에게 보냈다.

이강과 그의 가족.

내가 구금된 지 4개월에 이만큼 건강이 보전되는 것을 다행으로 압니다. 소화불량과 설사는 아직 완차(完差)하지 아니하나 치(齒)도 점점 아픈 것이 감(減)하는 형편이오니 념려할 것이 업습니다. 음식에 대하여는 잘 바더먹엇습니다마는 50전가액의 것은 불가(不可)하오니 금후로는 30여전가의 음식을 차입케 하소서. 우유는 내가 이곳에 직접 사서 먹습니다. 윤댁(尹宅) 음식이 와 다 깨끗하고 조홉니다. 이달 금음날까지는 저녁에도 면보를 먹게 하여 주소서.

6) 「예심의 안창호, 감옥에서 신음」, 『동아일보』, 1932. 7. 31; 『도산 안창호 전집 9』, 2000, 도산안창호기념사업회.

설사가 다 낫지 않았지만 이빨의 통증이 덜하니 염려할 것은 없다며 밖의 친지와 동지들의 걱정을 덜어주려 하면서 50전짜리 음식이 너무 비싼 것이니 싼 음식으로 넣어 주길 부탁하고 있다. 아마 들어온 사식도 주변의 죄수들에게 나눠 먹기 일쑤였을 터인데 이마저도 밖의 사람과 안의 죄수들에게 미안하게 생각하는 마음이 담겨 있는 편지다. 그러면서 소화불량과 장염으로 고생하고 있던 도산이 저녁 사식으로 면발을 먹고 싶다는 지극히 인간적인 모습이 드러나 있다.

도산에 대한 예심은 9월 17일로 일단락되어 경성지법에 회부했다. 이 예심 조서를 보면 도산의 법정 투쟁의 기조가 잘 나타나 있다. 도산은 첫째, 독립운동의 대의와 독립의 필요성을 분명히 밝히며, 둘째, 다른 동지들에게 피해가 갈 수 있는 사건이나 내용에 대해서는 진술하지 않으며, 셋째, 적들이 모르고 있거나 잘못 알고 있는 사실은 타인의 명예가 훼손되지 않는 한 밝히지 않는다는 태도를 40여 일의 경찰 취조와 15일 동안의 검사 심문에 견지한 것 같다.

예를 들면 도산은 독립협회와 만민공동회 활동에서 감명 깊은 연설로 전국에 두각을 나타냈으면서도 '평양 지부 활동을 했으나 얼마 뒤에 없어져' 별다른 활동을 하지 않은 것처럼 진술하고 있고, 점진학교와 개간사업이 신식 교육과 신산업 운동의 국권회복의 실천적 사업이면서도 그냥 평범한 사업인 것처럼 말했다. 1907년의 귀국에 대해서도 국내 실정 조사가 목적이라고 진술했지만, 도산은 당시 신민회를 조직해 쓰러져 가는 나라를 일으켜 세우려 애쓰지 않았던가. 신민회 시절 독립전쟁을 목표로 만주 근거지 건설과 무관학교 설립까지 구체적 방안을 모색하면서도 표면적으로 실력 양성과 자립자존이라는 합법적 운동에 주력한 것처럼 답변하고 있다. 블라디보스토크에서 겪었던 복잡한 독립운동 진영 내의 움직임에 대해서 신민회 동지 사이에 의견차가 있었다는 수준 이상의 내용을 꺼내지 않았고 각종 활동 내용도 그냥 넘어갔다.

흥사단 창단에 대해서도 인격훈련과 신성단결을 통해 독립국가의 기초를 준비하기 위해 창단했지만 상해 시절 흥사단은 조선독립을 분명한 목표로 했고 1920년대 말 흥사단은 조선의 혁명을 위한 투사의 양성기관이자 혁명단체라고 선언했다는 점을 밝히고 있다. 또 임시정부 성립에 대해서 조선독립을 달성하겠다는 목적을 갖고 활동했으며, 한독당 창당의 목적도 조선의 독립 달성에 있다는 점을 분명히 하고 있다. 하지만 임시정부에 200원의 의연금을 송부했다는 언급은 일제가 갖고 있는 정보 수준 이상을 진술하지 않은 것이라고 볼 수 있다.

급증하는 노동자의 항일투쟁과 노동쟁의

당시 경성 형무소는 최근 건물을 준공했음에도 대공황 이후 급증한 노동쟁의 구속자와 사회주의자의 조직 사건이 끊임없이 계속돼 학생과 노동자들로 넘쳐나고 있었다. 항일운동의 새로운 주력 부대가 생긴 것이다.

이들의 감옥 생활은 어떠했을까? 일제 총독부가 난방시설을 갖춘 최신 시설이라고 선전했지만, 나무로 된 변기통이 좁은 방에 그대로 있기 때문에 냄새도 지독할 뿐더러 6~7명씩 수용하고 있어서 감옥 생활 자체가 고역이었다. 특히 독립운동이나 독립군들에 대한 형무소 측의 가혹한 탄압은 단순한 억압책이 아니라 독립투사들의 투쟁의지를 꺾고 사상 전향을 시키기 위한 고도의 심리전이기도 했다.

수형 기록 카드에 부착된 안창호의 사진.

　　도산은 구속된 조선 사람들을 통해 식민지 조선의 실정도 알 수 있
었다. 20년 넘게 해외에 망명해 있었기 때문에 일제 총독 정치의 현실
을 체감할 기회가 없었는데 듣는 소리마다 기가 막힐 뿐이었다. 당시
총독은 우가키 가즈시게(宇垣一成)로 농촌진흥운동을 통해 농촌 수탈정
책을 교묘하게 구체화하고 전선(全鮮) 총동원정책으로 모든 공사기관,
모든 계급, 전체 민중이 일치 협력하는 일대 국민운동을 일으켜 모국
일본을 배신하지 않는 식민지로 재편성하고 있었다.[7] 총독부 일시동인
(一視同仁) 정책기조에서 추진한 근대화 발전책으로 설립된 회사가 많
았지만 조선인 회사는 불과 7퍼센트 내외였다.[8] 일본 회사가 63퍼센트,
합자가 30퍼센트 정도였지만 규모가 영세했다. 이런 영세성에도 불구

7) 宇垣一成, 「조선통치에 취임하여」, 『조선』, 1932년 2월호.

하고 1932년이 되면 전체 공장수가 4,613개가 되고 공장노동자도 10만 명을 넘어섰다. 공장노동자 이외에도 철도, 해운, 운송 부문 노동자가 17만 명, 건설공사장에서 일하는 노동자를 합하면 계절적으로 차이가 있지만 50여만 명에 달했다. 이들 노동자의 임금은 일본인 노동자에 비해 절반 수준이었고 노동시간은 오히려 더 길었다.[9]

또 총독부가 추진한 산미증산계획으로 쌀의 생산이 대대적으로 늘어났다. 그러나 조선 농민의 반 이상은 봄철 2~3개월 식량 없이 살고 있었다. 이는 증산된 쌀보다 더 많은 양이 일본 노동자와 국민의 생활 안정을 위해 값싸게 일본으로 보내졌기 때문이었다. 쌀겨와 나무뿌리와 껍질로 춘궁기를 넘기는 농민이 날로 늘어났다. 굶어죽거나 기아상태에 허덕이는 농민들이 속출하면서 일본으로 일자리를 찾거나 만주로 유랑의 길을 떠났다. 일본으로 건너간 농민이 1932년에만 60만 명, 만주와 시베리아에는 이보다 더 많은 사람들이 넘어갔다. 일본에 국치를 당하던 시기에 30퍼센트 수준이었던 소작농이 3·1운동이 일어나던 1919년에는 10퍼센트나 늘어나 40퍼센트가 됐고 도산이 구속됐던 당시는 53.8퍼센트로 폭증했다.[10] 이는 자작농과 자소작 등의 빈곤화가 심화돼 소작농으로 전락하고 있음을 말해 주는 것이다.

또한 일제의 식민 통치가 구체화되면서 각 면마다 경찰지서가 들어서고 각종 학교를 설립했다. 조선인을 일본인으로 교육해 그 의식과 독립정신을 뿌리 뽑고 일본인으로 동화시키려는 헌병이나 순사, 선생이 어느 곳에나 상주하게 되었다. 먹고살기 위해서 새로운 친일 세력이

....
8) 渡部學 편, 김성환역, 『한국근대사』, 151쪽.
9) 小早川九郎, 「朝鮮農業發達史」, 『자료 편』, 「표 6」.
10) 朝鮮總督府, 『施政25年史』, 314~315頁.

존재하게 된 것도 조선의 현실이었다. 일제는 전국에 거미줄 같은 감시와 탄압기관을 설치해 독립운동을 철저하게 탄압했다. 1927년에 이미 전국에 경찰 736개 소를 설치하고, 헌병은 1922년 2,784개소나 증설하여 조선인 순사와 헌병보조원을 고용하고 있었다.[11]

학교도 1921년의 675개교, 14만 9,965명의 보통학교를, 1930년에는 1,639개로 증설하고 황국신민화 교육을 받는 학생도 46만 6,063명으로 늘어났다. 반면에 유치장이나 형무소에서도 비록 일본의 앞잡이 직업을 갖고 있지만, 같은 조선인으로서 동정과 위로, 위험을 무릅쓰고 각종 정보를 제공해 주는 순사와 간수들을 보면서 도산은 한줄기 희망을 가질 수 있었다. 먹고살기 위해 일제의 일을 하지만 조선인의 마음까지 버린 것은 아니었다.

30년 독립운동에 겨우 4년 징역

도산은 검사가 앞으로도 독립운동을 할 것이냐는 질문에 그 유명한 말, "밥을 먹어도, 잠을 자도, 대한독립과 조선혁명을 위해 일할 것"이라는 당당한 태도를 바꾸지 않았다. 1932년 12월 19일 몇 차례 연기되었던 재판에서 치안유지법 위반으로 징역 4년을 언도받았다. 이 4년형 언도에 대해 도산은 30여 년 독립운동에 4년이면 부담이 없다는 소감을 말했다. 당시 재판부는 재건공산당 간부들에게도 4년형을 언도하고 있었다. 항소를 해 봐야 감형될 가능성도 없기 때문에 도산은 항소를 포기했고 4년형이 확정됐다.

....

11) 朝鮮總督府 學務局, 『朝鮮語學校 一覽』, 昭和 12年.

이즈음 독립운동 관련 재판은 도산 이외에도 박도남, 변기재, 조백재, 이원식이 12월 5일에, 장석천, 장홍염, 정인순은 12월 9일에, 그리고 김석봉이 12월 21일에 열렸다. 도산은 기소 이후에 변론을 정중히 사절했지만 2년 이상의 징역형이 예상되는 중요 피고인에 대해서는 관선 변호사가 선임하기 때문에 직접 당당하게 말하겠다는 도산의 취지가 왜곡될 수밖에 없었다. 그래서 친지와 민족운동계 법조인들의 권유로 변호인단을 구성하여 재판에 대비했다. 변호인단은 김병로, 신태악, 이인, 양윤식, 김용부와 평양에서 온 김지건 외 2인으로 구성되었다.

상해에서 체포된 이래 8개월 만에 법정에 섰다. 재판장은 야마시타(山下) 판사 등이었다. 찬비를 무릅쓰고 방청객이 쇄도하자 초반에 재판정 입장을 허락했던 일제는 곧 방청 금지조치를 내렸다. 비공개로 재판에서 4년 구형을 받았고, 26일 야마시타 재판장은 4년형을 언도했다. 재판장은 합리적인 재판을 진행했다는 듯 가증스럽게도 진술태도와 연령을 참작하여 극형에 처해야 하나 감형했다고 말했다.

도산은 신태악 변호사에게 "30년 독립운동에 겨우 4년 징역밖에 남은 것이 없소"라며 크게 웃었다.

대전 형무소로 이감

이 무렵부터 일제는 독립운동가들과 일반 죄수를 분리하여 수용키로 결정했다. 일반 죄수들과 독립운동자들을 함께 복역시키면 독립사상에 물들기 때문에 독립운동 관련자들을 전부 대전 형무소로 이감시키기로 한 것이다. 1933년 3월 28일 도산을 대전으로 이감시킬 때 같이 이감된 인사로는 구연흠, 최익한 등 국민대표회의를 무산시킨 창조파

공산당 계열 인사 등 32명이나 되었다. 참으로 묘한 인연이었다. 이들이 소아병적인 좌익 헤게모니에 빠지지 않았던들 국민대표회의는 성공할 수 있었고, 그 성공을 기반으로 강력한 항일투쟁이 가능했을 텐데…. 어쨌거나 같이 포로 된 몸이고 징역을 함께 살아야 하니 반갑기 그지없었다.

당시 대전 형무소에서는 500여 명의 독립운동가들이 일제의 포로로 신음하고 있었다. 공산당 재건 사건 및 노동농민쟁의 사건 관련자와, 독립지사들이 대부분이었다. 여운형, 김철수, 안상훈 등도 있었다. 이들은 임시정부나 국민대표회의 시절에 도산과 깊은 인연을 맺었던 사람들이었다. 그때도 무장 독립군들은 총살형이 집행되거나 현지에서 사살되는 경우가 많았다.

1933년 3월 28일 대전 형무소로 이감되어 초기에 독방 생활을 했다. 독방에서 도산은 규칙적 생활을 철저하게 해서 몸의 건강상태를 회복시키기 위해 노력했지만, 건강 상태가 좋아지지 않았다. 틈틈이 노역일도 맡아 방에서 종이 노끈을 꼬아 수공품을 만들거나 칠기술을 배우고 싶다고 요구하여 칠공장 노역장에 나가 생활했다. 이런 형무소 생활 태도에 대해 총독부 측은 도산의 형무소 생활이 모범적이라는 소문을 전국방방곡곡에 내고 다른 독립지사들의 옥중 투쟁을 억압하는 데 이용했다.[12]

1933년 4월에 도산은 가족에게 이런 편지를 보냈다.

내가 지난달 28일에 이 대전 형무소로 이전하엿읍니다. 당일 상오 반

----

12) 필자가 대전 교도소에서 수감 중이던 1980년대 중반에 재소자처우개선투쟁과 8 · 15, 5 · 18, 11 · 3일 기념투쟁으로 샤우팅(외침)과 단식투쟁이 종종 있었는데, 교도소 측이 필자가 흥사단 단우라는 사실을 알고 도산의 일제하 행형 카드를 보여 줬다. 모범수 생활을 하다가 출옥했으니 그를 본받으

일간에 온화한 춘풍을 벗하여 근 30년간 그립던 남조선에 여행하는
동안에 쾌감, 비감이 만발하엿읍니다. 이곳에 와본즉 지방이 한적한
데 처소가 정아하고 의복과 음식이 간소합니다. 또는 도덕적 감화(感
化)의 공기가 있는 듯하오니 처음으로 당도한 나로 하여금 수도원에
들어온 듯한 느낌을 갖게 합니다. 무엇으로든지 경성에 비하여 많이
나으니 나를 위하여 안심하소서. 나는 그간 식욕은 평일보다 여러 배
가 증가했으나 아직 소화력이 불충분하고 등에 신경통이 그치지 않습
니다. 그러나 전체로 비하여 보면 건강도 전일보다 낫습니다.

조선 상세 지도 한 권 사 보내시오. 금강산 유기, 백두산 유기도 구송
하소서.

4월 2일 도산

철저한 검열 때문에 독립운동에 관한 얘기를 쓰지 못하는 대신, 자
신의 건강에 대한 가족과 동지들의 염려를 덜어 주고 갇혀 있는 몸이니
그리운 금수강산을 지도라도 보면서 달래려는 태도가 잘 드러나 있다.
도산은 대전 형무소에서 틈틈이 철학, 종교, 어학서적 등을 읽고 있다
는 보도가 있는 것으로 볼 때 노역장에 나가면서도 저녁이나 쉬는 시간
을 이용해 책을 읽고 밖의 정세를 분석하면서 이후의 활동 방안을 모색
한 것으로 보인다. 또 치통으로 고생을 하고 있었다.

....

라는 의미였다. 그 덕분에 감격스럽게도 도산의 대전 시설 행형 기록을 대할 수 있었다. 필자는 교도
소 측에 "도산 선생이 식민 통치를 인정해서 모범수가 된 것이 아니라 자신이 정한 생활규칙에 따라
수양을 하셨기 때문이다. 일제가 그런 태도를 정치적으로 이용하기 위해 모범수 딱지를 붙였을 뿐이
다. 예순이 다 된 노인을 독방에 잡아 가둬 놓고 모범수 운운을 하는 일제가 가증스럽지 않느냐"고 반
문했다.

안창호가 딸 수산에게 보낸 옥중 편지(1993. 10. 1)

1934년 2월에는 4년 징역형에서 3년 12일로 1년 감형 조치가 있었
는데, 김창식은 14년형에서 10년 7개월 19일로 함께 감형됐고, 공산당
사건으로 수감 중인 최익한은 곧 석방될 것이므로 감형에서 제외됐다.
1934년 2월 대전 형무소에 수감돼 있었던 인원은 1,159명인데 이들이
전부 독립운동자인지 아니면 미결수에 일반사범이 포함된 숫자인지는
정확치 않다. 대전 형무소의 좁은 시설에 1,000명이 넘는 독립운동가들
을 수용했다는 것은 좁은 방에 10여 명씩 생활하게 한 것으로 살인적인
조치였다.

굽히지 않고 꺼지지 않은 신념

3년 만의 출옥

도산은 세 번의 겨울추위와 두 번의 숨 막히는 폭염의 연옥을 거쳐 1935년 2월 10일 오후 1시 30분 대전 형무소를 나왔다. 만 쉰일곱 살의 나이였다. 잔여 형기를 22개월 남기고 가출옥한 것이었다. 이날 평양의 흥사단우인 김동원, 여운형, 주요한, 안맥결(도산의 조카딸) 등이 출옥을 마중 나왔다. 도산은 동지들이 준비해 온 양복으로 갈아입고 쇠테 안경을 셀룰로이드 테로 갈아 끼고 대전역에서 기차를 탔다. 경성역에는 저녁 7시쯤 도착했는데 출옥 소식을 듣고 많은 사람들이 기다리고 있었다. 도산은 출옥 소감을 묻는 기자들에게 이렇게 말했다.

출옥한 후의 감상이 왜 없겠소. 그러나 이것은 말하지 아니하겠소. 옥중에서 다소 건강을 손한 까닭에 당분간은 휴양해야겠고, 앞으로 어찌해야 할 것은 그 이후에야 언명하겠소. 그동안까지는 침묵기로 두어두겠소이다. 옥중에서 한 일은 그물뜨기 등 10여 종류를 하였고, 노역 보수로 나올 때 5원각수를 줍다. 병은 과한 것은 아니나 소화불량과 이에 따르는 가스뭉치가 있어 항상 거북한 것이외다. 각 방면에 있는 지기들이 평소 많이 걱정해 주고 출영까지 해 주어 참으로 감사하는 동시에 경성에 체류해야 일일이 찾아가 작고한 분은 묘지에 찾아가 일곡(一哭)을 할 것이나 어찌할 수 없는 사정으로 거저 지나게 됨을 유감으로 생각합니다. 다시 상경하야 실현하겠다는 뜻을 전해 주시오.

총독부 당국이 경성 체류를 허가하지 않았던 것이다. 가회동의 박흥식 집에서 김병로, 김성수, 송진우, 기타 민족진영의 요인들과 함께 저녁을 들었다. 식사 후 담소 중에서 여러 당파로 나눠진 시국 얘기를 듣고 도산은 "우리 민족이 이렇게 불쌍한 지경에 이르렀는데, 지도자라는 사람들이 서로 당파 싸움만 하고 있으니…' 라며 말을 맺지 못하고 흐느껴 울었다.[13]

도산은 자고 가라는 박흥식의 만류를 뿌리치고 삼각지에 있는 김병현이 경영하는 중앙호텔이라고 이름이 붙었지만 여관 수준의 집에서 하룻밤을 묵었다. 중앙호텔의 건너편은 안중근 의거 사건 때 조사를 받던 헌병대 유치장이 아닌가? 경성에서 하룻밤 동안 실로 만감이 교차했다. 다음 날 평양으로 출발했다. 경찰서에 출두해야 했기 때문이었다.

양서 지방의 뜨거운 환대

도산이 고향에 온다는 소식이 전해지자 신민회 시절의 동지와 대성학교의 학생들이 이젠 노인이나 장년이 되어 중화, 사리원까지 마중 나와 함께 기차를 타고 평양역까지 갔다. 역마다 사람들이 환영 나왔기 때문에 도산은 정거장에 내려 인사를 나눴다. 기차가 평양에 도착했을

....
13) 『도산 안창호 전집 12』, 909쪽.

때는 역전에 4천여 명의 사람들로 가득 차서 일경들도 어찌하는 수 없이 외곽 경비로 물러섰다. 도산의 직접 훈도를 받았던 대성학교 졸업생들의 모임인 대성학우회에서 평양역에 천막을 치고 기다리고 있었는데, 환영 인파가 몰려들어 열기가 뜨거웠다. 오원선, 조만식, 조신성, 김찬종 등 40여 명이 사리원과 황주까지 마중 나와 도산과 같이 평양역에 내렸을 정도였다.

26년 만의 일이었다. 검은 얼굴에 비교적 건강한 모습을 보였으나 흰 머리칼과 들어간 입과 드러난 광대뼈가 늙었구나 하는 느낌을 주었다.[14] 출영 인사들과 처음에 한두 사람씩 손을 잡고 악수하던 도산은 하는 수 없이 자동차에 올라가 인사를 했다.[15]

26년 만에 고향땅을 밟고 여러분을 대하니 감개가 무량합니다. 이룬 일이 없고 보잘 것 없는 이 사람을 보아 주시려 이처럼 여러분이 나와 주셨으니 황공할 뿐입니다. 바라건대 여러분은 무슨 일이든 낙심하지 말고 후일의 성공과 행복을 얻으시길 바랍니다.

일제가 끝내 패망할 것이니 낙심하지 말고 조선독립의 기쁨과 행복을 쟁취하자는 뜻을 이렇게 표현한 것이었다. 아울러 기자들의 거취에 대한 질문에 "오랫동안 해외에 있어 조선 사정에 어두운데 당분간은 사정을 살피어 침묵을 지키겠습니다. 그러나 그동안 일이라도 좋은 일이 있다면 나서기를 사양치 않겠다"는 입장을 분명히 밝혔다. 일제의

....

14) 『조선일보』, 『중앙일보』, 1935. 2. 13, 『도산 안창호 전집 9』, 118쪽.
15) 『동아일보』, 1935. 2. 13, 『도산 안창호 전집 9』, 115쪽.

통제와 위협이 먹혀들지 않았던 것이었다.

도산은 흥사단우 오윤선 장로 집까지 그냥 차에 타고 가면서 손을 높이 들어 "감사합니다"라고 외쳤다. 이 우렁찬 목소리에 평양 군중들은 박수를 치고 모자를 벗어 도산에게 인사를 했다. 자동차 인사는 흡사 침묵 시위행진처럼 되어 버렸다. 애국자에 대한, 평생을 조국과 민족을 위해 헌신한 한 인간에 대한 존경과 사랑이 넘쳐 났다. 갈수록 힘들어지고 있는 자신들의 기막힌 현실을 개척해 갈 희망과 지도자의 가르침을 고대하고 있었던 것이었다.

'도산 선생이 대전 감옥에서 나와 고향에 왔다'는 소문은 금세 평안남북도와 황해도까지 퍼져 학교와 교회마다 '도산 선생을 뵈러 가자'는 궁리로 시끌시끌했다. 물론 도산에 대한 이런 여론은 당시 동아, 조선, 중앙 등의 민족일간지의 적극적인 보도도 영향을 크게 미쳤다. 『동아일보』는 6월 4일 상해 출발과 인천항 도착, 경찰 취조, 검사 취조, 치과 치료, 변호인 접견, 심지어는 옥바라지하는 친지에게 보낸 편지까지 자세하게 소개했다. 『조선일보』와 『중앙일보』도 자세한 보도는 마찬가지였다. 재판 속보와 심문 조서, 대전 감옥으로 이감, 옥중 서신, 감형 보도, 출옥과 경성역 도착, 평양 모습이 자세히 보도됐다.

일제는 이렇게 조선 천지에 미치는 도산의 존재가 부담스럽고 황국신민화에 장애가 된다고 판단했다. 철저한 통제가 필요하다고 판단하여 만나는 사람을 제한하고 만나러 온 사람들에 대한 신분 검사와 감시를 강화했다. 하지만 별 효과가 없었다. 식사도 한 자리에서 20인 이상은 안 된다는 희한한 규칙까지 만들었다.

평양 도시계획

도산은 평양의 동촌에 들러 선영에 성묘하고 어린 시절 자주 찾았던 만경대와 대동강변의 절경들도 다시 찾았다. 너무나 빼어난 화려강산이었다. 다음 날 고향인 강서군 동지면 고일리에 가기 위해 기양역에 내렸을 때는 1,000여 명의 군민들이 출영 나왔다. 그곳에는 그가 세운 교회가 '이양교회'라는 간판을 달고 그대로 있었다. 이틀을 고향의 형네 집에서 지내면서 고향 사람들과 인사를 나누고 돌아가신 어머니의 제사도 지냈다. 도산은 경성으로 올라가려던 일정을 바꿔 평양까지 찾아온 여운형을 만나 장시간 의견을 나눴다. 상해 시절에 여운형의 일본 방문을 찬성했다 하여 이동휘의 오해를 받기도 했지만, 여운형은 국민대표회의 촉구도 함께 했을 뿐더러 대전 형무소에서 감옥 생활도 같이 한 혁명의 동지이자 후배였던 것이다. 당시 여운형은 『조선중앙일보』의 사장을 맡고 있었다.

평양에 잠시 머물 때 도산이 평양시의 도시계획에 관한 구상을 동지들에게 말했다. 평양의 성중과 중성, 외성을 일반 주택지구로 하고, 공업지구는 보통강 벌판에, 상업지구는 판교리에, 모란봉 이북, 대성산 이남, 고구려 왕궁, 흥복사지 등은 학교지구로 하자는 것이었다. 도산은 감옥에 있으면서도 우리 민족의 최번성기를 누렸던 고구려의 수도에 대한, 고향땅에 대한 애정을 이렇게 구체적으로 연구하여 동지들에게 내보인 것이었다.[16] 모범촌 건설을 위해 세계 각지를 둘러본 도산의 안목에서 나온 평양 도시계획이었다.

....

16) 『도산 안창호 전집 12』, 260~261쪽.

진남포에서 용강까지 가는 길에서도 도산을 뜨겁게 환영하는 행렬이 이어졌다. 진남포 청년들이 모터사이클로 에스코트를 하고 도산 일행이 세 대의 차로 이동했는데, 마을마다 수백 명씩 모여 서서 도산을 환영했다. 도산은 마을마다 내려서 인사하면서 어렵고 힘든 시기이지만 잘 참고 서로 도와서 잘 살아가자는 인사말을 간단히 했다. 이러기를 10여 차례 한 끝에 용강 온천에 도착하니 더 많은 사람들이 도산을 보기 위해 모여 있었는데 일경이 그냥 해산시켜 버렸다.

전국 돌며 국내 역할 모색

다시 3월 11일 경성에 올라온 도산은 매일 여러 인사들을 만나 독립운동의 실상과 총독 정치, 경제의 현실에 대해 들었다. 일제는 경무국장, 총감, 총독을 만나야 한다고 재촉했으나 "나는 일이 없는 몸이니 당국자와 면회할 이유가 없다"며 거절했다. 만약 도산이 이들의 권유를 받아들여 면담이라도 했다면 국내외로 어떻게 하든 악소문이 퍼질 것도 분명했지만, 그들과 특별히 나눌 얘기가 또한 전혀 없었던 것이다.

경성에 머무는 동안 조선어학회 총회에 참석하여 축사를 했는데, 임석 경찰이 중간에서 제지하여 축사를 마치지 못하는 사태가 벌어졌다. 또한 다른 사람을 만나기가 미안할 정도로 트림이 나오고 방귀가 수시로 나왔다. 이젠 몸이 예전처럼 말을 듣지 않았다. 그러나 도산은 국내 사정을 좀 더 알아보고 사랑하는 금수강산의 모습이라도 시간이 있을 때 두루 보아 불쌍한 우리 민족이 사는 모양이라도 정확하게 눈에 기억하고 싶었다.

도산은 광주 · 순천을 거쳐 부산 · 대구에 들러 그곳 인사들과 담화를 하고 걱정을 함께 나누었다. 삼남 지방은 양서 지방과 다르게 확실히 온도차를 느낄 수 있었다. 신민회 조직 사업이 주로 관서 지역에서 이뤄졌고 보수적인 지역풍토를 바꿔 볼 만한 적절한 기회를 갖지 못한 채 망명 생활을 오래 했던 탓이었다. 일반 백성들이 도산에 대해 잘 몰랐기 때문에 양서 지방과 같은 존경과 경애의 물결이 일어나지 않았던 것이다. 특히 일경의 감시와 견제가 더욱 심해진 탓도 있었다.

도산이 국내에 있게 되자 자연 독립운동계와 일반 사람들은 도산이 '그럼 이제 무엇을 할 것인지', 아니면 '예전처럼 국외탈출을 하게 될 것인지', 아니면 '다시 러시아나 중국으로 갈 것인지', 그것도 아니면 '가족이 있는 미국으로 갈 것인지'에 대해 주목하고 있었다. 만나는 사람마다 의견과 주문이 달랐다. 그동안 고생을 하셨으니 조용히 여생을 마치라는 사람, 산에 들어가 나물 캐먹고 살아야 한다고 강조하는 여인도 있었다. 도산은 이런 관심이 자신에 대한 높은 기대에서 나오는 것이라는 것을 잘 알고 있었다.

하지만 쉽게 판단할 수 없는 곤란한 조건도 적지 않았다. 우선 일제의 철저한 감시망이 문제였다. 반(半)합법적 활동은 고사하고 3·1운동 이후 허용해 왔던 합법 공간도 국체명징(國體明澄)과 황국신민화정책이 추진되면서 얼어붙고 있었다. 1932년 만주국이라는 허수아비 정권을 세워 만주에 대한 지배권을 장악한 일본은 1935년이 되자 중국 본토에 대한 전면적인 침략에 들어갔다. 한반도는 일본군 대륙 침략의 병참기지가 되었고 조선 각지는 사실상 계엄 상태였다.

그렇기 때문에 감시를 따돌리고 해외로 나가는 일도 여의치 않았다. 이때 임시정부는 이곳저곳으로 옮겨다니고 있었다. 블라디보스토크나 미국으로 나가야 하는데, 고령의 몸이 견딜 수 있을 것인지도 문제였다. 도산은 가출옥 기간이 끝나야 일제의 감시도 완화될 수 있을 것이고 요양도 필요하다고 판단했다. 그래서 일단 가장 깨끗한 방식, 즉 산에 들어가기로 결정했다. 도산이 산에 들어가기로 결정하자 일제는 도산의 존재마저 부담스러웠다. 총독부의 평남 지사가 미국으로 간다면 여권을 주선해 주겠다고 제의했지만, 도산은 거절했다. 일제의 회유와 압력에 굴하지 않고 지사의 기개를 드높이는 자세를 취한 것은 당시 친일파로 전락해 가는 많은 독립지사들에 대한 항의이자 조선 독립에 대한 희망을 보여 준 것이었다. 도산은 평양 근처의 대보산 자락에 거처할 곳을 마련하기로 했다.

이광수의 곡예

그때 도산이 고심하고 있었던 또 하나의 문제는 국내의 흥사단 조직이었다. 3·1운동 당시 국내 사정에 어두웠던 경험을 통해 해외 동포를 조직하는 것만이 능사가 아니라고 판단해 원동위원부를 조직하면서 국내 사업도 꾸준히 추진해 왔다. 국내 사업은 대다수 단우들이 반대를 했는데도 도산이 동지들을 설득해 진행한 것이었다. 이광수가 만류를 무릅쓰고 처인 허영숙을 따라 귀국하자 단우 자격을 무기한 정지시키는 징계까지 내렸다. 하지만 이광수가 귀국한 뒤 박현환 등이 잇따라 귀국하면서 어떤 형태로든 국내 조직을 운영할 필요가 생겨났다.

하지만 흥사단에 대한 오해와 악평, 특히 좌익의 공세가 심각했다. 도산이 감옥에서 신음하고 있을 때 좌익이 많았던 『조선일보』는 도산에 대해 은근히 야유하는 듯한 기사까지 내보낼 정도였다. 지극히 불리한 여론이 형성되어 있는 것이 아닌가? 사실 이광수가 북경에 와 만나기를 청해 그를 용서하고 조국독립을 위해 최선의 노력을 다해 줄 것을 당부한 것은 사실이었다. 그의 명망과 능력을 활용해 청년학생들에게 민족의식을 일깨울 수 있다면, 그것도 큰 기여가 아닌가 하는 판단이었다. 기본 양심은 변하지 않을 것으로 믿었다.

하지만 국내 흥사단이 이광수를 중심으로 가동돼 왔기 때문에 국내 독립운동 진영의 여론은 지극히 비우호적이었다. 이광수의 민족개조론과 민족적 경륜 때문이었다. 1922년 1월 상해의 유망한 청년들이 대거 흥사단에 입단하여 크게 고무됐던 도산은 이광수가 갑자기 허영숙을 따라 국내에 들어가려 하자 이를 적극 말리고 경고까지 했다. 그러나 그는 귀국하자마자 『동아일보』에 들어갔고 곧바로 수양동맹회를 경성에서 창립했다. 그리고 5월 민족개조론을 발표했다.

이광수의 이런 행동이 일제에 완전히 포섭된 고등 공작인지 아닌지는 분명하지 않다. 이광수가 주관적으로 조선 독립을 위한 인재 양성과 독립 투쟁은 식민통치 하에서는 불가능하니 인격수련에 힘쓰는 활동도 의미가 있다고 생각했는지 모른다. 이광수가 대표하고 있던 국내 흥사단은 합법적 활동이라는 미명 하에 역사적 탄생 배경을 거세하고 아주 단순한 수양단체로 왜곡돼 있었던 것이다.

하지만 적어도 이광수가 직접 총독부에 수양동맹안을 제출했다는 사실을 도산이나 동지들에게 밝힌 적은 없는 것 같다. 따라서 객관적으로 볼 때 이광수의 총독부와의 밀약은 흥사단의 기본 목적에 위배되는 것이라고 아니할 수 없다. 물론 이광수는 인격수련을 표면에 내걸고 활동할 수밖에 없는 국내 활동 여건상 활동보장을 받기 위해 어쩔 수 없었다고 변명할지 모르겠다. 그러나 민족개조론이나 민족적 경륜은 도산의 뜻을 반영하는 듯하면서도 도산의 근본 취지를 정면에서 배반하는 내용으로 돼 있었다.

　도산의 민족개조 주장은 유교의 낡은 유물로 생겨난 조선조 말의 사회현실과 백성의 생활태도와 의식을 개조해 우리 민족의 우수한 자질을 되살려 독립할 기초 조건을 만들어 가자는 것이었다. 이에 반해 이광수의 민족개조론은 조선 민족성이 근본적으로 잘못되었기 때문에 이를 개조해야 한다는 것으로 지극히 식민 통치에 적합한 이데올로기로 변질돼 있었다. 민족적 경륜도 도산이 민족유일당 운동을 통해 좌우가 통일된 독립대당을 만들자고 호소하고 있기 때문에 흥사단의 국내 동지들은 별도의 조직을 만들거나 개인적으로 좌우파가 통일할 수 있는 지도기관의 조직 사업에 진력해야 했다. 그런데 이광수는 엉뚱하게도 총독부가 유도하고 있었던 자치 운동이나 참정권 운동을 의미하는 듯한 묘한 태도를 취했던 것이다. 이에 대한 국내 여론의 비판과 반발도 엄청나서 미주와 중국 원동위원부 활동까지 악영향을 받고 있다는 사실을 도산 자신이 잘 알고 있었다.[17]

'수양'을 삭제하고 '동우회'로

　한편 이광수의 이런 움직임과 별도로 국내에 귀국한 흥사단우들이 대성학교 출신들과 함께 평양에서 동우구락부를 조직했다. 조직의 일상적 활동도 미주 흥사단에서 하던 바와 같이 각종 의무사항을 이행하고 월례회 활동도 규칙적으로 전개하고 있었다. 그런데 이광수는 1924년 4월 북경에서 동아일보의 재외 동포 위문회에서 모금한 1,700원을

---

17) 「안창호가 곽림대에게 보낸 공문 311호」, 1929. 9. 13.

전달한다는 명분으로 도산을 만나 양 조직의 통합이 필요하다는 점을 역설해 도산이 이를 동의한 것으로 주장해 왔다. 실제 도산이 이에 동의했을 수도 있다. 그러나 이 북경행은 사전에 총독부와 협의하고 진행된 것이었다.[18] 이광수의 수양동맹회와 평양 동우구락부가 2년 뒤인 1926년 1월 통합이 이뤄진 것으로 볼 때 동우구락부 측의 반발과 비판이 적지 않았던 것 같다.

하지만 도산은 흥사단이 혁명단체이며 투사의 훈련기관이라고 내외에 선언했고, 재판정에서도 흥사단은 독립운동 하는 혁명단체라고 진술했다.[19] 그러나 국내 사정은 전혀 그렇지 못했다. 식민 통치 하에 조직의 설립자가 독립운동의 최일선 지도자인 조건에서 국내 조직과 조직원이 할 수 있는 활동은 철저히 합법을 위장하던가 아니면 철저히 비합법 활동을 하던가 하는 것이었다. 도산과 흥사단우들이 임시정부와 국민대표회의, 대독립당 결성 등에 주도적으로 활동하고 있다는 사실을 잘 알고 있는 총독부가 자신의 손아귀에 놓여 있는 국내의 흥사단우들의 활동에 촉각을 곤두세우는 것은 당연한 일이었다.

그래서 흥사단 국내 조직은 공개적인 활동을 선택했고 이를 위해 내건 것이 '수양'이었다. 일제는 이를 이용해 흥사단과 이광수는 문치파·자치파·문화파라고 역선전하면서 이간질을 맹렬히 전개했다. 이광수는 자치운동을 주장하는 연정회 그룹에 관여했고, 친일 문인들의 조직인 조선문인협회에도 가담했다. 그런데 그런 이광수가 『동아일보』에 1932년 4월부터 연재하기 시작한 「흙」은 선풍적인 인기를 얻어 젊

18) 강동진, 『조선침략정책사』, 380쪽.

19) 「심문기」, 『안도산전서』, 1999, 흥사단출판부, 1063쪽.

은이들이 이상촌 운동에 생애를 바치려는 풍조가 유행할 정도였다. 독립운동의 근거지로 구상된 도산의 모범촌 구상이 식민지 체제를 방치한 채 농촌진흥운동의 대상으로 그려지고 있었던 것이었다. 당연히 비판 여론도 거세졌다.

결국 국내에 흥사단 조직을 만든다는 계획은 애초부터 일제의 덫에 걸려 있었다. 독립운동 하는 해외 조직과 아무 관련이 없는 조직으로 시작하거나 철저한 지하조직으로 활동했어야 했다. 합법 또는 반합법적인 정치운동은 그 한계가 분명했다. 그래서 보편적인 수양을 내걸면 일정한 활동 공간이 보장될 것으로 생각했지만, 일제는 거꾸로 흥사단의 국내 조직을 손바닥 위에 놓고 보고 있었던 것이다. 이광수는 이 한계를 뚫고 나가기는커녕 일제의 덫에 꽉 물려 있었다. 오히려 수양한다는 구실을 내세워 직접적인 항일운동을 기피하고 있었다. 조병옥과 주요한이 수양동우회 조직을 독립운동 조직으로 전환하려는 시도를 계속했지만, 도산의 설득과 이광수의 반대로 무산되었다. 이들이 수양동우회 조직과 별개의 독립운동조직 활동을 왜 하지 않았는지는 여전히 의문이다.

사실 국내파 단우들 가운데 태평양전쟁 말기에 친일 행위에 가담한 일부 사람들을 제외하고는 대부분 민족적 양심을 끝까지 지키고 살았다. 문제는 문명이 높아서 일제 당국과 조선인 모두로부터 주목을 받고 있었던 이광수였다. 만약 이광수가 도산과 원동위원부의 호소에 부응해 좌우파 통일전선 구축에 노력하고 약법에 명시된 구체적 실천사업에 진력했다면 초기의 오해와 불신도 없어졌을 것이다. 이광수는 총독 당국이 설정한 틀 안에서만 움직였고 조금도 조국독립을 위한 직접적인 활동을 하지 않았다. 무실역행하지도 충의용감하지도 않았던 것이다. 도산의 총애를 받았던 이광수의 이 같은 처신은 국내 단우들 간에 많은 논란을 불러 일으켰다.

막대한 재정을 투입했던 『동광』 발간은 검열 강화와 재정난 때문에 1931년에 문을 닫았고, 단우들 가운데 독립운동에 직접 뛰어든 동지들은 많지 않았다. 흥사단은 조선혁명의 투사를 양성하기 위한 혁명훈련 기관이라는 선언에 따라서 1929년 11월 23일 국내의 수양동우회를 동우회로 개칭했다. 또 조직의 목적을 조선신문화운동에서 신조선건설운동으로 바꾸고 국내 조직은 혁명대당의 일지대로 한다는 조항을 넣기로 결정했으나 국내 논의 과정에서 신조선건설운동을 '신문화역량을 증진한다'로 혁명의 문구를 넣어야 하지만 입단 문답 시에 철저히 주입시키는 것으로, 그 대신 도산의 좌우 통합의 신노선이었던 사회대공주의를 삽입하고 훈련원칙에도 이를 반영한 바 있었다. 그러나 구체적 실천이 없었다.

도산이 만나 본 국내 동지들은 이광수, 주요한처럼 문필로 이름을 떨치고 있거나 장리욱, 백낙준 등처럼 교단에 몸담고 있거나 김동원처럼 고무신 공장의 사장으로서 노동자의 공격대상이 되는 등 각자의 생활조건이 간단치 않았다.

좌우를 망라한 항일운동이 현실적으로 불가능한 조건에서 이 조직과 동지들을 어떻게 할 것인가? 일단 도산은 『조선일보』 부사장으로 있었던 이광수에게 가입해 있는 친일 문인단체인 조선문인협회를 탈퇴하라고 지시했다. 옥바라지에 열성을 보였던 이강과 만나 상의했지만, 그는 국외로 망명해서 활동하겠다는 입장을 보였다. 중국 동지들에게 보내는 편지 등을 갖고 이강은 1935년 중국으로 떠났다.

대보산 송태선인의 은거지에서

도산은 조용히 산에 들어가 나물을 캐먹다 죽으라는 여성 동지의 말뜻을 곰곰이 생각해 보았다. 공개적인 활동을 하게 되면 총독 당국과 구차한 관계를 만들 수밖에 없게 되고 욕된 생활이 될지도 모른다는 뜻이리라. 도산은 벌써 우리 나이로는 58세의 고령이었다. 직업훈련학교 같은 일이라도 했으면 좋으련만 주요한의 말처럼 그것도 총독부가 일장기 경례와 일어 사용을 강요할 것이니 합법적 활동은 친일파가 아니면 불가능하다는 결론이었다. 마침 동지들이 모아 준 돈으로 평양 서쪽 대보산 자락에 조그만 터를 장만할 수 있다니 그곳에 거처를 정하고 정국의 추이를 지켜보기로 했다.

도산은 1935년 여름부터 평양에 올라가 대보산 자락에 비용이 적게 들면서 편리한 가옥을 7~8칸 크기로 직접 설계하고 공사에 정성을 들여 지었다. 이 집터는 송태사(松台寺)의 유허지로, 40~50년 전에는 전각과 고탑이 있었던 곳이었다. 대보산은 고구려 불교의 중요한 도량이 있던 곳이지만 송태선인의 은거였다고 알려져 있다. 송태선인은 고구려 시대에 유명한 선인이었는데, 그 선인이 수도했던 곳이 바로 송태사가 있는 대보산이었던 것이다. 도산은 이 점을 유념하여 이곳에 자신이 기거하면서 동지들이 수양할 자리를 만들었던 것이다.[20]

나무 한 그루 돌 하나도 직접 골라 심고 가꾸었다. 도산이 '송태산장' 이라고 이름 붙인 평양 대보산의 거처는 소문이 나서 일제의 감시에도 불구하고 인근의 청년학생들과 동포들이 갖가지 명목으로 방문하여

---

20) 『도산 안창호 전집 12』, 2000, 도산안창호기념사업회, 269~272쪽.

도산이 땀 흘려 일하는 모습을 지켜보거나 함께 작업을 하기도 했다. 집 앞에는 한반도의 모습을 하고 있는 조그만 연못이 있었는데, 물속에서는 금붕어가 헤엄치고 있었고 못가에는 무궁화가 피어 있었다.

9월 5일에는 안동현의 강연회에서 초청이 있었으나 총독부의 불허로 만찬을 가졌는데 2,000여 명이 모였다. 도산은 다음해 2월에 단우 김철중과 함께 다시 대전, 이리, 군산, 광주, 목포, 순천, 하동, 진주, 마산, 대구 지방을 방문하여 유지들과 대화하고 생활상을 살펴보았다.

해외 망명 결심

송태산장에서의 은둔과 휴식은 오래갈 수 없었다. 중일전쟁이 확대되고 히틀러의 등장으로 독일, 이탈리아, 일본의 삼각동맹이 구축되자 이에 맞서 미국과 영국·프랑스의 움직임도 급박해져 세계대전의 기운이 무르익고 있었다. 독립의 기회가 오고 있다고 믿었던 도산은 이 조건을 어떻게 활용해야 할 것인지를 고심할 수밖에 없었다. 한·중 간 협동전선을 이제는 한미·한러 간 협동전선으로 확대해야 했다. 일본군이 만주를 점령한 이래 중국 공산당 부대와 항일 독립군들이 연합 부대들로 활동하고 있지만, 사실상 근거지를 대부분 상실한 상태였다. 서쪽과 북쪽으로 밀려난 일부 독립군 부대들이 이 기회를 활용할 수 있을까? 유명무실한 임시정부를 일으켜 세우고 좌우 단체를 망라한 조직을 만들어 독립군 부대를 연결하고, 결정적 시기에 국내로 진격하여 테러 공격으로 일제를 교란하면서 조선의 독립을 내외에 선포할 수 있는 방안은 없을까?

중국도 다시 국공합작이 진행돼 항일전선이 강화되고 일본군과의 전투도 치열해지고 있었다. 소련도 공개적으로 반파시즘 통일전선을 찬성하고 있었다. 지금이야말로 호기가 아닌가? 만약 이때를 놓치고 좌우가 분열된 채 일본이 패망한다면 그때는 대혼란이 발생할 것이고 분열과 항쟁이 심각해질 것이 뻔한 일이었다.

우선 도산은 자신을 감시하기 위해 펼쳐진 물샐 틈 없는 감시망을 따돌릴 방법이 떠오르지 않았다. 일제의 철저한 전향 공작 때문에 누가 얼마나 타락했는지도 알 수 없었다. 1936년 8월 강경파인 관동군 사령관이자 육군대장 출신인 미나미 지로(南次郎)가 조선 총독으로 부임했다. 미나미는 부임하자마자 일장기 말소 사건을 구실로 『동아일보』를 무기 정간시켰다. 대륙 침략을 위한 본격적인 준비에 들어간 것이었다.

1936년 말 도산은 결론을 내렸다.[21] 아무래도 국내를 떠나 국외로 나가 상황 변화에 대처해야 했다고 결심을 굳혔다. 이전처럼 중국으로 건너가면 일제의 그물망에 다시 잡힐 수 있었다. 중국 연안 지역은 일본군이 전부 장악하고 있었던 것이다. 소만 국경지대도 일촉즉발의 긴장이 감돌고 있는 상황이었다. 어떤 경로를 선택하던 문제는 험한 망명의 길을 견딜 만한 건강이었다. 여러 방안을 모색하던 차에 1937년 5월 이광수가 갑작스럽게 송태산장을 방문했다. 일제의 움직임이 심상치 않다는 것이다. 동우회를 해산하여 예봉을 피하던가, 그렇지 않다면 앞으로 동우회가 회합을 가질 때 일본어를 써야 한다는 것이었다.

....

21) 『도산 안창호 전집 12』, 917쪽. 도산이 망명할 결심을 평양의 후원자인 오자일 씨에게 1936년 말에 한 증언이 있다(『새벽』 1954년 9월호). 반면에 김병로의 증언으로는 1937년 봄 송진우와 함께 한 자리에서 아무래도 농촌에 묻혀 살아야겠다고 해서 홍명희, 정인보, 도산이 쉴 수 있도록 우이동 산자락에 초가집을 구해 놓았는데 재구속됐다는 것이다(1960년 11월호). 이 김병로의 증언은 도산이 경성에 체류했던 1936년의 착오가 아닌가 싶다. 1937년 봄에는 거의 송태산장에 머물렀기 때문이다.

이에 물산장려회는 당국의 경고를 듣고 회장 이름으로 해산했다는 것이었다. 당시 동우회 회장을 맡고 있던 주요한에게 4월 종로서 고등계 조선인 형사 한 사람이 동우회를 해산해 버리는 것이 어떠냐고 물어 그냥 지나쳤다가 일본어를 써야 한다는 얘기를 듣고 이광수에게 얘기하여 그가 송태산장을 방문했던 것이었다.

도산은 5월 20일경 상경할 터이니 이사회를 소집하라고 지시했다. 하지만 이사회조차 열 수 없었다. 일본어로 통지해야 하고 일본어로 회의를 열어야 했기 때문에 연락조차 하지 못했던 것이다. 마침 도산은 위장병이 심해져 병석에 눕게 되어 5월 20일의 상경은 이뤄지지 않았다. 이미 총독부는 동우회 간부들을 일제히 검거할 준비 작업에 들어가 있었다. 6월 6일 새벽에 종로서 고등계는 동우회 간부 10여 명을 검거하고 가택 수색에서 압수된 회원 명부에 의해 전국에서 150여 명을 검거했다. 평양 지역은 6월 28일 일제 검거가 있었기 때문에 도산도 이날 체포돼 경기도 경찰서에 구금되고 다른 회원들은 평양서에 구속했다가 경성으로 압송됐다. 위장병이 도저 병석에 누워 있던 도산은 꼼짝없이 다시 일제의 포로가 되고 말았다.

다시 체포와 구금, 꺼지지 않는 신념

도산도 다른 동지들이 구금돼 있던 종로 경찰서 유치장으로 8월 10일에 이감됐다. 지금의 종로 2가 제일은행 자리였다. 종로서 유치장은 찌는 듯한 더위와 수시로 터져 나오는 비명과 신음소리로 잠을 이룰 수 없을 정도였다. 이때 도산은 심하게 냄새나는 트림을 4~5분에 한 번씩 할 정도로 건강 상태가 악화돼 있었다. 이 조사 과정에서 혹독한 고문을 받은 이가 최윤호 · 이기윤으로 옥중에서 사망했고, 김성업은 불구가 되었다. 일제 검거를 피해 도피했다가 나중에 검거된 회원도 있었다. 장성심이라는 여성으로 황해도 출신이었다.[22]

도산이 서대문 형무소로 이감되기 전 동우회 간부와 도산을 종로서 뒷방에 모이게 하고 형사들이 자리를 피했다. 그때 총독부 측은 정치적 타협으로 자진해산 등을 원했던 것 같다. 그러나 도산은 많은 동지들과 가족들이 뜻밖에 고생을 하니 참으로 민망하다는 말 한 마디만 하고 다시는 입을 열지 않았다. 도산의 건강 상태로 보아 옥사할 가능성이 높았지만 도산에게 지조를 꺾자는 말을 꺼낼 사람은 없었다. 종로 유치장에서 좁은 방에 5~6명씩 붙잡혀 고문을 받다 보니 일부 젊은 회원들 중에서 "늙은이가 시기를 놓쳐서 이 고생을 한다"는 원망의 소리도 나왔다.

고문에 굴복했거나 패배주의에 빠져 좌절하여 저들이 요구하는 전향서에 도장을 찍은 회원들도 있었다. 이 강압적인 전향서가 진짜 전향을 의미하는 것은 아니었고 출소 이후에도 독립운동을 계속한 이들도 있었다. 다만 폭력 앞에 굴복했다는 사실은 분명하므로 이를 기록해 둔다. 도산은 일제가 전향할 의사가 있는가를 물을 때 "전향을 하고 아니하고는 어디까지나 자유의사다. 내가 이런 일을 법대로 끝내고 자유로운 몸이 됐을 때 자유로운 생각으로 처리할 일이다. 유치장에 갇혀 있는 몸으로 전향을 한다면 그것이 무슨 전향이 되겠느냐"라고 말했다.[23] 전향서 제출자는 이묘묵, 김여제, 차상달, 최봉직, 오현준, 전영택, 이

....
22) 『도산 안창호 전집 9』, 786쪽.
23) 『도산 안창호 전집 12』, 923쪽.

명길, 홍영후, 유형기, 정영도 등이었다.[24]

　도산을 비롯한 42명이 11월 1일 1차로 서대문 형무소로 넘어갔다. 11월 1일은 매우 추웠다. 100여 명의 친지들이 유치장 앞과 검사국 부근에서 기다렸다. 형무소에 입감할 때 모두 발가벗기고 꿇어앉힌 채 소독 물을 고무 호스로 뿜어댔다. 유치장 생활과 고문으로 지칠 대로 지친 사람들에게 차가운 물을 퍼부으니 그들은 오들오들 떨지 않을 수 없었다. 그러나 도산은 털 끝 하나 까딱 하지 않고 소독 세례를 받았는데 오히려 시원한 듯 태연자약했다.[25] 도산에 대한 검찰 기록에 그의 확고한 신념이 유언처럼 남아 있다.

　조선의 독립이 가능하다고 생각하는가. 대한의 독립은 반드시 된다고 믿는다. 무엇으로 그것을 믿는가. 대한 민족 전체가 대한의 독립을 믿으니 대한이 독립될 것이요, 하늘이 대한의 독립을 명하니 대한은 반드시 독립할 것이다. 일본의 실력을 모르는가. 나는 일본의 실력을 잘 안다. 지금 아시아에서 가장 강한 무력을 가진 나라다. 나는 일본이 무력만한 도덕력을 겸하여 가지기를 동양인의 명예를 위하여 원한다. 나는 진정으로 일본이 망하기를 원치 않고 좋은 나라가 되기를 원한다. 이웃인 대한을 유린하는 것은 결코 일본의 이익이 아니 될 것이다. 원한 품은 2,000만을 억지로 국민 중에 포함시키는 것보다 우정 있는 이천만을 이웃 국민으로 두는 것이 일본의 득일 것이다. 대한의 독립을 주장하는 것은 동양의 평화와 일본의 복리까지도 위하는 것이다.[26]

．．．．．．．．．．．．．．．．．．．．．．．．．
24)『도산 안창호 전집 9』, 762, 769, 786, 911, 914쪽.
25)『도산 안창호 전집 12』, 924쪽.
26) 주요한 편,『안도산전서』, 479쪽.

큰 별이 지다

나는 죽음의 공포가 없다

도산의 이런 의기(義氣)도 쇠약해진 육신을 어쩔 수 없었다. 서대문 형무소의 차디찬 감방에서 도산의 건강은 더욱 걷잡을 수 없이 악화됐다. 옥사를 우려한 일제는 재판 도중인 12월 24일 서둘러 병보석으로 경성대병원에 입원시켰다. 일제는 병보석의 명분으로 폐결핵 겸 결핵성 참출성 복막염이라는 병명을 붙였으나 임종할 때의 병명은 그게 아니었다. 간경화증 및 만성기관지염 및 위수하증이었다. 도산이 입원한 곳은 제1내과였으나 제3내과에 근무하던 백기호가 매일 또는 격일로 도산을 검진했다. 복부가 크게 팽창했고 복수를 뽑아 검사한 결과와 평소의 지병을 고려해서 보면 간경화증 겸 만성기관지염 및 위하수증이라는 것이다. 병원 주치의에게 병명 변경을 건의했으나 병보석 당시의 병명 변경을 부담스러워 해서 임종할 때 폐결핵 겸 결핵성 참출성 복막염으로 발표되었다.

도산은 최후의 80여 일을 매우 힘들게 보냈다. 생질 김순원과 청년 박정호 두 사람이 시중을 들었고 이갑의 딸 정희도 참여했다. 후에 김순원은 사상 사건으로 구속돼 옥사했다. 제일 어려운 일은 병원비였다. 감옥에 잡아넣어 병들게 해 놓고 치료비까지 죄수가 부담하라는 것이었다. 할 수 없이 병원비는 미주 흥사단 송금과 위문금으로 충당했으나 이도 모자라 김성수·박흥식 등이 돈을 내었다.

임종을 앞둔 한 달 전부터는 병적으로 신경질을 내어 곧 돌아가실 것 같다는 느낌을 주었다. 임종 직전에 조각가 이국전이 데드마스크를 떴으나 경찰에 발각돼 압수되고 말았다. 도산의 최후에 관해서는 대성학교 제자로서 신민회 사건으로 구속된 이후 도산과 함께 독립운동을 한 흥사단우 선우훈의 기록이 있다.

너무 슬퍼하지 마오. ··· 언제 왔소? ··· 부인과 아이들 평안하오? ··· 장인 이명룡 씨와 조형균 장로 평안하오? ··· 이렇게 어려운 곳을 오니 참 반갑소. ··· 내 홑이불을 들고 내 다리와 몸을 보오. 이렇게 되곤 사는 법이 없소. 나는 본래 심장병이 있는 중 대전 감옥에서 위까지 상한 몸으로 이번 다시 종로서 유치장 속에서 삼복 염천 좁은 방에 십여 인이 가득 누웠으니 내 몸은 견딜 수가 없었소. 의사의 말이 지금 일곱 가지 병이 생겼다 하오. 지금 위가 상하고 치아가 빠졌고 폐간이 상하고 복막염, 피부병 모두 성한 곳이 없소. 그 종로서가 나를 이렇게 만들었소. 나는 지금 아무것도 먹지 못하니 전신에 뼈만 남고 피가 말랐소. 나를 일으켜 안아 주시오.
나는 죽음의 공포가 없소. ··· 나는 죽으려니와 내 사랑하는 동포들이 그렇게 많은 괴로움을 당하니 미안하고 마음이 아프오. ··· 우리 동지들이 지금 정치적으로 아무것도 할 수 없으나 누구누구를 중심해서 경제적 합작으로 실력 준비를 바라오. ··· 일본은 자기 힘에 지나치는 전쟁을 시작했으니 필경 이 전쟁으로 인하여 패망하오. 아무런 곤란이 있더라도 인내하시오. ··· 대보산에 내가 있던 산장은 그리 좋지 못하나 주위에 심은 나무들이 매우 귀한 것이 많은데 어떤 나무는 한 그루에 300원까지 주고 사다가 동지들이 나를 기념키 위하여 심은 것이니 잘 보호하기를 바라오. ··· 산장 앞에 만든 운동장은 과히 적지 않고 돌을 내 손으로 옮겨 가며 만든 것이니 앞으로 나무만 자라면 여름 한때 수양하는 처소가 될 것이오. ··· 내가 죽은 후에 내 몸은 내가 평소에 아들같이 여기던 유상규 군 곁에 묻어 주오. ···[27)]

도산은 3월 10일 오후 12시 15분 그토록 고대하던 독립을 보지 못하고 마침내 눈을 감았다. 향년 60세였다.

국내 동우회 간부들은 기일에 도산 묘소를 참배하지 못하고 남산의 신궁에 엎드려야 했다. 3월 13일 하와이 대한인국민회와 중국의 한구(漢口)에서 조선혁명당 등 좌파 독립운동자들, 미주 본부와 충칭의 임시정부, 원동위원부 등 전체 항일 독립운동가들은 도산의 서거를 진심으로 애도하고 좌우를 망라할 수 있는 위대한 지도자를 잃었다는 사실을 절감했다. 그의 간절한 호소와 통일대단결의 외침에 호응하지 못했던 자신들의 과오에 몸 둘 바를 몰랐다.

1896년 16세의 나이에 국권회복에 평생을 바치기로 다짐한 이래 40여 년을 넘게 불철주야 분투했건만 그는 끝내 꿈에도 그리던 그 행복한 세상을 보지 못하고 사랑하는 한반도와 겨레의 곁을 떠나 갔다.

망해 버린 나라를 되찾아 복된 새 나라를 만들기 위해 침식을 잊고 남·북만주, 시베리아 벌판,중국 대륙, 미주, 멕시코, 쿠바, 필리핀을 돌아다니며 동포들과 고난을 함께하며 독립의 길로 나가고자 했던 지칠 줄 모르는 인간, 맑은 영혼을 지녔던 순결무구한 인격자, 원대한 구

....
27) 『도산 안창호 전집 12』, 927~929쪽.

국의 경륜과 실제적인 프로그램을 갖고 있었던 탁월한 지도자, '거짓이 내 나라를 망쳤구나' 탄식하며 몸소 진실을 가르쳤던 위대한 교육자, 수백만 동포를 죽이고 자신을 평생 해외에 떠돌게 했으며 무자비한 탄압을 가한 일본에 대해 우정 있는 이웃 나라를 원한다고 말할 수 있었던 영원한 사랑의 전도사. 그가 뿌린 씨앗과 새싹들이 자라나서 튼튼하고 복된 새 나라를 만들 것으로 굳게 믿고 그는 마침내 눈을 감았다.

도산이 옥중에서 순국하자 일제는 문상과 장례조차 철저하게 통제했다. 사회장을 치르게 하지도 못하게 했고 고향으로 운구하지도 못하게 했다. 헌병과 경찰을 풀어 망우리 묘역을 지키며 서둘러 매장하도록 강요했다. 일제는 3월 12일 오후 1시 30분 병원 영안실에서 거행된 고별식에 20명 이내로 참석자도 제한했다. 경찰과 헌병의 감시하에 살벌한 분위기를 만들어 친형 치호, 누이 신호, 조카딸 맥결, 오윤선, 조만식, 김지간이 참석했을 뿐이다. 도산의 무덤은 평소 유언대로 망우리 유상규 단우의 옆에 자리 잡았다. 일제는 망우리 묘지에 묘비조차 세우지 못하게 했다.

맺음말

　도산 안창호가 꿈속에서도 잊지 못했던 한반도와 평생을 바쳤던 동포들 곁을 떠난 지 어언 70년의 세월이 지났다. 도산이 대한의 독립과 조선혁명을 위해 살았던 60년의 시간보다 더 긴 시간이 흐른 것이다. 그 긴 세월 동안 도산은 1960년대 민족주의 열풍 속에서 잠깐 현실의 광장에 나왔다가 그 이후 내내 역사의 무덤 속에 갇혀 있었다.

　하지만 도산이 그렇게 역사의 무덤에 파묻혀 있어도 좋은가? 아니다! 왜 그런가.

　첫째, 도산의 삶에 대한 진지하고 순수한 태도는 우리가 본받아야 할 모습이었다. 독립운동가 이전에 한 인간으로서 안창호의 삶의 자세가 너무나 아름답다는 것이다. 도산 안창호는 가난한 집안에서 태어나 독립운동의 영수로서 일제의 형무소와 병원에서 생을 마감하는 순간까지 '자리'에 대한 헛된 명예, 안락한 생활과 돈에 대한 탐욕, 이성의 유혹에 흔들리지 않는 사람이었고 오로지 밥을 먹어도 잠을 자도 조국의 독립이라는 목적에 전적으로 자신을 내던진 인간이었다. 망명객들이 대부분 빠졌던 자리에 대한 욕심 대신에 도산은 객관적인 정세와 조건을 먼저 고려하고 그에 맞는 사람에게 양보했다. 고난으로 점철된 생활을 하면서도 그는 언제나 빙그레 웃었고 말과 행동이 일치했으며 거짓과 꾸밈이 없고 솔직담백했다. 모든 일에 치밀하기 이를 데 없었으며 사람에게 지극 정성을 다했다. 보통 사람과 일반 지도자들이 배우기 어려운 경지이다. 격렬한 운동적 생활을 하면서 이런 수양의 깊이를 갖고 있는 인간을 우리가 만날 수 있다는 것은 크나큰 행운이 아닐 수 없다.

물론 도산의 일생은 완전무결하지도 않았고 성공보다는 실패가, 승리의 환호보다 좌절과 절망 속에서 몸부림친 경우가 많았다. 또 그의 판단과 분석이 언제나 옳았던 것도 아니었다. 어가동도 사건이나 블라디보스토크 신민회 분열, 3·1운동 이전의 정세, 국내 흥사단 조직에 대한 분석과 판단 등은 문제가 있었다. 하지만 도산은 다른 지도자들과 다르게 자신이 심사숙고하여 내린 판단이었다 하더라도 그 잘못이 있었을 경우에는 솔직하게 동지들에게 자신의 잘못을 인정하고 용서를 구할 줄 아는 사람이었다.

이는 전적으로 도산의 영혼이 순수했고 조국에 일생을 바치기로 다짐한 약속에 따라 오로지 조국독립이라는 대의(大義)에 철저했기 때문이다. 우리의 근대 100여년 역사, 아니 우리 겨레의 삶에서 도산 안창호 같은 인물을 다시 가질 수 있을지 의문이다.

둘째, 도산의 종합적인 독립운동 방략이 지닌 독립운동사적인 탁월성이다. 도산의 다방면에 걸친 활동을 정확히 모르는 사람들이 도산을 단순한 인격수양파, 무장투쟁론에 반대한 준비론자, 조선혁명이 아닌 개량주의자로 규정한다. 하지만 도산의 투쟁과 조직노선, 독립운동 방략은 매 시기의 정세와 주체적인 역량에 걸맞는 현실적인 조건에 기반한 과학적인 운동론이었고 종합적인 전망 하에서 구체화된 독립운동 노선이었다. 공리공론을 일삼고 일시적 흥분으로 떠들다가 며칠 못 가는 운동, 운동의 여러 투쟁 형태에서 일면적인, 특정한 부문만 강조하는 운동이 아니라 기초운동과 본격적인 운동, 단기적 투쟁과 장기적 투쟁, 경제투쟁과 정치투쟁 등 운동의 제반 상태와 조건을 면밀히 따져서 그에 맞는 형식과 내용을 찾아내 맹렬히 실천한 지도자가 도산이었다.

도산이 이 구체적인 현실에 근거한 실천론을 몸에 익힌 시기는 불완전하지만 만민공동회 투쟁이 좌절된 이후부터였다. 활빈당이나 개혁당 같은 정치투쟁이 대중의 기초 없이 추진되기 때문에 실패할 것이라고 판단한 것이다. 그래서 미국으로 건너가 공립협회라는 근대적인 조직을 만들어 운영하면서 탁상공론이 아닌 구체적인 현실조건을 운동의 출발선으로 정확히 인식하고 전체적인 국권회복 방안을 연구하여 체계화하고 직접 투쟁기구를 만들어 나갔다. 도산이 깃발을 든 신민회 운동은 망국 직전의 시기에 가장 큰 성과를 낸 운동이었고, 길림성 밀산 지역의 근거지 건설도 도산의 계획대로 됐다면, 독립운동의 그림이 크게 달라졌을 것이다. 상해임시정부 개조와 항일독립 역량의 통일단결도 이승만의 소아병적 감투욕과 좌익 및 일부 무장파의 주도권 다툼으로 물거품이 됐다.

도산의 주장대로 전 항일운동 세력이 망라된 통일단결된 조직이 건설돼 대중·대소 연합전선을 구축하여 체계적인 항일전쟁을 수행했어야 했다. 이를 바탕으로 일본에 선전포고를 하여 전승국의 당당한 주체로서 능동적으로 대처할 수 있었을 것이다. 1935년 이후의 통일전선 운동은 이미 기회를 놓치고 만 뒤였다. 그렇기 때문에 목숨을 건 일제 말의 무장투쟁도 중국과 소련의 적군에 편성돼 있었기 때문에 독자적인 독립국가의 군대로서 참전할 수 없었고 발언권도 국제무대에서 인정받지 못했다. 도산의 호소대로 좌우파가 연합하여 독립대당을 만들어 항일전쟁을 수행했다면 어떻게 되었을까. 우리 독립운동은 불행하게도 이 현실의 벽을 넘지 못하면서 좌우파의 분열과 조국분단, 300만 명이 죽은 6·25의 대참화를 겪고 말았다. 그 수난과 고통의 우리 현대사를 되돌아볼 때마다 도산의 진지한 호소가 우리 가슴을 파고든다. 도산이 제시했던 독립운동의 길은 도산 같은 인물만이 제시할 수 있었던 탁월한 방략이었고, 난마처럼 얽힌 시국을 뚫고 나갈 구원의 길이었다는 것이다.

셋째, 도산의 민족사회에 대한 장기적인 전망과 대비 때문이다. 도산이 여느 독립운동가와 달랐던 점은 그가 독특한 비전을 갖고 있었다는 사실이다. 도산은 다른 개화파와 마찬가지로 문명개화의 부강한 나라를 건설하는 목표를 세웠지만 식민지로 전락한 이후에는 대한의 독립과 모범적인 공화국의 복된 나라를 만들기 위해서 가장 중요하고 기초적인 작업은 제대로 된 인물을 키우는 작업이라고 보았다. 새로운 인물을 육성하는 의식적이고 조직적인 운동이 지속적으로 이뤄져야 한다는 것이다. 각종의 투쟁수단과 다양한 형태의 운동이 추진되더라도 이 인물의 문제를 근본적으로 해결해 나가지 않으면 도로에 그칠 것으로 판단했다. 그래서 운동의 출발이나 운동과정, 그 결과 이후에도 무실역행하고 충의용감한 인물들로 개조되고 향상되지 않으면 진정한 발전과 진보가 없다는 관점을 중시했다.

사람의 문제가 인간의 개조와 함께 진행되지 않는 민족혁명은 질적으로 발전할 수 없고 설사 독립이 달성되어도 같은 문제에 부딪힌다. 1945년 광복 이후 우리 사회가 걸어 온 분열과 대립, 지도층의 무능과 거짓 등 혼란스러운 길은 바로 도산이 우려하고 걱정했던 그대로였다. 그런 점에서 독립운동의 과정에서 인간의 문제를 제기하고 질적으로 고양된 인격자들이 끊임없는 자기 혁신을 통해 공동체의 문제를 맹렬히 풀어 나가야 한다는 문제의식은 지금도 오늘의 우리에게 생명력 있는 호소이자 준엄한 명령이다.

넷째, 민주적인 리더십의 소중한 유산 때문이다. 도산은 언제나 동지들의 토론과 공론화 과정을 통해 여론을 수렴해 나갔다. 민주주의에 대한 교육은 독립협회의 토론회 시기의 짧은 기간뿐이었음에도 도산의 민주적인 조직운영과 훈련지도는 뛰어난 것이었다. 1913년에 흥사단을 조직하면서 3권분립의 조직체제를 만들고 조직원들을 각종 과정을 만들어 훈련시켰다. 민주공화국의 건설에 대비한 것이다. 도산의 민주주의에 대한 신념은 확고한 것이었고, 독립운동 과정에서 나타난 가장 모범적인 리더십이었다. 다른 지도자들은 나를 따르라거나 자기 주장만 일방적으로 선언하는 방식이 대부분이었다. 그러나 도산은 상대방의 의견을 인내심 있게 끝까지 듣고 자신의 의사를 분명하게 표현하며 민주적인 절차를 중요시하고 그 결론이 설사 자신의 의견과 다르다 하더라도 존중하는 태도를 견지한, 그 시기에 도저히 출현할 수 없는 모범적인 민주적 리더십을 보여 줬다.

그러면 도산의 일생은 오늘의 우리에게 어떤 의미가 있는 것일까. 각혈을 하면서 광분망식(狂奔亡息)할 정도로 독립운동에 헌신했지만, 해방의 기쁨을 보지 못하고 돌아갔으니 그의 삶은 실패한 것일까. 도산의 통일단결이라는 말이 유행할 정도로 항일 독립운동 진영의 통일단결을 위해 전력을 기울였으나 분열과 대립의 운동현실이 극복되지 못했으므로 이 역시 헛수고였던 것인가. 독립운동의 근거지를 구축하여 동포들의 생활을 안정시키면서 독립군을 양성해 독립전쟁에 대처하려는 노력을 끊임없이 시도했지만, 이 또한 일제의 중국침략이 확대되면서 가시적인 성과를 만들어 내지 못했으니 도로에 지나지 않았던 것인가. 특히 도산이 강조했던 인물 기르기와 인격수련은 지금까지 도산 이상의 인물이 나오지 못했고, 이광수와 주요한 등 국내 흥사단의 주요

인물들이 일제의 이른바 대동아전쟁의 광기에 휩쓸려들면서 빛이 바래고 말았다. 총칼 앞에서 무릎 꿇는 사람의 인격을 어찌 무실역행하고, 충의용감의 정신으로 수련했다고 말할 수 있겠는가.

그래서 얼핏 보면 도산은 실패한 독립운동가의 한 사람인지 모른다. 하지만 한 인간의 삶에 대한 평가는 사후에야 비로소 가능하다는 말처럼 늦었지만 도산의 삶에 대한 평가를 이제는 제대로 해야 한다.

도산의 동지들과 제자들은 도산을 '무오류의 인격자'로 절대숭배를 한 반면, 비판자들은 무식쟁이, 평안도 촌놈, 야심가, 지방열의 화신이라고 공격했고, 독립운동 노선에 대해서도 극단적인 평가가 엇갈렸다. 즉각적인 무장투쟁을 주장했거나 사회주의 혁명을 강조했던 이들은 도산의 종합적인 운동방략을 준비론, 개량주의, 외교론, 부르주아민족주의로 공격했다. 도산을 끊임없이 감시하고 탄압하여 끝내 목숨을 빼앗은 일제는 이등박문처럼 도산 내각을 만들어 식민화에 이용하려던 자가 있었는가 하면, 남차랑 총독은 황국신민화의 장애물로 보고 씨를 말려야 될 불령선인의 수괴로 인식했다. 그들은 도산을 무단파와 대립하는 문치파, 독립운동의 영수가 아닌 평안도와 황해도 파벌의 두목이라는 딱지를 붙여 분열과 대립을 조장하는 숱한 유인물과 이면공작을 벌였다.

해방 이후 혼란스러운 건국 과정에서 통일단결을 부르짖고 인물이 없음을 한탄하고 인물 기르기에 노력했던 도산의 선견지명이 절실하게 다가왔음에도 도산의 호소와 헌신적 삶은 우리 사회의 사표(師表)와 귀감이 되지 못했다. 권력욕의 화신이 대한민국의 대통령이 되고 민족을 배신하고 독립운동가들을 탄압했던 자들이 떵떵거리고 사는 사회에서 도산의 진실하고 치열한 삶이 설 자리는 없었다. 우리 사회의 지도층들이 거짓말을 일삼고 수단방법을 가리지 않고 출세하거나 돈을 벌기만 하면 된다는 자세로 살아 온 사람들이기 때문에 국민들도 그런 자들의 타락한 삶을 성공의 척도로 삼았던 것이다.

훌륭한 인격을 따라 배우고 싶은 인물을 갖지 못한 사회란 지극히 불행한 사회일 수밖에 없다. 따라서 오늘의 이 가치관이 전도된 현실에서 도산을 되살려 내기 위해서는 아주 특별한 노력이 필요하다. 우선 가장 시급한 작업이 도산의 일생을 온전하게 복원하는 일이다. 그동안 이광수나 주요한 등 친일행위를 했던 이들의 도산, 특히 기초 준비작업에 몰두했던 시기의 도산만을 참모습으로 인식했기 때문에 도산에 대한 오해와 편견, 무지가 방치돼 왔다.

그러나 도산의 실천은 수십 년에 걸쳐 진행됐고, 임시정부의 실질적인 책임자였고 항일전선을 대표했던 영수로서 좌우파 모두 인정했던 정치지도자였으므로 도산의 생각과 실천은 매우 폭넓고 다양했다. 도산은 단순한 인격수양론자가 아니었다. 투쟁이 없는 준비만 강조한 것도 아니었다. 지주와 자산가들만을 위한 독립운동을 한 것도 아니었다. 도산은 어떤 고난도 이겨내고 끝까지 조국독립을 위해 싸우는 투사들의 인격훈련으로 무실역행과 충의용감을 강조했고 굶주려 죽는 독립전쟁이 아니라 준비하여 싸워 독립을 달성하자는 독립전쟁론자였으며, 조선의 모든 동포들을 불쌍히 여기고 그들의 해방과 모범적인 공화국, 복된 나라를 건설하려는 조선의 혁명가였다.

이런 도산의 삶이 소중하다면 그동안 도산에 대해서 퍼부어졌던 의도적인 왜곡과 부당한 편견, 수준 이하의 비방을 걷어치우고 도산의 전체상을 제대로 세워야 한다.

둘째는 도산의 삶의 자세와 정신을 오늘의 현실에서 어떻게 계승하여 발전시켜야 하는가 하는 것이다. 도산은 1878년이라는 역사적 조건에서 태어나 1938년 일제 말기까지 살았던 인간으로서 갖는 한계와 문제를 안고 있다. 식민지 권력의 무자비한 폭력적 상황에서 활동했던 도산이었기에 21세기의 대한민국에서 살고 있는 오늘의 우리와는 놓인 환경이 너무 다르다. 도산이 치열한 실천과정에서 제시했던 여러 해법과 문제의식들은 이제 불필요하거나 별 의미를 갖지 못하기도 한다.

하지만 도산이 온몸을 바친 실천을 통해 우리에게 던진 메시지는 분명하다. 그 하나는 밥을 먹어도 잠을 자도 나라와 국민을 위해서 하라는 것이다. 말로만 떠드는 나라와 국민을 위한 것이 아니라 실제로 나라와 국민을 위해서 온정신을 기울이고 몸을 던져 일해야 한다는 것이다. 이를 도산은 대공(大公)주의로 표현했지만, 각자 직업과 가정을 갖고 생활하는 한국 사회에서 나라와 겨레를 먼저 생각하고 전심전력을 기울이는 일은 쉽지 않다. 우리사회의 지도층이 국민들의 불신을 받는 이유는 간단하다. 국민을 위해 몸을 던져 일하지 않고 권력과 부귀영화만을 탐하거나 언행이 일치하지 않기 때문이다. 개인이나 집단의 이익보다 나라와 국민을 먼저 생각하고 이를 위해 진지하게 실천하는 도산식의 삶의 자세를 갖는다면 한국 사회의 혼란은 어느 정도 수습될 수 있고 우리 겨레의 활로도 개척될 것이다.

나라를 위해 헌신한다는 것은 공리공론이나 일시적 흥분으로 떠들다 마는 방식이 아니라 두 번 세 번 되풀이해 생각하고 구체적인 현실조건을 철저하게 따져 실천 가능한 방법을 찾아내 해결해야 한다는 가르침이다. 이런 접근방식과 문제해결 노력이 단세포적이거나 일면적 투쟁을 선호하는 사람들로부터 준비론이나 개량주의라는 비판을 받았지만 그때 도산의 실천론은 일반대중으로부터 환영을 받았고 설득력이 높았다. 자신들의 구체적 조건에서 길을 찾고 있기 때문이다.

한국 경제의 질적 도약과 대기업과 중소기업, 수출과 내수, 첨단과 굴뚝산업의 균형적 발전이 필요한 시기에 국가전략 방향이 여전히 모호하고 한국사회가 양극화로 첨예한 갈등에 빠져 군사적 폭압 대신에 이해집단 간의 갈등과 대립을 조정하고 대안을 모색해야 하는 현실에서 도산의 실천론은 정말 소중한 유산이다. 독재로 모든 문제를 해결했던 군사정권 시대가 끝나고 김영삼, 김대중, 노무현, 이명박 정권이 들어섰지만, 빈부격차가 심화되고, 사회적 혼란이 계속되는 것은 신뢰감이 없는 지도층이 구체적 대안을 갖고 국민생활을 발전시키지 못하고 공허한 말잔치를 일삼고 현실적인 해법의 제시 없이 국정을 이끌기 때문이다. 의약분업과 교육개혁이 실패했는데도 거기에 FTA까지 강행했다. 개혁파들이 추진한 사회경제 정책들은 거의 다 실패했다. 도산의 실천론을 계속 외면한 결과였다.

대한민국은 중국의 추월로 이미 곤란한 상황에 빠져들었다. 수출주도형 대기업체제를 뜯어 고쳐 부품소재, 바이오, 신재생 에너지 산업 같은 중소기업 부문을 육성해 균형경제를 만들고 혈세를 낭비하는 정부지출구조를 개혁하고 조세정의를 실현해 재원을 확보하면서 빈부격차와 민생문제 해결에 노력하는 자세는 찾아볼 수 없다. 여기에 나락에 떨어지고 있는 국민들의 불만이 커지면서 지도층들은 합리적인 현실방안 보다 표를 얻을 수 있는 쉬운 방법을 선택하고 있다. 중앙과 지방정부, 사회 곳곳에 썩은 냄새가 진동하고 있는데도 한국사회는 무감각해져 있다. 거기에 국민경제의 장기적인 발전전망과 구체적인 방안은 사라지고 난관돌파를 위한 임기응변책이 난무하게 되었으니 어찌하면 좋은가.

특히 세계 유일의 분단국가인 한국에 통일의 기회가 다가오고 있는데도 한국사회의 접근은 너무 안이하거나 대책 마련조차 없다. 또 조국통일의 대업을 이루기 위해 면밀한 준비와 국민적 합의 도출이 필수적인데, 이를 위한 노력은 하지 않은 채 정략적 접근을 하거나 분열적 태도를 취하게 되면서 통일의 길에 더욱 멀어지게 되었다. 오히려 주변 강대국들이 자국의 영향권에 편입시키기 위해 민족 정체성을 흔드는 다양한 문화공작이 진행되고 있다. 통일된 한반도에서 터져 나올 민족적 에너지를 두려워하는 것이다.

셋째는 도산이 직접 조직하고 뿌리와 기초공사라고 강조했던 흥사단을 어떻게 할 것인가 하는 문제다. 한 조직이 100년의 역사를 갖는다는 것은 한국의 풍토에서 기적 같은 일이라는 평가를 받을 만하다. 어찌 보면 숱한 격변의 시기를 거쳐 오면서 살아남았다는 사실이 신기하다. 하지만 국민의 생활 속에 뿌리내리지 못했으며, 그 100년의 역사에 합당한 무게만큼 한국 사회에서 그 위상과 실력을 갖고 있지 못하다면 도산 정신을 드높여 왔다고 말할 수 있을까.

그래서 21세기 오늘의 민족사회의 현실에서 도산정신의 계승자라고 할 수 있는 흥사단은 새로운 환경변화에 직면해 있다. 도산이 식민 통치의 혹독한 조건을 감안하여 인격훈련 단체라고 표면상 얘기했지만, 입단 문답 과정에서 흥사단은 독립운동을 목적으로 하는 단체라는 점을 분명히 주지시켜 왔음에도 불구하고 해방 이후 흥사단은 일제시대의 합법단체의 형식과 내용을 그대로 답습해 인격수련 단체라는 점만 강조되고 말았다. 1930년 전후의 상황에 대처하기 위한 약법 개정의 정신을 외면했던 것이다. 또 인격수련은 책상 앞에서 되는 것이 아니라 구체적인 민족현실과 그 해결을 위한 실천과정에서 건전한 인격으로 단련되는 것임에도 이를 게을리 함으로써 한국 사회가 인정하는 인물들을 길러내는 데 성과를 내지 못하였다. 1960년대에 학생아카데미의 씨앗이 뿌려져 흥사단 부흥의 기회를 맞이했으나 1970년대의 유신군사 독재체제에 흥사단 지도부가 순응하면서 무실역행과 충의용감이라는 인격수련 깃발마저 부끄럽게 만들고 말았다. 도산 정신을 되살리려는 일부 젊은 단우들이 도산의 치열한 실천정신을 이어갔지만 국민들 속에서 흥사단이 신뢰받는 조직으로 자리 잡지 못했다. 이런 상황이 계속된다면 흥사단은 숱한 시민사회단체의 하나이거나 사교단체, 봉사단체로 끝날지 모른다.

어떻게 할 것인가. 흥사단을 그렇게 역사의 무대에서 사라지게 해서는 안 된다. 도산은 1930년 전후에 흥사단의 이름까지 신흥동우회로 바꾸고 사회공작을 적극적으로 하려 했다. 그런 점에서 도산을 우리 사회의 사표로서 우뚝 세워가면서 새로운 민족운동을 전개시켜 가야 한다. 정치, 경제, 교육, 복지, 환경 등 각 분야인물 기르기에 대한 새로운 체계적인 프로그램도 만들고 민족현실에 대한 해법 마련과 그 실천 활동을 역량의 무게에 걸맞게 조직해가야 한다.

도산이 신민회의 깃발을 들고 혜성처럼 나타나 구국운동의 횃불을 치켜든 것처럼, 1920년대의 암담한 현실을 통일단결과 민족대독립당 건설로 돌파하려 했던 것처럼, 1930년대 일제의 중국 침략에 대처하기 위해 대일통일동맹을 만들어 한중연합군사작전을 추진해 독립국가의 길을 확보하려 했던 것처럼, 나라와 국민을 먼저 생각하는 사람들의 의지와 프로젝트를 국민들에게 분명하게 제시하는 새로운 전략과 깃발이 휘날려야 한다.

현재의 흥사단우들이 현실적인 생활에 묶여있어 새로운 시도가 어렵다면 그 내용에 걸맞은 조직으로 변화시켜 가면 된다. 인격수련과 봉사단체의 성격을 견지해가는 대중조직으로 전환하라는 것이다. 선발과정은 정예주의이고 활동은 대중적이라는 내용과 형식의 모순을 해소하면 그 나름의 역할도 적지 않을 것이다.

그러면 우리 시대의 역사적 과제인 조국통일과 각종의 사회문제는 어떻게 대처해가야 하는가. 이 과제는 조국통일과 민생과제를 정치적 목적으로 하는 별도의 정치조직을 만들어 대처하는 방안도 강구해볼 수 있다. 이 정치조직은 숱한 이합집산을 거듭해온 한국정당사의 추한 역사도 종식시키고 평생을 다해 신명을 바칠 수 있는 긍지 높은 정당의 깃발이어야 하고, 통일된 조국의 중심이 될 수 있는 역량과 인물이 모여들어야 할 것이다. 출세에 수단방법을 가리지 않고 썩은 냄새가 중앙, 지방을 가리지 않은 채 여기에 물들어 있는 무능한 한국지도층을 대신해 청렴하고 국민들을 위해 헌신적이고 전문적 실력을 갖춘, 말과 행동이 일치하는 인물들의 결집체가 나타나야만 한국사회의 혼란과 지도층의 무능력을 극복하게 될 것이다. 그래야 비로소 한국사회도 희망을 가질 수 있게 되지 않겠는가.

도산의 삶을 진정으로 본받기 원한다면 우리의 나태와 자기기만, 타락을 참회하고, 초심으로 돌아가 우리사회 발전에 헌신하는 일대 자기혁신에 철저할 것을 다짐해야 한다. 저절로 이뤄지는 역사는 없다. 피와 땀과 눈물이 넘쳐나야 조국통일의 큰 길이 열리고, 복된 나라의 꿈도 현실화될 수 있지 않겠는가. 그래야 국민들도 뜻있는 이들의 말과 몸짓을 신뢰하고 그 깃발 아래에 모여들 것이다.

아무쪼록 지하에 계신 도산의 빙그레 웃는 웃음이 지상으로 나와 이 땅 남과 북의 한반도에서 활짝 필 날을 고대해본다.

도산 안창호 연보

(1878~1938)

연도	나이	내용	비고
1878	0	11월 9일(음력 10월 6일) 평양성 밖 대동강변 도롱섬(평남 강서군 초리면 7리 봉상도)에서 아버지 순흥 안씨 안흥국(1852~1885), 어머니 황몽은(1847~1930)의 셋째 아들로 태어나다. 큰형 치호와 작은형도 있었으나 작은형은 유아 사망하다.	●2년 전 강화도조약으로 일본의 조선 침략 개시. ●고종 15년.
1885	7	중풍으로 장기간 병석에 누워 있던 아버지(33)가 사망하다. 국수당으로 이사, 할아버지로부터 한문을 배우기 시작하다. 여동생 신호가 태어나다.	
1886	8	국수당의 서당에서 천자문을 배우다.	●이화, 배제 등 선교사학교가 설립됨.
1887	9	노남리로 이사하다. 이석관 서당에서 13세까지 한문, 동몽선습, 소학 등을 배우다.	
1892	14	심정리로 이사하다. 심정리의 김현진 서당에서 유학 기초 학습을 하다. 황해도 안악 출신의 필대은를 만나 친형제처럼 지내다.	●함창민란. ●동학교도 신원 운동.
1894	16	9월 15일 청일 간의 평양성 전투로 폐허가 된 평양성을 보고 민족 현실에 눈뜨다. 필대은과 밤샘 토론을 통해 힘이 없는 민족의 현실을 절감하다. 연말에 청일전쟁으로 인한 피난을 구실로 곡산 등지를 거쳐 서울로 상경하다. 정동에 있는 구세학당에 입학하다.	●동학농민봉기. ●갑오개혁. ●청일전쟁.
1895	17	숙박과 수업료를 면제해 주는 구세학당의 보통부에 입학하다. 산술, 음악, 물리, 생물, 지리, 성경 등 보통교육을 받다. 기독교를 받아들이다.	●전봉준 등 동학지도부가 사형당함. ●민왕후 시해. ●단발령.

연도	나이	내용	비고
			●의병 전국 봉기. ●건양 연호 제정. ●약력 사용.
1896	18	조교로 학습 지도, 독립협회 주최의 독립문 설립 사업과 『독립신문』 창간에 호응하여 필대은과 함께 독립협회 활동에 참여하고 서재필의 각종 시국강연회에 밥을 굶은 채 좇아다니다. 배재학당 토론회인 협성회에 준회원으로 가입 활동하다. 서재필의 연설을 듣고 나라를 구하는 일에 일생을 바치기로 다짐하다. 구세학당을 졸업하다.	●아관파천. ●독립신문 발간. ●독립협회 결성.
1897	19	할아버지가 노남리 서당의 훈장이셨던 이석관의 장녀 이혜련(13)과 정혼시킨 사실을 알고 반대했으나 이석관의 기독교 수용과 이혜련 신식 교육 수용 조건으로 정혼을 받아들이다. 동생 신호와 이혜련을 서울의 정신여학교에 입학시키다. 『서유견문』에 빠지다. 평양 지역의 독립협회에 관서지부 창립과 독립협회의 각종 사업에 참여하다.	●독립협회 지방 지부 조직 개시. ●연호 광무로 개정. ●8월 말부터 독립협회가 대중운동으로 전환함. ●11월 대한제국 선포.
1898	20	평양성 쾌재정에서 18개의 쾌재와 18개의 불쾌로 탐관오리들의 학정과 비리를 규탄하고 외세의 침탈에 강력 대응할 것을 호소하여 관서 일대의 일약 청년 명사로 떠오르다. 11월 하순에 서울로 상경해 만민공동회의 청년 간부로 적극 참여하다. 7대신 탄핵과 6개조 정치개혁안을 주장하다. 고종과 수구파의 탄압으로 도피하다.	●만민공동회 6개조 개혁강령 선언. ●황국협회가 만민공동회 습격. ●독립협회 구국상소운동 전개. ●황제칙어, 민회금압령 발표.
1899	21	귀향하여 큰형 치호가 이사 간 동진면 바윗고지에 계몽학교를 설립하여 운영하다. 교사가 화재로 불탄 뒤	●고종과 수구파, 독립협회 세력 탄압.

연도	나이	내용	비고
		점진학교로 개명하다. 대동강변의 매축 공사를 시작하고, 난포리교회도 설립하다.	●아편전쟁.
1900	22	점진학교 운영과 매축 공사 진행이 수구파의 탄압으로 후원이 끊어워지자 어려워지자 중단하게 되다. 관서 지역 개화파들이 주로 참여한 활빈당 운동에 참여하지 않고 실제적인 실천을 모색하다. 필대은 사망하다.	
1902	24	미국의 선진문명을 배우고 고학으로 공부를 더해 문명개화와 독립국가의 길을 찾기로 결심하다. 김응팔과 지인들, 선교사들의 협조로 미국행 여비와 여권을 받다. 단독 도미를 계획했으나 정혼한 이혜련이 함께 가기를 소원하여 제중원에서 김윤오의 주선으로 혼인식을 거행하다. 인천항에서 출발, 동경에서 일본의 심장부를 관찰하고, 하와이를 거쳐 캐나다 밴쿠버를 지나 시애틀에 기착, 기차로 샌프란시스코에 도착하다. 하와이 근해에서 도산(島山)이라는 호를 짓다. 드류라는 의사 집에서 하우스보이로 미국 생활을 시작하다. 영어를 배우면서 그래머스쿨에 입학했으나 연령 초과로 계속 다니지 못하다. 동포들의 생활 안정을 위한 사업이 필요하다는 문제의식을 갖게 돼 유학 공부를 중지하고 동포 조직 사업에 전력하다.	●시베리아철도 완공. ●서울–개성 간 전화 개설. ●국가 선정.
1903	25	박선겸, 이대위, 김성무, 박영순 등 10여 명으로 9월 23일 상항친목회를 조직하다. 연말에 LA의 리버사이드로 옮기다. 이강과 임준기 등과 대한인노동캠프를 설립하고, 감귤 농장 노동자 등의 생활을 하면서 동포 조직 사업을 지속적으로 추진하다.	●황성기독교 청년회 발족.
1904	26	3월 리버사이드로 이사하다. 신학강습소에서 영어와 신학 수업, 스쿨보이 생활을 하다. 리버사이드 공립협	●러일전쟁. ●한일의정서 조인.

연도	나이	내용	비고
		회를 정식으로 설립해 한인 이민 노동자들의 생활 안정과 조직화, 권익 보호에 박차를 가하다. 이때부터 공립협회 지원으로 전업적인 활동이 가능해지다.	● 일본군 조선 주차. 용산에 사령부 설치. ● 전선, 철도에 치외법권 인정.
1905	27	교회 구제회관에서 첫아들 필립이 태어나다. 4월 5일 샌프란시스코 공립협회로 확대 발전시키다. 공립협회는 한인 동포들의 행동규칙을 정해 준수하도록 하고 11월 14일 공립회관을 건립하고 한인교회와 영어학교도 운영하다. 11월 20일 『공립신보』를 발행해 국내외 소식과 교양, 동정 등을 게재하고 본국에도 보내다. 포츠머스회담 대표로 참석할 것을 권유받았으나 전승국 잔치에 동포들의 피땀으로 번 돈을 낭비할 수 없다며 거절하다.	● 금본위제 실시, 화폐 개혁, 일본 화폐, 한국 화폐로 공식 통용. ● 을사늑약 체결. ● 민영환 자결. ● 통감부 설치. ● 손병희, 동학을 천도교로 개칭.
1906	28	공립협회 총회장 자격으로 하와이의 에와친목회와 함께 배일선언문을 발표하다. 4월 18일 샌프란시스코 대진으로 24명이 사망하고 공립회관이 화제로 붕괴되다. 재정적 타격을 받았으나 복구에 진력하다. 일본의 마수에 떨어진 조국을 구원할 방도를 찾기 위해 연말에 이강, 임준기와 장시간 토론을 하여 해외에 근거지를 두는 국내외 연합기관을 조직하여 국권회복운동을 벌이기로 합의하다. 국내 조직 사업을 위해 도산이 귀국하여 활동하고 블라디보스토크에도 동지들을 파견하여 조직 사업을 전개하기로 합의하다. 일단 신고려회를 조직하기로 결정하다.	● 이토 히로부미 취임. ● 최익현 단식 자살.
1907	29	1월 초 도릭호를 타고 4년 3개월 만에 귀국하다. 하와이에서 작은 아버지 안교점과 해후하다. 1월 20일 요코하마에 도착하다. 동경에서 유학생회 주최로 강연하다. 『서유견문』의 저자 유길준과 박영효 등을 방문, 동	● 일제 각 도에 분견소 50개, 분파소 268개 설치하여 경찰 장악. ● 경향 각지에서 국채보상

연도	나이	내용	비고
		경 유학생 중 최남선, 장웅진, 김지간, 최석하 등과 만나다. 2월 12일 신교에서 열차로 귀국길에 오르다. 2월 20일 인천항으로 귀국 직후 서울에 와서『대한매일신보』의 양기탁과『황성신문』을 방문하다. 한양학교에서 귀국연설을 시작으로 10여 회 연설하다. 3월 상순 평양으로 내려가 고향을 방문하고 평양에서 독립협회 활동을 함께 한 선후배들을 만나 국권회복 방안을 토론하고 신민회 발기인을 모집하다. 이승훈, 안태국 등과 학교와 태극서관 설립 등을 협의하다. 4월 하순~5월 초 발기인회를 조직하다. 5월 20일 일본 동경에서 태극학회 간부들과 신민회 및 학교 건립 사업 등을 협의하다. 헤이그 밀사 사건과 어가동도 사건으로 신민회 발기인 그룹의 조직적 대응을 준비했으나 여건 미성숙으로 실행을 중지하다. 군대 해산으로 의병전쟁이 전국으로 확대되다. 대성학교 설립과 마산동 자기회사, 태극서관 등의 조직과 설립 작업에 박차를 가하다. 이강이 귀국함에 따라 신민회 결성과 블라디보스토크 조직사업을 협의하다. 11월에 이토 히로부미와 회담, 청년내각 제의를 받았으나 거절하다. 신민회 결성대회를 연말과 연초에 개최하다. 12월 30일 일본 동경에 도착하다.	운동 전개. ●헤이그 밀사 사건. ●정미7조약으로 차관 통치 시작. ●한국 군대 해산. ●동양척식회사 설립, 수탈 강화.
1908	30	1월에 신민회 창립총회를 갖다. 서우학회와 한북흥학회를 통합, 서북학회로 창립하다. 9월 26일 대성학교 개교. 윤치호는 교장으로, 도산은 대리교장으로 근무했으나 교육과 학교 운영 등을 총괄하다. 이승훈의 참여로 9월 마산동 자기회사를 설립하고 태극서관 작업은 안태국을 중심으로 진행하다. 국내로 귀국한 이강 등을 블라디보스토크에 파견하여 해외 근거지 구축에 노력하다. 10월 2일 원동 사업을 위한 아세아실업주식회사(후에 태동실업)를 설립하다.	●전국서 항일 무장 봉기.

연도	나이	내용	비고
1909	31	국내 최초의 청년운동 단체인 청년학우회를 조직해 지속적인 인재 발굴과 훈련을 시작하다. 10월 31일 안중근 의사 사건으로 서울 용산 헌병대에 구금된 후 영등포 형무소에 수감되다. 이갑, 김명준, 이종호도 각지에서 체포되다. 12월 21일에 일단 석방되다.	●안중근 의사 이토 히로부미 처단. ●일진회, 한일합방 건의.
1910	32	1월 9일 다시 연행되어 40여 일 만에 석방되자 망명을 결정하다. 신민회 회의를 개최하고, 독립전쟁론을 채택하고, 만주에 근거지 건설 계획을 수립하다. 4월 7일 마포에서 배를 타고 행주에서 신채호, 김지간, 정영도를 만나 함께 출발했으나 신채호, 김지간은 배멀미가 심해 웅진 해협에서 하선하다. 연평도를 거쳐 청령도를 지나 몽금포에서 머물다. 4월 14일 중국의 연태에 가는 소금 상선을 타다. '거국가' 가 『대한매일신보』에 게재되면서 전국에서 애창곡이 되다. 위해위에 도착하다. 다시 소형 어선을 타고 천진으로 가다. 천진에서 기차로 북경까지 갔으나 동지들이 신변 보장이 되는 독일 조차지 청도로 갔으므로 그곳으로 가 7월 초 청도회의를 열다. 유동열과 김희선이 청도에서 신문과 잡지를 발간해 정치운동을 하자는 의견을 내놓았으나 독일 총독이 잡지 발행을 허가하지 않아 무산되고 블라디보스토크에서 향후 활동을 모색하기로 결정되다. 8월 말에 블라디보스토크에 도착하여 망국 소식을 듣고 통곡하다. 현지 동포 사회 간부와 이미 조직활동을 하고 있는 공립협회 지회조직 간부들과 향후 방략을 토론하다. 하지만 독립 근거지 구축 작업은 자금을 대기로 한 이종호의 거부로 무산 위기에 빠지다. 국민회를 통해 자금을 조성하여 토지 매입 등이 진행됐지만, 추진 과정에서 난관에 봉착하다. 지방색으로 인한 암투가 심각해지다. 절망으로 인한 자살을 동지들이 우려, 11월 16일 이갑, 이상설 등과 통일 단결 다짐을 하	●3월 안중근 의사, 여순 감옥에서 순국. ●경술국치. ●안명근의 안악 사건. ●보안법으로 집회 결사 금지. ●사립학교령으로 애국지사들의 사립학교 폐쇄. 선교사학교와 일어공용화 학교 설립 ●회사령으로 조선인의 경제적 기반 억제 조치.

연도	나이	내용	비고
		다. 12월 18일 자선공제회를 창립하다. 12월 25일 신한촌 한민학교에서 이재명 의사 추도회를 개최하다.	
1911	33	1월 21일 재러한인학교를 설립하고 연설을 하다. 한인야학교에서 역사를 가르치다. 1월 16일 이상설, 차석보, 신채호 등과 함께 분파 행동 배격을 다짐하다. 2월 안정근 등과 함께 밀산 지역을 답사하다. 『대동공보』 재간행, 자선공제회 운영, 한인귀화운동을 전개하고, 신임 통독과 면담하여 한인귀화 문제의 선처를 호소하다. 5월 치타에서 이강과 정재관을 불러들여 국민회 시베리아총회를 설치하다. 페테르부르크에서 추정 이갑을 만나 간호하고 8월 24일 베를린을 거쳐 런던에 오다. 8월 하순 스코틀랜드 글래스고에서 카린도니아호를 타고 9월 2일 뉴욕항에 도착하다. 뉴욕 시내를 둘러보다. 9월 26일 시카고 새크라멘토 한인농장을 방문하다. 대륙간 열차를 타고 9월 28일 샌프란시스코에 도착해 환영식에서 연설하다. LA로 돌아와 공사판에서 막노동을 하다. 이갑을 초청했으나 중병으로 상륙을 거부당하다.	●손문, 중국 신해혁명 선언. ●105인 사건 검거 선풍.
1912	34	1월 29일 북미실업주식회사 설립 운동을 하다. 7월 5일 둘째 아들 필선(必鮮)이 태어나다. 북미, 하와이, 연해주, 시베리아의 대표자회의를 열어 대한인국민회 중앙총회를 조직하고 해외 한인 동포들의 최고기관임을 선언하다. 10월 북미실업주식회사 주식 모집을 시작하다. 연말에 하상옥, 강영소, 정원도 세 사람과 흥사단 조직 준비모임을 위한 동맹수련 활동을 시작하다. 『공립신문』을 『신한민보』로 속간.	●토지조사 사업으로 토지 수탈.
1913	35	1월 23일 중앙 총회장 선임위임장을 받다. 5월 13일 도산과 하상옥, 강영소, 정원도, 홍언, 양주은 6명의	●윌슨 대통령 취임.

연도	나이	내용	비고
		발기인이 강영소 집에서 이대위 예배 인도로 창립식을 거행하다. 당시 발기인은 20명. 연말에 40여 명의 발기인들이 참여하여 7명의 각 지역 대표를 선출하여 7명 창립위원을 구성하고, 12월 20일 창립위원회가 공식 구성되다. 도산은 전권위원으로 활동하다.	
1914	36	흥사단 이사부장으로 조직 전반을 총괄하다. 국민회, LA 지사로부터 정식으로 사단법인 인가를 받다. LA로 이주하다.	●제1차 세계대전 발발.
1915	37	1월 16일 맏딸 수산(繡山)이 태어나다. 2월 국민회 중앙총회장으로 선출되고 8월 25일 몽골리아호 편으로 하와이를 방문하다. 하와이 지방의 박용만, 이승만 간의 알력을 중재하기 위해 노력하다. 12월 15일 하와이를 출발하여 12월 21일에 샌프란시스코에 도착하다.	
1917	39	1월 10일 북미실업주식회사가 가동되다. 5월 27일 둘째 딸 수라(秀羅)가 태어나다. 10월 12일 멕시코를 방문하다. 10월 21일 멕시코만 산니노항에 도착하다. 10월 27일~28일 멕시코시티 환영회에서 연설하다. 대동단결선언 참여를 제의받았으나 국민회 중앙총회는 불참하다.	●세계약소민족대표회의 뉴욕서 개최. ●러시아혁명.
1918	40	멕시코 각지를 순행하다. 8월 27일 국경 지역인 칼레스에 도착하다. 8월 29일 샌프란시스코에 도착하다. 10월 제1차 세계대전이 종결되자 담화문 '전쟁 종결과 우리의 할 일'을 발표하다. 단우들에게 '기초와 뿌리'를 강조하는 편지를 쓰다. 윌슨의 민족자결주의가 일본과 싸워 조선 독립을 줄 것으로 보지 않다.	●제1차 세계대전 종전.
1919	41	1월 4일 임시특별대표원회를 소집하다. 1월 20일 LA	●고종 사망.

연도	나이	내용	비고
		에서 이승만과 회동하다. 3월 9일 현순전보로 3·1운동 소식을 접하다. 3월 13일 대한인국민회 중앙총회를 소집하다. 결의문과 포고령을 채택하다. 중앙총회장으로서 황진남, 정인과를 대동하고 4월 1일 상하이로 출발하다. 상하이 도착 전에 상하이 임시정부가 발족되고 내무총장으로 선임되다. 5월 25일 상하이에 도착하다. 26일 북경로예배당 연설을 비롯한 각종 상하이 단체의 연설회에 참석하다. 6월 28일 내무총장 취임 연설에서 모범공화국을 세우자고 호소하다. 7월 13일 대한적십자회를 설립하고, 연통제 교통국을 실시하고, 8월 21일 독립 발간 이후 22호부터 독립신문으로 제호를 변경하다. 9월 2일 통합임시정부안을 제출하고 선전위원회를 설치, 11월 4일 대통령 이승만, 국무총리 이동휘, 내무총장 이동령, 재무총장 이시영, 법무총장 신규식, 노동총판 안창호로 개각을 추진하다.	●동경 유학생 2·8독립선언서 발표 ●3·1운동 ●4월 상하이 임시정부 수립. ●중국 5·4운동.
1920	42	'독립전쟁의 해'로 선언하다. 임시정부 시정방침을 수립하다. 광복군 사령부 조직안을 제출하다. 선전위원부 산하에 의용단을 조직, 국내 침투 공작, 미국 의원단과 면담하다. 흥사단 미주 본부의 박선재와 김항주를 상하이로 초청, 모이명로에 단소를 설립하고 흥사단 활동을 시작하다. 이광수, 안정근, 손정도, 이유필 등과 김구의 특별단우 입단이 거행되다. 3월에 상하이 지방회 모임이 시작되다. 9월 흥사단 원동 임시위원부를 발족하다. 12월 29일~30일 흥사단 7회 대회를 상하이에서 개최하다. 소왕령 기지건설 계획을 중점 검토하다. 공개 활동으로 전환하다. 12월 8일 이승만이 상하이에 도착하여 임시정부에 참여하다.	●『조선일보』, 『동아일보』 창간. ●청산리대첩, 유관순 순국. ●인도 간디 반영운동 개시.
1921	43	2월에 김창숙, 원세훈 등이 국민대표회의 소집을 요구하고, 3월 1일 3·1절 기념식에서 국민대표회 소집을	●4월 17일 북경에서 남북만주, 시베리아, 하와이

연도	나이	내용	비고
		제안하다. 3월 15일 도산, 박은식, 이탁, 김철 등이 국민대표회의 준비촉진회를 발족하다. 5월 10일 국민대표회의 준비위원회가 정식으로 발족되다. 5월 11일 임시정부에서 사임하고, 5월 12일 상하이에서 여운형과 함께 국민대표회의 소집 촉구 집회에서 '독립운동의 진행책과 시국문제의 해결방침'에 관해 연설하다. 국민대표회의 기성회를 조직하다. 북경에서 군사통일회 측도 국민대표회의에 참가하기로 합의하다. 각 방면에 국민대표회의 참여를 촉구, 5월 29일 국민대표회의 발기회를 결성하다. 6월 6일 국민대표회의 주비회 회장으로 선임되다. 7월 7일 흥사단우들에게 '동지에게 주는 글'을 발송하다. 북경 근처의 독립운동 근거지를 물색하다. 8월 국민대표회주비위원회를 조직하다. 9월 14일 미주행 비자를 신청했으나 거절당하다. 11월 25일, 대한적십자 회장에 선임되다.	및 국내 10개 단체 대표들이 군사통일회의 개최. ●하와이 태평양회의에 서재필, 이승만 참석. 11월 11일 태평양군축회의가 조선 문제에 관하여 아무런 결의도 하지 않은 채 폐회함.
1922	44	1월 23일 만주통의군(統義軍) 결성에 참여, 총장에 선임되다. 도산, 이동휘, 박용만, 노백린 등이 북경에서 만나 해외 독립운동 세력이 총망라된 '한민족국민대회'를 개최하기로 합의하다. 4월 20일 대표회의 주비회 총회를 소집하다. 5월 10일자로 국민대표회의 주비위원회 선언을 발표하다. 12월 19일 주비위원들이 상하이에 도착하다. 7월 4일 단우 천세헌과 틈틈이 직예, 신동, 안휘, 강소를 답사하며 근거지 건설을 모색하다. 국내에 2월 12일 수양동맹회가 조직되다.	●1월 극동인민대표회의 개최. 약소민족 민족해방운동 지지와 범민족통일전선 촉구. ●김규식, 모스크바 극동무산자회의에 한국 대표로 참석.
1923	45	1월 3일 대표회의를 개최하여 6월 7일까지 진행되다. 도산이 부의장으로 선출되다. 개조파와 창조파로 분열되다. 도산의 중재 노력에도 불구하고 임정 고수파와 창조파의 좌익분파주의로 통일적 독립운동기구 수립이 무산되다. 그러나 도산은 대독립당 결성과 독립운	●김상옥 의사 투탄 순국.

연도	나이	내용	비고
		동 근거지 건설를 지속적으로 추진하다. 남경과 진강 사이의 하촉 일대를 후보지로 선정하다. 1월 26일 평양에 동우구락부가 조직되다.	
1924	46	23년 말부터 흥사단우 박일병과 함께 산해관, 금주, 호로도 등 근거지 건설 후보지를 답사하다. 1월 초 만주를 순행하다. 북만주, 서북간도 독립군 대표들과 회동하다. 남양, 광동 지역을 답사하다. 산해관 지역도 검토되었지만 군벌간 전쟁으로 추진되지 못하다. 3월 3일 남경에서 동명학원을 설립하다. 흥사단 10회 대회가 10월 30일 개최되다. 4월 5일 상하이 청년동맹을 흥사단 청년들이 주도하여 결성하다. 미국 방문을 희망했으나 이승만파의 방해로 비자 발급이 거부되자 중국인(룡彰昊) 여권으로 11월 22일 상하이를 출발, 12월 6일 요코하마, 호놀롤루를 거쳐 샌프란시스코에 12월 16일 입국하다.	●1월 1차 국공합작 성립. ●손문, 황포군관학교 개교. ●'동포에게 고하는 글' 작성.
1925	47	미국 각지 순회 강연을 통해 당면 정세와 과제를 호소하고 흥사단 조직을 점검하다. 미국 강연을 통해 흥사단 운동을 지속적으로 추진하면서 독립대당을 조직하여 전 민족적 항일 역량을 결집시키고 이를 위한 근거지, 모범촌을 건설해 독립전쟁에 대비하자고 호소하다. 장리욱과 함께 솔트레이드시티를 방문해 모범촌을 구상하다. 1월 23일~26일 『동아일보』에 '동포에 고하는 글' 연재를 시작했으나 중단하다. 4월~7월 시카고, 뉴욕 등 동부 지역을 순회하다. 5월 22일 필라델피아에서 서재필을 방문하다. 인두세도 임시정부에 직접 보내자는 운동이 일어나다. 벼 농장을 순회한 후 11월 14일 샌프란시스코에 도착하다.	●이승만 면직안 의결. ●박은식 임시대통령 취임. 대통령제를 내각책임제로 개조함. ●조선공산당 창당.
1926	48	1월 8일 수양동맹회와 동우회가 통합하여 수양동우회	●6 · 10만세운동.

연도	나이	내용	비고
		가 되다. 3월 8일 하와이 한인예배당에서 연설하다. 3월 23일 호주 시드니에서 신시가지 조성 사업을 견학하다. 4월 22일 홍콩에 도착하다. 5월 16일 상하이로 돌아와 국무령 취임을 사양한 후 임시정부 유지를 위해 노력하면서 5월 20일 국내에서 잡지『동광』을 창간하다. 6월 26일 남경에 도착하다. 7월에 주요한을 불러 별도의 지하당 결성에 노력할 것을 지시하다. 7월 8일 상하이 삼일당에서 대혁명당 조직을 호소하다. 6·10만세 운동과 신간회 결성으로 좌우 통합 분위기가 조성되다. 9월 8일 대혁명당 조직을 위해 김창세 단우와 함께 북경으로 가서 원세훈, 장건상 등과 유일당 운동을 하다. 9월 24일 3남 필영(必英)이 태어나다. 10월 16일 한국독립유일당 북경 촉성회를 결성하다. 12월 유기석 단우와 함께 만주 지역으로 출발하다.	●『동광』 창간. ●나석주, 동양척식회사에 폭탄 투척.
1927	49	1월 14일 길림에 도착하다. 1월 27일 길림시 강연 중 중국 당국에 체포되었으나 20일 만에 석방되다. 만주 각지를 순회하며 대동단결을 호소하다. 동경성과 경박호 일대를 답사하며 기지 건설을 검토하다. 길림에서 4월 1일 협동조합적 성격을 갖는 농민호조사를 조직하고 군사단체의 통일과 대독립당 결성 작업을 추진하다. 4월 15일 길림 이탁의 집에서 3부 통합을 위한 신안둔회의에 참석하다. 시사연구회 조직. 7월 1일 북만주와 송화강 연안 일대도 후보지로 정하고 답사하다. 8월 16일 상하이로 돌아왔으나 공산당의 세력 확대에 주도권 상실을 우려한 장개석의 쿠데타가 발생하여 공산주의자 학살 사건이 일어나 수천 명에 달하는 한인 공산주의자들이 희생되다. 이에 따라 항일운동전선에서도 다시 좌우 대립이 격화하다. 하지만 11월 9일 ~22일 상하이에서 북경, 상하이, 광동, 무창, 남경의 대표들이 한국독립당 궐내촉성회연합회를 개최, 11월	●민족 단일전선 신간회 조직. ●모택동 소비에트 건설.

연도	나이	내용	비고
		23일 성명서를 발표하여 당 조직을 호소하다.	
1928	50	5월 12일~26일 길림성 반석현과 화전현에서 전 민족 유일당 촉성회를 개최, 5월 20일 중국 언론에 대일한 중연합전선 구축을 강조하다. 7월 코민테른 6차 대회 의 결의로 좌익 모험주의가 공식 노선이 되면서 좌우 파 통일단결의 대혁명당 조직이 큰 타격을 입다. 유일 독립당 촉성회가 해체되다.	● 제남사변 발생. ● 장개석 국민정부 주석 취임.
1929	51	2월 28일 '미국 내 재류하는 동지 여러분께'를 발표하 다. 흥사단은 수양단체가 아니라 혁명훈련단체임을 천 명하다. 3월 말, 4월 초에 국민당 3차 전국대표대회가 남경에서 개최되자 한국 대표단으로 참석하여 항일동 맹군을 제안한다. 11월에 광주학생운동이 일어나자 평양 지역 단우들과 연락하고 국내 운동의 확산에 노 력하다. 11월 23일 신언준, 차리석이 중심이 되어 미 주, 원동, 국내 세 지역 흥사단의 이념과 노선을 일치 시키기 위해 토론을 집중적으로 진행하여 수양이라는 명칭을 삭제하고 동우회로 하고, 혁명대당의 일지대로 한다는 위상을 재정립하다. 약법에 사회대공주의를 삽 입하고 입단문답 시 혁명의 목적을 철저히 주입시키고 민중교양과 협작운동을 강조하기로 결정하다.	● 대공황 발생. ● 광주학생운동. ● 민중대회 사건으로 신간 회 간부 검거.
1930	52	1월 흥사단 원동대회를 개최하다. 좌파의 참여를 기다 릴 수 없기 때문에 우파 세력만이라도 결집시키기 위 해 1월 25일 중국 각지의 독립 역량을 결합하여 한국 독립당을 창당하다. 2월에 만주 침략이 구체화되자 상 하이내각단체연합회를 조직하였으나 임시정부 측이 반대하여 무산되다. 3월에 천진으로 가서 해외 각지에 산재한 각파 대표회의를 4월 5일에 개최하자는 선언 서를 배포하고 각지에 특사로 흥사단우들을 파견하다.	● 12월에 장개석이 공산당 군 토벌 시작.

연도	나이	내용	비고
		7월 초 천진에서 배전택, 송호, 박관해 등과 협의하여 대한대독립당주비회를 발족시키기로 합의하다. 만보산 사건이 발생하자 긴급성명서를 발표하다. 중국 정부와 항일공동전선을 구축하기 위해 단체연합회를 재출범시키고 9월 25일 한교전체대회에서 한중 연대의 실현, 동맹군 조직을 호소하고 한중 연대를 위한 순회 강연에 나서다. 11월 3일 광주학생운동 1주년 기념식에서 오의순, 김두봉과 함께 강연하다. 12월 27일 모친 황몽은이 83세로 영면하다. 12월 흥사단우를 중심으로 하는 경제합작운동인 동인호조사 창립계획안을 발표하다.	
1931	53	1월 6일~7일 흥사단 17회 원동대회를 개최하다. 3월 25일 동인호조사를 공평사로 개칭, 창립총회를 열다. 5월 11일 만주의 한교 문제로 국민당 전당대회에 참석하여 교섭 활동을 하다. 중국 정세의 복잡성으로 인해 한중연합전선 구축이 장개석의 남경 정부와 왕정위의 북경 정부로 분산되는 등 어려움에 봉착하다. 일부 세력으로 대일전선통일동맹을 조직하여 중국 측과 연합전선을 구축하기로 결정하다. 12월 초 흥사단 본부에서 대일전선 통일동맹을 결성하다.	●신간회 해체 결의. ●만보산 사건. ●9월 만주사변. ●11월 모택동 중화소비에트 임시정부 수립.
1932	54	1월 8일 이봉창 의거로 상하이가 포위된 가운데 1월 18일~19일 18차 흥사단 원동대회에서 좌우통합을 강조하다. 4월 29일 윤봉길 의거로 체포되기 직전까지 대일전선 통일동맹 회의를 일주일에 한 번씩 열어 강령, 정책, 조직에 관한 사항을 토의하고 결정하다. 4월 29일 이유필의 집에서 체포되어 6월 3일 안경호 편으로 국내로 압송되다. 광화문 정문 앞 경기도 유치장에 수감되다. 삼륜의 취조를 받다. 39일 간의 취조 끝에 7월 15일 검사국으로 송치돼 서대문 현저동 형무소에	●1월 장개석 국민정부 수립. ●상하이사변. ●3월 만주 괴뢰국 성립. ●이봉창 의사 교수형으로 순국. ●12월 윤봉길 의사 총살형으로 순국.

도산 안창호 연보 469

연도	나이	내용	비고
		수감되다. 재판 끝에 12월 19일 4년 징역형을 받고 "30년 독립운동에 겨우 4년 징역"이라는 소감을 말하다. 도산 체포에도 불구하고 한국대일전선통일동맹이 10월 25일 흥사단 원동위원부, 의혈단, 조선혁명당 등이 참여하여 발족되다.	
1933	55	3월 28일 항소를 포기하고 경성형무소에서 대전형소로 이감되다. 칠공장에서 노역하다.	
1935	57	2월 10일 가출옥하다. 서울역에 도착하여 "왜 소감이 없겠소. 그러나 말하지 않겠소. 몸을 상했으니 당분간 휴양할 것. 다시 상경하야 실현하겠다고 전해 주시오."라고 말하다. 총독부 당국이 경성 체류를 허가하지 않아 하룻밤을 자고 평양으로 가다. 오원선, 조만식, 조신성 등이 사리원과 황주까지 마중 나오고 평양역의 인산인해의 출영 인파와 해후하다. 차에 올라 "감사합니다"를 외치다. 고향 방문과 선영 참배를 마치고 다시 평양으로 가 각계 인사들과 회동하다. 3월에 상경하여 당면 정세와 상황에 대해 토론하고 당국자의 면담 요청을 거절하다. 삼남 지방을 순회하여 식민지 현실을 직접 확인하다. 이광수에게 친일문인단체인 조선문인협회 탈퇴를 지시하다. 여름부터 대보산 자락에 은거하여 7~8칸 크기의 송태산장을 짓기 시작하다. 9월 5일 안동현의 강연회 불허로 만찬회에 참석, 2,000명이 회집하다.	●한독당, 조선혁명당, 의열단, 신한민족당, 대한독립당이 통합하여 민족혁명당 결성. ●중국 공산당, 모택동이 지도권 장악. ●중국 공산당 8·1선언으로 장개석에게 2차 항일합작을 제의.
1936	58	2월 20일 김철중과 함께 대전, 이리, 군산, 광주, 목포, 순천, 하동, 진주, 마산, 대구 지방에 들러 동포들의 생활상을 살펴보다. 2월 30일 대구를 출발하다. 8월에 강경파인 남차랑이 조선 총독으로 부임하여 전시동원 체제가 구축되기 시작하자 연말에 도산은 국외 망명을	●일제, 사상범 보호관찰령.

연도	나이	내용	비고
		결심하다. 12월 중국 남경토지 남경지정국에 재등기 하다.	
1937	59	몸살감기로 장기간 요양하다. 5월에 이광수가 송태산 장을 방문하여 동우회 해산을 문의하였으나 5월 20일 경에 상경할 터이니 이사회를 소집하라고 지시하다. 그러나 병석에 누워 상경하지 못하다. 6월 6일 동우회 간부를 일제 검거하기 시작해 6월 28일 도산도 체포되 어 경기도 경찰서에 구금되다. 8월 10일 종로경찰서에 유치되다. 일제의 자진해산과 전향서 요구를 도산이 거절하다. 11월 1일에 검사국에 송치되어 다시 서대문 형무소에 수감되다. 건강이 더욱 악화돼 옥사를 우려 한 일제가 재판 도중 12월 24일에 병보석으로 경성제 대병원에 입원시키다. 병명은 간경화증 및 만성기관지 염, 위하수증이다.	●노구교 사건으로 중일전 쟁 발발. ●국민당과 공산당 제2차 국공합작. ●일본군 남경 대학살.
1938	60	1월 동우회사건 48명이 치안유지법 위반으로 송치되 다. 80여 일 동안 병원에 있었으나 오히려 악화되어 3월 10일 오후 12시 5분 마침내 포로의 몸으로 눈을 감다. 일제가 장례식도 금지시켜 3월 12일 오후 1시 30분 병원 영안실에서 친지들만 참석한 채 간단한 고 별식을 거쳐 2시 5분 출관, 헌병과 경찰의 감시 하에 오후 3시 30분 경기도 양주군 망우리 묘지에 도착, 4 시에 하관하다. 비석조차 없이 묻히다. 3월 13일 하와 이 대한인국민회 주최 추도식이 열리다. 중국 한구에 서 좌파 주도로 안창호 서거추도식이 열리다. 3월 22 일 미국 LA에서 추도회가 열리다. 4월 10일 중경에서, 4월 15일 장사에서 추도식이 거행되다.	●일본군 청도 상륙. ●국가 총동원법 공포. ●일소 정전 협정.